सेवा का सच

सेवा का सच

मांगेराम गर्ग

ज्ञान पब्लिशिंग हाउस
नई दिल्ली-110002

प्रथम संस्करण : 2001

द्वितीय संस्करण : 2002

सेवा का सच

ISBN : 81-212-0756-8

ज्ञान पब्लिशिंग हाउस
5 अंसारी रोड, दरिया गंज,
नई दिल्ली-110002 द्वारा प्रकाशित

दूरभाष : 3282060, 3261060

फैक्स : 011-3285914

ई-मेल : gyanbook@del2.vsnl.com
Website At http://www.gyanbooks.com
अक्षर टंकण : मानस टाइपसैटर, नई दिल्ली
मुद्रण : मेहरा आफसेट प्रेस, नई दिल्ली

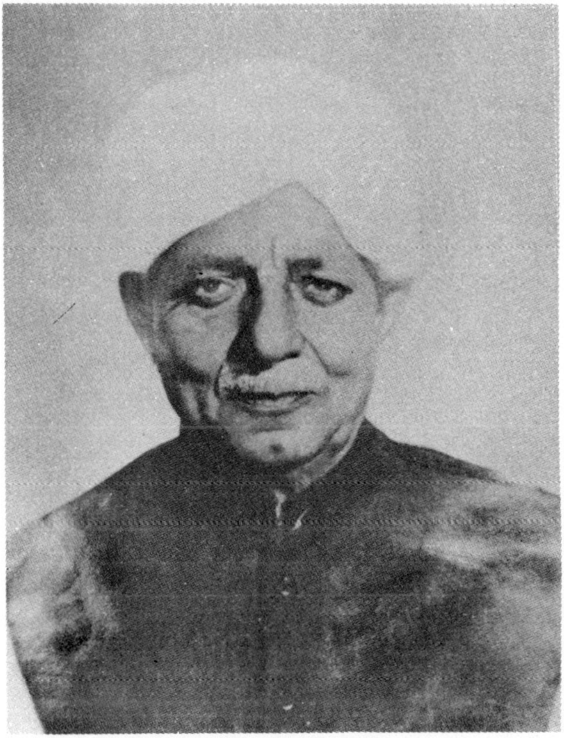

स्व. मामा श्री प्यारेलाल जी

मेरी यह कृति उस श्रद्धापुरुष को समर्पित है
जिसने मुझे
जीवन में अमृत—सेवा-धर्म
का संस्कार दिया

अनुक्रम

खण्ड—चतुर्थ
डायरी के पन्ने

खण्ड—पंचम
लोकार्पण

'सेवा का सच' के लोकार्पण के दिवस पर श्री मांगेराम गर्ग की सभी छह पौत्रियों ने पुष्प गुच्छ अर्पित कर प्रधानमंत्री श्री अटल बिहारी वाजपेयी का स्वागत किया।

लेखक के सुपुत्र सुभाष गर्ग द्वारा प्रधानमंत्री का स्वागत। बीच में हैं भाजपा के पूर्व अध्यक्ष श्री कुशाभाऊ ठाकरे।

'सेवा का सच' के लोकार्पण से पूर्व प्रधानमंत्री जी को प्रकाशक श्री बी० पी० गर्ग के सुपुत्र अमित गर्ग ने पुस्तक भेंट की। साथ में हैं सर्वश्री मांगेराम गर्ग, कुशाभाऊ ठाकरे और के० के० शर्मा।

प्रधानमंत्री जी के करकमलों से 'सेवा का सच' का लोकार्पण। (बायें से) सर्वश्री विजय कुमार मल्होत्रा, प्रधानमंत्री अटलबिहारी वाजपेयी, केदारनाथ साहनी, कुशाभाऊ ठाकरे, मांगेराम गर्ग और अमित गर्ग।

पुस्तक पर हस्ताक्षर करते प्रधानमंत्री

प्रधानमंत्री वाजपेयी जी द्वारा लेखक के प्रेरणा स्रोत स्व० मामा प्यारेलाल जी के सुपुत्र श्री वेद गुप्ता जी को *'सेवा का सच'* अर्पित।

सर संघचालक श्री के० एस० सुदर्शन जी के साथ पुस्तक *'सेवा का सच'* के विषय में चर्चा करते हुए लेखक।

जैन संत महेंद्र मुनिः साथ में हैं गृहमंत्री श्री लालकृष्ण आडवानी और 'सेवा का सच' के लेखक मांगेराम गर्ग।

दो शब्द

मराठी के सुप्रसिद्ध सहित्यकार श्री ना. सी. फड़के की सिफारिश पर सुप्रसिद्ध नृत्यांगना अझूरीदेवी को कोल्हापुर विश्वविद्यालय के दीक्षान्त समारोह में मुख्य अतिथि के नाते आमंत्रित किया गया। बड़े परिश्रम से उसने भाषण तैयार किया किन्तु जैसे ही मंच पर पहुँची और कुर्सियों पर विभागाध्यक्षों की कतार बैठी देखी तो घबराहट से भर गई और जब भाषण देने को खड़ी हुई तो लिखा हुआ भाषण भी बोलने में अटकने लगी। श्री फड़के तुरंत उठे, अझूरीदेवी के हाथों से कागज छीन लिए और कहा कि वैसे ही बोलो। अझूरीदेवी ने कहा जब पढ़कर नहीं बोल पा रही हूँ तो सामने कुछ न रहने पर क्या बोल पाऊँगी ? श्री फड़के जी ने कहा कि तुम बोलो कि तुम नृत्य कैसे करती हो ? अझूरीदेवी ने कहा कि क्या यह बोलना है ? उनके हाँ कहने पर उसने बोलना चालू किया कि जब मैं नृत्य करने लगती हूँ तो मुझे हर चीज नृत्य करती लगती है। पत्तों के हिलने में, हिरण के कूदने में, हाथी के चलने में, मैं नई-नई नृत्य भंगिमाएं देखती हूँ....। इस तरह बोलते-बोलते वह इतनी मग्न हो गई कि न उसे पता चला और न श्रोताओं को कि समय कैसे बीत गया। एक घंटा वह अपना भोगा हुआ यथार्थ बोल रही थी और यही सारे श्रोताओं को बांधकर रखे था। पाँच वर्ष की आयु में उसने नृत्य सीखना प्रारंभ किया था। जीवन का यह यथार्थ ही लोगों को आकृष्ट करता है क्योंकि प्रत्येक व्यक्ति उसमें कहीं न कहीं अपने जीवन की झलक देखता है।

श्री मांगेराम गर्ग जी ने अपने जीवन का जो यथार्थ प्रस्तुत किया है वह पठनीय होगा, इसमें कोई संदेह नहीं। एक अपने जैसा व्यक्ति भी इस

प्रकार समाज की सेवा में जुट सकता है तो मैं भी कुछ तो कर सकता हूँ, ऐसा भाव यदि पाठक के मन में जागृत हो सका तो इस आत्मवर्णन की सार्थकता स्वयंमेव सिद्ध हो जायेगी। सहर्ष साधुवाद।

के. एस. सुदर्शन

प्रस्तावना

संसार में जितने भी प्राणी हैं, सभी की अभिलाषा है—सुख प्राप्त करना। दुःख से छुटकारा कैसे मिले, सुख की प्राप्ति कैसे हो? प्रश्न यह है कि दुःख से छुटकारा कौन दिला सकता है?

भारतीय दर्शन जो वास्तव में अध्यात्म चेतना का दर्शन है, वह कहता है कि संसार की कोई अन्य शक्ति तुम्हें दुःख से बचा नहीं सकती। यह कार्य तुम स्वयं ही कर सकते हो, तुम स्वयं ही अपने जीवन के निर्माता हो, तुम्हीं अपने भाग्य के नियामक हो। आत्मा स्वयं अपनी प्रेरणा से कार्य करती है और स्वयं ही उस कर्म के अनुसार फल भोगती रहती है, इसलिए योगेश्वर श्रीकृष्ण ने गीता में बार-बार दोहराया है—

उद्धेदात्मनात्मानं नात्मानमेव सादयेत्

आत्मैव हयात्मनो बन्धुरात्मैक रिपुरात्मनः

मनुष्य आप ही तो अपना मित्र है और आप ही अपना शत्रु। इसलिए अपने द्वारा अपना अभ्युत्थान करो, उद्धार करो। यह आत्मा की स्वतंत्रता की आवाज है, अखण्ड चेतना का प्रतीक है। कर्म कृतत्व और कर्मफल का भोग दोनों ही आत्मा के अधीन हैं। अतः आत्मस्वरूप की पहचान कर अपना पथ, दिशा तय करना, शुद्धता की प्राप्ति करना ही अमरता का एकमात्र मार्ग है, और साधन है, मानव जीवन।

मनुष्य जीवन बड़ा ही दुर्लभ है।

मनुष्य का शरीर लिए हुए तो अरबों की संख्या में लोग सामने हैं, वे सब अपने को मनुष्य समझ रहे हैं, किन्तु केवल मनुष्य-तन को पा लेना

ही मनुष्यता को पा लेना नहीं है। वस्तुतः मनुष्यता को पा लेने पर ही कोई मनुष्य कहलाने का हकदार बनता है।

जीवन की यह कला इतनी महत्वपूर्ण है कि सारा का सारा जीवन ही उसकी साधना व प्राप्ति में लग जाता है। इस जीवन में ज्यों-ज्यों सत्य, अहिंसा, दया और सेवाभाव का विकास होता जाता है, त्यों-त्यों सोये हुए मनुष्यत्व का भाव जागृत होता जाता है। अतएव शास्त्रीय शब्दों में कहा जा सकता है कि मनुष्यत्व का भाव आना ही मनुष्य होना है।

सहजभाव से अपने कर्त्तव्य को निभाने वाला मनुष्य सिर्फ अपने आपको देखता है, उसकी दृष्टि दूसरों की ओर नहीं जाती। कौन व्यक्ति मेरे सामने है अथवा किस समाज के भीतर मैं हूँ, यह देखकर वह काम नहीं करता। सूखे पहाड़ में जब वन गुलाब खिलता है, महकता है, तो क्या उसके विकास को देखने वाला और महक को सूँघने वाला आस-पास कोई होता है ? परन्तु गुलाब को इसकी कोई परवाह नहीं कि उसे दाद देने वाला कोई है या नहीं, कोई भ्रमर है या नहीं। वह विकास की चरम सीमा पर पहुँचता है और अपने आप खिल उठता है। कोई उससे पूछे—यहाँ तुम्हारा उपयोग करने वाला कोई नहीं, फिर तुम व्यर्थ में क्यों खिल रहे हो ? क्यों अपनी महक लुटा रहे हो ? गुलाब जवाब देगा—कोई है या नहीं, इसकी मुझे चिन्ता नहीं। मेरे भीतर उल्लास आ गया, विकास आ गया और मैंने महकना शुरू कर दिया है। इसे बांधकर रखना मेरे बस की बात नहीं, यही तो मेरा जीवन है। बस यही भाव मनुष्य के जीवन में जागृत हो जाये, जो उसके जीवन को सार्थकता प्रदान करता है। इस प्रकार सारे समाज के प्रति, राष्ट्र के प्रति कर्त्तव्य भाव उत्पन्न हो जाना ही मानव धर्म है।

धर्म का मूल मानवता है और मानवता की विराटता ही सत्य का स्वरूप है, प्राण है और विराट चेतना से ही सत्य की उपलब्धि संभव है।

श्री मांगेराम गर्ग की यह कृति "सेवा का सच" उनके मानव धर्म की विकास यात्रा है। मनुष्यत्व की परिचायिका है, अमरत्व की मार्गदर्शिका है।

पुस्तक का प्रथम अध्याय मामा प्यारेलाल जी की प्रेरणा से सेवा पथ के अनुसरण से अमरत्व मार्ग पर चलने का श्री गर्ग का प्रथम अनुभव है। कुराड़ से दिल्ली तक की उनकी यात्रा, उनके द्वारा पारिवारिक सामाजिक दायित्वों के निर्वाह की संघर्ष गाथा है, जो उनके मनुष्यत्व की परिचायिका है। पुस्तक के द्वितीय व तृतीय खण्ड में श्री गर्ग द्वारा धर्म प्रभावना के क्षेत्र में किये जाने वाले विकास कार्य और राजनीति के माध्यम से सेवा कार्य, उनके मानव धर्म की विकास यात्रा है, जिससे श्री गर्ग सत्य की उपलब्धि की ओर अग्रसर हैं।

श्री मांगेराम गर्ग आज से लगभग 23 वर्ष पूर्व मेरे सम्पर्क में आये, जब मैं दिल्ली में प्रचारक के रूप में कार्यरत था। श्री गर्ग आनन्द पर्वत औद्योगिक क्षेत्र के व्यवसायी होने के साथ-साथ वे उस क्षेत्र की समस्याओं को लेकर संघर्षरत थे। तभी उनकी संगठन क्षमता से मेरा साक्षात्कार हुआ। उनकी सेवा भावना और कार्य के प्रति कर्मठता को मैंने कई बार जन सहयोग के कार्य बाबत् प्राकृतिक विपदाओं के समय जैसे—उत्तरकाशी के भूकम्प, दिल्ली में फैली महामारी—हैजा, कश्मीर व पंजाब के विस्थापितों की सहायता आदि विभिन्न अवसरों पर, स्वयं अनुभव किया है। श्री गर्ग ने अपने 50 वर्ष की पूर्णता पर मामाजी की प्रेरणा से व्यावसायिक कार्यों से पूर्ण रूप से मुक्त होकर जनसेवा और समाजसेवा का व्रत ले लिया। इस सेवा व्रत की पूर्णता के लिए धार्मिक कार्य व राजनीति को अपना माध्यम बनाया और उन्होंने जनसेवा, समाजसेवा का संकल्प लिया। मैं श्री गर्ग की धार्मिक भावना, कार्य के प्रति लगनशीलता और समयबद्धता से बड़ा प्रभावित हुआ और यही कारण था कि सन् 1996 में मैंने उन्हें लाखों की संख्या में कांवड़ भक्तों की सेवा की जिम्मेदारी के लिए कांवड़ सेवा समिति का अध्यक्ष तय किया, जो आज धर्मयात्रा महासंघ के रूप में एक विशाल संस्था बन चुकी है, जिसका धार्मिक क्षेत्र में विस्तृत कार्य क्षेत्र है। कांवड़ यात्रियों की सेवा ही नहीं, अपितु कैलाश मानसरोवर यात्रा, अमरनाथ यात्रियों की यात्रा के अलावा भारत के विभिन्न तीर्थस्थलों का जीर्णोद्धार कार्य एवं विकास कार्य करना है। धर्मयात्रा महासंघ कई

उपलब्धियों को प्राप्त कर रहा है। सही अर्थों में समाज, राष्ट्र व धर्म के प्रति एक सच्ची सेवा है, जिसके सुख का आत्म अनुभव किया जा सकता है। यही सेवा का कार्य ही मानव जीवन की विकास यात्रा का कार्य है। सेवा का गुण ही मनुष्यत्व है और सेवा से ही सत्य की उपलब्धि संभव है। वस्तुतः यह पुस्तक सेवा के प्रति समर्पित व्यक्तित्व की आपबीती है। इस कृति की प्रस्तावना लिखने का कार्य मेरे सुपुर्द किया है, इस बहाने मुझे एक ऐसे व्यक्तित्व को जिसने समाज सेवा का आदर्श जीवन में प्रस्तुत किया है, उसे सम्मुख करने का मौका मिला है। श्री मांगेराम की यह उदात्त परोपकारी भावना उत्तरोत्तर बढ़े और समाज के सभी बन्धुओं को प्रेरणा दे, यह परमेश्वर से प्रार्थना करता हूँ। वे चिरंजीवी हों और समाज सेवा के विविध कार्यों में प्रेरणा देते रहें।

अशोक सिंहल

अशोक सिंहल

कार्याध्यक्ष–विश्व हिन्दू परिषद

भूमिका

श्री मांगेराम गर्ग से मेरा परिचय उस समय हुआ, जब वे अशोक विहार में रहने आये और उन्होंने इसी क्षेत्र से पहला चुनाव लड़ा। मुझे इतनी ही जानकारी थी कि वे आनन्द पर्वत में व्यापार करते हैं और अशोक विहार में अब समाज सेवा के संकल्प के साथ आये हैं। मैं उस समय भी पार्टी का सदस्य था और यथाशक्ति पार्टी के लिए सक्रिय रहता था। इसके उपरान्त श्री गर्ग से सम्बन्ध बढ़ते गये और वे राजनीति, समाज, धर्म आदि क्षेत्रों में सक्रिय होते रहे। यह सक्रियता सभी क्षेत्रों में थी और एक ऐसे कार्यकर्त्ता के रूप में थी, जो आम कार्यकर्ताओं में से एक था। वंश, वंशजों, धर्म, जाति आदि का कोई प्रभा मंडल उनके पास नहीं था। वे राष्ट्रीय स्वयंसेवक संघ के सदस्य बनने के बाद राजनीति में आये और स्वाभाविक है कि राष्ट्रीय स्वयंसेवक संघ के दिये संस्कार--देश प्रेम, निःस्वार्थ समाज सेवा, भेदभाव रहित सामाजिकता और सामाजिक व राष्ट्रीय लक्ष्यों के लिए सबको साथ लेकर चलने की संकल्पशीलता—उनमें प्रमुखता से रहे हैं। अपने इन्हीं गुणों के कारण वे समाज और राजनीति में निरन्तर अपना स्थान बनाते गये और साधारण कार्यकर्ता से भारतीय जनता पार्टी, दिल्ली प्रदेश के दो बार अध्यक्ष बने। मेरे विचार में यह एक बड़ी यात्रा है, जो व्यक्ति की समाज सेवा और पार्टी में उसकी स्वीकृति के साथ पार्टी की लोकतान्त्रिक प्रणाली को भी स्पष्ट करती है। भारतीय जनता पार्टी अभी तक वंशगत, धर्मगत तथा जातिगत पक्षपात पूर्ण राजनीति से मुक्त है और उसमें एक साधारण कार्यकर्ता भी पार्टी का अध्यक्ष बन सकता है। यह पार्टी की लोकतांत्रिक संरचना और पार्टी की आन्तरिक स्वतन्त्रता का

प्रतीक है। भारतीय लोकतन्त्र में किसी भी पार्टी के स्थायित्व और उसकी निरन्तरता के लिए पार्टी में ऐसा भेदभाव रहित लोकतन्त्र होना आवश्यक है और मुझे विश्वास है कि भारतीय जनता पार्टी के नेता और कार्यकर्त्ता इसके महत्व एवं इसकी अनिवार्यता को सदैव ही स्वीकार करते हुए इसे सदैव जीवित रखेंगे।

श्री मांगेराम गर्ग से समय-समय पर भेंट होती रहती थी और एक दिन ज्ञात हुआ कि वे अपनी दैनिक गतिविधियों की डायरी लिख रहे हैं। मेरे लिए यह आश्चर्य की बात थी। श्री गर्ग के पास न तो ऊँची शिक्षा की डिग्रियाँ हैं और न ही वे लेखक हैं, तब डायरी लेखन पर मेरा आश्चर्य होना स्वाभाविक ही था। मैंने अपने अनेक मित्रों को जो प्रधानमंत्री, मंत्रियों आदि प्रमुख व्यक्तियों से जुड़े रहे हैं उन्हें अपनी डायरी लिखने के लिए बार-बार प्रेरित किया है जिससे राजनेताओं और राजनीति की आन्तरिक सच्चाई सामने आ सके, परन्तु वे ऐसा साहस नहीं कर पाये। मेरे एक प्रसिद्ध पत्रकार मित्र ने ऐसी डायरी लिखी भी, लेकिन अभी तक अप्रकाशित ही अलमारी में बन्द है। अतः श्री मांगेराम गर्ग का डायरी लेखन मेरे लिए सुखद आश्चर्य का विषय था। मैंने इस बीच कई बार उनकी डायरी की पांडुलिपियाँ पढ़ीं और कुछ सुझाव भी दिये तथा बच्चन की प्रसिद्ध डायरी "प्रवासी की डायरी" भी लाकर दी जिससे वे इस डायरी लेखन की कला से पूर्ण रूप से अवगत हो सकें। वैसे भी एक स्वाभाविक लेखक के लिए शास्त्र का ज्ञान आवश्यक नहीं है। हमारे यहाँ लोक साहित्य की लम्बी परम्परा इसी की प्रतीक है और कबीर जैसे कवियों का सत्य भी हमारे सामने है। अतः मैंने अपने आश्चर्य को सुखद इसलिए माना कि कम-से-कम एक राजनेता तथा एक समाज-सेवक अपनी स्व-प्रेरणा से डायरी लिख रहा है। मेरा श्री गर्ग से एक ही आग्रह रहा है कि वे जो कुछ लिखें सच लिखें और सच के अलावा कुछ न लिखें। साहित्य में आत्मकथा और डायरी-लेखन सबसे कठिन विधा है क्योंकि वह पूर्ण सत्यता की माँग करती है और हम साहित्य के विद्यार्थी जानते हैं कि बड़े-से-बड़े लेखक के लिए भी अपने जीवन का पूर्ण सत्य कहना लगभग असम्भव ही होता है। डॉ० नगेन्द्र ने जब अपनी

आत्मकथा लिखी तो उसे "अर्द्धसत्य" की कहा था। इस पुस्तक में चाहे पूर्ण सत्य न हो और कुछ सत्यांश जाने-अनजाने छोड़ दिये गये हों, लेकिन मैं इतना अवश्य कह सकता हूँ कि पाठकों को इसमें झूठ का चेहरा नहीं मिलेगा और न स्वयं को गौरवान्वित और प्रभा मंडित करने की ही प्रवृत्ति मिलेगी। लेखक ने जैसा देखा, भोगा और जिया है, लगभग वैसा ही उसका चित्र इसमें मिलेगा।

श्री मांगेराम गर्ग की यंह आत्म-संस्मरणात्मक डायरी "सेवा का सच" शीर्षक से छप रही है। मेरी जानकारी में इसके लेखक ने सम्पूर्ण सत्यता का दावा नहीं किया है लेकिन मेरे विचार में इसमें "सच्चाई का सच" चाहे न हो, परन्तु "सेवा का सच" आपको इसमें आद्योपांत मिलेगा। सेवा में यदि सचाई है तो वह मनुष्य और समाज दोनों के लिए जीवन का सर्वोच्च मंत्र ही नहीं संजीवनी शक्ति भी है। सेवा की यह संजीवनी भक्त हनुमान को राम का "भरत सम भाई" बना सकती है और देश के एक अत्यन्त साधारण नागरिक को एक प्रिय समाज सेवी के रूप में भी प्रतिष्ठित कर सकती है। भारतीय दर्शन में सेवा एक मूल्यवान रत्न की तरह है, जिसकी आभा के विस्तार में व्यक्ति के अपनत्व एवं निजत्व का विस्तार पूरी मानवीयता तक हो सकता है। महात्मा गाँधी का उदाहरण ऐसे ही सेवाव्रती का है, जिन्होंने अपने निजत्व को समाज, राष्ट्र और सम्पूर्ण मानवीयता की सेवा में विलीन कर दिया। सेवा का सच यही है कि व्यक्ति अपने अहं तथा निजता को समाज और राष्ट्र के कल्याण, उत्थान और विकास के लिए समर्पित कर देता है। सेवा में उसका अपना कुछ नहीं रहता, सब कुछ समाज और राष्ट्र का हो जाता है। सेवा में यह समर्पण जितना भी घनीभूत होगा, व्यक्ति उतना ही श्रेष्ठ सेवाव्रती कहलायेगा और उसके इस असाधारण साधारणत्व में जितनी एकाग्रता और निष्ठा होगी उतना ही वह साधारण मनुष्य में असाधारण बनकर उभरेगा। भारत में प्रत्येक महान् व्यक्ति "दरिद्रनारायण" और "जनता जनार्दन" की निश्चल सेवा से ही महान् बनता है और यह विगत शताब्दियों का ही नहीं, अपितु वर्तमान और भविष्य की शताब्दियों का भी सच बना रहेगा।

श्री मांगेराम गर्ग की इस पुस्तक का नामकरण इसीलिए ''सेवा का सच'' किया गया है कि इसमें पाठक एक अत्यन्त साधारण व्यक्ति की सेवा-यात्रा की सचाई को जानेंगे और यह भी जानेंगे कि सेवा के पथ पर चलकर ही व्यक्ति ऊँचाइयों तक पहुँच सकता है। वंश, जाति, धर्म, धन आदि से भी अनेक व्यक्ति ऊँचाई तक पहुँचे हैं, परन्तु समाज ने उन्हें कभी आदर-सम्मान से नहीं देखा और न वे इतिहास-पुरुष ही बन पाये। इतिहास में अनेक बर्बर और खूनी राजाओं, सेनापतियों, नेताओं आदि की चर्चा मिलेगी और उनकी तुलना में महात्मा बुद्ध, शंकराचार्य, स्वामी विवेकानंद, अरविन्द, स्वामी दयानन्द सरस्वती, महात्मा गाँधी, डॉ0 हेडगेवार, पंडित दीनदयाल उपाध्याय आदि की चर्चा सदैव मनुष्यता के श्रेष्ठतम् नायकों में होती रहेगी। यह सब सेवा की ही शक्ति है, जो इतिहास को रचती है और इस पर चलने वाले व्यक्ति को इतिहास का अंग बनाती है।

''सेवा का सच'' पुस्तक आपके सामने है। यह एक साधारण सेवाव्रती की कहानी है और ऐसी जीवन-यात्रा भी, जो साधारण कार्यकर्त्ता और साधारण व्यक्ति को प्रेरणा दे सकती है। आज की परिस्थिति में एक साधारण कार्यकर्त्ता का ''गॉड फादर'' के बिना कुछ ऊँचाई तक भी पहुँचना असम्भव है। परन्तु यह सेवा-धर्म कैसे शक्ति देता है, समाज ऐसे व्यक्ति को कैसे नेतृत्व सौंपता है, और कैसे व्यक्ति अपने समाज का प्रिय पात्र बन जाता है, यह निश्चय ही इस पुस्तक से जाना जा सकता है। यह पुस्तक लेखक के निजी जीवन के संघर्षों और मान्यताओं को तो स्पष्ट करती ही है, साथ ही समाज के विभिन्न पक्षों और परिस्थितियों की सच्चाई को भी उजागर करती है। यह एक प्रकार से व्यक्ति का ही नहीं अपितु समाज का भी दस्तावेज है और जो किसी भी साहित्यिक एवं कलात्मक श्रेष्ठता के दावे के बिना प्रस्तुत किया गया है। यह पुस्तक इस प्रकार लेखक के साथ अपने समय की भी सच्चाई है और अपनी इसी सच्चाई के कारण यह अपने समय का दस्तावेज बनने से महत्वपूर्ण हो जाती है। अन्त में यह कृति एक कार्यकर्त्ता के जीवन का सत्य है और साथ ही समाज और भारत राष्ट्र का भी, और यही उसकी सबसे बड़ी सार्थकता है।

मेरा विश्वास है कि पाठक इस पुस्तक को पसन्द करेंगे और उसके नायक में अपना प्रतिबिम्ब पायेंगे। यदि ऐसा साधारणीकरण हुआ तो इसकी सार्थकता असंदिग्ध बनी रहेगी।

कमल किशोर गोयनका

स्वकथ्य

मैं मांगे राम गर्ग आपके समक्ष हूँ, अपने पूर्ण स्वरूप के साथ नहीं, अपनी लेखनी के साथ, अपने विचारों को शब्द-चित्रों का रूप देते हुए।

आगामी पृष्ठों में मैंने अपने जीवन, अपनी राजनीतिक यात्रा तथा अपने पूरे व अधूरे सपनों को सच्चाई के साथ प्रस्तुत करने का प्रयास पूर्ण निष्ठा एवं ईमानदारी से किया है।

मेरा जीवन ऊँच-नीच, उतार-चढ़ाव और उथल-पुथल से भरा रहा है। आज मेरी आयु चौंसठ वर्ष है, मैंने एक पूरे काल खंड को व्यतीत होते और इतिहास का पन्ना बनते देखा है। मैं इस काल खंड का, इस युग का और इतिहास के इस अध्याय का साक्षी हूँ। मेरे इस जीवन यात्रा-वृत्तान्त को आप आँखों देखा हाल भी कह सकते हैं।

गत कई दशकों पर फैले अपने राजनीतिक जीवन में मैंने कई बड़ी घटनाएं जागती आँखों से देखी हैं और उनके विषय में खुले कानों से सुना है—यह सारा लेखा-जोखा मेरे मस्तिष्क में मधुर तथा कटु यादों के रूप में सुरक्षित है। उन्हीं में से कुछ यादों को मैंने कागज़ पर उतार दिया है।

भगवान श्रीकृष्ण ने गीता में कहा है—कर्म कर, फल की चिंता मत कर। 'कर्मण्येवाधिकारस्ते मा फलेषु कदाचिन' गीता का यह उपदेश ही किशोरावस्था से ही मेरे जीवन का आदर्श बना। मेरे मामा श्री प्यारेलाल ने मुझे निष्काम सेवा करने की प्रेरणा दी। यह कोई 50 वर्ष पहले की बात है। तब मैं अपने मामा के पास समालखा में रहता था। शिक्षा पाने के उद्देश्य से अपने घर कुराड़ से समालखा गया था और पढ़ाई के साथ-साथ मामा जी की आढ़त की दुकान पर भी काम करता था। वे मेरी प्रेरणा

के पहले स्रोत थे। गर्मी के दिनों में अनेक लड़के रेलगाड़ी के समय पर स्टेशन पहुँच जाते और वहाँ लगे हैंडपंप से पानी खींच कर यात्रियों को पिलाते थे। मेरे मामाजी ने मुझे उन लड़कों की टोली में शामिल होने की प्रेरणा दी और मैं भी यात्रियों को पानी पिलाने के लिए स्टेशन जाने लगा। यात्रियों से हम कोई अपेक्षा नहीं करते थे। वह हमारी निष्काम सेवा थी। किन्तु बदले में हमें यात्रियों की ढेर सारी दुआएं मिलती थीं और वे दुआएं ही हमारा धन थीं। सोचता हूँ कि आज मैं जो कुछ हूँ, कहीं यह उन दुआओं का फल ही तो नहीं है।

मेरी प्रेरणा की दूसरी स्रोत रहीं मेरी मां श्रीमती गुलाब देई। वे बड़ी ही धार्मिक प्रवृत्ति की थीं। अपने घर में वे प्रत्येक माह की अमावस्या और पूर्णमासी तथा रविवार को सत्संग का आयोजन करती थीं और स्वयं गीता पर प्रवचन देती थीं। उनके प्रवचन को सुनने हमारे गाँव के अलावा आसपास के गाँवों की महिलाएं भी आती थीं। उन दिनों घर का वातावरण पूरी तरह धार्मिक हो जाता था, जिसका प्रभाव भी मेरे बाल मन पर पड़ा और मैं धार्मिक कार्यों की ओर झुका। अगर आज मैं निष्काम सेवा ट्रस्ट, धर्मयात्रा महासंघ जैसे कई धार्मिक संगठनों से जुड़ा हुआ हूँ, तो यह उसी प्रभाव का परिणाम है।

निष्काम सेवा हमारे मन को एक अनिर्वचनीय सुख और संतोष देती है, इसका पहला अनुभव मुझे रेलयात्रियों को पानी पिलाकर हुआ था। सेवा का फल मीठा होता है, इसकी अनुभूति मुझे अब हो रही है। चाहे वह वर्धा में शौचालय साफ करने का कार्य रहा हो या नजफगढ़ के बाढ़ पीड़ितों के लिए राहत कार्य, चाहे पंजाब और कश्मीर के विस्थापितों को सहायता पहुंचाने का काम रहा हो अथवा उत्तरकाशी और उड़ीसा के भूकंप पीड़ितों के पुनर्वास का काम, चाहे वह दिल्ली में हैजा फैलने का दौर रहा हो या फिर प्लेग और पोलियो उन्मूलन का अभियान या फिर कांवरियों की सेवा का पुण्य कार्य, मैंने अपना उत्तरदायित्व फल की इच्छा किये बिना पूरी निष्ठा और लगन के साथ निभाया। सुधीजन के बीच बैठकर इतना तो मैं जान ही गया था कि निष्ठा और निष्काम भावना से किया गया

कोई कार्य अकारथ नहीं जाता और फल की आशा लेकर किये गये कार्य से प्रायः कष्ट का अनुभव ही होता है। कामना पूरी न होने पर व्यक्ति सोचता है कि वह मिथ्या ही कार्य करता रहा। ऐसा सोचना ही दुःख का कारण बनता है।

निष्काम सेवा हमें यह अहसास कराती है कि हमारा जन्म मात्र अपने और अपने परिवार के सुख-दुःख की चिंता करने के लिए ही नहीं हुआ अपितु दूसरों के सुख-दुःख के बारे में भी सोचना हमारा कर्त्तव्य है। **'मनुष्य वही है जो कि मनुष्य के लिए सोचे।'** इसी भावना से प्रेरित होकर रंतिदेव ने एक भूखे व्यक्ति को अपने सामने रखा भोजन का थाल दे दिया और स्वयं भूखे के भूखे रह गये। दधीचि ने तो इससे भी बड़ा त्याग किया देवताओं को अपनी अस्थियों का दान देकर। देवताओं ने उन अस्थियों से वज्र का निर्माण किया और उसके बल पर असुरों को रणक्षेत्र में पराजित किया। त्याग और तपस्या की ऐसी अनेक गाथाओं का वर्णन हमारे प्राचीन ग्रंथों में मिलता है। बचपन में सुनी ऐसी कहानियों ने मेरे बाल मन पर जो अमिट छाप छोड़ी, उसने भी मुझे निष्काम सेवा की प्रेरणा दी।

अपने अतीत के बारे में सोचता हूँ, तो रोमांचित हो उठता हूँ। मुझे वह किशोर याद आ जाता है जिसे परिवार की आर्थिक हालत के बदहाल होने के कारण जीवन-संघर्ष में उतरना पड़ा था और जो रोजी-रोटी की तलाश में अकोला, कलकत्ता और दिल्ली की खाक छानने को विवश हो गया था। अपनी उस अवस्था को देखते हुए मैंने ही क्या, किसी ने भी यह कल्पना नहीं की होगी कि मैं सफलता के सोपान चढ़कर इस मंजिल पर पहुँचूँगा। सेवा के मार्ग पर चलकर मैंने सेवा के जिस सत्य को पाया है, मेरी डायरी के पन्नों पर आधारित यह पुस्तक 'सेवा का सच' अगर पाठकों को सेवामुखी बना सकी तो मैं अपना परिश्रम सफल मानूँगा।

मैंने जीवन को बड़े निकट से देखा है। सर्वप्रथम राष्ट्रीय स्वयंसेवक संघ के एक साधारण स्वयंसेवक के रूप में, फिर भारतीय जनसंघ के सक्रिय कार्यकर्ता एवं नेता के रूप में और अब भारतीय जनता पार्टी के प्रदेश अध्यक्ष की हैसियत से।

भारतीय जनता पार्टी को तो मैंने जन्म लेते, एक शक्ति के रूप में उभरते, राष्ट्रीय चेतना की प्रतीक बनते तथा अंततः सत्ता के सिंहासन पर आसीन होकर उच्चतम शिखर तक पहुँचते देखा है। आज भारतीय जनता पार्टी विशाल भारत की नाक है और इसकी सफलता राष्ट्रीय एकता का सच्चा प्रमाण है।

माननीय प्रधानमंत्री एवं महान नायक श्री अटलबिहारी वाजपेयी के नेतृत्व में भारतीय जनता पार्टी ने एक अनूठा प्रदर्शन कर दिखाया है। अनेक भोले-भाले लोगों को यह भ्रम था कि भारत में कांग्रेस का कोई विकल्प नहीं है और देश को केवल कांग्रेस ही एकजुट रख सकती है। आज भाजपा ने इस भ्रम को तोड़ दिया है और यह सिद्ध कर दिया है कि यह तथ्य नहीं, मिथ्या था, केवल मिथ्या, एक निराधार धारणा।

अटलजी के मार्गदर्शन में आज भाजपा संयुक्त सरकार का जो प्रयोग सफलतापूर्वक कर रही है, उसका उदाहरण स्वतंत्र भारत के इतिहास में नहीं मिल सकता। क्या यह अनोखी बात नहीं कि अनेक दल, जिनकी विचारधाराएं काफी अलग-अलग हैं और कार्य प्रणाली भी भिन्न हैं, वे सब एक नायक के नेतृत्व में मिलजुलकर कार्य कर रहे हैं और भारत की सरकार सुचारु रूप से चल रही है। आज संसार में देश का मान और सम्मान पहले से कहीं अधिक है। चाहे पाकिस्तान को मुँहतोड़ जवाब देना हो या श्रीलंका तथा नेपाल के सिर पर प्यार भरा हाथ रखना हो या अमेरिका के साथ बराबरी के आधार पर मधुर संबंध स्थापित करने हो, सभी मोर्चों पर अटल सरकार विजयी रही है और सभी कसौटियों पर खरी उतरी है।

आज भारतीय जनता पार्टी भारत की शान, मान और पहचान है। भाजपा हमारी राष्ट्रीय अस्मिता की प्रतीक है। संगठन मेरी शक्ति है।

मेरा यह वृत्तांत पढ़कर यदि युवा पीढ़ी को कुछ प्रेरणा मिले, उसमें नयी जागरूकता आये और अपने राष्ट्र के प्रति उनके मन में गर्व का भाव पहले से और प्रबल हो, तो मैं अपने प्रयास को सफल मानूँगा।

इस पुस्तक के संपादन और संयोजन में मुझे अपने मित्र श्री कमल किशोर गोयनका, वरिष्ठ पत्रकार श्री महेश्वरदयालु गंगवार तथा अपने

सहयोगी श्री के. के. शर्मा से निःस्वार्थ सहयोग मिला। पुस्तक के प्रकाशन का उत्तरदायित्व श्री बी. पी. गर्ग ने बखूबी निभाया। मैं इन सबका आभारी हूँ।

मेरी इस यात्रा में समय-समय पर अन्य जिन लोगों का सहयोग मिला, मैं उन सबका भी हृदय से आभारी हूँ और आशा करता हूँ कि ये सब मेरे शेष सफर में भी मेरे सहयोगी बने रहेंगे।

—मांगेराम गर्ग

खण्ड-प्रथम

पारिवारिक जीवन

सेवा है यज्ञ कुण्ड
समिधा सम हम जले

जीवन-परिचय एक दृष्टि में
मांगेराम गर्ग

पिता का नाम—स्वर्गीय श्री जगन्नाथ जी
माता का नाम—स्वर्गीय श्रीमती गुलाब देई
जन्म स्थान—कुराड़, तहसील नरवाना, जीन्द (हरियाणा)।
जन्म तिथि—मार्गशीर्ष कृष्ण चतुर्थी, 1994
दिनांक 23 नवम्बर, 1936
संघ प्रवेश—1949 समालखा मण्डी, हरियाणा।
संघ प्रवेश की प्रेरणा—मामा प्यारे लाल गुप्ता
विवाह तिथि—ज्येष्ठ कृष्ण तृतीया, दिनांक 20 मई, 1957
पत्नी का नाम—श्रीमती अंगूरी देवी
जन्म तिथि—चैत्र शुक्ल अष्टमी, 1998, अप्रैल 1939
जन्म स्थान—अलेवा, जिला जीन्द, हरियाणा
प्रथम संतान का जन्म—सुभाषचन्द, आश्विन शुक्ल दशमी संवत 2016
दिनांक 22-10-1958
जन्म स्थान—अलेवा, जिला जीन्द, (हरियाणा)।
द्वितीय संतान—सुरेशचन्द, जन्म तिथि आश्विन कृष्ण प्रथम
दिनांक 6-9-1960
जन्म स्थान—दिल्ली।
तृतीय संतान—सरोज बाला, आश्विन शुक्ल पचमी, दिनांक 5-10-62
जन्म स्थान—कुराड़, हरियाणा
चतुर्थ संतान—अशोक कुमार गर्ग, जन्म तिथि पौष शुक्ल सप्तमी,
दिनांक 9-1-1965

जन्म स्थान—दिल्ली।

पंचम संतान—सतीश कुमार, जन्म तिथि फाल्गुन कृष्ण द्वितीया, दिनांक 26-2-1967।

जन्म स्थान—आर्यापुरा, सब्जी मण्डी।

षष्ठी संतान—संजय कुमार, जन्म तिथि श्रावण कृष्ण द्वितीया, दिनांक 31-7-69

जन्म स्थान—दिल्ली।

सुपौत्र व सुपौत्रियाँ

नाम	सुपुत्र/सुपुत्री	जन्म तिथि
मनीष कुमार	सुभाषचन्द गर्ग	दिनांक 4 फरवरी 1983
आशीष कुमार	सुभाषचन्द गर्ग	दिनांक 22 दिसम्बर 1984
विपुल कुमार	सुभाषचन्द गर्ग	दिनांक 29 मार्च 1988
कु. शिखा	सुरेशचन्द गर्ग	दिनांक 27 सितम्बर 1984
अंकित गर्ग	सुरेशचन्द गर्ग	दिनांक 18 नवम्बर 1988
कु. गरिमा गर्ग	अशोक कुमार गर्ग	दिनांक 28 दिसम्बर 1988
कु. मनु गर्ग	अशोक कुमार गर्ग	दिनांक 20 मई 1991
मास्टर मोहित	अशोक कुमार गर्ग	दिनांक 8 अक्तूबर 1996
कु. श्रुतिरानी	सतीश कुमार गर्ग	दिनांक 27 मई 1990
मास्टर वरुण	सतीश कुमार गर्ग	दिनांक 27 फरवरी 1994
कु. सृष्टि गर्ग	संजय गर्ग	दिनांक 16 नवम्बर 1998

पुत्र वधू	धर्म पत्नी
श्रीमती सुनीता	सुभाषचन्द गर्ग
श्रीमती मंजु	सुरेशचन्द गर्ग
श्रीमती बबीता	अशोक गर्ग
श्रीमती बबीता	सतीश गर्ग
श्रीमती सुमेधा	संजय गर्ग

भाई-बहन

भाई—महावीर प्रसाद

जन्म स्थान : सांघी, जिला रोहतक।
जन्म तिथि : 21-2-1949
भाई की पत्नी का नाम : शकुन्तला देवी
जन्म स्थान : सफीदों, हरियाणा।
प्रथम संतान : रवीन्द्र कुमार, जन्म तिथि भाद्रपद द्वितीया, 19-8-1970
जन्म स्थान : आर्यापुरा सब्जी मण्डी, दिल्ली।
द्वितीय संतान : राखी देवी, श्रावण शुक्ल पूर्णमासी, 24-8-1972
जन्म स्थान : आर्यापुरा, दिल्ली।
तृतीय संतान : अनुपमा गुप्ता, श्रावण शुक्ल त्रयोदशी, 6-8-1975
जन्म स्थान : आर्यापुरा, दिल्ली।
बहन : शोभारानी (सोना) : जन्म तिथि : मार्ग शीर्ष कृष्ण चतुर्थी
जन्म स्थान : नरवाना, जिला जीन्द (हरियाणा)।
बहन : पुष्पारानी : जन्म तिथि फाल्गुन शुक्ल त्रयोदशी, 22-3-1959
जन्म स्थान : कुराड़, तहसील नरवाना।
बहन : फुलवती*
बहन : चमेली*
*इनका जन्म मेरे जन्म से पूर्व ताऊजी के यहाँ हुआ।

आज के सामाजिक-सांस्कृतिक-राजनीतिक उत्तरदायित्व

1.	भारतीय जनता पार्टी	प्रदेश अध्यक्ष
2.	धर्म यात्रा महासंघ	राष्ट्रीय अध्यक्ष
3.	निष्काम सेवा ट्रस्ट (पंजीकृत)	महामंत्री व संस्थापक
4.	अग्रवाल वेलफेयर सोसायटी	परामर्शदाता
5.	हिन्दी साहित्य सम्मेलन	योजना मंत्री
6.	गंगामाता अस्पताल, हरिद्वार	ट्रस्टी

7.	महाराजा अग्रसेन अस्पताल, पंजाबी बाग	ट्रस्टी
8.	श्री लक्ष्मीनारायण मन्दिर, अशोक विहार	मुख्य परामर्शदाता
9.	अखिल भारतीय गोरक्षा समिति	उपाध्यक्ष
10.	बाबू जगजीवन राम अस्पताल, दिल्ली	सदस्य
11.	वैश्य मानव सेवा संघ	कार्यकारी अध्यक्ष
12.	आदर्श रामलीला कमेटी, अशोक विहार	मुख्य परामर्शदाता
13.	आदर्श शिक्षा संस्थान	मुख्य परामर्शदाता
14.	इन्द्रप्रस्थ युवा मंच (रजि.), दिल्ली प्रदेश	मुख्य संरक्षक

प्रमुख सेवा कार्य

1. माननीय विनोबा भावे जी द्वारा वर्धा में वर्ष 1952 में एक संगठन बनाया गया—स्वावलम्बन। उसके अंतर्गत टीम बनाकर रोजाना दस घरों में टट्टीयों की सफाई करना।
2. माननीय प्यारेलाल गुप्ता द्वारा आयोजित कार्यक्रम के अन्तर्गत समालखा में रेलवे स्टेशन पर यात्रियों को गर्मियों में हैण्ड पम्प से पानी पिलाना।
3. आनन्द पर्वत एसोसिएशन द्वारा आयोजित कार्यक्रमों में नजफगढ़ बाढ़ पीड़ितों को पंद्रह दिन तक रोजाना भोजन-कपड़े वितरित करना।
4. पंजाब विस्थापितों की सहायता के लिए कार्य।
5. कश्मीर विस्थापितों की संख्या लगभग तीन लाख थी। उनकी समस्या का 1990 में प्रभारी बनाया गया और पांच साल लगातार श्री केदारनाथ साहनी जी के नेतृत्व में कार्य किया।
6. उत्तरकाशी में भूकम्प से जो लोग बेघर हुए उनके पुनर्वास के लिए अनेक बार उत्तरकाशी व देहरादून जाकर प्रबन्ध करवाये।
7. दिल्ली में हैजा फैलने पर इसकी रोकथाम का प्रभारी बनाया गया। एक मास तक केवल यही एक काम किया।
8. दिल्ली प्लेग के उन्मूलन के लिए प्रभारी बनाया गया।
9. दिल्ली पल्स पोलियो कार्यक्रम के अंतर्गत लगातार तीन साल तक इस कार्य में सहयोग।

लेखक के माता व पिता

लेखक भाजपा दिल्ली प्रदेश अध्यक्ष

स्वामी ज्ञान स्वरूपानंद सरस्वती जी से गुरुधारणा लेते हुए लेखक अपने परिवारजन के साथ : 20-8-1985

लेखक अपने परिवार की सबसे छोटी पौत्री "सृष्टि" के जन्मदिवस पर : 16-11-1999

अपने पाँच सुपुत्रों और पत्नी के साथ लेखक

अपने परिवार के सदस्यों के साथ लेखक

न्यू रोहतक रोड दिल्ली में मैन्यूफैक्चर एसोसिएशन के मंच पर विश्वकर्मा पूजन दिवस के अवसर पर लेखक : सन् 1983

वोट क्लब पर विकलांगों को साईकिल वितरण करते हुए लेखक साथ में अन्य नेतागण : सन् 1991

अमरनाथ त्रासदी में मारे गए तीर्थयात्रियों की स्मृति में तालकटोरा स्टेडियम में

धर्मयात्रा महासंघ के केन्द्रीय कार्यालय में उद्घाटन के अवसर पर लेखक एवं अन्य वरिष्ठजन : 18-11-1996

धर्मयात्रा महासंघ के संरक्षक माननीय प्रधानमंत्री जी एवं लेखक (धर्मयात्रा महासंघ अध्यक्ष) गंभीर विचार-चर्चा करते हुए

पुरा महादेव मेरठ में रुद्राभिषेक के अवसर पर लेखक : 21-7-1997

कैलाश मानसरोवर यात्रियों के जत्थे को विदा करते हुए लेखक साथ में श्री अशोक सिंघल एवं अन्य : 17-8-1997

भाजपा दिल्ली प्रदेश के अध्यक्ष पद पर लेखक को निर्विरोध चुने जाने की घोषणा करते चुनाव अधिकारी श्री वेंकैया नायडू जी एवं साथ में अन्य वरिष्ठ नेतागण : 30-6-1998

झिंझोली में आयोजित भाजपा दिल्ली प्रदेश के कार्यकर्ताओं के प्रशिक्षण शिविर में लेखक एवं वरिष्ठ नेतागण : 12-13 सितम्बर 1998

फिरोजशाह कोटला मैदान में आयोजित जनमत से घोर विश्वासघात विशाल जनसभा में एन. डी. ए. के नेतागण के साथ लेखक : 25-4-1999

कारगिल युद्ध में विजय प्राप्ति के पश्चात् दिल्ली के अनुसूचित जाति मोर्चा के कार्यकर्ताओं के साथ माननीय प्रधानमंत्री जी को बधाई देते हुए लेखक एवं अन्य नेतागण : 27-7-1999

भाजपा दिल्ली प्रदेश की ओर से कारगिल युद्ध के दौरान प्रधानमंत्री राहत कोष में सहायतार्थ धनराशि प्रधानमंत्री जी को भेंट करते हुए लेखक व नेतागण

दूसरी बार भाजपा दिल्ली प्रदेश अध्यक्ष पद के लिए नामांकन पत्र भरते हुए लेखक

लेखक को भाजपा दिल्ली प्रदेश के अध्यक्ष पद के लिए दुबारा निर्विरोध चुने जाने पर बधाई देते हुए वरिष्ठ नेतागण 17-5-2000

भाजपा दिल्ली प्रदेश का दोबारा अध्यक्ष बनने पर लेखक को बधाई देते हुए सिक्ख बंधु व सांसद विजय गोयल : 17-5-2000

फतेहपुरी मस्जिद के 'शाही इमाम' भाजपा दिल्ली प्रदेश अध्यक्ष के रूप में लेखक का अभिनंदन करते हुए

डा. श्यामा प्रसाद मुखर्जी के जन्मदिवस पर आयोजित श्रद्धांजलि सभा में लेखक एवं अन्य नेतागण

तालकटोरा स्टेडियम में आयोजित अभिनंदन समारोह में भाजपा राष्ट्रीय अध्यक्ष माननीय श्री बंगारू लक्ष्मण जी को स्मृति चिह्न भेंट करते हुए लेखक : 18-9-2000

दिल्ली विधान सभा पर दिल्ली में बिजली व पानी की समस्या को लेकर आयोजित
प्रचण्ड प्रदर्शन में लेखक एवं अन्य नेतागण : 5-7-1999

तालकटोरा स्टेडियम में आयोजित आपातकाल विरोध दिवस के अवसर पर लेखक और अन्य वरिष्ठ नेतागण : 26-6-2000

अन्य सामाजिक तथा धार्मिक कार्य

1.	1951	रामलीला मंचन समालखा मण्डी में शामिल होना।
2.	1954	गोवा के मुक्ति आंदोलन में आंदोलनकारियों की सेवा।
3.	1962	चीन के हमले के समय सुरक्षा हेतु वार्डन।
4.	1967	गोरक्षा आंदोलन में सहयोग।
5.	1968	आर्यापुरा सब्जी मन्डी में रामलीला प्रारम्भ करवाना।
6.	1969	आर्यापुरा में मन्दिर में एक दरी व वाचनलाय में साधारण फर्नीचर बनवा कर यह संकेत देना कि कम आय में भी समाज कार्य के लिए वित्तीय योगदान संभव है।
7.	1970	वैष्णो देवी पर कमरा बनवाकर अपनी आय के भाग का विभाजन।
8.	1971	पटना व मौरवी में आई बाढ़ के लिए सहयोग। उस समय मैं आनंद पर्वत ऐसोसिएशन का महामंत्री था।
9.	1975	आपातकाल में जेल यात्रा व बाहर आकर अन्दर गये लोगों के परिवारों की देखभाल करना।
10.		गठिया बाये के लगभग 40 कैम्प आरोग्य संस्थान के माध्यम से दस वर्ष तक लगाये गये।
11.		श्री लक्ष्मीनारायण मन्दिर, अशोक विहार में हुए निर्माण में पूर्ण सहयोग के साथ भव्य मन्दिर।
12.		श्री निष्काम सेवा ट्रस्ट के नाम से संस्था बनाकर एक विशाल भवन का निर्माण हरिद्वार में करवाया।
13.		आदर्श रामलीला कमेटी, अशोक विहार, फेज-II के कार्य को सतत् आगे बढ़ाना।
14.	1992	श्री रामजन्म भूमि पर गये, उस समय जब ढाँचा गिराया गया।
15.		महाराजा अग्रसेन पब्लिक स्कूल, अशोक विहार फेज-IV, वाली जमीन के लिए धन संग्रह के संयोजक के रूप में धन इकट्ठा किया।

16.		आदर्श शिक्षा संस्थान के नाम से एक संस्था बनी और स्कूल के निर्माण का निर्णय लिया गया।
17.		महाराजा अग्रसेन अस्पताल, पंजाबी बाग–ट्रस्टी।
18.		गंगामाता (आई) अस्पताल, हरिद्वार–ट्रस्टी।
19.		धर्मयात्रा महासंघ (पंजीकृत)–यह एक राष्ट्रीय संगठन बनाया गया। विश्व हिन्दू परिषद के सहयोग से इस संगठन के द्वारा भारत के तीर्थों का विकास हो, यह एक "संकल्प" लिया।
20.	1989	विश्व हिन्दू परिषद के सम्मेलन में भाग लेने पत्नी सहित 28 लोगों की टीम में लंदन व यूरोप के आठ अन्य देशों की यात्रा।
21.	1986	भारत के तीर्थों का 35 दिवसीय रेल द्वारा चारों धाम, चारों महानगर व विशेषकर दक्षिण भारत का भ्रमण।

जिन तीर्थ स्थलों पर गया

माता वैष्णो देवी, ज्वालाजी, माता चिंतपूर्णी, कांगड़े वाली माता, चामुंडा देवी, नैनादेवी, मनसादेवी, महाकाली, भनमोरी, रामेश्वरम्, जगन्नाथपुरी, बद्रीनाथ, द्वारिका धाम, सोमनाथ, महाकालेश्वर, केदारनाथ।

अभी तक के प्रमुख आंदोलन जिनमें प्रमुखता से भाग लिया

1. गोवा मुक्ति आंदोलन में वर्ष 1952 वर्धा में भाग लिया।
2. गौरक्षा आंदोलन में वर्ष 1967 में दिल्ली में भाग लिया।
3. शिमला समझौते का चरणबद्ध विरोध किया।
4. पंजाब के उग्रवाद के विरोध में भाजपा के आंदोलन में भागीदारी।
5. भारतीय भाषाओं के आंदोलन में लगे लोगों की आर्थिक सहायता।

6. राम जन्मभूमि पर आंदोलन व 6 दिसम्बर, 1992 को अयोध्या में उपस्थिति।
7. श्री कृष्ण जन्मभूमि पर से पुलिस बल हटाने के लिए ब्रज संत यात्राएं वि.हि.प. व धर्मयात्रा महासंघ द्वारा।
8. कश्मीर के लाल चौक पर सेना का मनोबल बढ़ाने हेतु झंडा फहराना।
9. आपातकाल में जेल यात्रा व अभी तक अनेक जेल यात्राएं।

मेरी जीवन यात्रा

कुराड़ से दिल्ली तक

मेरा जन्म मार्गशीर्ष कृष्ण चौथ (संवत 1994) को ग्राम कुराड़, तहसील नरवाना, जनपद जीन्द, हरियाणा में हुआ। यह स्थान उस समय अविभाजित पंजाब में था। अंग्रेजी कैलेण्डर के अनुसार मेरी जन्म तिथि 23 नवम्बर, 1936 है।

हमारा परिवार नागरमल परिवार है और हमें चौधरी का ख़िताब मिला था। हमारे एक पूर्वज लड़ाई में मारे गये थे। उन्हें सता कहा जाता है। उनकी समाधि आज तीर्थस्थल का रूप धारण कर चुकी है। यह समाधि जीन्द-रोहतक रोड पर स्थित है। हमारे वंश के 300 परिवार आज देश भर में फैले हुए हैं। इनमें से अधिकांश लोग प्रतिवर्ष "सतियों की अमावस" के दिन सता की समाधि पर इकट्ठे होते हैं। वहाँ एक मंदिर भी है।

मेरे जन्म के समय हमारा परिवार सम्पन्न था। फिर समय ने करवट ली और पिताजी का व्यापार डगमगाने लगा। धीरे-धीरे स्थिति इतनी खराब हो गयी कि मुझे चौदह वर्ष की उम्र में ही जीविका की तलाश में घर से निकलना पड़ा। यह तलाश मुझे स्थान-स्थान पर ले गयी। पहले मैं रोहतक, फिर समालखा (करनाल), फिर वर्धा, फिर अकोला और कलकत्ता होता हुआ दिल्ली आ गया।

दिल्ली में 25 दिसम्बर, 1956 को मैंने रोशनआरा रोड पर लाला मुकुट बिहारी लाल के कारखाने में केवल अस्सी रुपए मासिक पर नौकरी करके अपने जीवन की शुरुआत की। एक सप्ताह में ही मेरा वेतन दुगुना हो

गया। इस प्रकार मैंने आगे बढ़ना शुरू किया। मैंने कुछ वर्ष बाद अपना छोटा-मोटा व्यापार करना आरंभ किया और धीरे-धीरे कदम जमाये।

व्यापार के साथ ही मेरा ध्यान समाज सेवा की ओर शुरू से ही था। मैं वर्ष 1949 में ही अपने मामा जी श्री प्यारेलालजी के मार्ग दर्शन में राष्ट्रीय स्वयंसेवक संघ का स्वयंसेवक बन गया था। मामाजी तहसील कार्यवाह थे। वर्ष 1948 में महात्मा गाँधी की हत्या के पश्चात संघ पर प्रतिबंध लगा तो मामाजी जेल गये। उस समय उनकी तलाश में आये पुलिसकर्मियों ने मेरी जमकर पिटाई की थी। एक तरह से वही मेरे राजनीतिक यात्रा की शुरुआत थी। उसी दिन मेरे मन में कुछ करने और देश में क्रान्ति लाने की प्रथम ज्वाला भड़की थी।

दिल्ली में मैंने अपनी राजनीतिक गतिविधियों का आरंभ दाल मिल एसोसिएशन के संगठन से किया और जनसंघ में पदोन्नति की सीढ़ियां चढ़ता हुआ भारतीय जनता पार्टी की प्रदेश शाखा में कोषाध्यक्ष के पद पर पहुँचा और आज प्रदेश अध्यक्ष के रूप में मुझे संगठन तथा देश की सेवा का अवसर प्राप्त हो रहा है। यह मेरे लिए असीम गौरव का विषय है।

इसी बीच मुझे तीर्थ यात्रियों की सेवा संगठित रूप से करने का अवसर मिला। यह मेरा सौभाग्य था। मैं आज भी, कितनी ही राजनीतिक व्यस्तता हो, तीर्थ यात्रियों की सेवा को प्राथमिकता देता हूँ।

आगे के पन्नों में मेरी इसी समाज सेवी एवं राजनीतिक यात्रा की कहानी सिमटी हुई है।

जन्म एवं पारिवारिक पृष्ठभूमि

मुझे विद्या अध्ययन के लिए अपने मामा के यहाँ पहले सांधी, जिला रोहतक, फिर समालखा, जिला करनाल, हरियाणा में जाना पड़ा। उसके पश्चात सन् 1952 में मैं अकोला व 1952 में ही अपने कुनबे के भाई चिरंजीलाल के पास वर्धा कार्य करने हेतु गया। 1955 के प्रारंभ में मेरी आँखें खराब होने के कारण मुझे अपने गाँव में वापस आना पड़ा। गाँव में रजबाहा अर्थात नदी थी। नदी पर जो चौकीदार गेस्ट हाउस में काम

करता था, उसने मेरी आँखें देखकर एक देशी दवाई बनाकर दी। उस उपचार के उपरांत, मेरी आंखें आज 65 वर्ष की आयु में भी बिल्कुल ठीक हैं, जब कि इससे पहले काफी इलाज करवाया गया था। आँखें ठीक होने के पश्चात मैं कलकत्ता नौकरी करने के लिए चला गया। कलकत्ता गये एक वर्ष भी नहीं बीत पाया था कि घरवालों का दबाव पड़ा कि मैं वापस गाँव आ जाऊँ जिससे मेरी शादी हो सके। मैं वापस गाँव आ गया और नवम्बर, 1956 को दिल्ली में अपने मामा प्यारेलाल गोयल जी के कहने पर आया।

मैं अपने जीवन में काफी उतार-चढ़ाव देख चुका हूँ। मेरे जन्म के बाद समय ने हमारे परिवार को आगे बढ़ाया जो धीरे-धीरे एक खुशहाल परिवार कहलाने लगा और मेरे पिताजी के जीवन के ये क्षण उनके स्वाभिमान को आगे बढ़ाकर ले गये। एक व्यापारी (आढ़ती) के नाते नरवाना मन्डी (हरियाणा) में उनका प्रमुख स्थान था। परन्तु इसके पश्चात वक्त ने करवट बदली और सट्टे में सब स्वाहा हो गया। मैं अपने मामा के गाँव सांधी चला गया। फिर 1947 के सांप्रदायिक दंगे हुए। देश का विभाजन और नदी में रोजाना बहती हुई लाशें अपने मामा के गाँव में देखने के पश्चात मैं अपने छोटे मामा के यहाँ समालखा पढ़ाई के लिए गया। परन्तु ईश्वर को शायद मेरी उच्च शिक्षा स्वीकार नहीं थी। मेरे मामा राष्ट्रीय स्वयंसेवक संघ पर प्रतिबंध लगने के कारण जेल गये। उनके जेल जाने के पश्चात मैं मामा जी की आढ़त की दुकान पर काम करने लगा। उस समय से ही मुझे अपनी क्षमता से अधिक कार्य करने की आदत बन गई। जब मैं काम अधिक करने लगा तो मामा जी के जेल जीवन के पश्चात भी स्कूल न जाकर काम में लग गया और साधारण शिक्षा ही प्राप्त कर सका।

प्रारम्भिक जीवन

मैं वर्ष 1949 से 1951 तक तीन वर्ष समालखा में रहा। उस समय ही राष्ट्रीय स्वयंसेवक संघ का स्वयंसेवक बना, उसी समय रामलीला कमेटी में जुड़कर काम किया और उसी समय सेवा कार्य के नाते गर्मियों में रेलवे स्टेशन पर यात्रियों को हम कुछ लड़के मिलकर पानी पिलाने जाया करते थे। इसके पश्चात किन्हीं कारणों से मैं नौकरी करने के लिए अपने दादा

जी के छोटे भाई श्री सूरजभान जी के साथ अकोला (तब मध्य प्रदेश) जाने के लिए समालखा से अपने गाँव कुराड़ (जिला जीन्द) चला गया और घर जाकर जब अकोला जाने की तैयारी के विषय में पूछा तो घर वालों के पास किराये के लिए पैसे नहीं थे और मैं अपने मामा जी के पास से कुछ नहीं लाया था। तब मैंने मां की कानों की बुजनी गिरवी रखकर शायद 80 या 100 रुपया लिया और मैं दिल्ली की टिकट लेकर दिल्ली स्टेशन पर पहुँच गया। उस समय मुख्य रेलवे स्टेशन केवल एक ही दिल्ली जंकशन हुआ करता था और लम्बी दूरी की सभी गाड़ियाँ यहाँ से ही चला करती थीं। हमें दिल्ली से खण्डवा की गाड़ी में बैठना था। दादा जी टिकट ले आये। पता चला कि गाड़ी कुछ लेट है। दादा जी कुछ खाने-पीने का सामान लेने के लिए स्टेशन से बाहर चले गये और जब वापिस लौटकर आये तो उन्होंने बताया कि टिकट कहीं गिर गयी और अब हमारे पास केवल तीन रुपये ही शेष बचे हैं। गंभीर समस्या हो गयी। अगर गाँव में वापिस जायें तो किराये के लिए पैसा नहीं और आगे जायें तो टिकट नहीं। दादा ने कहा, चलो जो होगा देखा जायेगा। अकोला ही चलना चाहिए। मन में भारी भय को लेकर गाड़ी में बैठ गये। हमारे पास केवल एक ही सहारा बचा हुआ था। चलते समय मां ने किसी तरह दूध में आटा भिगो कर हमें परांठे तीन-चार रोज के बाँधकर दे दिये थे। हम तीन दिन सफर करने के पश्चात अकोला पहुँच गये। वहां पर हमारे कुनबे के भाई ने जीन्द से जाकर आढ़त की दुकान कर रखी थी। हमारे आने का उनको पता था क्यों कि हम उन्हीं के बुलावे पर अकोला आये थे। जब वह किसी शादी में गाँव गये थे तब हमारे पिताजी से मेल हुआ होगा और अकोला आने के लिए इन्हीं ने कहा होगा। अब मैं दुकान पर काम करने लग गया और मेरे दादा कुछ दिन यहाँ रुकने के पश्चात वापिस "देश में" यानी गाँव चले गये। अपनी आदत के अनुसार थोड़े ही दिनों में मैंने वहां अपना स्थान बना लिया। भाई चिरंजीलाल के छोटे भाई द्वारकादास और एक लड़का सत्यनारायण भी अकोला आ गये।

वर्धा में कुछ समय

धीरे-धीरे वर्धा में काम अधिक बढ़ने लगा और मुझे अकोला से वर्धा में बुला लिया गया। मैं वहां जाकर काम करने लगा। उस समय मेरी आयु 16-17 साल की थी। शरीर प्रारम्भ से ही हृष्ट-पुष्ट था। इसी आयु के कुछ लड़कों से मित्रता हो गई। हम रविवार के दिन प्रातः नहाने के लिए "पवनार" जहाँ संत विनोबा भावे का सेवा ग्राम आश्रम भी था, जाने लगे। कुछ समय बीतने के पश्चात एक दिन हम उनके आश्रम में चले गये। इसके पश्चात फिर एक दिन, शायद वह दिन सेवा ग्राम में उत्सव का दिन था। हम वहाँ गये। वहाँ हमारा कई बार जाने से कुछ परिचय भी हो गया। वहाँ हमें लगा कि यहाँ जो लोग आ रहे हैं, वे कहीं-न-कहीं समाज में सेवा का कार्य करते हैं। हम भी कुछ समय के लिए रुक गये और कार्यक्रम प्रारम्भ हो गया। सभा जैसा वातावरण हो गया। सेवा कार्य की जानकारी ली जाने लगी। हम तो सेवा कार्य में लगे नहीं थे। अब उनकी भी बारी आयी, जो किसी सेवा कार्य में नहीं लगे थे। हमसे पूछा गया क्या तुम स्वावलम्बी बनना चाहते हो। बताया गया कि इसका मतलब है अपना कार्य स्वयं करना। यह तो हर व्यक्ति उस समय चाहता ही था। फिर कहा, जो दूसरों का कार्य करे उसे क्या कहेंगे ? शायद किसी ने कुछ-न-कुछ इस पर कहा, परन्तु बाबा ने उस समय एक आदेश हमें दिया कि क्या तुम अपनी गली के मकानों में जाकर दस रोज तक उनके घरों की टट्टी साफ कर सकते हो। एक बार तो यह बात सुनकर संकोच हो रहा था। परन्तु वातावरण बदला। योजना बनाने के लिए सेवा ग्राम का सेवावृत्ति तय हुआ और यह कार्य प्रारम्भ हुआ। 'मैला' हम तसले में भरकर रेहड़ी में डालकर दूर खड्डे में डाल कर आते थे। यह कार्य धीरे-धीरे सारे नगर में प्रारम्भ हो गया और इस कार्य से मेरा आत्म विश्वास बढ़ा और समालखा मन्डी से स्टेशन पर पानी पिलाने से जो प्रेरणा मिली थी, वह इस कार्य से आगे बढ़ी। फिर मैं अपने काम के बाद जो थोड़ा बहुत समय सप्ताह में एक बार बचा पाता, वह अन्य सेवा कार्य व सामाजिक कार्य में लगाया करता था। एक बार शहर में ताजिए निकले। उनके समापन

पर वे लोग बड़ा लम्बा-चौड़ा गड्ढा खोद कर उसमें लकड़ी के कोयलों की आग बनाया करते थे और उस कोयले की धधकती अग्नि में से निकला करते थे। यह देखकर आश्चर्य हुआ करता था, परन्तु जब मैं स्वयं उसमें से निकला तो मेरा आत्म विश्वास और बढ़ गया। मैं धीरे-धीरे नगर में पहचाना जाने लगा। उन्हीं दिनों गोवा का मुक्ति आंदोलन चल रहा था। उन आन्दोलनकारियों की सेवा हेतु स्टेशन पर जाकर उन्हें मिठाई देना, फूल मालाओं से स्वागत करना, यह कार्यक्रम संस्थाओं की ओर से चल रहा था। मैं भी इसमें कभी-कभी समय निकाल कर चला जाता और इस कार्य से मेरे मन पर राष्ट्र भक्ति की छाप और गहरी हो गयी। वर्धा में हमारे भाई का काम अच्छा था। मुझे वैसे तो मासिक वेतन के रूप में कभी कुछ नहीं दिया जाता था परन्तु वह कभी-कभी हमारे गाँव में जब हरियाणा जाते तो कुछ दे आया करते थे। मैं वहाँ तीन साल रहा। शायद मुश्किल से एक दो बार ही गाँव में आया हूँ। हम जिस रसोइये के पास भोजन करते थे, वह पहले महात्मा गाँधी का भोजन बनाया करता था और उसे सेठ जमनालाल बजाज ने रखा हुआ था। जब उनसे बात हुई, वे कहने लगे कि महात्मा गाँधी के देहान्त के बाद सेठजी ने यह मन्दिर के पीछे वाला स्थान मेरी जीविका चलाने के लिए दे दिया था। वह रसोइया बड़ी आयु का और राजस्थान का था। भोजन वह केवल कुछ लोगों के ही लिए बनाया करता था परन्तु जिन्हें यह भोजन करवाता था, मां की तरह प्यार देता था। मैं प्रेमवश छोटी आयु का होने के कारण उसे अम्मा कहा करता था। एक दिन की बात है, मैं और मेरे बड़े भाई, जिनके यहाँ मैं काम करता था, और एक अन्य आदमी दुकान पर थे। दो लोग बाहर वाली गद्दी पर बैठे थे और मैं अन्दर वाली पर। समय लगभग प्रातः 9-10 बजे का होगा, एक व्यक्ति आकर बाहर वाली गद्दी के पास बैठ गया और मेरे भाई से कुछ बातें करता रहा। थोड़ी देर के पश्चात उसने उन्हें कुछ ऊँची आवाज में कहा होगा, क्यों कि मेरे कानों में एक बात पड़ी कि तुम चार महीने में वर्धा छोड़कर अपने देश (गांव) चले जाओगे। इस बात को सुनकर मैंने भी अपने कान उधर कर लिये। वह मेरी तरफ देखकर बोले, यहाँ आ। मैं भाई की तरफ देखने लगा। भाई ने संकेत करके मुझे भी बाहर बुला

लिया और मेरी तरफ देख कर कहने लगा कि तुम्हारी किस्मत तुम्हारी शादी के बाद खुलेगी। इस बात को जब उसने दोहराया, तब भाई साहब कहने लगे कोई विधवा औरत अपनी लड़की के साथ शादी कर देगी और अपना सारा पैसा घर जमाई रखकर इसे दे देगी। उन्होंने कहा, शादी में कुछ नहीं मिलने वाला और न ही घर जमाई बनेगा। और फिर उन्होंने कहा यह लड़का एक साल बाद यहाँ से चला जायेगा और फिर गाँव के नजदीक ही जाकर काम करेगा। फिर इसकी शादी होगी और मैं इससे एक बार उस समय आकर अवश्य मिलूँगा, जब तुम्हारी स्थिति बहुत अच्छी होगी। यह बात कहकर वह कुछ कहे बगैर, कुछ लिए बगैर ही तुरन्त उठकर चला गया। उनके जाने के बाद मैं सामने वाली दुकान पर गया और उनको इस घटना की जानकारी दी। वह मेरे मित्र थे। मैं उनके साथ घूमने जाया करता था। मेरी बात सुनकर वह साईकिल लेकर मुझे बैठाकर उन्हें ढूँढ़ने निकले। परन्तु वह नहीं मिले। वही हुआ जो उन्होंने कहा था। भारत सरकार के खाद्यमंत्री रफी अहमद किदवई बन गये और उनकी नीतियों के कारण बाजारों में इतना मंदा आया कि 16 रु. मन बिकने वाली अरहर की दाल 9 रु. मन हो गई, बिनौला 8 रुपया मन। गुड़, अरहर जो राजा मुंदरी गयी थी, वह वहीं रुक गयी, बिनौला जो रेल की बोगियों में बन्द था वह रुक गया। लेने वाले आ गये, देने वाले कहने लगे हमारे पास अभी माल ही नहीं पहुँचा। कहीं रास्ते में होगा। इस स्थिति से तंग आकर दाल मिल बन्द हो गयी, दुकान बन्द हो गयी और मैं वहाँ रहकर दलाली करने लग गया। लगभग एक साल दलाली करने के बाद घर वालों ने जबरदस्ती गाँव में बुला लिया। कारण, मेरी शादी वहाँ रहकर नहीं हो सकती थी। वर्धा से मैं जब गाँव में वापिस आया, अपने साथ 'कल्याण' के वे सभी अंक ले आया जो तीन वर्ष से हमारे पास आया करते थे, दूसरे कुछ वे पत्र जो 1951-52 में मेरे पास मद्रास से राउरकेला से व बवाना से भाई चिरंजीलाल के गाँव जाने के बाद वर्धा मेरे पास आये थे। गाँव में आकर तीन चार महीने गाँव में रहकर अपनी आँखों का इलाज करवाया। (मेरी आँखों से पानी आना प्रारम्भ हो गया था। वर्धा रहते हुए रायगढ़ जाकर भी इलाज करवाया, परन्तु थोड़े दिन बन्द होकर फिर प्रारम्भ हो जाता था।

मेरा इलाज हमारी दुकान पर राशन का सामान लेने नहर पर बनी कोठी (रेस्ट हाउस) पर जो चौकीदार रहता था, उसने किया। एक दिन जब वह दुकान पर आया और चर्चा हो रही थी कि अमृतसर जाकर इसकी आँखों का इलाज करवाना है तो उसने कहा एक बार मेरी दवाई तुम डालकर देख लो, उससे काफी लोगों की आँखें ठीक हो गई हैं। मैंने वह दवाई लगभग डेढ़ महीना डाली होगी। मैं यह कह सकता हूँ कि आज चौंसठ वर्ष तक की आयु होने के पश्चात मेरी आँखें बिलकुल ठीक काम कर रही हैं। इसी बीच मेरे मामा प्यारेलाल जी समालखा मण्डी से काम बन्द करके कलकत्ता चले गये और मुझे भी कलकत्ता बुलाने का उनका पत्र आया। मैं कलकत्ता चला गया। वहाँ जाकर एक बाल्टी बनाने वाली फर्म बिशनदास आयरन वर्क्स में मैं काम करने लगा। वहाँ काम करते-करते छह महीने ही गुजरे होंगे, पानी के कारण मेरे पेट में कुछ तकलीफ रहने लगी। कुछ गाँव वालों की यह इच्छा हुई कि मैं कहीं गाँव के नजदीक किसी मंडी अथवा शहर में काम करूँ जिससे मेरी शादी हो सके। मैं कलकत्ता से गाँव में आ गया। मैं सोचता हूँ कि क्या यह भगवान के बनाये अपने विधान के अनुसार नहीं हो रहा था कि मुझे दो बार काम छोड़ कर गाँव में आना पड़ा। शायद अभी या तो मेरी किस्मत सोई हुई थी या भगवान मेरा रास्ता अपने अनुसार कहीं तय करना चाहता था। अबकी बार गाँव में शायद तीन चार महीने ही रहा कि हमारे मामा प्यारेलाल जी का पत्र आ गया कि मांगेराम को काम करने के लिए दिल्ली भेज दें। अब हमारे मामा जी भी कलकत्ता छोड़ कर दिल्ली ही आ गये थे।

दिल्ली आगमन

मैं नौकरी करने के लिए गाँव से दिल्ली स्टेशन पर आकर उतरा। थोड़ा आगे चला ही था कि एक आदमी आगे से आया और कहने लगा कि आपको कोई पोटली तो नहीं मिली। फिर खुद ही कहने लगा कि एक आदमी लड़की की शादी के लिए सोना खरीदकर अपने गाँव में जेवर बनवाने के लिए ले जा रहा था, वह यहीं कहीं गिर गया। थोड़ा आगे चले एक पोटली उसने झुककर जमीन से शायद उठायी या उसकी हाथ की सफाई

थी। मुझसे कहने लगा देखो यह वही सोने की पोटली लगती है। लो खोलकर देख लो। इस बात के बाद मेरे मन में शंका हुई कि जो कुली मेरे आगे मेरा ट्रंक व छोटा बिस्तर लेकर चल रहा है, कहीं वह मेरा सामान लेकर मेरी आँखों से ओझल न हो जाये। मैं उस व्यक्ति से अपना पीछा छुड़ाना चाहता था। मैं जब कलकत्ता में रहता था, जो लोग हरियाणा से कलकत्ता जाया करते, वे हावड़ा ब्रिज पर कुलियों द्वारा अक्सर सामान गायब की शिकायत किया करते थे। इस घटना से वह दृश्य मेरी आँखों के सामने आ गया परन्तु जरा आगे चलते ही दो आदमी आये और साईकिल हमारे साथ लगाकर कहने लगे कि बाबू जी हम बरबाद हो गये। हम गाँव से सोना अपनी बेटी की शादी के लिए लेने यहाँ आये थे, वह हमने खरीदकर एक कपड़े में बाँध लिया था, वह गिर गया। आपको तो नहीं मिला। उनकी यह बात सुनकर मैं सारी स्थिति समझ गया। यह कोई बदमाशों का गिरोह है। अगर ये गाँव से आये हैं, तो इन के पास साईकिल कहाँ से आयी। परन्तु मैं इनके बीच में घिर चुका था और कोई जानकार भी मेरा वहाँ नहीं था। केवल मेरी एक इच्छा थी कि तेज चलकर नया बाजार तक पहुँच जाऊँ। वहाँ पर मेरे मामा जी मिल जायेंगे। परन्तु वे बहुत तेज थे। जो कुली मेरा सामान लेकर चल रहा था, उससे वह सामान एक व्यक्ति ने ले लिया और कहा तू जा। वह चला गया। मुझे डर भी लग रहा था और यह विचार भी आ रहा था कि मेरे पास मुश्किल से पचास रुपया ही होगा, मुझसे क्या ले लेगा। आगे वह एक पेशाबघर के पास जाकर कहने लगे कि चलो यह सोना किसी सुनार को दिखा कर इसे आधा-आधा कर लो, बाकी यह अपना पता बतलायेगा और सोना बेचकर रुपया ले आयेगा। हम किसी रोज इससे आकर ले जायेंगे। जब मैं नहीं माना और मैंने कहा, भैया तुम मेरी तलाशी ले लो। मेरे पास कुछ नहीं है। तब उन्होंने कुछ विचार किया और मेरा बिस्तर छोड़कर चले गये। वहाँ से मैं बिस्तर उठाकर मामा की उस दुकान पर चला गया जहाँ वह काम करते थे। मैं इससे पहले भी कई बार दिल्ली आ चुका था। वहाँ जाकर जो घटना मेरे साथ घटी उसकी जानकारी पाकर वहाँ बैठे लोगों में से किसी ने कहा, यह दिल्ली है, आगे संभल कर रहना। इसके पश्चात अगले दिन मामा जी ने मेरी

नौकरी के लिए कई लोगों को कहा। भुर्रामल दाऊदयाल की दुकान पर जगदीश बन्सल मुनीम का काम करते थे। वह मटलोड़ के रहने वाले थे और उन्होंने कहा कि हमारी दाल मिल में एक मुनीम की जरूरत है। साथ ही उन्होंने कहा कि यह दाल मिल हमारी इसी दुकान की है और दुकान पर 6-7 मुनीम और भी काम करते थे। उन्होंने कहा कि यहाँ पर तुम्हें 200/- या 250/- रुपया महीना तनख्वाह मिल सकती है। परन्तु उसने कोई निश्चित जवाब नहीं दिया और इससे आगे मैंने भी कुछ नहीं पूछा। अगले दिन फिर मैं उनकी दुकान पर चला गया। कुछ समय के पश्चात एक बड़ी उम्र के व्यक्ति आये। उनका कार्य दाल मिल से संबंधित था। वह जब बातें कर रहे थे, तो पता चला कि उनकी भी दाल की मिल है और हिसाब से बहुत दुःखी हैं। वह जगदीश से कहने लगे, तुम कोई अच्छा मुनीम दो। जगदीश ने कहा कि चाचा तुम्हारे गुस्से के सामने कोई मुनीम कैसे टिकेगा। फिर जगदीश ने कहा, यह लड़का है, तुम इसको रख लो। यह बात सुनकर वह कहने लगे, क्या तनख्वाह लेगा। मैं बीच में बोल पड़ा कि आप जो दे दोगे, मैं वही ले लूँगा। जगदीश ने कहा, क्या तू इनका गुस्सा भी झेल लेगा। मैंने जवाब दिया, झेल लूँगा। उन्होंने जाते-जाते कहा कि मैं तनख्वाह अस्सी रुपया महीना दूँगा। मैंने कहा कोई बात नहीं। मैं अगले दिन प्रातः काल, लाला मुकटबिहारी लाल की दाल मिल रोशन आरा रोड पर गया। उन्होंने पूछा कि तेरी शादी हो गयी क्या। मैंने कहा नहीं। अन्य बातें पूछने के पश्चात उन्होंने मुझे पिछला पड़ा 5-6 साल का दाल मिल का बहीखाता दिया। इतना ही बहीखाता खारी बावली की दुकान का बाकी पड़ा था। उस समय इन्कमटैक्स डिपार्टमेन्ट की शायद इतनी सख्ती नहीं थी। इसी बीच सेठ जी मूंग, उड़द वगैरह खरीदने मध्य प्रदेश चले गये। मिस्त्री रामस्वरूप इस दाल मिल में काफी पुराना था। पहले ला. मुकुटबिहारी लाल जी के पार्टनर उनके अपने जीजा ला. किरोड़ीमल थे। वह 5-6 साल पहले अलग हो गये थे। उनका भी कारखाना इसी के बराबर में थोड़ी जगह में था, परन्तु उनका छोटा कारखाना व्यवस्थित था और ला. मुकटबिहारी लालजी का बहुत अव्यवस्थित था। दाल भी 2-3 ठेले ही रोजाना बनती थी, जब कि मशीन काफी बड़ी थी। लाला जी

मध्य प्रदेश से लगभग 15 दिन में आये। दिल्ली आकर अगले दिन जब वह आये तो मिस्त्री रामस्वरूप से 15 दिन की जानकारी के लिए कहने लगे। उन्होंने कहा, मुनीम जी के पास हिसाब लिखा हुआ है। लाला कहने लगे, इस नये लड़के को क्या पता यह बात। मैंने मिस्त्री जी से पूछा, हिसाब कब दिखाना है। लाला जी कहने लगे ''ला क्या लिखा है, दिखा''। मैंने वह कापी जिसमें यह सब कुछ लिखा था कि रोजाना कितनी दाल बनी और कितनी चुन्नी, छिलका, मट्टी निकली और कितनी मूँग बाजार से आयी थी। जब यह सब हिसाब अलग-अलग लॉट का दिखाया, तब वह इस हिसाब को देखकर काफी खुश नजर आये और फिर कहा, अब मैं आ गया हूँ, कल से तू बहीखाता भी देखना शुरू कर दे। मैंने कहा, मैंने कुछ बनाया है। जब उनको यह दिखाया और जब बताया कि जो हमारी सात दिन में दाल बिकती है, उसकी एक ही बिक्री बनायी जाती है। इस बिक्री में पक्की मिति जो बनती है उसमें अगर एक दिन का भी फर्क डाल दिया जाये, तो एक वर्ष में उसमें लगभग 30 से 50 हजार रुपये साल का फर्क पड़ता है। जब उन्हें यह दिखाया तो वह उन दुकान वालों पर आग बबूला हो गये, जिनके यहाँ माल बिका करता था। कहने लगे, जब इसमें इतनी गड़बड़ी है, तो हुन्डियों व बिल्टियों में तो पता नहीं कितनी गड़बड़ी होगी। अगले दिन मुझे नये बाजार में कुंजीलाल कुन्दनलाल की दुकान पर बुलाया गया, जहाँ हमारी दाल मिल का माल जाकर बिकता था। जब मैंने वहाँ बैठे बशेश्वरदयाल मुनीम को पाँच-छह बिक्री दिखायी और 1-1/2 मिति का फर्क बताया, तो पहले तो मुझ पर यह कहकर बहुत गर्म हो गये कि पता नहीं तेरे जैसे कितने ही मुनीम यहाँ आये और आकर चले गये। कोई एक महीना टिकता है, कोई दो महीने। तू भी चला जायेगा। ये सब बातें लाला मुकटबिहारीलाल जी के सामने ही हो रही थीं, परन्तु वहाँ उनका वह गुस्सा देखने को मुझे नहीं मिला। जब अगले दिन मैंने जगदीश को यह बात बतलायी, तो वह पहले ही इस बात की जानकारी लाला जी से ले चुका था। जगदीश ने कहा, इसमें शायद लाला की यह मजबूरी है कि बगैर हुन्डी परचे के लाला का बहुत अधिक रुपया इनके नीचे दबा है। इस कारण डर रहे हैं। जब अगले दिन लाला कारखाने आये, तो वह नया

बाजार से रसोई का सारा सामान, तवा, परात, चकला, बेलन, मसाले आदि ले आये। अब तक मैं रोटी घन्टाघर पर ब्रह्म भोजनालय में पन्द्रह रु. प्रतिमाह के हिसाब से खाया करता था। अब रोटी के साथ मेरी तनख्वाह पहले 150/-, फिर 250/- प्रतिमाह हो गयी व रोटी, चाय व 1 सेर दूध भी मिलने लगा। कारखाने में दाल तैयार होने की गति काफी बढ़ गयी थी। इस बात की चर्चा अन्य दाल मिलों में व नया बाजार की दुकानों पर होने लगी कि मुकटबिहारी लाल की मिल में बहुत माल बनने लगा है। एक बात यह भी हुई कि जब दाल अधिक बनने लगी तो कुंजीलाल कुन्दनलाल की आढ़त अधिक बनने लग गयी। अब जो उनकी दुकान के मुनीम यह कहा करते थे कि एक महीने में तू भी चला जायेगा, उनकी वाणी बदली और एक दिन वह आया कि नयी बिक्री की मिति ठीक बनने लगी। लाला को इस बात पर संतोष होने लगा कि पिछला फर्क भी अवश्य मिल जायेगा।

विवाह सम्पन्न

एक दिन की बात है, मेरे ताऊ के लड़के हुकमचन्द, जो लगभग मेरे साथ ही दिल्ली आये थे और मारवाड़ी स्कूल, नयी सड़क में अध्यापक थे, आये और कहने लगे, छोटे भाई रघुवीर की शादी है। मैं बवाना गाँव में जाऊँगा और वहाँ से बारात अलेवा जायेगी। इसमें तीन रोज लगेंगे। मैंने कहा, ठीक है, मैं चलूँगा। और मैं शादी में चला गया। मेरे पिता जी इस शादी में नहीं आये। पता चला, शायद पिछली शादियों से हमारे दूसरे दादा सूरजभान जी के कारण शादियों में आना-जाना नहीं है। मैं अलेवा बारात में गये। तब दो दिन बारात रुका करती थी। अगले रोज हमारा खाना ला. भगतराभ जी के घर पर था। तब हमारे रिश्ते के जीजा श्री मेघनाथ को लाला भगतराम जी ने अपनी लड़की के लिए कोई लड़का बताने को कहा। हमारे रिश्ते के जीजा की दो बहनों का ला. भगतराम जी के बड़े लड़के श्री शिवघनमल और श्री रामेश्वरदास के साथ विवाह हो चुका था। हमारे जीजा ने मुझसे कहा कि जहाँ रोटी खायी थी, उनकी बेटी के साथ क्या तुम्हारी शादी करवा दी जाये ? मैंने कहा पहले मैं लड़की देख लूँ, फिर बताऊँगा। मैंने कहा, मैं पहले मध्य प्रदेश में रहा। वर्धा पहले

मध्य प्रदेश में था, महाराष्ट्र तो बाद में बना है। अब दिल्ली में नौकरी कर रहा हूँ। विवाह मैं लड़की देख कर ही करूँगा। यह मेरा निर्णय है। फिर शाम को रोटी की व्यवस्था करवाकर लड़की दिखलायी गयी। मैंने कहा कि गाँव में जाकर मेरे माता पिता से बात कर लें। दो दिन के पश्चात ला. भगतराम जी गाँव में हमारे घर चले गये। वहाँ हमारे पिता जी बहुत छोटी परचून की दुकान करते थे। पिता जी कैथल गये थे। वह माता जी के पास चले गये। मेरी मां से सगाई की बात करने लगे। मां ने कहा लाला कैथल गये हैं, रात्रि में आ जायेंगे। हमारी माता जी गीता पढ़ा करती थीं और लाला भगतराम जी को भी लोग भगतजी कहा करते थे। वह अपने नाम के अनुरूप भगत ही थे। फिर तो वह माता जी से आगे बात करने लगे और कहने लगे, अब तो मैं बात पक्की करके ही जाऊँगा। फिर माता जी ने कहा कि हमारा लड़का कहता है कि मैं पहले लड़की देखकर ही शादी करवाऊँगा। तब लाला भगतराम जी ने कहा कि लड़की तो उसने देख ली है। माता जी ने पूछा, "वह कैसे? बताया गया कि बवाना से जयनारायण के यहाँ बारात आयी थी, उसमें वह भी आया था। फिर माता जी ने कहा लड़के ने देख ली तो ठीक है, लाला जी कैथल से आ जायें, उनसे बात कर लेना। रात्रि में पिताजी से बातें हुईं, रिश्ता पक्का हुआ, सगाई हुई और शादी भी। जब मैं दिल्ली से अपनी शादी के वास्ते एक सप्ताह के लिए गाँव में गया हुआ था, तब मद्रास से मेरे नाम का एक पत्र भाई चुन्नी लाल, बवाना वाले का आया। उन्होंने लिखा था कि अगर मैं मद्रास आकर नौकरी करूँ तो 600/- रुपया महीना तनख्वाह व खाना और साल में एक बार आने-जाने का किराया मिलेगा (यह पत्र 40 साल के पश्चात भी मेरी फाइल में लगा है)। मैं गाँव से शादी करवा के आ गया। 10-15 दिन व्यतीत हो गये। एक दिन लाला मुकटबिहारीलाल जी ने कहा कि तुम्हारी एक चिट्ठी मद्रास से आयी है। वह चिट्ठी लाला जी ने पढ़ ली थी और जब मैंने पढ़ी, तो वह मुझसे कहने लगे नौकरी काफी अच्छी है, बता क्या करेगा। इस बात पर मैं जब चुप रहा, तब वह सायंकाल घर चले गये। और दो तीन दिन वह कारखाने में नहीं आये। जब वह आये तो उन्होंने कहा कि तू ऐसा कर, तेरी तनख्वाह 100 रु. महीना बढ़ा देते

हैं और एक आने का हिस्सा (शेयर) तेरा कर दिया जाये, तो क्या ठीक रहेगा। मैंने कहा कि मैं इसमें कुछ भी नहीं कहूँगा। जो आपको अच्छा लगे वही करें। इस बात से वह प्रसन्न हुए। दाल मिल में काफी समस्याएं इस कारण से बनी हुई थीं कि एक तो वह अकेले थे। उन्हें ताश खेलने का इतना अधिक शौक था कि पूरी-पूरी रात ताश खेलते रहते थे। कई बार बताया करते कि जब वह दिल्ली से बाहर माल खरीदने जाते हैं तो गाड़ी की टिकट बुक करवाने के पश्चात भी वह गाड़ी छोड़ देते हैं, ताश नहीं। दूसरे उनके मन में दया का भाव था। तीसरे, शायद अकेले होने के कारण अधिक आश्वस्त नहीं थे। हमारे दाल मिल के पड़ोस में पंजाब से आये हुए लोग रहते थे। जिस बिल्डिंग में यह हमारा दाल मिल था, पहले वहाँ बहुत बड़ी चमड़े की फैक्ट्री हुआ करती थी, जिसके मालिक मौलाबक्स थे। जब हिन्दुस्तान–पाकिस्तान का बँटवारा हुआ, तब कुछ लोग उनके परिवार के मारे गये और वह खुद शायद पाकिस्तान चले गये और इस बहुत बड़ी बिल्डिंग पर कस्टोडियन का कब्जा हो गया था। पंजाब से जो लोग आये थे, हमारे ला. मुकट बिहारीलाल इनकी हर तरह से मदद करते थे। परन्तु उन्होंने लाला जी को कमजोर समझकर काफी दबा रखा था। धीरे-धीरे उनकी कुछ जगह पर कब्जा करके अपनी ड्राई लेट्रीन तक बना ली। इसके अलावा इस बिल्डिंग के अन्तिम भाग में हमारा कारखाना था और रास्ते में उन लोगों की धीरे-धीरे चारपाई बिछने लग गयी और सायं 5 बजे से ही रास्ता बन्द होने लगा और प्रातः 8 बजे तक बिछी रहने से जो माल नया बाजार से ठेलों में सायं 5 बजे के बाद आता या प्रातःकाल दाल कारखाने से लेकर बाजार जाते, तो बाहर से ही माल कमर पर उठाकर लगभग 200 फुट तक ढोना पड़ता। जब कि इसके पीछे इतनी जगह थी कि सैकड़ों चारपाई बिछ सकती थीं, परन्तु उनका उद्देश्य सदैव लाला जी पर दबाव बनाकर कमजोर करना व जगह पर अपना कब्जा करना था। समय बीतता गया और जब यह निर्णय हो गया कि अब इसी कारखाने में काम करना है, तब मैंने ला. मुकटबिहारीलाल जी के साथ बैठकर बात की कि अब जो स्थिति दाल बनाने की है वह यह कि अब 3-4 की बजाय 8-10 ठेले दाल बनने लग गयी है (120 से 150 बोरी)।

बाजार से कच्चा माल आना व बना हुआ माल जाना अधिक होने के कारण रास्ता साफ नहीं रहने की कठिनाई पर जब चर्चा हुई तब मुझे लगा कि वह कोई उनसे बात करने को तैयार नहीं हैं। इस सारी परिस्थिति को अनुकूल बनाने में समय अवश्य लगा, पर स्थिति सही ही नहीं हुई बल्कि उनसे जो तनाव रहा करता था, वह भी दूर हो गया समरसता बनी। परन्तु केवल उसी तरह जिस तरह किसी कवि ने कहा ''क्षमा शोभति उस भुजंग को जिसके पास गरल हो। उसे क्या दन्तहीन विष रहित विनीत सरल हो'' इसके पश्चात समय आगे बढ़ा। अब एक बात का विश्वास लगभग सभी दाल के कारखाने वालों को होने लगा कि लाला के कारखाने में जिस स्थान पर पड़ोसियों ने कब्जा कर रखा था, वह अब खाली हो गया। दाल जो 40-50 बोरी बना करती थी अब 100-150 बोरी बनने लग गयी और माल का भी पूरा हिसाब रहने लगा है। इसी दौरान सरकार की ओर से दाल मिलों पर कुछ सख्ती होनी प्रारम्भ हो गयी। इसका कारण था कि दालों में रंग लगा करता था।

सार्वजनिक जीवन का आरंभ (दाल मिल एसोसिएशन)

तब, दाल मिल वालों की एक एसोसिएशन बने, यह बात प्रारंभ हुई। तब व्यापार में कोई-न-कोई एसोसिएशन वगैरह बना करती थी। दाल मिल एसोसिएशन में बड़े प्रमुख-प्रमुख लोग लिये गये और इस एसोसिएशन का मंत्री मुझे बनाया गया। जब मंत्री बनाया गया और मैंने इन सभी दाल मिलों को संगठित किया, तो लोग दांतों तले उँगलियां दबाते रह गये।

भारत-चीन युद्ध—सार्वजनिक जीवन में प्रगति

मुझे इस दाल के कारखाने में रहते हुए नौ वर्ष से अधिक हो गये और इन नौ वर्षों में मैंने अपने जीवन की राह पर चलते हुए काफी अधिक मेहनत की और अपनी पहचान बनायी।

जब 1962 का भारत-चीन युद्ध हुआ तब मैं सेक्टर वार्डन बना—इसके साथ ही जब मन्दिर की बात आयी, तो मेरे मन में यह बात उठी कि तहाँ

भक्तों के बैठने के लिए दरी अवश्य होनी चाहिए। अगर कुएँ को भरकर वहाँ लायब्रेरी बनी है तो इसमें बैठने के लिए बेन्च व अखबार पढ़ने के लिए मेज अवश्य होनी चाहिए। यह पूर्ति करने की बात मन में रहा करती थी, जबकि मेरी आर्थिक स्थित बिल्कुल ठीक नहीं थी। एक बात याद है कि मैंने माधवप्रसाद दलाल से अपना जीवन बीमा करवा लिया। बीमा 1500 या 2000 रुपये का रहा होगा। मुझे याद है कि उसकी वार्षिक किस्त 100 रुपया भी देना कठिन था। कई बार वायदा करके भी नहीं दे पाता था। अब मैं इस दाल के कारखाने में नौकरी के अलावा एक आने का पार्टनर भी हो गया था और प्रभु इच्छा से उस वर्ष नौकरी के अलावा मेरे हिस्से में छह-सात हजार रुपये आ गये और इन रुपयों से गाँव में जो हमारे मकान का एक हिस्सा (एक भाग) गिरवी पड़ा था वह छुड़वा लिया और फिर अपनी अगले वर्ष की कमाई से छोटी बहन की शादी की। गाड़ी अब धीरे-धीरे अपने रास्ते पर बढ़ने लगी और मैं दोबारा से राजनीतिक क्षेत्र की ओर भी बढ़ने लगा। मैंने अपनी इस थोड़ी-थोड़ी आय से दाल मिल के बाहर एक दुकान खरीदने का मन बनाया। यह दुकान रोशनलाल नाम के व्यक्ति को मिली हुई थी और उसकी किस्तें न भर पाने के कारण नीलामो में चली गयी। इस दुकान को मैंने डाक्टर नंदलाल धवन व चाचा साईदास के सहयोग से ले लिया। जिस दिन उस दुकान की रजिस्ट्री हुई, उसी रोज पण्डित जवाहरलाल नेहरू का देहान्त हुआ। मुझे याद है कि जब कचहरी यह सूचना पाकर बन्द होने लगी, तो अंतिम रजिस्ट्री मेरी इसी दुकान की हुई थी और रजिस्ट्री कार्यालय बन्द हो गया। यह दुकान एक साल के पश्चात अपने नाम करवा कर मैंने कील काबलों की दुकान खोलकर ला. मुकटबिहारी लाल जी के भानजे ओमप्रकाश को दुकान पर हिस्सेदार बनाकर बैठा दिया। यह बात ओमप्रकाश के ताऊ के लड़के बलदेवराज को सहन नहीं हुई कि नौकरी करते हुए मैं अपनी दुकान करके उसके भाई को उस पर हिस्सेदार बनाकर बैठा दूँ। लोग उसे मजाक में बिरला जी कहा करते थे। लोगों ने मुझसे कहना प्रारम्भ किया कि बिरला जी के पेट में दर्द शुरू हो गया है। वह लाला मुकटबिहारी लाल जी से तुम्हारी शिकायत करेगा कि वह दाल मिल में तुम्हारे वाले स्थान पर आकर

काम करे। यह जानकरी मुझे इस दाल मिल के सबसे पुराने मिस्त्री श्री रामस्वरूप ने दी। एक दिन समय आया कि मैंने लाला मुकटबिहारी लाल जी से अपनी इच्छा प्रकट की मैं अब कहीं और अपना काम करना चाहता हूँ। उन्होंने थोड़ी आनाकानी के पश्चात स्वीकार किया कि ठीक है। उन्होंने पूछा कि तुम्हारा हिसाब क्या है ? मैंने बदले में एक ही उत्तर दिया कि जो दे दोगे वही मेरा हिसाब है। शायद उस समय जो पैसा मिला वह मेरी आशा के मुताबिक नहीं था। परन्तु इसमें मैंने अपनी कोई इच्छा व्यक्त नहीं की और मेरे साथ-साथ रामस्वरूप मिस्त्री ने भी काम छोड़ दिया। हम दोनों ने मिलकर गुड़ मन्डी गन्दे नाले के पुल के नजदीक एक निकल पालिश का कारखाना उस स्थान के मालिक कैलाशचन्द गुप्ता की हिस्सेदारी में लगा लिया। कुछ रुपया ब्याज पर लिया और कुछ दाल के कारखाने से मिला। शायद 25-30 हजार रुपया लागत आयी होगी। इसमें तीन भागीदार बन गये। तय हुआ कि तीन-तीन सौ रुपये महीना हम तीनों हिस्सेदार लिया करेंगे। यह निकल पालिश का कारखाना हमने फरवरी 1966 में नौकरी छोड़ते ही प्रारम्भ किया था। निकल पालिश का विचार हमें अपने मामा श्री चेतराम गुप्ता से, जो उस समय आनन्द मोटर्स में हिस्सेदार थे। आनन्द मोटर वालों ने भी एक प्लांट लगाया था। इन्हीं के सहयोग से मेरे छोटे भाई महावीर प्रसाद का हड्डी का इलाज सफदरजंग अस्पताल में डाक्टर पी. के. डोरास्वामी ने किया। मैं यहाँ बताना चाहूँगा कि मेरे छोटे भाई के पाँव पर भैंस ने पाँव रख दिया था। तब वह बहुत छोटा था और उसका इलाज गाँव में कराते रहे। परन्तु अन्दर से पूरे पाँव की हड्डी गल कर लाइलाज हो गयी। दिल्ली लाकर जब डाक्टरों को दिखलाया गया, तब लगभग सभी डाक्टरों ने कहा कि पाँव काटना पड़ेगा। तब आनन्द मोटर्स वालों की मदद से वहाँ दो वर्ष में इलाज हुआ था। जब इलाज के लिए जाया करते, तब निकल पालिश की चर्चा आया करती थी। अब हमारे कारखाने को चलते लगभग छह महीने हो गये, परन्तु हमें अनुभव नहीं था। निकल पालिश के कारखाने दिल्ली में बहुत कम थे। हमारा मिस्त्री भी यहाँ का न होकर लुधियाना का था। तब इसको भी मार्किट की पूरी जानकारी नहीं थी। परन्तु हम दिन-रात मेहनत में लगे

रहते और कारखाना आगे बढ़ने लगा। तब एक दिन ला. मुकटबिहारीलाल जी हमारे कारखाने में आये और कहने लगे कि पहले बलदेवराज ने कुछ गल्तफहमियां पैदा कर दी थीं। अब तुम दाल के कारखाने को आकर सम्भाल लो। जो तुम चाहोगे मैं वही तुम्हारा हिस्सा दाल मिल में कर दूँगा। यह भी कहा कि जो लागत इस निकल पालिश के कारखाने में लगी है, वह भी दे दूँगा। इसके पश्चात मैं चुप रहा और कुछ जवाब नहीं दिया। कारण यह था कि निकल पालिश का काम केवल मेरा नहीं था, इसमें मेरे साथ दाल कारखाने से आये रामस्वरूप मिस्त्री व जिन की जगह में हमने यह निकल पॉलिश का कारखाना लगाया था उसके मालिक कैलाशचन्द गुप्ता से भी बात करनी है। यह बात कहकर उस समय बात समाप्त की। परन्तु मेरी इच्छा थी कि जो अब काम कर लिया है उससे पीछे हटना एक कायरता होगी। यह निकल पालिश का कारखाना चार वर्ष गुड़ मन्डी में चलाने के पश्चात हमने एक स्थान रामजस फाउन्डेशन से आनन्द पर्वत पर पट्टे पर लिया। आनन्द पर्वत औद्योगिक क्षेत्र था और इस पहाड़ी पर लगभग 1500 छोटी बड़ी फैक्ट्रियाँ लगी हुई थीं। रामजस वाले यहाँ पर खाली जगह को पहले 15 पैसे प्रतिगज, फिर जब हमने लिया 60 पैसे प्रतिगज के हिसाब से मासिक किराये पर दिया करते थे और हम कई लोगों ने मिलकर वहाँ 100 या 150 गज जगह किराये पर लेकर पहाड़ तुड़वा कर फैक्ट्री लगाने की योजना बनायी। तब सारा किराया 60 रुपया से 100 रुपया महीना ही बनता था। फैक्ट्री भी कच्ची ईंटों के गारे से चिनाई करके बनाई। सब लोग वहाँ पर मकान बना रहे थे। हमने वहाँ पानी के लिए कुएँ की खुदाई प्रारम्भ की। तब पहाड़ तोड़ने के लिए बलास्टिंग करनी पड़ती थी। परन्तु वहाँ पहाड़ तोड़ना, कुआँ खोदना आदि सब काम ठेके पर हुआ करते थे। जब हमारे कुएँ की बलास्टिंग की गयी, तो उसके काफी पत्थर छिटककर कुछ फैक्ट्रियों की छत पर चले गये और उन पर सीमेन्ट की चद्दर होने के कारण चद्दर टूट गयी, कुछ लोगों को थोड़ी चोट भी लगी। मैं उस समय बाबा बालकनाथ के दर्शन करने गया हुआ था। मेरे पीछे से केस दर्ज हो गया और मेरी गिरफ्तारी के आदेश निकल गये। इसके पश्चात् मेरी यह छोटी-सी फैक्ट्री मई 1970

में प्रारम्भ हो गयी। यहाँ पर कुछ पहले से दादा किस्म के लोग रहते थे। एक दो बार उन्होंने हमें दबाने की कोशिश की, परन्तु फिर उन्हें महसूस हुआ कि इन्हें दबाया नहीं जा सकता। आगे चलकर मैं उनका स्वभाव बदलने में सफल हुआ। वह व्यक्ति थे श्री मनोहर लाल। उनसे अच्छे सम्बन्ध बनने के पश्चात वह व्यक्ति ही नहीं बदला, आगे चलकर जिस गली नम्बर 9 में मेरी फैक्ट्री थी उसमें अपनी फैक्ट्री ले ली और मैं वहाँ पर चल रही एक बड़ी फैक्ट्री एसोसिएशन का सदस्य बन गया, जिसका नाम न्यू रोहतक रोड मेनुफैक्चर एसोसिएशन था, कार्यकारिणी सदस्य बना। हमारी ऐसोसिएशन की तरफ से हर वर्ष विश्वकर्मा दिवस मनाया जाता था। उस वर्ष इस व्यवस्था को मेरे सुपुर्द किया गया और यह कार्य काफी सुचारु रूप से सम्पन्न हुआ। इस कार्य में फैक्ट्री मालिकों की भागीदारी के साथ-साथ यहाँ तीन हजार छोटी-छोटी फैक्ट्रियों में काम करने वालों की भी बराबर की भागीदारी हुयी। तब आपस में मालिक व कर्मचारी का विश्वास बना। इसके साथ मैंने जो फैक्ट्री निकल पालिश की लगायी, ऐसी अनेक फैक्ट्रियाँ दिल्ली में कार्य कर रही थीं। इन फैक्ट्रियों की संख्या पूरी दिल्ली में लगभग 3000 तक हो गयी थी। इन फैक्ट्रियों से तेजाब, सोडियम साएनेट, सेलफोरी केस्ट व क्रोम का पानी निकल कर नालियों में जाता था। एक बार की बात है कि ज़िंक की एक फैक्ट्री वाले ने अपनी टंकी की सफाई की। वह पानी जब नाली में आया, तब वहाँ से जा रही कुछ बकरियों ने पानी पी लिया और वे मर गयीं। तब प्रशासन को लगा कि यह पानी जो प्लेटिंग वालों का निकलता है, जहरीला होगा। पानी टेस्ट हुआ। केवल वही पानी ठीक नहीं पाया गया, जिसमें अण्डा पोटास इस्तेमाल होती है। फिर भी सरकार का जोर अधिक इस ओर रहा कि ये फैक्ट्रियाँ अपने यहाँ ही पानी शुद्धिकरण का संयंत्र लगा लें। कुछ इलाकों में यह काम प्रारम्भ हुआ।

एक और एसोसिएशन

इसके लिए एक एसोसिएशन का गठन दिल्ली प्रान्त स्तर पर हुआ और उसके उपाध्यक्ष की जिम्मेदारी मुझे दी गयी। यह एसोसिएशन

फैक्ट्रियों व सरकार के बीच बराबर समन्वय बनाकर चलती रही। इसके पश्चात हमारे आनन्द पर्वत औद्योगिक क्षेत्र की अनेक समस्याएं थीं। उनके समाधान के लिए एक बड़ी योजना बनायी गयी और जब योजना पर कार्य प्रारम्भ हुआ, तब लोगों का ध्यान आनन्द पर्वत की ओर खिंचने लगा। निर्णय लिया गया कि काफी वर्ष से न्यू रोहतक रोड मैन्यूफैक्चरिंग एसोसिएशन के चुनाव नहीं हुए। इसके चुनाव होने चाहिए। कुछ लोग चुनाव न करवाने में विश्वास करते थे। परन्तु चुनाव की तैयारी प्रारम्भ हो गयी। चुनाव में इस बार पहले सदस्यता अभियान चलाया गया। जो हमारी एसोसिएशन को 12 रुपया साल नहीं दिया करते थे, अब हमारा वार्षिक चन्दा 100 रुपया साल देने लगे। इस चुनाव के प्रति काफी लोगों का उत्साह बन गया और मुझे महामंत्री चुन लिया गया। अध्यक्ष वही पुराने श्री ज्ञान सिंह को चुना गया। इस चुनाव के जब परिणाम आये, तब मैंने एक घोषणा की कि मैं प्रयास करूँगा कि हमारी एसोसिएशन का अपना कार्यालय हो। अभी हमें किसी की फैक्ट्री में मींटिग करनी पड़ती है। इस घोषणा का सभी ने समर्थन दिया। अब मेरा पहला लक्ष्य एसोसिएशन का अपना कार्यालय था। फिर हमने आनन्द पर्वत पर एक प्लाट लिया, जो किसी कलकत्ता वाली पार्टी का गली नम्बर 4 में, 2200 गज का काफी दिन से खाली पड़ा था और रामजस फाउंडेशन का किराया भर रहा था, वह स्थान हम एसोसिएशन के लिए ले लें, यह बात मैंने अपनी एसोसिएशन की कार्यकारिणी में स्वीकृत करवा ली। इसके पश्चात मैंने दो व्यक्तियों का सहारा लिया इस जमीन की बात करने के लिए—एक श्री बालकिशन थापर व दूसरे श्री बलराज गोयनका। इस स्थान का अधिकार जिसके पास था वह मॉडलटाउन, दिल्ली में ही रहते थे। हम कई बार उनसे मिले और उस जमीन का सौदा हमने एक लाख छप्पन हजार रुपये का कर लिया और कुछ बयाना पेशगी भी दे दिया। इसके पश्चात हमने एसोसिएशन की ओर से रामजस फाउंडेशन के महामंत्री श्री रामकुमार गुप्ता जी से बात की कि वह इस जमीन का किरायानामा कुछ रेट बढ़ा कर जिसके नाम एसोसिएशन कहे, उसके नाम कर दें। उन्होंने कुछ किराया बकाया भी बताया। हमने पिछला किराया चुकता करने का आश्वासन दिया। वह

किराया 60 पैसे प्रति गज चाहते थे, हम 30 पैसे। लगभग यह निर्णय हो गया कि जिसमें आपकी ऐसोसिएशन को फायदा होगा, हम वह करेंगे। इसके पश्चात् विषय यह आया कि अब यह जगह तो ले ली, परन्तु हमें तो केवल कार्यालय मात्र के लिए ही चाहिए। कुछ लोगों ने कहा कि हम तुम्हें कार्यालय की छोटी-सी जगह दे देंगे। यह स्थान इसी गली वालों को दे दो। हमने एक ऑफर इस गली वालों को दिया कि 200 गज जगह व 20000 रुपया बनाने के लिए दे दो, हम यह शेष स्थान 2000 गज तुम्हें दे देंगे। परन्तु गली वाले अपना निर्णय नहीं कर पाये और भुगतान करने का समय नजदीक आ गया। अब हमने निर्णय लेकर अपने सभी लगभग 400 सदस्यों से आवेदन मांगे, उसमें कुछ प्रतिबन्ध भी लगाये गये और फिर वही बात दोहरायी गयी कि एसोसिएशन को 200 गज जगह व 20000 रुपया। परन्तु हमने जो आवेदन मांगे उसमें यह प्रयास किया कि जिनके पास पहले ही जगह बहुत हैं उनको जगह न दी जाये। निर्णय के अनुसार 20 लोगों को स्थान दे दिया गया। अपना 250 गज स्थान (ट्रान्सफार्मर के लिए जगह मिलाकर) रख लिया। कार्यालय का एक कमरा बनाया गया। इसके पश्चात् विश्वकर्मा दिवस नजदीक आ गया और निर्णय हुआ कि हमारे आनन्द पर्वत औद्योगिक क्षेत्र में लगभग तीस हजार कर्मचारी काम करते हैं। इनमें अधिकतर हर महीने वेतन लेकर मनीऑर्डर अपने गाँव में भेजते हैं। इन्हें मनीऑडर के लिए काफी दूर के डाकखाने में जाना पड़ता है। अगर हमारे इसी औद्योगिक क्षेत्र में डाकघर खुल जाये, तो जहाँ कर्मचारियों को लाभ होगा वहीं फैक्ट्री वालों को भी रजिस्ट्री करवाने व कार्ड, लिफाफे, रसीदी टिकट वगैरह की सुविधा प्राप्त हो जायेगी। मैंने कहा, हम अपना यह प्रस्ताव लेकर दिल्ली के जी. पी. ओ. में चलें और बात करें कि वह हमारे यहाँ डाकखाना किस तरह खुल सकता है। एक पत्रक बनाकर एसोसिएशन के कुछ पदाधिकारी पोस्टर मास्टर से जाकर मिले। उनके पास समय का अभाव था। हमारी बात पूरी नहीं हो पायी, परन्तु उन्होंने इस बात में रुचि अवश्य दिखायी और कहा कि हमारे कुछ नियम हैं, अगर आप उन्हें पूरा करेंगे, तो हम पोस्ट ऑफिस खोल देंगे। उन्होंने हमारा आवेदन ले लिया और कहा कि हम

आपके यहाँ किसी अफसर को भेजेंगे जो कि क्षेत्र का निरीक्षण करेगा, स्थान देखेगा और फिर जो हमारी आवश्यकता होगी, वह आपको बतायेगा। इसके पश्चात एक दिन वह आये और कहा कि आपको कम-से-कम 200 खाते खोलने होंगे और स्थान आप अपनी एसोसिएशन के कार्यालय में दो कमरे बनाकर दे दें। तब हमारा लक्ष्य पूरा होगा। हमारी एसोसिएशन के दो कमरों में पोस्ट ऑफिस चलने लगा और एसोसिएशन को किराया भी मिलने लगा। हमने अपना अगला लक्ष्य बनाया कि हमारे इलाके में छोटी-बड़ी लगभग 3000 फैक्ट्रियाँ हैं जिनमें लगभग 25-30 हजार मालिक व कर्मचारी काम करते हैं। यहाँ कोई डिस्पेंसरी नहीं हैं। हमने एसोसिएशन की मीटिंग करके तय किया कि हम एक प्रस्ताव पास करके दिल्ली प्रशासन से माँग करें कि हमारे यहाँ एक डिस्पेंसरी होनी चाहिए। हम प्रस्ताव पास करके कार्यकारी पार्षद, स्वास्थ्य, श्री बन्सीलाल चौहान के पास गये। हमने उनके पास अपने क्षेत्र की सारी जानकारी रखी। वैसे वह हमारे क्षेत्र में अक्सर उत्सवों में आते थे। वैसे भी काफी भले आदमी थे। उन्होंने हमारी बात सुनकर हमारे क्षेत्र का सर्वेक्षण करने के लिए एक व्यक्ति तय किया और हमसे उसका समय तय हो गया। जब वह सारी जानकारी लेने हमारे एसोसिएशन के कार्यालय में आये, तब अन्य जानकारियों के अतिरिक्त हमसे पूछा, आपके यहाँ जो डिस्पेंसरी बनेगी उसमें लगभग 150-200 लोग अवश्य आयेंगे। उनके लिए 8-10 डाक्टरों की टीम अलग-अलग समय में होनी चाहिए। हमसे कहा, आप कम-से-कम लेब सहित 5-6 कमरे बनाकर दें। हमने उनसे हाँ कह दी और कहा कि हम अपनी एसोसिएशन का कार्यालय ऊपर ले जायेंगे और नीचे ऊपर मिलाकर हम आपको आपकी जरूरत के कमरे दे देंगे। इसके पश्चात हमारी एक बैठक प्रशासन के अधिकारी व हमारी एसोसिएशन के सदस्यों के साथ पुराने सचिवालय में कार्यकारी पार्षद, स्वास्थ्य, श्री बन्सीलाल चौहान के कक्ष में हुई। हमारी प्रथम माँग थी कि यहाँ कर्मचारियों को दो-तीन बातों की विशेष आवश्यकता होगी, एक तो आँख में मशीन से उछलकर बुरादा गिर जाता है, कई बार उससे आँख खराब होने का खतरा रहता है। दूसरा यहाँ छोटी दुर्घटना में किसी कर्मचारी की अंगुली मशीन में आना। इसके अलावा हमारे यहाँ

महिला कर्मचारी भी पैकिंग के काम में लगी रहती हैं। बैठे रहने से उन्हें कई तरह की कठिनाइयां होती हैं। उनके खून, पेशाब, टट्टी वगैरह की जाँच का प्रबंध हो और एक किसी तरह एक्सरे मशीन लग जाये। इसके अलावा हम जो कमरे बनाकर देंगे। उनका हमें थोड़ा बहुत किराया मिल जाये। हमारी ये सब बातें उन्होंने एक-एक करके स्वीकार कर लीं। तब हम सब लोगों को बहुत खुशी हुई। तुरन्त मैंने एक माँग उनके सामने और रख दी कि डिस्पेंसरी का नाम आप जो भी रखें, उसके साथ हमारी एसोसिएशन का नाम जुड़ना चाहिए। यह बहुत ही हर्ष की बात है कि श्री चौहान ने एक अधिकारी तय कर दिया और कहा आप इनके साथ कभी मीटिंग करके कोई नाम तय कर लेना। कुछ समय बीतने के पश्चात् डिस्पेंसरी का नाम हमारी एसोसिएशन के नाम से ही रख दिया और नीचे 'संचालन दिल्ली प्रशासन द्वारा' लिखा गया। थोड़े समय बाद हमारी एसोसिएशन का वार्षिक उत्सव विश्वकर्मा दिवस था। हमारे औद्योगिक क्षेत्र का यह सबसे बड़ा, हर वर्ष मनाया जाने वाला उत्सव था। हमारे इस उत्सव में भारत सरकार के गृह मंत्री, दिल्ली के मेयर सरदार महेन्द्र सिंह साथी, मेयर केदारनाथ साहनी, श्री मदनलाल खुराना, सांसद श्री धर्मदास शास्त्री, सांसद श्री सज्जन कुमार, सांसद श्री जगप्रवेशचन्द, कार्यकारी पार्षद श्री कुलानन्द भारती, श्री बन्सीलाल चौहान, श्रीमती कृष्णा तीर्थ, श्री अशोक सिंघल जी, श्री विजय कुमार मल्होत्रा, श्री सत्यनारायण बन्सल व उद्योग मंत्री श्री संगमा वगैरह आते रहे। हमारा यह उत्सव मालिकों व कर्मचारियों का संयुक्त उत्सव होता था। यह लगभग आठ घन्टे तक चलता था। प्रारम्भ से लगभग मंच मेरे पास रहा करता था। अपनी उपलब्धियों का जिक्र करते हुए मैंने बताया कि डाकखाना अपनी ही एसोसिएशन के कार्यालय में खुलने के पश्चात हमें कितना आराम हुआ। पहले पोस्ट कार्ड, लिफाफा, मनीआर्डर, रसीदी टिकट व रजिस्ट्री के लिए करोल बाग जाना पड़ता था। अब फैक्ट्री से निकलकर यहीं मनीआर्डर होने लगा। पहले हर महीने कर्मचारियों को पूरा दिन खराब करना पड़ता था। अब केवल एक घन्टे की छुट्टी लेकर भी मनीआर्डर कर सकते हैं। अब एक दूसरी बड़ी योजना डिस्पेंसरी की आपके हाथों में आ गयी। हमें इसके लिए 5-6 कमरे बनाकर देने हैं और

एक एक्सरे मशीन लाकर देनी है। यह प्रार्थना की कि इस योजना पर लगभग दो लाख कमरों पर और एक लाख के लगभग एक्सरे मशीन पर लगेगा। यह योजना देने की देरी थी, फिर तो पूरे आठ घन्टे में डिस्पेंसरी एक स्लोगन बन गया। हर दो-तीन आइटम के पश्चात घोषणा करने की सूची मेरे हाथ में आ जाती थी और एक वर्ष के इस प्रयास का नतीजा यह है कि आज हमारी अपनी एसोसिएशन की बिल्डिंग में एक सुचारु चलने वाली डिस्पेंसरी खड़ी है। परन्तु मेरे आनन्द पर्वत छोड़ने के पश्चात वहां की एसोसिएशन में बड़ी दरार पड़ने के कारण अब वह महत्व तो नहीं रहा, परन्तु एक यह विश्वास अवश्य जगा कि जब एसोसिएशन ने आगे बढ़कर पहल की उसका परिणाम अवश्य निकला है। अब हम आनन्द पर्वत पर बिजली, पानी, सड़क की व्यवस्था पर क्या-क्या कार्य इन 17 वर्षों में करवा पाये, इसका उल्लेख करूँगा।

विकास कार्य
(आनन्द पर्वत औद्योगिक क्षेत्र में किये गये विकास कार्य-वर्ष 1970 से 1987 तक)

जैसा कि मैं उल्लेख कर चुका हूँ कि मैंने जो पिछले कार्य किये, उनके पीछे मेरे मामा प्यारेलाल गुप्ता जी की प्रेरणा थी। उन्होंने मुझे स्वयंसेवक ही नहीं बनाया, मुझे उँगली पकड़ कर सदमार्ग पर चलना सिखाया। यह बात सच है कि मेरी माताजी एक सामाजिक महिला थीं। उन्होंने अपने बचपन में आजादी के अंदोलन में भाग लेने वालों की सेवा व सहयोग दिया। मेरी माताजी का जन्म सांघी, जिला रोहतक में हुआ था, जहाँ पर कुछ प्रमुख आंदोलनकारी थे जैसे श्री बदलूराम, ज्वालाप्रसाद के नाम मुझे याद हैं। मैं भी 11 वर्ष की आयु में अपने मामा पन्नालाल के पास सांघी चला गया था और फिर बाद में छोटे मामा प्यारेलाल जी के पास समालखा गया। वहाँ से मैं वर्धा गया। जैसा कि मैं पहले लिख चुका हूँ कि हम छुट्टी वाले दिन पवनार नदी में स्नान करने जाया करते थे और तब मैं आचार्य विनोबा भावे जी के सम्पर्क में आया था। तभी यह स्वावलम्बन का पाठ पढ़ कर मामा प्यारेलाल जी द्वारा बतायी गयी राह पर अग्रसर हुआ। वहीं

से प्रेरणा लेकर हर क्षेत्र में गया। जब आनन्द पर्वत औद्योगिक क्षेत्र में गया था तब वहां पर 1500 के लगभग फैक्ट्रियाँ थीं। एक एसोसिएशन भी थी परन्तु निर्जीव थी और यह केवल एक ही गली तक सीमित थी, जब कि यहाँ गली नम्बर 1 से 8 नम्बर तक फैक्ट्रियाँ बन चुकी थीं। तब मुझको पुनः खड़ा करके इसकी सदस्यता प्रारम्भ करवायी गयी और मैं एक सदस्य के रूप में आया। आगे चलकर 1975 में जब आपातकाल की घोषणा हुई, उस समय तक मैं इसमें एक प्रमुख स्थान पर आ गया था और फिर हमने संघर्ष प्रारम्भ किया। आपातकाल में मैं दो बार जेल गया। परन्तु जब जेल से बाहर आया, तब छुपकर कार्य नहीं किया। यहाँ के लोगों का विश्वास जीतकर खुलेआम कार्य किया। 1975 में कमिश्नर श्री बी. आर. टमटा से संपर्क करके यहाँ पानी के कनेक्शन हर गली तक पहुँचाये गये। हमने उसी समय फैक्ट्री मालिकों का सहयोग लेकर गली नम्बर 9 की सड़क प्रारम्भ करवायी। फिर आपातकाल समाप्त हुआ। जनता पार्टी की सरकार नगर निगम से केन्द्र तक बन गयी। मेरी कार्य करने की क्षमता भी निश्चित रूप से बढ़ गयी। नगर निगम के स्थानीय सदस्य सुदर्शन भल्ला का सहयोग लेकर डेसू में डिप्टी चेयरमैन श्री हरिकृष्ण के प्रयास से आनन्द पर्वत पर बिजली की भारी कमी को दूर करने का प्रयास किया। श्री हरिकृष्ण जी निगम पार्षद तो आर्यापुरा से थे परन्तु आपातकाल के दौरान अशोक विहार में ही रहा करते थे और कई बार आनन्द पर्वत जाया करते थे। वैसे भी आपातकाल में आनन्द पर्वत औद्योगिक क्षेत्र से हमें काफी मदद मिला करती थी। इस कारण इस क्षेत्र की ओर मेरा ध्यान जाना स्वभाविक था। बिजली के लिए योजना बनाने की जब जनरल मैंनेजर एन. एस. बसन्त के साथ एसोसिएशन की बैठक करवायी, तब तक इस क्षेत्र में गली नम्बर 11 तक फैक्ट्रियों का जाल फैल गया था। इस बैठक में तय हुआ कि उस समय के चीफ कमर्शियल आफिसर श्री राजकुमार मित्तल को सर्वेक्षण करने का कार्य सौंपा जाये। इस कार्ग गें श्री मित्तल ने हमारी एसोसिएशन के लोगों को साथ लेकर एक बड़ी योजना बनायी कि हर एक गली में कम-से-कम एक नया ट्रान्सफार्मर लगाया जाये और जो छोटे ट्रान्सफार्मर हैं, उन्हें बड़ा किया जाये। तब हमारे

सामने इस कार्य को पूरा करने के लिए दो बड़ी समस्याएं आयीं। प्रथम यह कि ये 34 बड़े-छोटे ट्रान्सफार्मर लगाने के लिए स्थान चाहिए। आनन्द पर्वत 80 प्रतिशत रामजस फाउन्डेशन का है। इस संस्था के उस समय रामजस कालेज व लगभग 10 रामजस स्कूल चलते थे। हमने उनसे स्थान देने की माँग की। संस्था के महामंत्री श्री रामकुमार गुप्ता के साथ जब रामजस फाउन्डेशन की बैठकें प्रारम्भ हुई, तब सभी गलियाँ पक्की बनवाने की बात भी शुरू हुई। कई बैठकों के बाद उन्होंने एक समझौता हमारे सामने रखा। वह था कि आनन्द पर्वत पर फाउन्डेशन की जगह पर जो फैक्ट्रियाँ बनी हुई हैं उनकी तरफ हमारा काफी किराया बाकी है। श्री रामकुमार, महामंत्री, रामजस फाउन्डेशन ने कहा कि जिस-जिस गली का किराया चुकता करते जाओगे, हम उन गलियों में आपको स्थान भी दे देंगे और आधा पैसा लेकर उस गली की सड़क बनवाना भी प्रारम्भ कर देंगे। परन्तु हमने इस निर्णय को दो भागों में बाँटा कि हमें बिजली वालों को स्थान तुरन्त देना पड़ेगा, क्यों कि स्थान लेने के पश्चात् ही बिजली वाले अपना अनुमान बना सकते हैं। इससे पहले तो वह कुछ भी नहीं करेंगे। कई बार कहने सुनने व दबाव के बाद हमें स्थान मिलने प्रारम्भ हो गये और एक समय आया कि जब एक-एक करके हमारी उन टूटी-फूटी गलियों में ट्रान्सफार्मर लगे, तो हमारी एसोसिएशन दिल्ली की प्रथम श्रेणी में आ गयी। फिर हम केवल बिजली के ट्रान्सफार्मर तक ही सीमित नहीं रहे। स्ट्रीट लाइट भी लगनी प्रारम्भ हो गयी। इसके पश्चात बिजली के लिए एक संघर्ष दिल्ली सरकार ने प्रारम्भ किया कि बदरपुर का थर्मल पावर दिल्ली वालों को मिले। जब डेसू चेयरमैन द्वारा धरना दिया गया, तब हमारी एसोसिएशन भी धरने में शामिल हुई थी। इसके पश्चात् हमारे सामने बिजली की अनेक बार समस्या आयी, परन्तु हमारा प्रयास जारी रहा और इस बड़े औद्योगिक क्षेत्र को पहले प्रसाद नगर ग्रिड से जुड़वाया गया और फिर कुछ भाग को दयाबस्ती ग्रिड से जुड़वाया। समय-समय पर आनन्द पर्वत औद्योगिक क्षेत्र की समस्याओं के समाधान के लिए जब बैठना प्रारम्भ किया, तब इसके परिणाम मिले। अब पानी की निकासी व सड़कों का बनना आवश्यक लगने लगा। बिजली की समस्या हल होने से फैक्ट्रियों

का उत्पादन बढ़ने लगा। ग्राहक इस क्षेत्र में आने लगे। यह पूरा स्थान रामजस का निजी होने के कारण गलियों को सरकार द्वारा पक्का नहीं किया जा सकता था। इस कारण कार्य में बाधा पड़ने लगी। प्रथम सर्वेक्षण में हम चार लोगों ने बैठकर एक निर्णय लिया कि हम अपनी गली नम्बर 9 व 9 1/2 की सड़क प्रारम्भ कर दें और किसी भी फैक्ट्री वाले से पैसा न माँगें। ये चार लोग थे मैं, श्री रामकुमार जैन, श्री हरभजन सिंह व नरेन्द्र सिंह। हमने ठेकेदार से एक अनुमान बनवाया। पत्थर के क्रेशर हमारे आनन्द पर्वत पर थे। हमने ठेकेदार को पत्थर तोड़ने की स्वीकृति दिलवा दी और सड़क का काम अन्य किसी फैक्ट्री वाले से पैसा लिए बगैर प्रारम्भ करवा दिया। गली नम्बर 9 व 9 1/2 के क्षेत्र में 150 के लगभग छोटी-बड़ी फैक्ट्रियाँ थीं। अब कार्य प्रारम्भ हुआ, रोड़ी डाली गयी। अन्य फैक्ट्री वाले भी धीरे-धीरे सोचने लगे, अगर हमारी यह सड़क जल्दी बनकर तैयार हो जाये तो ग्राहक अधिक आने लगेंगे। यह सड़क सबके सहयोग से बनकर तैयार हो गयी। फिर तो हर गली में योजना प्रारम्भ हुई। तब हमने रामजस को यह चेता दिया कि अगर तुम इनको सुविधा नहीं दोगे तो तुम्हें भी फायदा नहीं होगा। वही हुआ, गली नम्बर 9 का किराया रामजस को नयी लीज़ का अधिक मिलने लगा। तब उन्होंने अन्य गलियों के एक ठेकेदार से अनुमान लगवाया और कुछ गलियों का कार्य प्रारम्भ हुआ। तब हमारी एसोसिएशन का एक दल निगम पार्षद श्री सुदर्शन भल्ला से जाकर मिला और उनसे बात करके हमने रोहतक रोड की जो मुख्य सड़क बिलकुल टूट गयी थी उसे बनवाये जाने के लिए अपील की। दूसरा हमारे आनन्द पर्वत की पुलिस चौकी की सड़क भी बिलकुल ऊबड़-खाबड़ थी। इसलिए पुलिस चौकी तक पहुँचने के लिए सड़क बननी चाहिए। जब प्रयास प्रारम्भ हुआ तब मिलट्री रोड से डाकघर होती हुई एक सड़क बनी और एक सड़क को गली नम्बर 10 से ऊपर होकर पटेलनगर से जोड़ा गया। दूसरी तरफ पुलिस चौकी को जोड़ दिया। तीसरा ऊपर के रास्ते से सभी गलियों में प्रवेश होना प्रारम्भ हुआ। गह सुखद प्रसंग रहा। जैसी मैं चर्चा कर चुका हूँ कि यहाँ फैक्ट्रियों की संख्या पन्द्रह सौ से बढ़कर 2000-2500 हजार हो गयी थी और कर्मचारी व मालिक, हाथ ठेलेवाले मिलाकर यहाँ काम

करने वालों की संख्या 25000 से अधिक हो गयी। यह क्षेत्र प्रारम्भ से अनधिकृत रहा है। इस कारण सुविधाएं यहाँ बिलकुल नहीं थीं। एक बड़ी समस्या यहाँ पर यह भी रही कि यहाँ कोई फैक्ट्री अधिक पैसे वालों की नहीं थी। परन्तु यहाँ एक सुविधा थी हाथ से काम करने वालों को रामजस से बहुत कम किराये पर जगह मिल जाती या कोई 200-400 गज जगह रामजस फाउन्डेशन से लीज पर लेकर टीन शेड बनाकर किराये पर दे देता था। परन्तु यहाँ किसी फैक्ट्री वाले की फैक्ट्री में ऑफिस नहीं था। कहीं लेथ मशीन लगी हैं, कहीं रंदा लगा है और कहीं अड्डा, कहीं पावर प्रेस, कहीं हैन्ड प्रेस, कहीं जाली बनाने की मशीन, कहीं निकल पालिश की टंकी, इसी तरह की छोटी-छोटी फैक्ट्रियाँ थीं। यहाँ पर मेरे जाने के पश्चात् एसोसिएशन ने समाज सेवा का कार्य प्रारम्भ किया। अगर पटना में बाढ़ आयी तो हमारी एसो!सिएशन आगे, अगर जहाँगीरपुरी में पानी भरा या नजफगढ़ में पानी भरा, अगर मोरवी में बाढ़ आयी, अगर बनवासी कल्याण आश्रम द्वारा वनवासियों की सेवा का कार्य हुआ, अगर आपातकाल में समस्याओं के साथ जूझना पड़ा, सभी सेवा कार्यों में आगे रहीं। यहाँ तक ही नहीं, जब-जब हमारे देश पर चीन और पाकिस्तान का हमला हुआ, हमारे लोग दिल्ली की एसोसिएशनों को मार्ग दर्शन देते रहे हैं, अपनी मेहनत व साहस के साथ। इसके पश्चात भी हमारे यहाँ कोई भी सुविधा न होने का सबसे बड़ा कारण था कि हमारे फैक्ट्री मालिक लगभग सभी अपने हाथों से कर्मचारियों के साथ काम किया करते थे, कम पढ़े-लिखे होने के कारण। उनका सारा समय काम करने में समाप्त हो जाता। सरकार या सरकारी दफ्तरों में जाने का समय ही कहाँ मिल पाता था। परन्तु एसोसिएशन शक्ति बटोरने के बाद विश्वकर्मा दिवस व स्वतंत्रता दिवस पर नेताओं को बुलाकर अपनी बिजली, पानी, सड़क, फैक्ट्री लाइसेंस, एरिया पास करवाना यह बात करने लगे। धीरे-धीरे वह समय हमारे नजदीक आने लग गया कि हमारे लाइसेंस बने। संसद में पी. सी. सेठी द्वारा पूछे गये प्रश्न में आनन्द पर्वत के पास होने की बात की गयी। हमारे फैक्ट्री लाइसेंस भी हमारी एसोसिएशन में आकर पास होने लग गये। सफाई के लिए भी हमें सफाई कर्मचारी मिल गये।

एक आदर्श क्षेत्र

(आनन्द पर्वत औद्योगिक क्षेत्र का केन्द्र सरकार द्वारा एक बड़ी टीम लगाकर सर्वेक्षण करवाना और सर्वप्रथम स्थान प्राप्त करना)

दिल्ली में आनन्द पर्वत औद्योगिक क्षेत्र एक ऐसा क्षेत्र है जहाँ पर कर्मचारी व मालिक के बीच समस्याएँ न के बराबर रहीं। इसी कारण यहाँ जो छोटी-छोटी फैक्ट्रियाँ लगीं वे समस्याओं के बावजूद अपनी मेहनत व एसोसिएशन के सहयोग से सतत् आगे ही आगे बढ़ीं। यह बात ठीक है कि यहाँ की फैक्ट्रियों को जो सहयोग सरकार से मिलना था वह नहीं मिलता था। इसके पीछे बड़ा कारण था कि यह औद्योगिक क्षेत्र अनधिकृत था। एसोसिएशन ने एक प्रयास किया और जनता पार्टी राज में जगदम्बी प्रसाद यादव से मिलकर हमने अपनी समस्याएं रखीं। हमारी ऐसोसिएशन का एक दल उनके घर कई बार गया और उन्हें अपने क्षेत्र में एक बार आने को कहा। परन्तु जनता पार्टी की सरकार गिर गयी और वह नहीं आ पाये। फिर हमने उद्योग मंत्रालय में जाना प्रारम्भ किया। वहाँ पता चला कि भारत के कुछ प्रमुख औद्योगिक क्षेत्रों का सर्वेक्षण भारत सरकार करवाये, ऐसा एक प्रस्ताव विचाराधीन है। उस समय काँग्रेस सरकार में उद्योग मंत्री श्री पी. एस. संगमा थे। हमने उन्हें पत्र लिखकर समय माँगा और उन्होंने मिलने का समय तय किया। अब की बार हमारा प्रमुख प्रयास था कि अगर आनन्द पर्वत क्षेत्र को रामजस से लेकर केन्द्र सरकार डी.डी.ए. द्वारा अधिग्रहण कर ले, तो विकास कार्य तेजी से हो सकता है। हम अपनी माँग व समस्याओं का एक पत्र तत्कालीन उद्योग मंत्री श्री संगमा के पास लेकर गये। उनसे जब हमने अपने क्षेत्र की सारी स्थिति बतायी और कहा कि दिल्ली का यह औद्योगिक क्षेत्र ऐसा है जो केवल फैक्ट्री ही चलाने में अपना सारा समय न लगाकर उसमें से कुछ समय निकाल कर देश व समाज पर जब-जब विपदा आयी सहायता में आगे आये और हमने उन्हें बताया कि भारत के प्रथम प्रधानमंत्री से जब हमने आनन्द पर्वत के उद्योग की स्थिति बतायी थी तब नेहरू जी ने हमारे क्षेत्र का भ्रमण स्वीकार किया था। हमने उद्योग मंत्री से अपने क्षेत्र में आने

की बात की। और एक दिन वह अपने प्रशासन के अधिकारियों के साथ आनन्द पर्वत आये। हमने उन्हें लगभग 100-150 फैक्ट्रियाँ अलग-अलग सामान बनाने वाली दिखलायीं, जिनमें बोतल व बोतल के ढक्कन, बड़ी लेथ मशीन, प्रिंटिंग प्रेस, बड़ी कम्पनियों को सप्लाई होने वाले पुर्जे, छोटे-बड़े बाल बियरिंग व वायर निटिंग का काम होता था। इनमें ऐसी फैक्ट्रियाँ भी थीं, जिनमें केवल एक ही व्यक्ति काम करता था। न तो कोई कार्यालय था, न ही मेज कुर्सी। पता नहीं चल रहा था कि वह इस फैक्ट्री का मालिक है या नौकर। इनमें विशेष बात थी कि यह अधिकांश फैक्ट्रियाँ एक-दूसरे की पूरक थीं। एक माल पूर्ण रूप से तैयार 8-10 फैक्ट्री मिल कर करती थीं। इससे मेहनत करने वाला अपना माल अलग-अलग फैक्टरियों में घूम-घूमकर एक या दो दिन में तैयार करवा लेता, जब कि अन्य औद्योगिक क्षेत्रों में वह सामान 10-15 दिन में तैयार होता। यह सब देखकर श्री संगमा काफी प्रभावित हुए। वह क्षेत्र भ्रमण के पश्चात् हमारे एसोसिएशन के कार्यालय में आये और शायद दो घन्टे से अधिक समय तक हमसे एक-एक करके छोटी-छोटी बातों की जानकारी लेते रहे। उन्होंने जब यह सब जानकारी मिली तब मैंने उनसे महामंत्री होने के नाते प्रार्थना की कि क्यों नहीं आप इस औद्योगिक क्षेत्र का पूरा सर्वे करवा कर इसे पास करवा दें जिससे 35 साल से मेहनत कर रहे छोटे-छोटे फैक्ट्री वाले अपना भविष्य सुधार सकें। उन्हें बताया कि हमने इसके लिए पहले भी पिछले उद्योग मंत्री के माध्यम से प्रयास किया था। उन्होंने हमें आश्वासन दिया कि मैं अपने यहाँ जाँच करवा लूँगा। अगर पहले कोई इस तरह की कमेटी बनाकर औद्योगिक क्षेत्रों के सर्वे कराने की बात रिकार्ड में होगी तो ठीक है अन्यथा मैं प्रयास करूँगा। एक समय आया कि एक कमेटी बनी जिसे सर्वप्रथम भारत में एक औद्योगिक क्षेत्र का सर्वे करना तय हुआ वह क्षेत्र आनन्द पर्वत हो। एक बड़ी टीम इस कार्य में लगी। उसने इस क्षेत्र का सर्वे लगभग आठ महीनों में किया और रपट बनाकर केन्द्र को प्रस्तुत की। इसमें सभी बातें आयीं कि क्षेत्र में कुल कितनी फैक्ट्रियाँ हैं, कितने कर्मचारी हैं, कितने कर्मचारी बस द्वारा, रेल द्वारा, स्कूटर द्वारा, साइकिल द्वारा अथवा पैदल चल कर आते हैं। इन फैक्ट्रियों में जो उत्पादन होता है, उसका कच्चा

माल कहां से आता है और कच्चा माल रेल द्वारा, ट्रक द्वारा, टैम्पो द्वारा, आटोरिक्शा द्वारा या मालिक अपनी कार, स्कूटर या साइकिल पर लाते हैं। यह बात ठीक है उस समय तक क्षेत्र में कुछ कार अवश्य आ गयी थीं परन्तु बहुत कम। इस सारे सर्वे द्वारा सरकार यह देखना चाहती थी कि किसी भी फैक्ट्री क्षेत्र में लोग अपने घर से चलकर कितनी देर में पहुँच जाते हैं। हमारे औद्योगिक क्षेत्र के नजदीक काफी बस्ती ऐसी थी, जहाँ से लोग पैदल चलकर 15 मिनट से आधा घन्टे के बीच पहुँच जाते थे। इसके साथ लगता हुआ इलाका था थानसिंह नगर, बलजीत नगर, दयाबस्ती, हरिजन बस्ती, स्वतंत्र भारत मिल, गुलाबी बाग, रैगरपुरा, त्रीनगर, गणेशपुरा इत्यादि। यह रपट तैयार हो गयी। इसमें हमारी एसोसिएशन के अध्यक्ष श्री ज्ञानसिंह व मेरा महामंत्री के नाते विशेष उल्लेख किया गया।

खण्ड-द्वितीय

धार्मिक एवं सामाजिक जीवन

भारत की आत्मा
तीर्थों में वास करती है
तीर्थों का विकास
भारत का विकास

धार्मिक क्षेत्र में

मेरा मन जीवन के प्रारम्भ से ही धार्मिक सामाजिक कार्यों में जुड़ा रहता था। मैं समालखा मण्डी में जब अपने मामा प्यारेलाल जी के यहाँ रहता था, तब वहाँ मण्डी के नजदीक एक रामलीला होती थी। उस रामलीला के प्रमुख डाक्टर हंसराज गुलाटी जी थे। मैं रोजाना रामलीला में जाता व रामलीला देखकर बानर सेना में भरती होने का प्रयास करता, जब कि मेरे मामा जी आर्य समाजी थे। वहाँ से मेरे मन में रामलीला के प्रति एक आकर्षण उत्पन्न हुआ। यह 1949-50 की बात है। और फिर मैं जब 1956 में दिल्ली आया तब से ही रामलीला से जुड़ने लगा और एक दशक से आर्यपुरा में एक रामलीला बन्द हो गई थी, उसे प्रारम्भ किया और एक निश्चित स्थान तक उसके पहुँचने के पश्चात् उसको बड़े स्थान रोशनआरा बाग में प्रारम्भ करवाया। आगामी एक दशक में अर्थात् देश में आपातकाल के दौरान 1975 से 1977 तक यह कार्य लगभग शिथिल पड़ गये थे और हम लोग भी जेलों में बन्द थे। जेल से बाहर आने के बाद 1977 में आपातकाल का अंत होते ही एक संस्था नव आदर्श जनहित संघ का गठन मेरे द्वारा किया गया और कमला नेहरू पार्क, पुरानी सब्जी मण्डी थाने के सामने, उस स्थान पर जहाँ पहले आपातकाल से पूर्व पुरानी सब्जी मण्डी थी, उस स्थान पर रामलीला प्रारम्भ हुई। वह अब तक चल रही है और उस रामलीला के साथ विष्णु महायज्ञ व रामनवमी जन्माष्टमी पर शोभा यात्रा भी होती है। मैं आपातकाल के पश्चात् अशोक विहार चला गया। वैसे तो हमने अपना मकान 1975 में ही अशोक विहार में बना लिया

था, परन्तु राजनीतिक दृष्टि से मैं आर्यपुरा सब्जी मण्डी में ही काम करता रहा। 1977 के लोक सभा चुनाव सम्पन्न होते ही मेरा राजनीतिक क्षेत्र अशोक विहार हो गया था। अशोक विहार में श्री रामनारायण गुप्ता व श्री वेदप्रकाश गुप्ता जी के प्रयास से एक रामलीला 1975 में प्रारम्भ हो चुकी थी, परन्तु इसका स्वरूप बहुत छोटा था। यहाँ मैं रामलीलाओं के विषय में कहना चाहूँगा कि पुरानी दिल्ली क्षेत्र, जिसमें रामलीला पार्क, लाल किला मैदान के अलावा और रामलीला नहीं थी, एक रामलीला लगभग 100 वर्ष पुरानी है। शाहदरा वाली रामलीला भी 50 वर्ष से अधिक पुरानी है। परन्तु दिल्ली की अन्य कालोनियों में इतनी पुरानी रामलीला शायद ही कहीं हो। हाँ, आजादी के पश्चात् करौल बाग, परेड ग्राउण्ड, गाँधी मैदान में रामलीला प्रारम्भ हुई। डी. सी. एम. वाली रामलीला काफी पुरानी थी। उस डी.सी.एम की रामलीला ने दिल्ली की नयी रामलीलाओं को अनेक अच्छे कलाकार दिये। ये सब रामलीलाएं सायंकाल को हुआ करती थीं और आठ बजे से पहले ही समाप्त हो जाती थीं। ये रामलीलाएं खुले मंच पर हुआ करतीं और इन रामलीलाओं को देखने राष्ट्रपति, प्रधानमंत्री व अन्य गणमान्य व्यक्ति आते थे। अब 1950 से 1970 के दशकों में नयी कालोनियों में रामलीलाएं प्रारम्भ हुई। हमारी अशोक विहार फेज II वाली रामलीला ने आगे बढ़ना प्रारम्भ किया। इसके साथ ही अशोक विहार फेज I की रामलीला का शुभारम्भ हुआ और उसके पश्चात् दिल्ली की अनेक कालोनियों में जैसे पीतमपुरा, शालीमार बाग, रोहिणी में काफी बड़ी-बड़ी रामलीलाएं प्रारम्भ हुईं। उसके पश्चात् अन्य क्षेत्रों में माडल टाउन, कमलानगर, शक्तिनगर के साथ दक्षिणी दिल्ली की रामलीलाएं जहाँ नयी प्रारम्भ हुईं, उसी तरह यमुना पार, भोलानाथ नगर जैसी रामलीलाएं अपना स्थान बनाने में सक्षम हुईं। 1990 के दशक के प्रारम्भ होते-होते रामलीलाओं में धनी लोग अधिक जुड़ने लग गये और लाल किला मैदान के कार पार्किंग वाले स्थल पर लव कुश रामलीला के नाम से एक रामलीला प्रारम्भ की गयी और राजनीति अधिक सक्रिय हो गयी। इसके साथ इस रामलीला ने रामलीला महासंघ नाम से एक संस्था बनायी और उस संस्था के साथ दिल्ली की अन्य रामलीलाएं जुड़ गयीं। इनको जोड़ने में आदर्श

रामलीला कमेटी अशोक विहार फेज II का विशेष योगदान रहा। मैं प्रारम्भ से अन्त तक आदर्श रामलीला कमेटी में महामंत्री के पद पर रहा और जब रामलीला महासंघ बना, तब अन्य लोगों के विशेष आग्रह पर उसके साथ जुड़ा और फिर रामलीला महासंघ ने केवल दिल्ली की रामलीलाओं के मुद्दे ही नहीं अन्य धार्मिक मुद्दे भी उठाने प्रारम्भ किये। यह बात ठीक है कि इससे जुड़े कुछ प्रमुख लोग आज भी इसमें अपना हित अधिक देखकर कार्यरत है। आज दिल्ली में लगभग 1000 रामलीलाएं हो रही हैं। लगभग 200 रामलीलाएं तो काफी बड़ी हैं, जिनमें दिल्ली के अधिकांश नेता व गणमान्य व्यक्ति आते हैं। अब धीरे-धीरे पिछले 10 वर्षों में श्री कृष्ण जन्माष्टमी, रामलीला महोत्सव, दीपावली मिलन के कार्यक्रम, होली मिलन, रक्षाबंधन, तीजों का त्यौहार, दुर्गाष्टमी शोभा यात्रा, जगन्नाथ जी की शोभा यात्रा, महाशिवरात्रि के अलावा हनुमान जयन्ती, खाटुवाले श्याम जी कीर्तन, श्री राम कथाएं, श्रीमद्भागवत कथाएं, सरस्वती पूजन, विष्णु महायज्ञ, शतचण्डी महायज्ञ, रुद्राभिषेक के साथ अमरनाथ यात्रा भण्डारे, कांवरिया यात्राएं इत्यादि और इसके अलावा भगवती जागरण व श्यामबाबा व गिरिराज महाराज की चौकियां, गोवर्धन पूजा के साथ अन्य तीर्थ बहुत उल्लास के साथ मनाये जा रहे हैं। इसके अतिरिक्त हिन्दू समाज के विभिन्न वर्गों ने अपने महापुरुषों का जन्म-दिवस, महाराजा अग्रसेन जयन्ती, भगवान बाल्मीकि जयन्ती, बाबा साहेब भीमराव अम्बेडकर जयन्ती, संत रविदास जयन्ती इत्यादि मनाना शुरू किया। हमारे गुरुओं की परम्पराओं के अनुसार गुरु गोविंद सिंह, भगवान महावीर तथा अन्य संतों को याद किया जाता है। परन्तु इस सबके बावजूद हिन्दू समाज अपनी संस्कृति को अपनी रोजमर्रा की दिनचर्या से नहीं जोड़ रहा। मैं पिछले 3-4 वर्ष से जब धार्मिक क्षेत्र में अधिक सक्रिय हुआ तो धर्मयात्रा महासंघ का संगठन और भारत व भारत से बाहर के अन्य संगठनों के माध्यम से भारत के तीर्थों की चिन्ता करने लगा हूँ। उससे कुछ कदम आगे अवश्य बढ़े और अब इन पिछले लिखे उत्सवों व कार्यक्रमों में आज की नयी पीढ़ी आने लगी है। परन्तु आज हमारे देश में बाहर की शक्तियाँ अधिक सक्रिय हैं और वे भारत की संस्कृति को

दूषित करने हेतु धन भी अधिक खर्च करके हमारी युवा पीढ़ी (छात्र वर्ग) में नशीले पदार्थों के सेवन के बीज बो रही हैं। यहाँ मैं कहना चाहूँगा कि अगर हम सोये रहे और पहले की तरह उनके हमलों को अनदेखा करते रहे तो निश्चित रूप से हम शायद अपनी संस्कृति का इतना नुकसान कर देंगे, जो कभी पूरा नहीं होगा। राष्ट्रीय स्वयं सेवक संघ पिछले दशकों में वक्त-वक्त पर प्रत्येक क्षेत्र में ध्यान रखने हेतु संगठन बनाकर इस संस्कृति की रक्षा करने के कार्य में निरन्तर जुटा है।

धर्म यात्रा महासंघ अध्यक्ष

मैं राजनीतिक क्षेत्र में पिछले 45 वर्ष से प्रमुखता से सक्रिय रहा हूँ। मैं आरम्भ में इसका वर्णन भी कर चुका हूँ कि पिछले 35 वर्ष से मुझ पर नीचे से प्रदेश तक की जिम्मेवारी के विभिन्न पदभार रहे हैं। मैं चुनाव भी दो बार लड़ चुका हूँ। अब जो मुझ पर धार्मिक क्षेत्र की इतनी बड़ी जिम्मेदारी आयी, इस विषय में शायद कुछ भी नहीं कह पाऊं, क्यो ंकि मुझे नहीं पता अधिकारियों ने इतनी बड़ी जिम्मेदारी किस-किस स्थान पर चर्चा करके दी होगी। यह बात ठीक है कि पहले मुझे राष्ट्रीय स्तर तक का उत्तरदायित्व दिया गया। शायद उसका ही यह परिणाम होगा। 1990 में जब तीन लाख लोग कश्मीर घाटी छोड़कर आये थे और अपने साथ एक कपड़ा भी नहीं ला सके थे, तब यह उत्तरदायित्व भारतीय जनता पार्टी, दिल्ली प्रदेश ने मुझे दिया था। इसका उल्लेख मैं अलग से करूँगा। जब जब दिल्ली में राष्ट्रीय सम्मेलन हुए, उनका उत्तरदायित्व भी मुझे दिया गया। जब उत्तरकाशी में भूकम्प आया, तब भी यह प्रभार मुझे दिया गया था। एक बार दिल्ली में नंदनगरी (यमुनापार) से हैजा आरम्भ हुआ और धीरे-धीरे विकराल रूप लेता गया, तब उसकी रोकथाम का उत्तरदायित्व मुझे दिया गया था। इन बातों के अलावा मुझे दो प्रमुख और कारण भी लगते हैं, जिस कारण से यह उत्तरदायित्व मुझे दिया गया। प्रथम हरिद्वार में मेरे द्वारा निष्काम सेवा ट्रस्ट के नाम से अग्रवाल सेवा सदन का निर्माण किया जाना। इसका शिलान्यास माननीय अशोक सिंघल जी द्वारा किया गया और शिलान्यास के अवसर पर भारी संख्या में दिल्ली से लोग पहुँचे। दूसरा, उस अवसर पर मेरे द्वारा यह घोषणा करना कि आपके नाम के अनुरूप

यह भवन हम दो वर्ष में प्रयास करके यात्रियों को सुविधा हेतु समर्पित कर देंगे। पतितपावनी माँ गंगा के आशीर्वाद से 27 मास के पश्चात् 1 मार्च 1992 को माननीय अशोक सिंघल जी की उपस्थिति में श्री लालकृष्ण आडवाणी से इसका उद्घाटन करवाया। इस अवसर पर जगद्गुरु शंकराचार्य जी महाराज, जैन मुनि सुशील जी, उत्तर प्रदेश सरकार के छः मंत्री, लगभग दस सांसद व अनेक गणमान्य व्यक्ति वहाँ उपस्थित थे और इस उद्घाटन समारोह में पूरा हरिद्वार मानो जुड़ गया हो। एक बार मैं अशोक जी के साथ सालासर बाला जी श्री दीपचन्द की धर्मशाला के उद्घाटन पर भी गया था। शायद इनमें से भी किसी विशेष कारण ने मेरी राजनीतिक छवि के साथ धार्मिक छवि को उभारा होगा।

एक दिन माननीय अशोक सिंघल जी का फोन आया। मुझे विश्व हिन्दू परिषद कार्यालय, रामकृष्णपुरम में बुलाया गया। वहाँ पर माननीय अशोक सिंघल जी के अलावा श्री सुनील शर्मा जी व विश्व हिन्दू परिषद के अन्य कुछ अधिकारी भी उपस्थित थे। माननीय अशोक जी ने मुझसे पूछा कि आप हरिद्वार कितने दिन बाद जाते हैं। मैंने बताया कि गर्मियों में निष्काम ट्रस्ट के भवन में अधिक यात्री आते हैं, उस समय हर महीने जाना होता है। बाकी समय में कम जाना रहता है। उन्होंने बताया कि श्रावणमास में बहुत से शिवभक्त हरिद्वार से काँवड़ में जल भर कर लाते हैं और अपने गाँव के नजदीक बाबा शिव का अभिषेक करते हैं। उन्होंने कहा कि इनकी संख्या लाखों में है और इन्हें संगठित करने की आवश्यकता है। फिर सुनील जी ने बताया कि अशोक जी आपको इस संगठन की जिम्मेवारी देना चाहते हैं। मैं सोचकर हैरान हुआ कि मुझे क्यों जिम्मेवारी देना चाहते हैं। मैं तो कभी काँवड़ भी लेकर नहीं आया और मेरे पास राजनीतिक क्षेत्र में भारतीय जनता पार्टी दिल्ली प्रदेश का कोषाध्यक्ष व दिल्ली के तीन संसदीय क्षेत्रों का प्रभारी होने के नाते बहुत उत्तरदायित्व है। मुझे इस क्षेत्र का बहुत बड़ा अनुभव भी नहीं है। अशोक जी ने कुछ सवाल मुझसे पूछे। उन्होंने कहा कि आप तीर्थों पर जाते हैं। दूसरा आप हरिद्वार जाते रहते हैं। इतना ही पर्याप्त है, बाकी काम सुनील जी व शेष टीम देख लेगी। फिर सुनील जी ने सारी चर्चा विस्तार से की और मुझे

बताया कि दो वर्ष पहले अशोक जी और मैं हरिद्वार से आ रहे थे। श्रावण का महीना था। हरिद्वार से दिल्ली तक बहुत से काँवडिए कंधे पर काँवड़ लेकर बोलबम, बोलबम का उद्‌घोष करते आ रहे थे। रास्ते में इनकी सेवा हेतु लोगों ने इनके ठहरने, आराम करने, भोजन आदि की व्यवस्था के लिए कैम्प लगा रखे थे। संख्या बहुत अधिक थी और धर्म के प्रति आस्था भी। बहुत से तो गौमुख से जयपुर तक 650 कि. मी. नंगे पाँव काँवड़ लेकर जा रहे थे, जिन्हें घर से निकले और घर वापसी तक 15-20 रोज तक लग जाते। यह देखकर अशोक जी ने कहा इन्हें संगठित करने की आवश्यकता है। सुनील जी ने कहा कि मुझे अन्य काम छोड़कर इस काम में लगना चाहिए। और मैं तब से इस काम में लग गया। जो भण्डारे लगाते थे उन सब का पता वगैरह लेकर अन्य सब जानकारी प्राप्त की। इसके साथ ही एक ट्रस्ट बनाने की योजना उसी समय तय हो गयी। पहले कुछ अन्य ट्रस्टियों के बारे में विचार होने लगा। यह चर्चा हुई कि इस संस्था के 11 ट्रस्टी बनाने चाहिए। जब नामों पर विचार होने लगा, तब कुछ नाम सामने आये। परन्तु अशोक जी ने कहा ट्रस्टियों पर विचार बाद में करना, पहले काम प्रारम्भ करें। काँवड़ सेवा समिति के नाम से जो कार्य चल रहा था, धीरे-धीरे इस संस्था का नाम धर्मयात्रा महासंघ हो गया और इसका पंजीकरण केवल मेरे नाम से हुआ।

इस संस्था के ट्रस्टी मैं, आचार्य ओंकार भावे, सुनील शर्मा, गंगाशरण मददगार, श्री ओमप्रकाश सिंघल, श्री कालका दास, श्रीमती मृदुला सिन्हा, रोशनलाल अग्रवाल, श्री साहिब सिंह वर्मा, श्री राजेन्द्र कुमार मित्तल व श्री हितेन्द्र संगल थे।

अब इस संस्था के कार्य का विस्तार प्रारम्भ हो गया और एक दिन कविता की दो पंक्तियां मेरी जुबां से निकल गयीं। शायद मुझ पर गंगा माँ की कृपा हुई। ये पंक्तियां थीं :

भारत की आत्मा तीर्थों में वास करती है
तीर्थों का विकास भारत का विकास है

इन पंक्तियों की चर्चा बैठक में होने के पश्चात् निर्णय हुआ कि बड़ी

संख्या में हम इसके स्टिकर छपवाकर बसों, कारों, स्कूटरों पर व तीर्थों और मन्दिरों में लगायें। भण्डारों के स्थान पर भी स्टिकर लगने लगे। इसके पश्चात् इस संस्था के ट्रस्टी के अलावा हमारे 2-3 संरक्षक बनें, इस पर प्रयास प्रारम्भ हुआ। माननीय अशोक सिंघल जी का हमें पहले से आशीर्वाद प्राप्त था। अब हमारा पहला प्रयास था कि अटलबिहारी वाजपेयी जी हमारी संस्था के संरक्षक बन जायें। हमने प्रयास प्रारम्भ किया और 3-4 बार मेरा उनके पास जाना हुआ। उन्होंने संरक्षक बनने की लिखित अनुमति हमें प्रदान की। इसके बाद किसी ऐसे आदमी का नाम हम संरक्षक में और जोड़ना चाहते थे जिसने तीर्थ स्थलों के लिए कुछ विशेष कार्य किया हो। विचार करने के पश्चात् श्री जगमोहन के नाम की चर्चा हुई। उन्होंने वैष्णोदेवी मन्दिर के विकास हेतु बहुत अधिक कार्य किया और आज माता वैष्णो देवी पर जाने वाले भक्त जगमोहन के नाम का उल्लेख अवश्य करते हैं। हमने सोचा कि यह संस्था तीर्थों से सम्बन्धित है और जगमोहन जी की सोच भी तीर्थों के विकास से मिलती है। मैंने 2-3 बार उनके पास जाकर उन्हें भी जोड़ने में सफलता प्राप्त की। अब संस्था के गठन के पश्चात् इसके लिए पहली आवश्यकता एक कार्यालय की थी। प्रयास हुआ कि कोई स्थान किराये पर मिल जाये। इसके साथ दूसरा प्रयास अपनी कोई छोटी जगह खरीदने का बना परन्तु एक इच्छा अवश्य रही कि कार्यालय का स्थान किसी मुख्य मार्कीट में हो। एक समय आया कि कार्यालय स्थल के लिए हमने करौल बाग में एक बिल्डिंग के भाग लगभग 300 वर्ग फुट 20 लाख रुपये में खरीदा। इसका उद्घाटन माननीय अशोक सिंघल जी द्वारा करवाया गया। इस अवसर पर माननीय किशोर व्यास जी महाराज व जगद्गुरु रामानन्द रामभद्राचार्य जी महाराज, परम पूज्य भन्ते जगद् जी, जो पूरे विश्व में बौद्धों के काम का धार्मिक संचालन करते हैं, और अन्य धर्माचारियों के साथ विश्व हिन्दू परिषद के प्रमुख कार्यकर्त्ता व धर्मयात्रा महासंघ के केन्द्रीय पदाधिकारी उपस्थित हुए। इस राशि को प्राप्त करने हेतु हमने धर्मयात्रा महासंघ के मुख्य सहयोगी व सहयोगी क्रमशः एक लाख व पचास हजार रुपये लेकर बनाये थे। उन्हें हवन में यजमान बनाया गया और उनका माननीय अशोक सिंघल जी से अभिनन्दन करवाया गया।

कार्यक्रम का स्वरूप बहुत ही प्रभावशाली था। अब कार्यालय संचालन की योजना बनी, जिसमें पदाधिकारियों के अलावा दो कर्मचारी रखे गये और अन्य संस्थाओं के साथ पत्रव्यवहार के अलावा यह निश्चित करना तय हुआ कि भारत के उन तीर्थों के विकास के विषय में विचार किया जाये जिनमें एक साथ पांच लाख से अधिक यात्री इकट्ठे होते हैं। उस तीर्थ में किस देवी-देवता की पूजा होती है। उस तीर्थ तक पहुँचने के मार्ग में आने वाली कठिनाइयाँ क्या हैं। इस कार्य को लेकर कई बैठकें राष्ट्रीय स्तर पर हुईं। इसके पश्चात् हमने प्रान्तों की सरकारों व केन्द्र सरकार से पत्रव्यवहार करके उन्हें यह बताने का प्रयास किया कि हमारे देश में धार्मिक भावना ही हमारी संस्कृति की रक्षा करती रही है। हमने सरकार को यह कहना प्रारम्भ किया कि भारत के कुल पर्यटकों में से 98 प्रतिशत व्यक्ति घर से तीर्थयात्रा के लिए निकलते हैं और दो प्रतिशत पर्यटन के लिए।

हमारे इस प्रयारा का बड़ा असर पड़ा और दिल्ली में एक तीर्थ यात्रा विकास समिति बनाकर एक बड़े बजट के अंतर्गत काँवड़ियों के कैम्प, कैलाश मानसरोवर यात्रियों को अनुदान का प्रावधान किया। केंद्र सरकार और राज्य सरकारों के सहयोग से सिन्धु दर्शन, अमरनाथ यात्रा व कैलाश मानसरोवर यात्रा के लिए टैक्स रहित भण्डारों की सुविधा प्रारम्भ हुई। सालासर बाला जी तीर्थ के विकास के लिए सरकार द्वारा व सांसद फण्ड से एक करोड़ की राशि दी गयी। इसके साथ अमरनाथ त्रासदी के समय माननीय अटलबिहारी वाजपेयी जी और अशोक सिघंल जी का विशेष सहयोग मिला। हमारे संरक्षक अटलबिहारी वाजपेयी जब पहली बार देश के प्रधानमंत्री बने, तो मात्र 13 दिन में ही उन्हें अपना त्यागपत्र राष्ट्रपति को सौंपना पड़ा, क्यों कि वे अपेक्षित समर्थन नहीं जुटा पाये। फिर 1998 में संसद के चुनाव हुए और स्पष्ट बहुमत नहीं आया, तब धर्मयात्रा महासंघ ने एक शक्ति यज्ञ का आयोजन किया। इस यज्ञ द्वारा हम अटल जी की सरकार का स्थायित्व चाहते थे। यह यज्ञ विट्ठलभाई पटेल भवन के प्रांगण में हुआ। इसमें अनेक गणमान्य व्यक्ति उपस्थित हुए। इरा यज्ञ के विषय में संसद भवन में भी गूँज हुई। उस समय के गृहमंत्री इंद्रजीत गुप्त ने कहा

कि इस यज्ञ में सैकड़ों टन घी फूँका गया है। क्या लाभ होगा? उस समय मैंने कहा था कि हवन से एक बड़ा लाभ होता है जब व्यक्ति अग्नि में आहुति देता है तब स्व से ऊपर उठकर पर की कामना करने लगता है।

अब धर्मयात्रा महासंघ भारत के अनेक तीर्थों पर काम करने में सक्षम हुआ है। अब तक संस्था का काम लगभग देश के अधिकांश प्रान्तों में पहुँच गया है। हरिद्वार कुम्भ के अवसर पर तीर्थ प्रतिनिधियों की बैठक बुलायी गयी थी। उसमें सब प्रान्तों के वे प्रमुख व तीर्थ प्रतिनिधि आये थे, जो वक्त वक्त पर तीर्थों से जुड़े रहे या पिछले तीन वर्ष से धर्मयात्रा महासंघ के कार्य में लगे हुए हैं। उस बैठक में माननीय अशोक सिंघल जी, आचार्य गिरिराज किशोर जी, माननीय ओंकार भावे जी के अलावा धर्मयात्रा महासंघ के केन्द्रीय पदाधिकारी उपस्थित थे। इस बैठक में निम्न निर्णय लिये गये :–

1. सब प्रान्त अपने प्रान्त के उन तीर्थों की एक सूची बनायें, जहाँ एक उत्सव में पाँच लाख या इससे अधिक यात्री आते हैं। उस तीर्थ में किस देवी-देवता की पूजा होती है और क्या उस पूजा का कोई वर्ष या मास का दिन निश्चित है। उस तीर्थ स्थल तक पहुँचने हेतु जो सरकारी साधन हैं, क्या पर्याप्त हैं। रेलमार्ग, बसमार्ग व अन्य क्या साधन हैं ?
2. इस तरह के स्थानों पर यात्रियों के ठहरने के क्या साधन हैं ? अगर वहाँ पर काफी मात्रा में धर्मशालाएं हैं तो उनमें से किन्हीं पाँच धर्मशालाओं से मिलकर अपना सम्पर्क बनाना चाहिए। अपनी धर्मशाला श्रृंखला योजना है। इसके अंतर्गत प्रमुख तीर्थों पर हम एक धर्मशाला श्रृंखला में देश की 200 धर्मशालाओं को जोड़ें, जहाँ धर्मशाला में धर्मयात्रा महासंघ से पत्र लेकर देश और बाहर के प्रवासी भारतीय या अन्य लोग सुविधा से उस तीर्थ पर जा सकें।
3. उस तीर्थ स्थान पर एक तीर्थ विकास समिति का गठन करना चाहिए या जो कोई समिति उस तीर्थ पर काम कर रही हो, उसके साथ जुड़ना चाहिए।
4. जिस तरह दिल्ली में केन्द्रीय कार्यालय है, उसी तरह प्रत्येक प्रान्त

अपने प्रान्त में कार्यालय प्रारम्भ करे। अगर सम्भव हो सके तो सभी तीर्थस्थलों पर एक धर्मयात्रा महासंघ का कार्यालय प्रारम्भ हो।

अमरनाथ यात्रा

हिन्दू धार्मिक यात्राओं में अमरनाथ यात्रा का विशेष महत्त्व है। यह कठिन यात्रा है। पहले इस यात्रा में यात्रियों की संख्या बहुत कम हुआ करती थी किन्तु धीर-धीरे इस यात्रा में श्रद्धालुओं की संख्या प्रतिवर्ष बढ़ती गयी। यात्रा का मार्ग दुर्गम पहाड़ियों से होकर जाता है। फिर भी लोगों का आकर्षण इस यात्रा के प्रति बढ़ा है। वर्ष 1996 में इस यात्रा से पहले पाकिस्तानी आतंकवादियों द्वारा यात्रियों पर हमला करने की बात कही गयी। वे चाहते थे कि यह यात्रा बंद हो जाये। लोग डर से इस यात्रा में न जायें। इस यात्रा को बंद करने के पीछे कई और भी मंसूबे रहे। धर्मयात्रा महासंघ ने इस विषय को बड़ी गंभीरता से लिया। पहले भी धर्मयात्रा महासंघ इस यात्रा के दौरान आने वाली कठिनाइयों को दूर करने के लिए प्रयासरत रहा है। अमरनाथ यात्रा प्रारम्भ होने से पूर्व भूमिपूजन होता है, पहले यह भूमि पूजन संतों के सान्निध्य में श्रीनगर में हुआ करता था और छड़ी भी वहीं से आरम्भ हुआ करती थी परन्तु पिछले 6 वर्षों से यह भूमि पूजन जम्मू में रणवेश्वर मन्दिर से प्रारम्भ हुआ किन्तु सरकार द्वारा पूरे सुरक्षा प्रबन्ध न होने से अब की बार नहीं हो पाया और इस वर्ष 50 रुपये यात्री कर भी लगा दिया गया। हमने इसका सशक्त विरोध किया और यात्री कर समाप्त हो गया।

इस वर्ष हम श्री प्रमोद अग्रवाल, अध्यक्ष धर्मयात्रा महासंघ दिल्ली प्रान्त के साथ पहले सांसद श्री चमनलाल गुप्ता के यहाँ कश्मीर भवन में गये। और फिर लोधी स्टेट सांसद व पूर्व राज्यपाल, जम्मू कश्मीर जगमोहन से मिले। उन दोनों से एक ही विषय में बात करनी थी कि अबकी बार अमरनाथ जी की यात्रा में काफी अधिक संख्या श्रद्धालु भक्तों की होगी। इनमें 50 हजार कार्यकर्ता बजरंग दल के भी जा रहे हैं। इस यात्रा के मार्ग में हमारी संस्था धर्मयात्रा महासंघ बुड़लाढ़ा, पंजाब वालों के सहयोग से सहायता कैम्प लगायेगी। इन कैम्पों में यात्रियों की सेवा हेतु सामान

पहलगाम, चन्दनबाड़ी, पंचतरणी, शेषनाग पर लगाये जायेंगे। कैम्प में यात्रियों की सेवा हेतु काम आने वाली सामग्री वहाँ तक ले जाना व बचा हुआ सामान वापिस पहलगाम लाना, यह व्यवस्था सुरक्षा में लगी हुई सेना द्वारा हो जिससे सेवा कैम्प लगाने वाले अधिक सेवा कर सकें।

अमरनाथ यात्रा त्रासदी

वर्ष 1996 में अमरनाथ यात्रा में गये लगभग 1 लाख यात्री रास्ते में ही फंस गये। पहलगांव से ऊपर जबरदस्त बर्फ गिरी और पहलगांव से जम्मू तक 15 दिन से जबरदस्त वर्षा होने के कारण पहाड़ खिसक गये, जिससे पंचतरणी, शेषनाग, चन्दनवाड़ी, पहलगांव, अनंतनाग, खन्नाबल चौक, रामबन, ऊधमपुर, नगरोटा व जम्मू में मिलाकर एक लाख से ऊपर लोग जो फंस गये उन्हें किस तरह वहाँ से निकाला जाये और जब तक न निकल सकें उन्हें सुविधा कैसे दिलवायी जाये। इस संबंध में संकटमोचन हनुमान मंदिर विश्व हिन्दू परिषद कार्यालय में माननीय श्री अशोक सिंघल जी व गिरीराज किशोर जी से विचार-चर्चा हुई। इस विषय को बड़ी गम्भीरता से लेते हुए माननीय अशोक जी ने तुरन्त ही श्री अटल बिहारी वाजपेयी जी से सम्पर्क किया जो कि उस समय लखनऊ में थे। श्री वाजपेयी जी ने शीघ्र ही फोन से श्री जसवन्त सिंह, श्री चमनलाल गुप्ता सांसद, श्री जगमोहन सांसद एवं दिल्ली के मुख्यमंत्री श्री साहिब सिंह वर्मा जी से सम्पर्क कर इस विषय में शीघ्र कार्य योजना बनाने की चर्चा की। बाद में उन्होंने प्रधानमंत्री कार्यालय से सम्पर्क कर तुरन्त सेना के हेलीकाप्टर द्वारा वहाँ फंसे यात्रियों को निकालने और उन्हें सहायता पहुँचाने की बात की। इसी संबंध में सायं 4 बजे मुख्यमंत्री निवास पर एक आवश्यक बैठक बुलायी गयी जिसमें मुख्यमंत्री श्री साहिब सिंह वर्मा, श्री जगदीश मुखी वित्त मंत्री, श्री लालबिहारी तिवारी खाद्य मंत्री, डाक्टर हर्षवर्द्धन स्वास्थ्य मंत्री, श्री रमेश प्रकाश जी व संघ के प्रमुख लोग, विश्व हिन्दू परिषद के प्रमुख लोग, धर्मयात्रा महासंघ के प्रमुख पदाधिकरी एवं दिल्ली के चीफ सेक्रेटरी, डी. सी. दिल्ली विकास प्राधिकरण एवं अन्य लोग उपस्थित हुए। इस बैठक में यह निर्णय हुआ कि सामाजिक संस्थाओं द्वारा रोजाना एक ट्रक सामग्री

भेजी जाये और 5 हजार कम्बल प्रतिदिन वहाँ भेजे जायें। इसके अलावा जिस-जिस वस्तु की आवश्यकता की जानकारी हो वह व्यवस्था तुरंत की जाये।

यह दर्दनाक घटना वैसे तो 2 अगस्त, 1996 को आरम्भ हुई जब जबरदस्त वर्षा और हिमपात हुआ। यह रास्ता जम्मू से 14 कि. मी. नगरोटा से रुकना चालू हुआ। इस रास्ते में नगरोटा, ऊधमपुर खन्नबल चौक, रामबाण, अनंतनाग तक लगभग 65 हजार यात्री रुके थे जिसमें 15 हजार यात्री जम्मू के भी शामिल थे। आगे पहलगांव से गुफा तक लगभग 1 लाख यात्री थे ? जैसा कि मैंने पहले उल्लेख किया है कि इस विपदा से निपटने के लिए सेना से मदद माँगी गयी थी। माननीय अशोक सिंघल जी ने श्री देवगौड़ा जी के गुरु स्वामी चमनगिरी उड़पी के संत जी को भी फोन से सम्पर्क कर सेना की सहायता की बात कही परन्तु इन सब प्रयासों के बावजूद "सेना" द्वारा मदद आरम्भ नहीं हुई। मदद आरम्भ न होने का कारण तत्कालीन रक्षामंत्री श्री मुलायम सिंह यादव की मुस्लिम तुष्टिकरण नीति थी और उन्होंने समस्या को देखकर भी उसके अनुरूप सहायता आरम्भ नहीं की। इसके पश्चात् एक पत्रक तैयार किया गया और यह पत्रक भाजपा के लगभग 200 लोकसभा व राज्यसभा सांसदों को बाँटा गया। इस पत्रक को मात्र एक रात में तैयार करवाया गया था क्योंकि अगले दिन संसद का सत्र चालू होना था। इस संबंध में माननीय अटल जी, जोशी जी एवं प्रमुख सांसदों से फोन पर चर्चा हुई थी। इधर इस पूरी घटना की वस्तुस्थिति को पूरी तरह से समझने के लिए माननीय गिरीराज किशोर जी एवं धर्मयात्रा महासंघ के प्रमुख कार्यकर्ता जम्मू पहुँच चुके थे तथा हर एक घण्टे में जम्मू से फोन के द्वारा हमें दिल्ली में सूचना प्राप्त हो रही थी। आचार्य जी ने बतलाया कि जो स्थिति हम दिल्ली में सोच रहे थे यहाँ के हालात उससे कई गुना अधिक खराब हैं। स्थिति की जानकारी होते ही हमने अपनी सहायता के प्रयास अधिक तेजी से आरम्भ कर दिये। 4000 कम्बल व तीन ट्रक खाद्य सामग्री जम्मू भेजी गई जिससे वह हेलीकाप्टर से उन स्थानों पर गिराई जा सके। परन्तु इस सामग्री को गिराने के लिए सेना का हेलीकाप्टर हमें प्राप्त नहीं था। कुछ सामग्री जम्मू में

ही वितरित कर दी गई। यह सभी खाद्य सामग्री श्री जयभगवान विधायक के निवास स्थान पर तैयार की गई थी। इसके बाद सरकार की ओर से मृतकों को 50 हजार रुपये की राशि देने की घोषणा की गयी, जिसका हमने विरोध किया। बाद में संसद में भाजपा सांसदों के दबाव डालने से यह राशि 50 हजार रुपये से बढ़ाकर 2 लाख रुपये कर दी गयी। ऐसे समय में राज्यपाल कृष्णराव का एक बयान हास्यास्पद बन गया जब उन्होंने कहा कि अमरनाथ यात्रा क्या कश्मीर में हो रहे चुनाव के अवसर पर ही करनी जरूरी थी परन्तु उन्हें शायद यह मालूम नहीं था कि वर्षों से यह यात्रा रक्षाबंधन के त्यौहार के दिनों में ही होती है। स्वामी अग्निवेश ने अमरनाथ यात्रा में मृत यात्रियों के आश्रितों को सहायता राशि देने को गलत ठहराया। इसका विरोध किया। उनका विरोध किया जाना दुर्भाग्यपूर्ण था।

इस वर्ष यात्रा में प्रशासन की ओर से भी बहुत अनियमितताएँ बरती गयी थी। यात्रा के रास्ते में जो टेंट कश्मीर प्रशासन द्वारा लगाए गए थे वे ऐसे स्थान पर लगे थे जहाँ वर्षा का पानी व बर्फ पिघलने का पानी उन टेंटों के अन्दर आ रहा था। एक जानकारी के अनुसार तूफान में अधिक लोग टेंटों में ही मर गये थे। दूसरी तरफ स्थानीय पुलिस ने यात्रियों को लूटा और यात्रियों को कैम्प में प्रवेश करवाने के तीन सौ रुपये तक लिये। जहाँ सामाजिक संस्थाओं द्वारा व्यवस्था नहीं की गयी थी वहाँ यह घटना घटी। एक बड़ी समस्या यह भी वापिस लौटे यात्रियों ने बतलायी कि अधिकतर सरकारी कर्मचारी जो तैनात थे वे इसलिए चिढ़े हुए थे कि हिन्दू इतनी बड़ी संख्या में श्रद्धालु बनकर क्यों आये जबकि सैलानी बनकर कश्मीर में हिन्दू ही अधिक संख्या में जाते हैं। जो कम्बल एवं खाद्य सामग्री वहाँ पर भूखे मरते यात्रियों को नहीं पहुँचाई गई वे इस नियति को उजागर करते हैं।

अमरनाथ यात्रा जाँच समिति

अमरनाथ यात्रा त्रासदी की जाँच के लिए एक समिति गठित की गयी, जो 23 अक्तूबर, 1996 को श्रीनगर गयी। दिल्ली से मेरे साथ श्री सूर्यदेव

त्रिपाठी गये थे। यह कार्यक्रम श्री तिलकराज शर्मा जी के साथ जम्मू फोन पर बात करके तय किया गया था कि 22 अक्तूबर से 25 अक्तूबर तक जम्मू कश्मीर विधान सभा का सेशन श्रीनगर में है। इस अवसर पर भारतीय जनता पार्टी के विधायक भी श्रीनगर में होंगे। उनके होने के कारण हमें सुरक्षा व्यवस्था भी ठीक से मिल जायेगी। इससे पहले जब अमरनाथ यात्रा त्रासदी जाँच समिति 4 अक्तूबर से 6 अक्तूबर तक जम्मू में गयी थी, उस वक्त भी यह समिति श्रीनगर, पहलगाम व ऊपर गुफा तक जहाँ तक जा सके, वहाँ तक जाने की तैयारी से ही दिल्ली से गयी थी, परन्तु वहाँ प्रशासन के अधिकारियों ने बताया कि 8 अक्तूबर को जम्मू-कश्मीर सरकार का शपथ ग्रहण समारोह है। इस कारण से आपको वहाँ सुरक्षा प्रदान करने वाला अधिकारी नहीं मिलेगा और आप बगैर सुरक्षा घेरे के जा नहीं सकते। तब हम वहाँ लोगों से मिलकर वापिस दिल्ली आ गये थे।

अब हम 23.10.96 को दोपहर 1.30 बजे श्रीनगर हवाई अड्डे पर पहुँचे। वहाँ हमें लेने के लिए पुलिस की गाड़ी व सुरक्षा कर्मी आये हुए थे। वे हमें सीधे होटल संतूर ले गये। पर्यटन विभाग का यह होटल पांच सितारा है और सरकार का है। इसमें हमारे चार विधायक श्री शिवचरण गुप्ता नेता विपक्ष, विधान सभा, श्री वैद्य विष्णुदत्त शर्मा, श्री पृथ्वीसिंह, इनके पास ठहरे हुए श्री तिलकराज शर्मा सहसचिव, जाँच समिति व श्री शादीलाल जी वहाँ पर थे। उनसे जाँच समिति के विषय में विस्तार से बात हुई और उनको बताया कि हमारा यहाँ आने का मुख्य लक्ष्य है कि अमरनाथ यात्रा के दौरान जो घटना घटी, उसकी सही व विस्तार से जानकारी लेना व आगे के लिए यह यात्रा अधिक सुविधाजनक हो, इसकी कोशिश करना।

इसके पश्चात जाँच समिति के सदस्य पुलिस के एडीशनल डायरेक्टर जनरल श्री सुरेन्द्र सिंह वजीर से मिले और उनसे अमरनाथ यात्रा से संबंधित जानकारी प्राप्त की। मुझे लगा कि अमरनाथ यात्रा की जानकारी पुलिस के सभी बड़े अधिकारियों को है। उन्होंने बताया कि आप अनंतनाग आयें। वहाँ के डी.सी. व डी.आई.जी. को बहुत अधिक जानकारी है। हमने कहा, हमारा कार्यक्रम कल प्रातःकाल अनंतनाग व पहलगाम जाने का है।

परन्तु हमें सुरक्षा जल्दी ही मिल जाये तो अच्छा है। हमने बताया कि श्री गोपाल शर्मा, आई.जी.पी. को हमने सुरक्षा के लिए कहा है। उन्होंने तुरन्त आई.जी. पुलिस सुरक्षा को कहा कि तीन गाड़ी इनको जल्दी दे दें और पहलगाम और आगे सुरक्षा प्रदान करने के लिए अनंतनाग में डी.आई.जी., एस.पी. व डी.सी. को फोन कर दें। इसके बाद अगले दिन प्रातःकाल नौ बजे हम तैयार हो गये। हमारे पास तीन गाड़ियाँ आ गयीं। परन्तु सुरक्षा 2.30 बजे मिल पायी। कारण यह कि विधानसभा का सेशन चल रहा था और विधायक आवास के बाहर बम फट गया था। इस बम विस्फोट में तीन पुलिस कर्मी मारे गये थे। इस कारण सेशन खत्म होने के बाद ही सी.आर.पी. सुरक्षा के लिए आयी।

हम अनंतनाग सायं 5 बजे पहुँचे और डी.सी. श्री मोहम्मद यासीन बेग से जाकर मिले। उस समय यहाँ लगभग 20-25 हजार यात्री फँसे हुए थे। उन्होंने बताया कि यहाँ रात्रि में सड़कों पर लगभग 3 फुट पानी भरा था। बसों में बैठे हुए यात्री नीचे नहीं उतर सकते थे। उनके सामने टट्टी-पेशाब तक जाने की समस्या बनी हुई थी और यात्री ऊपर जाना चाहते थे। ऊपर 22-23 अगस्त को हालत खराब हो चुकी थी, परन्तु यात्री फिर भी जाना चाहते थे। उनका कहना था, अमरनाथ की यात्रा अबकी बार इतनी अच्छी व्यवस्था के साथ चल रही थी कि अगर दो लाख लोग भी आते तो दिक्कत नहीं होती, परन्तु वर्षा व बर्फ गिरने से स्थिति खराब हो गयी। उनके अनुसार यह यात्रा 16 अगस्त को आरम्भ हुई और 21 अगस्त तक लगभग 60 हजार यात्री यात्रा कर चुके थे। श्री बेग चाहते थे कि आगे से जो यात्री आयें, वे गरम कपड़े और जूते साथ लेकर आयें। उन्होंने बताया कि बहुत बड़ी संख्या में लोग नाईलोन की चप्पल पहनकर आये थे। कपड़े गर्म नहीं थे। उन्होंने एक बात और कही कि यात्रियों में काफी लोग रम भी मांगते हुए देखे गये और काफी लोगों ने पहलगाम में अपना पक्का डेरा जमा रखा था। दिन के बाद भी वह स्थान खाली नहीं करना चाहते थे।

जाँच समिति ने सुझाव दिया कि अगले वर्ष अमरनाथ यात्रा में यात्रियों को दिक्कत न हो, इसके लिए सरकार अभी से कमियाँ दूर करे। इस विषय

में इन विधायकों से बात हुई—सर्वश्री राधेश्याम शर्मा, अशोक शर्मा, शिवचरण गुप्ता, वैद्य विष्णुदत्त शर्मा, हंसराज डोगरा, पृथ्वी सिंह। इसके पश्चात 25.10.96 को प्रातः 9 बजे डाक्टर कर्ण सिंह के सुपुत्र व जम्मू कश्मीर सरकार के पर्यटन मंत्री श्री अजातशत्रु सिंह से उनके निवास (महल) में बात हुई और हमने उनको एक पत्र भी दिया और उनसे प्रार्थना की कि पहलगाम में जो बड़ा स्थान धर्मार्थ ट्रस्ट का है, वहाँ के सन्त से कहकर अमरनाथ यात्रियों की सुविधा के लिए कुछ कमरे व कुछ शौचालय बनवा दें। यह इच्छा उन लोगों की है जो पंजाब के ऊपर भंडारे लगाते हैं। यह बात उन्होंने स्वीकार कर ली। परन्तु उनका कहना था कि हमारे यहाँ जो इन्चार्ज हैं, एक बार मैं उनसे मिल लूँ। वह उनके व्यवहार से बहुत खुश नहीं थे। उनके अनुसार वहाँ काफी आमदनी होती है। परन्तु यात्रियों के लिए नहीं लगती। फिर हमने यात्रियों के रास्ते की सुविधा के लिए कहा।

श्री अजातशत्रु का कहना था कि पिछले सात सालों में यहाँ के मन्दिरों की यह स्थिति हो गयी है कि 'मैं अभी-अभी शंकर जी के मन्दिर से आ रहा हूँ, वहाँ पुजारी भी नहीं था। मैं सी.आर.पी. वालों से कहकर आया हूँ, जब तक व्यवस्था नहीं होती, तुम जोत जला दिया करो।' हमने उनसे कहा कि वे प्रयास करके जम्मू में अमरनाथ यात्रा न्यास को स्थान दिलायें। उन्होंने कहा कि वे इस बारे में विधायक शिवचरण गुप्ता को बतला देंगे। परन्तु मैं यह चाहता हूँ कि कश्मीर घाटी में जितने मन्दिर हैं, इन सबकी पूरी व्यवस्था होनी चाहिए। उन्होंने कहा कि 'मैंने फारूक अब्दुल्ला से साफ कह दिया था कि अगर तुमने सौतेला व्यवहार किया तो मैं त्यागपत्र दे दूँगा।' इस मुलाकात के बाद जाँच समिति को 10 बजे विधानसभा में डाक्टर फारूक अब्दुल्ला से मिलना था। यह समय श्री शिवचरण गुप्ता जी ने तय करवा रखा था। विधानसभा के सेशन के अन्तिम दिन हम डा. फारूक अब्दुल्ला से मिलने गये। यद्यपि हम सुरक्षा कारणों से 10 मिनट देर से पहुँचे, किन्तु फारूक साहब सूचना मिलते ही विधानसभा हाल से अपने कार्यालय में आ गये। श्री शिवचरण गुप्ता, नेता विपक्ष व श्री वैद्य विष्णुदत्त शर्मा, विधायक, श्री सूर्यदेव त्रिपाठी, श्री तिलकराज शर्मा, श्री शादीलाल बातचीत के लिए मेरे साथ थे। मैंने बात आरम्भ की। मैंने कहा कि

20.10.96 को आपने अखबार वालों को अमरनाथ यात्रा के विषय में दो बातें कही हैं—पहली यह कि आठ वर्ष पहले अमरनाथ यात्रा का जो प्लान बनाया था, वह तुरन्त लागू करवाने के लिए दिल्ली से एक आर्किटेक्ट को बुलाया है। वह सब रास्तों की योजना बनाकर देगा। इस बात के लिए मैंने उनको धन्यवाद दिया। परन्तु उन्होंने जो दूसरी बात कही थी, वह एक संकेत यह दे रही थी कि अमरनाथ यात्रियों का एक सीमित कोटा बनाया जायेगा। मैंने कहा, इस बात का कृपया खुलासा करें। इस पर उनका कहना था कि रास्ता छोटा है। एक लाख यात्री आयेंगे तो हम एक साथ सुविधा कैसे जुटा पायेंगे। इस पर हमने कहा, पहले यात्रा 3-4 महीने तक चलती थी। परन्तु अब केवल यह 10 दिन में सिमट गयी है। उनसे कहा गया कि इस यात्रा को दो मास की कर दें तो कठिनाई समाप्त हो जायेगी। उन्होंने यह बात स्वीकार कर ली।

हमने निम्न मांगें डाक्टर फारूक अब्दुल्ला के समक्ष रखीं :—

1. जम्मू में यात्रा का प्रमुख केन्द्र बने।
2. पहलगाँव से गुफा तक के रास्ते में पक्के शेड बनें तथा एस.टी.डी. सुविधा हो।
3. रास्ता साफ और चौड़ा बने जिसमें ग्रिल वगैरह लगाये जायें।
4. बालटाल वाला रास्ता भी खुलना चाहिए।
5. पहले की तरह यह यात्रा लम्बी चले। कम से कम गुरु पूर्णिमा से रक्षाबंधन तक हो।
6. अमरनाथ यात्रा का भी माता वैष्णों देवी की तरह एक ट्रस्ट बने।

जब हमने अपनी ये सब बातें रखीं, तो मुख्यमंत्री जी ने कहा कि हम तो यह भी चाहते हैं कि अमरनाथ जी के अतिरिक्त यहाँ पर और भी जो बहुत से स्थान हैं जैसे बुद्ध महादेव, शिव खोडी व अन्य, इन स्थानों पर भी भारत के हर भाग से यात्री आयें। इस बातचीत में पर्यटनमंत्री श्री अजातशत्रु सिंह भी उपस्थित थे। जिन बातों का मैंने ऊपर जिक्र किया है, इनके अलावा अन्य सुविधाएं देने के साथ वह हमारी संस्था को विधायक श्री शिवचरण गुप्ता जी के माध्यम से जोड़ना चाहते थे। अजातशत्रु सिंह से पहलगाँव स्थित उनके आश्रम के बारे में भी बात हुई।

इसके पश्चात विधानसभा अध्यक्ष गैलरी के पास बैठ कर हमने विधानसभा की कार्यवाही देखी। और हमने यह कार्रवाई 3 घण्टे तक देखी। इस दौरान कश्मीरी भाषा में जमशेद शीरा जी (कूका परे) बोले। जब तिलकराज जी ने, जो मेरे बराबर में बैठे थे, उनसे पूछा, इनके बोलने पर बहुत तालियाँ बज रही हैं। इन्होंने क्या बोला और यह कौन हैं, तब हमें बताया गया कि यह पहले बड़ा उग्रवादी संगठन चलाते थे और पाकिस्तान में भी इनके लोग रह रहे हैं, परन्तु यह धीरे-धीरे समझ गये कि रास्ता बहुत गलत है और अब इनका संगठन देशभक्त है। हम जब अनंतनाग गये, तब इनके लोगों से अशोक डोगरा जी के साथ मिले थे। उन्होंने बताया कि यह कह रहे थे कि अब बहुत से लोग यहाँ अमन की बड़ी-बड़ी बात करते हैं। यह पिछले सात साल में कहाँ गये थे और जब हमने लोगों की रक्षा बन्दूक से की, तब घाटी में हम ही थे।

विधानसभा कार्यवाही देखने के बाद हम होटल गये। सुरक्षा 'कवच' के कारण हम तीन रोज में केवल तीन बार ही भोजन कर पाये। चाय वगैरह के लिए तरस गये। आकर हवाई जहाज में ही चाय मिल पायी। जो बातें हमने मुख्यमंत्री श्री फारूक अब्दुल्ला से की थीं, वे सभी उन्होंने विधानसभा के समापन भाषण में दोहरायी। हम बात करने के पश्चात विधानसभा की कार्यवाही देख रहे थे। मुख्यमंत्री जी से मैंने कहा, आप भारत से बाहर हज यात्रा पर जाने वालों को आर्थिक सहायता देते हैं। आप अपने प्रान्त से कैलाश मानसरोवर जाने वाले यात्रियों को भी इसी तरह सुविधा दें। यह बात मैंने पहले पर्यटनमंत्री श्री अजातशत्रु सिंह से भी कही थी। डा. फारूक ने कहा, आप कैलाश मानसरोवर जाने वाले यात्रियों को लद्दाख के रास्ते से भेजें। हम यह व्यवस्था जे. के. सरकार की तरफ से करेंगे, परन्तु आप अपने संरक्षक माननीय अटलबिहारी वाजपेयी से कहकर चीन सरकार से लद्दाख वाले मार्ग की अनुमति प्राप्त कर लें। उन्होंने कहा, 'मैं भी केन्द्र सरकार से बात करूँगा।' यह प्रवास तो पूरा हो गया, परन्तु भारत के अधिकांश तीर्थों की व्यवस्था बिगड़ी हुई है। पूर्वांचल प्रदेशों में असम, मणिपुर, अरुणाचल प्रदेश, त्रिपुरा, मेघालय जाकर वहाँ की सरकारों से मिला जाये, तो जम्मू कश्मीर की तरह वहाँ भी परिणाम निकल सकते हैं।

संत ज्ञानेश्वर के समाधिस्थ होने के 700वें वर्ष के अवसर पर

धर्म के प्रति मेरी प्रबल आस्था रही है। धार्मिक कार्यों के प्रति लगाव के कारण मैं प्रायः सभी धार्मिक आयोजनों में भाग लेने का प्रयास करता हूँ। चार साल पहले लालकिला मैदान में आचार्य किशोर व्यास जी की कथा का आयोजन हुआ था। मैंने उसके समापन समारोह (8 दिसंबर, 1996) में भाग लिया। उसी दिन संत ज्ञानेश्वर महाराज का 700वां समाधि दिवस था।

महाराष्ट्र के इस परम संत ने अपनी 21 साल की आयु में समाधि ली थी। यह स्थान 'आलनदी' पंडरपुर है। इसी स्थान पर कभी अगस्त मुनि जी ने भी समाधि ली थी। आज के दिन वहाँ 10 लाख से अधिक श्रद्धालु भगत हर वर्ष जुड़ते हैं। वहाँ चार वर्ष पहले राष्ट्रीय स्वयंसेवक संघ के सरसंघ चालक प्रो. राजेन्द्र सिंह 'रज्जू भैया' भी गये थे। इस अवसर पर लालकिला मैदान में जो कार्यक्रम आयोजित किया गया, उसमें विश्व हिन्दू परिषद के कार्यकारी अध्यक्ष श्री अशोक सिंघल जी, महामंत्री गिरिराज किशोर और मुरली मनोहर जोशी जी भी शामिल हुए थे। शंकराचार्य स्वामी सत्यमित्र नंद जी महाराज भी आये थे। वैसे उनका एक वर्ष का मौन था, परन्तु संत ज्ञानेश्वर जी महाराज के चरणों में अपनी भावांजलि अर्पित करने के लिए उन्होंने 15 मिनट के लिए मौन खोला और कहा कि संत ज्ञानेश्वर 21 साल जिये। वह अनुसूचित वर्ग से थे, परन्तु उनके दिव्य तेज ने सारे संसार को चकित कर दिया था। वह आज भी समाधि में जीवित हैं और लोगों को आशीर्वाद देते हैं। हमें चाहिए कि उन्हीं की तरह हम अपने दलित-पिछड़े हिन्दू भाइयों के पास जायें और उन्हें गले से लगायें। उन्होंने कहा कि 'मैंने शंकराचार्य का पद केवल इसलिए छोड़ा, क्योंकि उसमें बहुत अधिक बन्धन थे। मैं दलित बन्धुओं के बीच नहीं जा पा रहा था। अब स्वतंत्रता से जा सकूँगा।' इस अवसर पर अशोक सिंघल जी ने बताया कि 21 करोड़ हिन्दू आज ईसाई या मुसलमान बने हुए हैं। इनके द्वारा हिन्दू समाज पर बार-बार हमला हो रहा है। हिन्दू समाज को केवल अपने बच्चों की ही चिन्ता में न लगे

रह कर समग्र हिन्दू समाज के काम में लगना चाहिए। इस बात की पहल खास कर के बहनों को अवश्य करनी चाहिए।

अमरनाथ यात्रा पर 650 रुपये का कर

अमरनाथ यात्रा पर 650 रुपया जम्मू कश्मीर सरकार द्वारा शुल्क व अन्य जो कठिनाइयाँ सरकार के द्वारा उत्पन्न की गयी थीं, उनकी जानकारी मैंने स्वयंसेवकों को दी और बताया कि हम इस बारे में पूर्व प्रधानमंत्री अटल जी के पास जा रहे हैं। प्रान्त अध्यक्ष प्रमोद अग्रवाल, हितेन्द्र संगल, सीताराम जिन्दल, गिरिप्रसाद गुप्ता व अमरनाथ यात्रा के बीच में लगने वाले भंडारा कमेटी के सदस्यों के साथ हम 7, रेसकोर्स रोड माननीय अटलबिहारी वाजपेयी, पूर्व प्रधानमंत्री के निवास पर गये और उन्हें जाकर अमरनाथ यात्रा में इस वर्ष सरकार द्वारा उत्पन्न की गयीं प्रमुख कठिनायों के बारे में अवगत करवाया। इसमें हमने चार मुख्य बिन्दु बतलाये :

1. 650 रुपये यात्रियों पर जो भार डाला है, वह समाप्त किया जाना चाहिए।
2. पंजीकरण का जो फार्म केवल अंग्रेजी भाषा में भरना अनिवार्य है, वह हिन्दी में भी भरा जाना चाहिए।
3. यात्रियों की संख्या प्रतिबिम्बित करने से पूर्व बोर्ड गठन हो।
4. भंडारे वालों को पूर्ण सुविधा प्रदान की जानी चाहिए।

अटल जी ने कहा कि 'धर्मयात्रा महासंघ के लोग डाक्टर फारूक अब्दुल्ला से मिलने श्रीनगर जायें और मैं भी उनसे आज ही बात करूँगा।' आज सायंकाल कैलाश मानसरोवर के तीसरे जत्थे के लोगों को रेल से काठगोदाम जाना था और यह गाड़ी पुरानी दिल्ली स्टेशन से रात्रि 11 बजे छूटनी थी। इस जत्थे में कुल 33 यात्री जाने थे। यह गाड़ी प्लेटफार्म नम्बर तीन पर लग गयी। बड़ी संख्या में इनके परिवार वाले गाड़ी में बैठाने आये थे। इस यात्रा में मेरा बड़ा बेटा सुभाष गर्ग, छोटे भाई महावीर प्रसाद का बेटा रवि गर्ग, मेरे छोटे जीजाजी श्री अशोक गोयल व पंजाबी बाग भाजपा जिला महामंत्री श्री नरेन्द्र बिन्दल भी गये। यह यात्रा 32 दिन की है। इस यात्रा में लगभग पूरे देश से यात्री जाते हैं।

अमरनाथ के यात्रियों पर से शुल्क समाप्त

19 जून, 1997 रात्रि में लगभग नौ बजे हमें सूचना प्राप्त हुई कि जम्मू कश्मीर सरकार ने जो 650 रुपया यात्री कर लगाया था, वह अटल जी के दबाव से मुख्यमंत्री फारूक अब्दुल्ला ने वापिस ले लिया। हमने सब को फोन करके प्रोग्राम बनाया और प्रातःकाल अटल जी का अभिनन्दन करने के लिए सर्वश्री प्रमोद अग्रवाल, हितेन्द्र संगल, जयनारायण खण्डेलवाल, जगदीश मुन्नी, भण्डारे वालों के अलावा माननीय अशोक सिंघल जी भी वहाँ गये और अटल जी ने बताया कि मेरी बात मुख्यमंत्री फारूक अब्दुल्ला से हो गयी और वह इस यात्री कर को वापिस ले रहे हैं। हम वहीं बैठे हुए थे कि श्रीनगर से फारूक अब्दुल्ला का फोन आया। उन्होंने कहा कि मैंने यह आदेश जारी कर दिया, यह यात्री कर समाप्त किया जाये। फिर यात्रा में आने वाली अन्य कठिनाइयों की ओर भी उनका ध्यान दिलवाया गया। घर आकर स्नानादि से निवृत्त होकर प्रदेश कार्यालय गया। फिर विश्व हिन्दू परिषद कार्यालय में इस संदर्भ में जब माननीय अशोक सिंघल जी से बात हुई तो उन्होंने कहा कि एक प्रेस कांफ्रेन्स करनी चाहिए, जिसमें प्रथम विषय हो अमरनाथ यात्रा त्रासदी जाँच समिति की रिपोर्ट, जिसे जम्मू कश्मीर सरकार ने स्वीकार तो किया, परन्तु अभी तक उस पर कोई कार्य आरम्भ नहीं हुआ है। लगता है इस बार भी सरकार इस यात्रा के साथ खिलवाड़ करना चाहती है। दूसरा विषय अशोक सिंघल जी को लेना था।

किन्तु इतने भर से अमरनाथ यात्रा पर जाने वाले यात्रियों की कठिनाइयां कम नहीं हुईं। यात्रियों के पंजीकरण कार्ड मिलने की समस्या काफी जटिल हो गयी। जम्मू-कश्मीर रजिस्ट्रेशन कार्यालय में कर्मचारियों की संख्या कम थी और कार्ड ज्यादा जारी करने थे। कार्ड बनवाने में हमारे कार्यकर्ताओं ने उनका साथ दिया। इस समस्या का स्थायी समाधान होना चाहिए। इसके लिए पहले मैंने पूर्व मुख्यमंत्री श्री मदनलाल खुराना जी से बात की और फिर माननीय अटलबिहारी वाजपेयी जी के निवास पर गया। मैं श्री मेवाराम आर्य जी के साथ गया था। अपने साथ नवभारत

टाइम्स की वह कटिंग भी ले गया, जिसमें लिखा था कि पहलगाँव से ऊपर अमरनाथ यात्रियों को 20 रुपये की चाय व 30 रुपये का परांठा मिल रहा है। इसका कारण बताया गया कि पहलगाँव से गुफा तक जो बड़ी संख्या में भण्डारे (लंगर) लगते हैं, जम्मू कश्मीर प्रशासन ने अभी तक उन सभी भण्डारों को ऊपर जाने की स्वीकृति नहीं दी है।

लेह, लद्दाख में सिन्धु दर्शन का कार्यक्रम

9-10-1997 को दोपहर 11.40 बजे के जहाज से लेह गये। मेरी धार्मिक आस्था मुझे लद्दाख की राजधानी लेह ले गयी। वहाँ सिंधु दर्शन का विशेष महत्व है। हमने सिंधु दर्शन का कार्यक्रम बनाया और इस जहाज में भाजपा अध्यक्ष श्री लालकृष्ण आड़वाणी, दिल्ली के मुख्यमंत्री साहिब सिंह, सांसद के. आर. मलकानी, तरुण विजय व 70 अन्य लोग गये थे। सिन्धु नदी कैलाश मानसरोवर से निकलकर चीन सीमा से गुलाम कश्मीर होती हुई भारत में प्रवेश करती है, फिर पाकिस्तान से होकर समुद्र में जाकर मिलती है। इस सिन्धु पूजन का विचार डेढ़ वर्ष पहले लद्दाख के चुनाव दौरे पर गये माननीय आडवाणी जी व तरुण विजय जी को आया था। सिन्धु के साथ भारत व विश्व में फैले सिन्धी समाज को जोड़कर लद्दाख क्षेत्र में विकास कार्य आरम्भ करने का विचार बना। यहाँ पर एक बड़ी समस्या ईसाई मिशनरी ने खड़ी कर रखी है। वे आते तो सेवा कार्य के नाम पर हैं, परन्तु हिन्दू समाज से हिन्दुओं को अलग करने का काम करते हैं, जिससे भारत का यह क्षेत्र भी असुरक्षित हो गया है। यह मजाक हमारे देश के प्रत्येक प्रान्त के साथ हो रहा है। अब इस सिन्धु दर्शन के कार्यक्रम से सिन्धी समाज में जागृति आयेगी और प्रान्त, देश व समाज को लाभ होगा। संघ द्वारा लद्दाख कल्याण संघ के नाम से वहाँ का विकास होगा।

विराट हिन्दू सम्मेलन हरिद्वार में

अक्तूबर, 1997 में हरिद्वार में विराट हिंदू सम्मेलन आयोजित किया गया था। मैं उसमें भाग लेने के लिए अपनी पत्नी व बहन सोना, जीजा मनोहरलाल जी के साथ प्रस्थान किया। वैसे तो पहले धर्मशाला निर्माण

के समय महीने में तीन बार जाना होता था। निर्माण होने के पश्चात् अब गर्मियों के मौसम में तो महीने में एक बार अवश्य जाना होता रहा है। परन्तु सर्दी में हर महीने नहीं जाते। जब से धर्मयात्रा महासंघ का उत्तरदायित्व आया, तब से बीच-बीच में जब भी हरिद्वार नगरी में कोई प्रमुख कार्य हुआ, तब अवश्य उसमें भागीदारी करने हेतु जाता रहा।

इस बार वहाँ तीन दिवस का एक बड़ा कार्यक्रम विश्व हिन्दू महासंघ व श्री कान्ची कामकोटि पीठ के जगद्गुरु शंकराचार्य स्वामी जी का था। वे कान्ची कामकोटि पीठ तथा विश्व हिन्दू महासंघ के संयुक्त संयोजक थे। इस अवसर पर श्री महाराजाधिराज श्री वीरेन्द्र सिंह विक्रम शाह देव व महारानी रत्ना राज्यलक्ष्मी व सर संघ चालक माननीय श्री राजेन्द्र सिंह जी (रज्जू भैया), श्री अशोक सिंघल, राष्ट्रीय कार्यकारी अध्यक्ष, विश्व हिन्दू परिषद्, श्री दिग्विजय सिंह, मुख्यमंत्री, मध्य प्रदेश के अलावा राष्ट्रीय स्वयंसेवक संघ के अन्य-अन्य प्रकल्पों के प्रमुख व विश्व हिन्दू परिषद्, धर्मयात्रा महासंघ के न्यासी व पदाधिकारी प्रमुख थे।

इस कार्यक्रम में भाग लेने के लिए विश्व हिन्दू परिषद के कार्यकर्ता बड़ी संख्या में बसों में पश्चिम उत्तर प्रदेश व ब्रज प्रान्त से आये थे। वहाँ पर उपस्थित संख्या एक लाख से अधिक थी। आधी संख्या संघ परिवार द्वारा व महाराजाधिराज नेपाल के या भक्तगण सन्तों के दर्शन हेतु आने वालों की थी। इस विराट हिन्दू सम्मेलन से विश्व हिन्दू परिषद को नेपाल में कार्य करने में सुविधा होगी और नेपाल में भी विदेशी मिशनरियों ने जो धर्म परिवर्तन आरम्भ करवाया है, उस पर रोक लगेगी। कार्यक्रम में अंतिम समय पर दो बार बदलाव आये। पहले इस कार्यक्रम का आयोजन विश्व हिन्दू महासंघ व जगद्गुरु शंकराचार्य के पास था और केन्द्र सरकार इसमें सहभागी थी। एक तो उपराष्ट्रपति श्री कृष्णकान्त जी को आना था, परन्तु उनका कार्यक्रम रद्द हो गया। दूसरे इसकी व्यवस्था में ऐन वक्त पर वी. एच. पी. जुड़ गयी। महाराजाधिराज का स्वागत रात्रि में उनके विश्राम स्थल पर जाकर धर्मयात्रा महासंघ की ओर से चाँदी की गंगाजलि देकर मैंने व श्री सोहनलाल जी ने किया। हमारे साथ जाने वालों में श्री सीताराम जिन्दल भी थे। वहाँ जाने का कार्यक्रम माननीय अशोक सिंघल

जी, माननीय रज्जू भैया जी व आचार्य गिरिराज किशोर जी का था। इसी अवसर पर यह गंगाजलि भेंट करने का कार्यक्रम बनाया गया। इस कार्यक्रम में विश्व हिन्दू परिषद् के लगभग सभी पदाधिकारी व पश्चिमी उत्तर प्रदेश के प्रमुख कार्यकर्ता निष्काम सेवा ट्रस्ट में ठहरे हुए थे। इनकी संख्या 150 के लगभग थी। इनकी व्यवस्था के लिए ट्रस्ट के अध्यक्ष श्री सोहनलाल गोयल जी व श्री रोशनलाल अग्रवाल जी गये हुए थे। इस कार्यक्रम में धर्मयात्रा महासंघ की ओर से मैं, श्री सुनील शर्मा, श्री गंगाशरण मददगार, श्री रोशनलाल अग्रवाल, श्री राजेन्द्र मित्तल, श्री ओमप्रकाश सिंघल व इसके अलावा विशेष सहयोगी व कार्यकारिणी सदस्य श्री रामगोपाल गुप्ता, श्री जगन्नाथ गुप्ता, श्री सोहनलाल गोयल उपस्थित थे।

निष्काम सेवा ट्रस्ट

निष्काम सेवा ट्रस्ट का गठन सन् 1987 में किया गया। इससे पहले मेरे मन में हरिद्वार में एक कमरा बनाने की इच्छा पिछले कुछ वर्षों से थी। मैं श्री जगत राम जी मंगल, सफीदों वालों के साथ अनेकों बार हरिद्वार गया, बहुत सी धर्मशालाएँ देखीं मगर उचित स्थान न मिलने के कारण मेरे मन में विचार आया कि कोई उचित स्थान लेकर छोटी सी धर्मशाला का निर्माण किया जाये। इस योजना को आगे बढ़ाने के लिये मैंने अपने मन की बात श्री रामनारायण गुप्ता, श्री नन्दकिशोर अग्रवाल को बताई तो मुझे ऐसा महसूस हुआ कि यदि कुछ और लोगों से बात की जाये तो मेरा यह सपना साकार हो सकता है। आगे चलकर श्री रूपचन्द गुप्ता जी, श्री ताराचन्द गुप्ता जी, श्री रामनिवास गोयल, श्री राजकुमार गोयल व श्री बृजमोहन गर्ग से बात की और उसके बाद एक बैठक बुलाई गयी। उस बैठक में मैंने संस्था का नाम निष्काम सेवा ट्रस्ट सुझाया जो सर्वसम्मति से मान लिया गया व तय हुआ कि इस ट्रस्ट के ट्रस्टी बनाये जायें। इसके बाद हरिद्वार में जगह देखने जाना प्रारम्भ किया। उस वक्त तक हमारे साथ श्री भगवती प्रसाद सिंघानिया, श्री जी. पी. गुप्ता और श्री सियाराम गुप्ता जुड़ चुके थे। हमने कई बार वहाँ जाने के बाद एक 10,000 वर्ग

फुट का एक भूखण्ड खरीदा व उसके नक्शे बनवाने के बाद हमें लगा कि इस छोटे स्थान में हम यात्रियों को सम्पूर्ण सुविधायें नहीं दे पायेंगे। इसके बाद निर्णय हुआ कि साथ वाला भूखण्ड भी खरीदा जाये। इस वक्त तक हमारे साथ श्री जगन्नाथ गर्ग जी, श्री सिंह राम गुप्ता जी, श्री परमेश्वरी दास जी, श्री बैजनाथ जी, श्री किशन चन्द जी व श्री रामेश्वर दास जी भी इस ट्रस्ट में जुड़ चुके थे। इसके बाद ही बराबर वाला 10,000 वर्ग फुट का भूखंड भी खरीदा व ट्रस्टियों की संख्या भी बढ़ाने का निर्णय हुआ। जब ट्रस्टी बढ़ाये गये तो इसमें कुछ व्यक्ति विशेष सहयोग देने वाले भी जुड़ गये जैसे श्री सोहनलाल गोयल जी, श्री जय भगवान अग्रवाल जी, श्री रोशन मित्तल जी व श्री एस. पी. गुप्ता। इनके जुड़ने से ट्रस्ट के काम में गति आयी व निर्माण के दौरान इन व्यक्तियों ने लगातार हरिद्वार जाकर विशेष देखभाल की। सभी ट्रस्टियों के सहयोग से इतना धन जुटाया जा सका। मैंने अथक प्रयास किया व हर 2-3 मास के बाद ट्रस्टियों की टीम लेकर मैं स्वयं भी हरिद्वार जाता रहा जिससे निर्माण कार्य सुन्दर रूप से चले।

मैं स्वयं इस बात से प्रभावित हूँ कि 27 मास के अल्पकाल में इतना विशाल भवन सम्पूर्ण रूप से तैयार हो गया। इस सबका श्रेय हमारे ट्रस्टी, काम करने वाले, दानदाता व स्मारिका में विज्ञापनदाताओं को है। मैं कुछ ट्रस्टियों से विशेष प्रेरणा ग्रहण करता रहा हूँ।

इस भवन का शिलान्यास जुलाई, 1989 में माननीय श्री अशोक सिंघल जी, महामंत्री विश्व हिन्दू परिषद के कर कमलों द्वारा हुआ था। उस कार्यक्रम में दिल्ली से लगभग 1200 व्यक्ति उपस्थित हुए थे तथा उन सभी की मौजूदगी में मैंने यह घोषणा की थी "कि सिंघल जी आपके व्यक्तित्व के अनुरूप ही हम इस भवन को 2 वर्ष में सुन्दर व विशाल बनाकर तैयार कर देंगे।" हमने इस भवन का नक्शा श्री एस. पी. गुप्ता से बनवाकर इस भवन के निर्माण का ठेका श्री अख्तर अली को नवम्बर 1989 में दिया और 1 मार्च, 1992 को माननीय श्री लालकृष्ण आडवाणी के कर कमलों द्वारा इसका उद्घाटन सम्पन्न हुआ। इसके निर्माण में केवल 27 मास का ही समय लगा। निष्काम सेवा ट्रस्ट की पहली बैठक में ही ट्रस्टियों

ने कहा था कि "हम समाज से धन एकत्रित कर भवन का निर्माण शीघ्र करवाने में सहयोग करेंगे।" जिस समय शिलान्यास हुआ था उस समय ट्रस्ट के 34 ट्रस्टी थे जो अब 46 हो गये हैं। इस भवन के निर्माण में प्रमुख रूप से लकड़ी का कार्य करने वाले श्री रवी शर्मा, सेनेट्री का काम करने वाले श्री राम बहादुर, बिजली का काम करने वाले श्री प्रकाश त्रिपाठी, लोहे व ग्रिल का काम करने वाले श्री बलबीर सिंह, हिन्डोन के पत्थर का काम करने वाले श्री ओम प्रकाश शर्मा जी ने अपना काम पूर्ण निष्ठा से किया है। इनके अतिरिक्त मैं ठेकेदार अख्तर अली के काम से भी बहुत अधिक प्रभावित हुआ हूँ। अन्य ठेकेदारों ने भी काम में अच्छा सहयोग किया। यह कार्य निरन्तर चालू रहे यह उनका प्रयास रहा है। यह भवन जब तक रहेगा तब तक उनका नाम भी याद रहेगा। इस निर्माण कार्य को देखने के लिये दिल्ली से श्री राम गोपाल गुप्ता ने एक वर्ष के लिये अपनी निःशुल्क सेवा प्रदान की। इसके लिये मैं उनका आभारी हूँ। इसके बाद पं. रामकरण शर्मा जी इस कार्य को देखने हेतु दिल्ली से भेजे गये। श्री शर्मा ने डेढ़ वर्ष तक बहुत लगन से इस भवन का निर्माण कार्य सुचारू रूप से चलाया और साथ ही साथ उन्होंने अपनी ईमानदारी की छाप भी सभी ट्रस्टियों के मन पर छोड़ी।

निष्काम सेवा ट्रस्ट हरिद्वार में मां गंगा के तट पर निर्मित अग्रवाल सेवा सदन का निर्माण कार्य लगभग पूरा हो चुका है। इस भवन में 91 कमरे, लायब्रेरी, भोजनालय तथा दो बहुत बड़े हॉल बनाये गये हैं। इस भवन में एक साथ लगभग 600 यात्रियों के ठहरने की व्यवस्था है। उनकी पूर्ण सुविधा के लिये 93 शौचालयों व 20 स्नानागारों के साथ एक विशाल भोजनालय बनाया गया है। कार्यकारिणी के निर्णय के अनुसार इस भवन में ठहरने वाले हर यात्री के लिए ठहरने के साथ भोजन की निःशुल्क व्यवस्था भी है। इस भवन में निर्मित लायब्रेरी में जिस साहित्य को रखने का विचार है, उसमें विद्वानों, संतों, महात्माओं व राष्ट्रभक्त विचारकों की पुस्तकों के अलावा देश भर के शहीद हुए वीरों की जीवनी आदि सामग्री भी उपलब्ध होगी। यह भवन सामाजिक सुविधाओं के साथ धार्मिक स्वरूप भी ग्रहण करे, इस हेतु इस भवन में एक मंदिर का निर्माण श्री सोहनलाल

गोयल जी के द्वारा करवाया गया है। जिसमें श्री रामदरबार मूर्ति की प्रतिष्ठा की गयी है। इस भवन के प्रांगण में अग्रकुल प्रवर्तक, समाजवाद के प्रणेता महाराजा अग्रसेन जी की प्रतिमा लगायी गयी है। यात्रियों की सुविधा के लिये लिफ्ट लगायी गयी है। इस स्वागत कक्ष में आने वाले यात्रियों की प्रतीक्षा के लिये सुन्दर व विशाल प्रतीक्षालय बनाया गया है, जो सम्पूर्ण सुविधाओं से युक्त है। इस प्रतीक्षालय में भगवान शंकर का विषपान करते हुए विशाल तैल चित्र बनाया गया है, जो इस भवन की गरिमा को बढ़ता है।

प्रमुख तीर्थ यात्राएँ

मुझे धर्मयात्रा महासंघ के राष्ट्रीय अध्यक्ष का दायित्व मिला, परन्तु देश की कुछ प्रमुख यात्राएं मैं नहीं कर पाया। यह बात ठीक है कि मैंने अपनी पत्नी सहित भारत के अधिकतर स्थानों की प्रमुख यात्राएं कर ली हैं, जिनमें चारों धामों के अलावा दक्षिण भारत व उत्तर भारत के साथ-साथ एक बार मुझे विश्व हिन्दू परिषद के सम्मेलन में अपनी पत्नी सहित यूरोप जाने का अवसर भी पाँच वर्ष पहले प्राप्त हो चुका है। इसके अतिरिक्त माता वैष्णो देवी में लगातार 35 वर्ष गया और अब लगातार मेरे बेटे व पुत्रवधुएं जाती हैं, इसके अलावा मेरा बेटा अशोक कुमार पिछले दस वर्ष से गिरिराज (गोवर्धन) की परिक्रमा लगाने हेतु हर महीने जाता है। इस परिक्रमा में मेरे छोटे भाई महावीर प्रसाद के साथ मेरी पत्नी व परिवार के अन्य सदस्य बराबर जाते रहते हैं। अब पिछले दस साल से मेरा हरिद्वार जाना लगा रहता है। कुछ वर्ष जमीन खरीदने हेतु अनेक बार जाता रहा। फिर धर्मशाला निर्माण हेतु मास में तीन बार जाता रहा हूँ और अब ध र्मशाला की देख रेख हेतु वर्ष में कम से कम 6-7 बार जाता हूँ। इन सब बातों के बावजूद प्रमुख व कठिन यात्रा पर इस वर्ष मेरे तीन बेटों ने जाने का निर्णय किया। मेरे सब से बड़े बेटे सुभाषचन्द ने कैलाश मानसरोवर, अशोक गर्ग ने बाबा अमरनाथ यात्रा व सतीश गर्ग ने बाबा बैद्यनाथ धाम पर काँवड़ चढ़ाने जाने का निर्णय किया। इन तीनों की इन तीर्थों पर यह प्रथम यात्रा थी। सुभाषचन्द ने कैलाश मानसरोवर की यह

यात्रा 32 दिन तक की है। इस यात्रा में जाने वालों को पहले केन्द्र सरकार के विदेश मंत्रालय में आवेदन करना पड़ता है और इस यात्रा में लगभग 14 से 16 जत्थों में 600 के लगभग यात्रियों को ही जाने की अनुमति प्राप्त होती है। कैलाश मानसरोवर चीन में स्थित है। काफी वर्ष तक यह यात्रा बन्द रही। श्री अटलबिहारी वाजपेयी सन 1977 में भारत के विदेशमंत्री बने थे, तब एक समझौते के अंतर्गत यह यात्रा पुनः प्रारम्भ हुई। इस यात्रा पर जाने वाले को आवेदन के अलावा अपने शरीर की जाँच करवानी पड़ती है और इस जाँच में काफी यात्री फिट नहीं पाये जाते और कुछ को पुनः चीन सीमा पर जाँच के समय अनफिट घोषित कर दिया जाता है। इस कारण यह यात्रा जहाँ बहुत आनन्ददायक है, वहीं शरीर के लिए काफी कष्टदायक भी है। बर्फीले पहाड़ पर जब सेना के जवान ऊपर चढ़ते हैं, तब एक हजार फुट की ऊँचाई पर एक सप्ताह तक अपने शरीर को आगे के तापमान के अनुसार ढाल लेते हैं। परन्तु यात्रियों के पास इतना समय नहीं होता है। बहुत सारे यात्रियों की मुख की चमड़ी काफी दिन तक ठीक नहीं हो पाती। परन्तु वहाँ पर जाने वाले यात्री को कितना अधिक आत्मविश्वास प्राप्त होता है, यह बात हम अन्य यात्रियों से सुनते रहते हैं। हमें यह सुनने का अवसर तब मिलता था जब कैलाश मानसरोवर की यात्रा पर जाने वाले यात्रियों का अभिनन्दन दिल्ली सरकार द्वारा गठित तीर्थ विकास समिति के माध्यम से जाने वाले यात्रियों के स्वागत के कार्यक्रम में पिछले वर्षों में गये यात्री सुनाते थे।

मेरी इच्छा थी कि मेरे परिवार में से अगर यह यात्रा कोई कर आयेगा तो मुझे इसकी जानकारी विस्तार से मिल जायेगी। इस उद्देश्य की प्राप्ति मुझे सुभाष की यात्रा से प्राप्त हुई। इस टीम में मेरे छोटे जीजा अशोक गोयल जी व छोटे भाई के बेटे रवि गर्ग भी गये थे। दूसरी यात्रा अशोक गर्ग द्वारा अमरनाथ की थी, यह यात्रा जम्मू-कश्मीर स्थित बहुत ऊँची पहाड़ी पर है। यहाँ पर बाबा शिव का ज्योतिर्लिंग रक्षा बन्धन के दिन पूरा होता है। यह यात्रा पहले लगभग तीन महीने तक चलती थी, परन्तु रक्षा बन्धन वाले दिन अधिकतर संत महात्मा जाते थे अन्य लोग इस यात्रा को कश्मीर यात्रा के समय में भी पूरी कर लेते थे। परन्तु सन 1990

में कश्मीर घाटी में लोगों का जाना बन्द हो गया और पूरी घाटी आतंकवाद की चपेट में आ गयी और कश्मीर घाटी से लगभग सभी हिन्दू अपने अपने घर छोड़कर अन्य स्थानों पर चले गये और वहाँ केवल आतंकवाद व पाकिस्तान के नारे गूँजने लगे। इस यात्रा में काफी कठिनाइयाँ प्रारम्भ हो गयीं और आतंकवाद का साया धीरे-धीरे इस यात्रा को भी घेरने लग गया। एक वर्ष तो आंतकवादियों ने खुली चेतावनी दी कि जो अमरनाथ की यात्रा पर जायेंगे उन्हें वे जिन्दा नहीं छोड़ेंगे। अमरनाथ यात्रा में घोड़े वाले व दुकानदार सब मुस्लिम हैं। वह यात्रियों को खुला लूटने लग गये और एक एक रोटी तीस रुपये तक की देने लगे। वहाँ रास्ते में जो भण्डारे लगाते थे, उन्हें भी तंग करने लगे और उन का सामान वापिस नहीं आये, इसके लिए उनकी यह योजना रहती थी। वह सामान वापिसी के लिए घोड़े नहीं देते थे। यात्रियों की रक्षा वहाँ पर सेना ही करती थी। एक वर्ष आतंकवादियों ने जब धमकी दी कि हम यह यात्रा नहीं होने देंगे, तब विश्व हिन्दू परिषद व बजरंग दल ने इस चेतावनी को स्वीकार किया और अब तक की यात्रा का रिकार्ड तोड़ना तय किया। पहले इस यात्रा पर केवल 30 हजार के लगभग यात्री जाया करते थे, परन्तु उस वर्ष यात्रा पर एक लाख से ज्यादा यात्री गये। इससे इस यात्रा का महत्व और अधिक बढ़ गया। इसी वर्ष मेरे बेटे अशोक गर्ग भी यात्रा पर गये और इस कठिन यात्रा करने के पश्चात् उसने आकर इस यात्रा के संस्मरण सब को सुनाये और अगले वर्षों में जाने का अपना इरादा भी दोहराया। अशोक गर्ग के साथ उसके अन्य मित्र गण भी गये थे।

मेरे तीसरे बेटे सतीश गर्ग की जो यात्रा है उसमें काँवड़ सुलतान गंज, बिहार से उठाकर बाबा वैद्यनाथ धाम पर चढ़ाई जाती है। इस यात्रा पर दिल्ली से बहुत कम लोग जाते हैं। परन्तु हमारे पड़ोसी श्री कैलाश चन्द गुप्ता जी व उनके सुपुत्र श्री संजीव गुप्ता पिछले कुछ वर्षों से जाते हैं। तब इनकी नयी दिल्ली रेलवे स्टेशन से विदाई हेतु मुझे स्टेशन पर जाने का अवसर मिला। जब से मुझ पर धर्मयात्रा महासंघ के राष्ट्रीय अध्यक्ष का उत्तरदायित्व आया, तब से यात्राओं पर जाने वाले लोगों की विदाई के कार्यक्रमों में जाने का प्रायः विशेष अवसर मिलने लगा। इसमें कैलाश

मानसरोवर यात्रा, अमरनाथ यात्रा, कटासराज यात्रा, गोमुख से प्रारम्भ करने वालों की काँवड़ यात्रा, रामगमन मार्ग यात्रा, सिन्धु दर्शन यात्रा के अलावा कुछ संदेश यात्राएं भी शामिल हैं। इसी शृंखला की यह बाबा वैद्यनाथ धाम यात्रा है। यह बाबा शिव का अभिषेक करने हेतु सुलतान गंज से काँवड़ भरकर 95 कि. मी. का पैदल रास्ता तीन या चार दिन में तय करके बाबा पर काँवड़ चढ़ाते हैं। इस यात्रा के पश्चात् सतीश ने अपनी यात्रा के संस्मरण अवसर प्राप्त होने पर सुनाये। उसने बताया कि सुलतान गंज से कुछ भक्त डाक काँवड़ उठाते हैं, जो रास्ते में बिलकुल नहीं रुकते, बैठते भी नहीं और न ही कुछ आहार लेते हैं। डाक कांवड़ के साथ बीच-बीच में उनके रास्ते को साफ करने वाले लोग चलते हैं। जब बाबा धाम की यात्रा 15-20 कि. मी. शेष रह जाती है तब लोग उनके पाँव पर गुनगुना पानी डालते रहते हैं। इससे उनकी थकान दूर होती रहती है।

इन यात्राओं के माध्यम से बहुत अधिक लोगों से सम्पर्क होता है। इस सम्पर्क का लाभ अन्य धार्मिक, सामाजिक संगठनों को मिलता है। इसका परिणाम हम धर्मयात्रा महासंघ के कार्य को बढ़ाने में देख रहे हैं। आज हमारे मित्र व सम्पर्क में आये लोग देश के जिन प्रान्तों में हैं, हमारा प्रयास है, वे उस प्रान्त में तीर्थों के विकास व संचालन व्यवस्था में भागीदार हों। इस तरह इन तीर्थ यात्राओं के माध्यम से जो सम्पर्क बने, उनका लाभ अन्य यात्राओं को मिलना प्रारम्भ हुआ। जब अमरनाथ त्रासदी हुई, उस समय सहायता हेतु नया बाजार से कई ट्रक सामान भर कर वहाँ फंसे यात्रियों की मदद हेतु भेजे गये। इसी तरह जब उड़ीसा में भारी समुद्री तूफान आने से तबाही हुई तब उड़ीसा के लोगों को राहत की सर्वाधिक आवश्यकता थी। तब भी इनको मदद प्राप्त हुई। जब प्रधानमंत्री अटल बिहारी वाजपेयी जी ने उड़ीसा में राहत सामग्री तुरन्त भेजने की बात मुझ से कही, तो तुरन्त धर्मयात्रा महासंघ से जुड़े इन यात्राओं के प्रमुखों से सम्पर्क किया गया और सारी दिल्ली में धार्मिक क्षेत्र के लोगों का सहयोग मिला। उसके अंतर्गत हमारी बोगी (रेलवे की) सब्जी मण्डी स्टेशन से धर्मयात्रा महासंघ के अध्यक्ष (दिल्ली प्रान्त) के द्वारा अपने पदाधिकारियों की टीम के साथ सामान इकट्ठा करके भेजी गयी।

इसके अतिरिक्त बाबा वैद्यनाथ धाम जाने वाले काँवड़ियों की एक संस्था बनी हुई है, जिसका नाम दिल्ली काँवड़ सेवा संघ है जिसके मुखिया नया बाजार वाले लाला लीलाधर जी हैं। इसके अध्यक्ष अब श्री संजीव गोयल हैं। उनके द्वारा अनेक बार कीर्तन करवाया जाता है। इस यात्रा में भजन गायक श्री कुमार नरेन्द्र जयपुर वाले व अनिल गोयल दिल्ली वाले आते रहते हैं। अन्य शिव भक्त काफी बड़ी संख्या में कीर्तन में आते हैं। जब मुझे भारत के तीर्थों के विषय में कुछ कहने का अवसर मंच से मिलता है तो मैं केवल भारत और भारत से बाहर स्थित हिन्दू तीर्थों का विशेष उल्लेख करता हूँ। इसमें भी उन तीर्थों का विशेष वर्णन होता है जो धीरे-धीरे लुप्तप्रायः होते जा रहे हैं। वहाँ पर मैंने पाकिस्तान, अफगानिस्तान, बंगलादेश में लुप्तप्रायः तीर्थों का अनेक बार जिक्र किया और मुझे इसमें सफलता प्राप्त हुई। पाकिस्तान के कटासराज व हिंगलाज के अतिरिक्त बंगलादेश की प्रधानमंत्री शेख हसीना ने छह हिन्दू तीर्थों की बात कही जहाँ कार्य करवाने का विचार चल रहा है। मेरा अगला प्रयास जो कुछ सफल हुआ है वह यह कि देश का प्रत्येक सांसद अपने किसी एक क्षेत्र के तीर्थ हेतु अपनी योजना राशि का एक भाग देना प्रारम्भ करे, जिसके अन्तर्गत कुछ सांसदों ने अपनी योजना राशि का भाग लगाना प्रारम्भ कर दिया है। जैसे कि श्री सुभाष महरिया जी ने सालासर बालाजी के विकास हेतु योगदान दिया है।

मेरी अग्रोहा धाम यात्रा

(शरद पूर्णिमा मेला)

अग्रोहा धाम के शरद पूर्णिमा के वार्षिक उत्सव में भाग लेने हेतु दिल्ली से प्रातःकाल चल कर दोपहर से पूर्व अग्रोहा पहुँच गये। जब अग्रोहा जाने का निर्णय हुआ था, तब मेरे द्वारा अन्य लोगों को दिल्ली के अन्य क्षेत्रों में कहा गया जिसके फलस्वरूप काफी संख्या में लोग इस बार अग्रोहा गये। मैं इससे पहले अग्रोहा दो बार गया था। पहली बार शायद 1980-81 में व दूसरी बार 1985-86 में। प्रथम बार अग्रोहा में केवल थेह (टीला) की खुदाई सरकार के द्वारा ही हो रही थी और खुदाई में 5000 वर्ष पुराने अवशेष प्राप्त हुए थे। नीचे छोटी ईंटों के मकान भी दबे हुए थे। जब दूसरी बार वहाँ गया तब वहाँ पर विकास कार्य अग्रवाल समाज द्वारा आरम्भ हो चुका था। एक मन्दिर का निर्माण बाम्बे वाले श्री तिलकराज अग्रवाल द्वारा और महाराजा अग्रसेन जी का एक मन्दिर अग्रोहा विकास ट्रस्ट के द्वारा प्रारम्भ हो चुका था। इसके अलावा कुछ धर्मशालानुमा हट्स भी श्री रामेश्वरदास गुप्ता द्वारा आरम्भ करवाये गये थे। इसके पश्चात् प्रत्येक वर्ष वहाँ शरद पूर्णिमा का मेला आरम्भ हुआ और सामूहिक विवाह भी आरम्भ हुए। इसमें श्री ओ. पी. जिन्दल के अलावा अन्य लोग भी जुड़े और एक योजना मेडिकल कालेज स्थापना की बनी। इस हेतु पूरे देश से ट्रस्टी बनाने का काम आरम्भ किया गया और आज अग्रोहा में एक मेडिकल कालेज महाराजा अग्रसेन जी के नाम से 286 एकड़ भूमि में चल रहा है। अग्रोहा का विकास पिछले 25 वर्ष में काफी तेजी के साथ हुआ। मुझे बताया गया

कि पहले यहाँ का पानी इतना खारा था कि जो लोग दिल्ली व अन्य स्थानों से आते थे वह 1-2 टीन पानी अपने साथ लाते थे। फिर धीरे- धीरे हिसार से टैंकरों द्वारा पानी आना आरम्भ हुआ और आज उसी अग्रोहा का विकास देखकर मन को बहुत प्रसन्नता होती है। चारों ओर हरियाली है, विशाल धर्मशालाएं हैं, जिनमें सैकड़ों कमरे हैं, विशाल हॉल हैं अनेक मंजिलों में, जिनमें महाराजा अग्रसेन के विशाल मन्दिर के साथ-साथ हमारी कुलदेवी महालक्ष्मी महासरस्वती का विशाल मन्दिर, मां वैष्णो का मन्दिर, भगवान शिव व हनुमान के मन्दिर भी हैं। इसके अलावा जो मन्दिर श्री तिलक राज बाम्बे वालों द्वारा आरम्भ किये थे, वह भी इन विशाल मन्दिरों के साथ-साथ बहुत सुन्दर मन्दिर बन गये हैं। वहाँ ठहरने हेतु सुन्दर धर्मशाला व सम्पूर्ण हरियाली के साथ अच्छा वातावरण अब मन को मोह लेता है।

इस वर्ष शरद पूर्णिमा के कार्यक्रम के अवसर पर 13-14 अक्तूबर को विशाल मेला व महिला सम्मेलन के साथ अग्रवाल सम्मेलन की व्यवस्था हुई थी। इस मेले में अपार जन समूह उपस्थित था। लोग एक लाख तक की संख्या में आये थे। इसकी विशालता और उत्साह को देखकर लगता था कि अब अग्रवाल समाज अपने पैरों पर खड़ा हो गया है और उसे किसी बैसाखी की आवश्यकता नहीं पड़ेगी। शायद अब वह अपनी शक्ति से किसी को खड़ा कर सकेगा। पहले भी यह समाज अपने त्याग द्वारा दूसरों के सुख दुःख हेतु मन्दिर, अस्पताल, स्कूल, धर्मशाला, अनाथालय, वृद्धाश्रम, कुएँ, प्याऊ वगैरह बनाता था, परन्तु सहारा अन्य लोगों का ढूंढ़ना पड़ता था। अब यह समाज संगठित हुआ है और इस संगठित समाज के प्रमुख लोगों ने पिछले 2 दशकों में भारतवर्ष के प्रत्येक प्रान्त में बड़ी रथ यात्राएँ निकालीं, समाज के काम में महिलाओं और युवाओं ने भी काफी योगदान दिया, जिसका परिणाम है कि जहाँ दिल्ली जैसे महानगर में महाराजा अग्रसेन जयन्ती मात्र 5-7 स्थानों पर ही मनायी जाती थी, अब उसे दिल्ली के लगभग प्रत्येक भाग में मनाया जाता है। वैश्य समाज के 100 परिवार जिस कालोनी में बस गये, वहीं पर समाज ने सेवा का कार्य आरम्भ कर दिया। अग्रोहा में जो मेडिकल कालेज खुला, वह सभी क्षेत्रों के लोगों की

सेवा शिक्षा देकर करेगा। इसी तरह अस्पताल, धर्मशाला, डिस्पेंसरी, स्कूल, अनाथालय व वृद्धाश्रम, स्थान-स्थान पर प्याऊ, स्कूली बच्चों व वृद्धावस्था की चिंता के साथ-साथ क्षेत्र में मन्दिरों में रामलीलाओं व अन्य धार्मिक कार्यों को पूर्ण प्रेमभाव से सम्पन्न करते हैं। यहाँ मैं अपनी जानकारी के अनुसार उल्लेख करना चाहूँगा कि जब भी वैश्य अग्रवाल समाज के दस लोग एक साथ बैठेंगे तब सामाजिक कार्य की योजना बनायेंगे और चन्दा लिखना आरम्भ कर देंगे। हम अग्रवाल समाज को जाने व समझें। इस समाज के लोग किस प्रेरणा के आधार पर दान देने की पहल करते हैं। आज यह कहावत है कि चन्दा चिट्ठा लिखना है, तो अग्रवाल समाज से आरम्भ हो। यहाँ मैं यह भी कहना चाहता हूँ कि अग्रोहा के कार्यक्रम में मुख्य अतिथि पंजाब के मुख्यमंत्री श्री प्रकाश सिंह बादल थे। मंच पर पहले अन्य अतिथियों का भाषण हुआ, जिसमें श्री नरेन्द्र मोहन जी, श्री रमेश जी (दैनिक भास्कर), श्री ओ. पी. जिन्दल, श्री चरतीलाल गोयल, श्री नंदकिशोर गर्ग के अलावा गेरा तथा श्री मांगेराम जीन्द वाले का भाषण था। उनके द्वारा कोई शब्द कहा गया कि मुख्य अतिथि बादल जी हैं, अच्छा रहता कोई अग्रवाल होता। इससे पहले जब मेरा भाषण था उसका सारा सार एक ही था कि अग्रोहा में महाराजा अग्रसेन की राजधानी 5000 वर्ष पहले थी। इस राज्य में आबादी एक लाख परिवारों की कही जाती है। इस नगर में जो व्यक्ति अन्य स्थान से आकर बसता था केवल मात्र उसकी मदद करनी है। यहाँ तक सीमा नहीं थी, इस राज्य में उसे बराबर का दर्जा दिया जाता था। प्रत्येक घर से एक रुपया व एक ईंट दी जाती थी और उसे बराबर का भाई बनाया जाता था। क्या अग्रोहा में आने वाला वह व्यक्ति अग्रवाल था, बिल्कुल नहीं। फिर उसकी मदद क्यों की जाती थी, आप इस बात पर जरा विचार करें। आने वाला अग्रवाल नहीं, परन्तु अग्रोहा से जाने वाला प्रत्येक व्यक्ति अग्रवाल कहलाया और वह कैसा शासन पाँच हजार वर्ष पूर्व महाराजा अग्रसेन ने विकसित किया था कि प्रत्येक प्राणी उनका वंशज बन गया और आज वही महाराजा अग्रसेन का शासन हमें प्रेरित कर रहा है कि हे मानव, तू अग्रवंशज है, तेरा काम मानव सेवा है। उसी प्रेरणा से जो सेवा कार्य करता है उसमें अपना हित नहीं,

महाराजा अग्रसेन के आदर्श व अग्रोहा के सम्मान के दर्शन करता है। इसी बात को आगे बढ़ाते हुए सरदार प्रकाश सिंह बादल ने कहा कि महाराजा अग्रसेन किसी एक समाज के नहीं थे, वह तो महापुरुष थे और इस समाज के लाला करोड़ीमल ने जो कार्य किया, उसकी मिसाल नहीं मिलती। उन्होंने कहा कि जब फतेहगढ़ की दीवारों में शहजादे चुन दिये गये, तब उनकी समाधि के लिए जो स्थान तय किया, उस स्थान को उसका मालिक नहीं देना चाहता था और उसकी बड़ी कीमत लेना चाहता था। बादल जी ने बताया कि वह उस स्थान की जमीन के बदले में अशर्फियाँ चाहता था। तब लाला टोडर मल जी ने कहा कि मैं अशर्फियाँ दूँगा। यह इस समाज का इतिहास है। आज भी गुरुद्वारा में लाला टोडर मल हाल बना है। उन्होंने कहा कि इस समाज के लोगों में इस देश पर निछावर होने वालों की बड़ी लाइन है जैसे महात्मा गाँधी, लाला लाजपत राय, जमनालाल बजाज, सेठ सूरजमल। श्री बादल ने महाराजा अग्रसेन को श्रद्धांजलि दी। समाज को अभी और अधिक संगठित करने की आवश्यकता है। कोई भी समाज अपनी जितनी शक्ति देश हित में लगाता है, उतना ही गौरव उस समाज का बढ़ता है। पिछले अनेक वर्षों से मेरा दिल्ली व दिल्ली से बाहर समाज के कार्यक्रमों में जाने का अवसर रहता है। समाज शाकाहारी रहे, यह विशेष प्रयास रहता है।

मुख्य पहलू

1. कश्मीर समस्या नई नहीं है। इसकी शुरूआत 1947 में भारतीय प्रायद्वीप के विभाजन के साथ हुई थी।
2. तत्कालीन नेताओं की अदूरदृष्टि एवं अक्षमता के कारण भारत पर कबाइलियों ने हमला किया और 78000 वर्ग मील जमीन जम्मू-कश्मीर क्षेत्र में पाकिस्तान ने हथिया ली।
3. उसी प्रकार 1962 के चीन-भारत युद्ध में जम्मू-कश्मीर के लद्दाख क्षेत्र में 38,000 वर्ग कि. मीटर जमीन भारत ने खो दी।
4. श्री श्यामा प्रसाद मुखर्जी की चेतावनी भी अनदेखी कर दी गई।
5. कश्मीर घाटी की मुख्य 3 डिवीजन हैं जो जलवायु, भाषा, संस्कृति के आधार पर पूर्णतया भिन्न हैं अर्थात् जम्मू डिवीजन, कश्मीर डिवीजन एवं लद्दाख डिवीजन।
6. कश्मीर डिवीजन मुस्लिम बहुल क्षेत्र है जिसमें कश्मीरी पंडित और सिख अल्पसंख्या में हैं। 1989 में कश्मीरी पंडितों की संख्या कश्मीर डिवीजन की कुल आबादी का 3 प्रतिशत थी जो 1947 के मुकाबले घटती गई। परम्परागत रूप से कश्मीरी पंडित सुशिक्षित रहे हैं और अपनी बेहतर शैक्षणिक पृष्ठभूमि, चेतना और बौद्धिकता के कारण सरकारी पदों/प्रशासनों एवं शैक्षणिक संस्थाओं में अन्य के मुकाबले से अधिक प्रतिनिधित्व प्राप्त करते रहे हैं।
7. स्वतंत्रता प्राप्ति के बाद कश्मीर में अल्पसंख्यक कश्मीरी पंडितों के साथ सभी प्रकार से भेदभाव किया जाता रहा है किन्तु सभी

प्रकार के अपमानों और बहुसंख्यकों द्वारा की जाती रही उपेक्षाओं को बर्दाश्त करते हुए और भारी आर्थिक, सामाजिक और राजनैतिक संकटों के बावजूद भी वे अपना अस्तित्व बनाये हुए हैं। इसके अतिरिक्त, कई उदाहरण ऐसे हैं जिनमें इस जाति के सदस्यों का कश्मीर के अंधविश्वासी तत्वों द्वारा जबरदस्ती धर्मान्तरण कराया गया और मंदिरों का विध्वंस किया गया। जान-माल पर 1989 से पूर्व बर्बरतापूर्ण हमला अनंतनाग और उसके समीपवर्ती क्षेत्रों में सन् 1986 में किया गया और सैकड़ों मन्दिर ध्वस्त कर दिये गये, उनकी सम्पत्ति नष्ट कर दी गई और तत्कालीन मुख्यमंत्री जी. एम. शाह हाथ पर हाथ रखे यह सब होता हुआ देखते रहे। उस साम्प्रदायिक हिंसा में कश्मीरी पंडितों को भारी नुकसान उठाना पड़ा। किन्तु 1989 से जब से युद्धोन्माद के बीज हिंसात्मक कार्यवाहियों के रूप में फलित होने लगे और उसका निशाना मुख्यतः भारत सरकार के कर्मचारियों/संस्थाओं तथा विशेष रूप से कश्मीरी पंडितों को बनाया जाने लगा। कश्मीरी पंडितों को सबसे ज्यादा निशाना बनाया गया तथा इस समुदाय के निरीह सदस्यों पर उग्रवादियों ने दिन दहाड़े जुल्म ढाये और नृशंसतापूर्वक उनका संहार किया। इन पाशविक अत्याचारों के पीछे मुख्य भावना यह थी कि कश्मीर के इन आदिवासी और शांतिप्रिय नागरिकों को इतना आतंकित किया जाये कि वे घाटी को छोड़कर देश के अन्य भागों में बसने को मजबूर हो जायें। “आपरेशन सेवाक” कोड नाम से कुख्यात षड्यंत्रपूर्ण योजना जिया उल हक के समय में घाटी में एथनिक (गैर जाति के लोगों से मुक्त करने की) दृष्टि से तैयार की गई थी। इसके पीछे मुख्य विचार यह था कि पूरी घाटी को शत प्रतिशत मुस्लिम उग्रवादी वाला क्षेत्र बना दिया जाय। हजारों कश्मीरी पंडित अत्यन्त अमानवीय और शोचनीय परिस्थितियों में अपने जीवन और सम्मान की सुरक्षा के लिये घाटी छोड़कर जम्मू, दिल्ली और देश के अन्य भागों में बसने को आये। इनमें से अधिकांश लोग जम्मू

और दिल्ली आए। कश्मीर से आते समय ये पूरी तरह व्यथित, छिन्न-भिन्न, आतंकित थे और न उनके पास कोई सामान था, न भोजन और न रहने की जगह। इस असाधारण मानवीय समस्या को भाजपा ने समझा और श्री केदारनाथ साहनी के नेतृत्व एवं मार्गदर्शन में कश्मीरी सैल बनाने का निश्चय किया जिसका मुझे (मांगेराम गर्ग) अध्यक्ष बनाया गया। मुझे आदेश दिया गया कि मैं इन निराश्रित परिवारों के लिये जो अत्यन्त विषम और दुर्भाग्यपूर्ण परिस्थितियों से आये थे और बिना किसी अपराध के अपने ही देश में शरणार्थी हो गये थे, राहत पहुँचाने और पुनर्वास के लिये प्रबन्ध करूँ और राहत कार्यों में सहयोग करूँ। कश्मीर से आने वाले इन लोगों को उचित मार्ग दर्शन/भोजन/आवास आदि की व्यवस्था करने के लिये नई दिल्ली रेलवे स्टेशन एवं अन्य क्षेत्रों में स्वागत केन्द्र खोले गये। इन परिवारों को अस्थायी आवास उपलब्ध कराने की दृष्टि से अनेकों कम्यूनिटी हाल आरक्षित कराये गये। इनके पास अपने त्रस्त और आतंकित परिवारों को छोड़कर कुछ भी नहीं था, न धन न कोई सामान। कश्मीरी समिति काम्पलैक्स अमर कालोनी, लाजपत नगर में भाजपा द्वारा आर्य समाज की सहायता से सामुदायिक रसोईघर खोला गया जहां प्रत्येक व्यक्ति को हफ्तों तक भोजन दिया जाता रहा। तुरन्त नकदी आवश्यकताओं को पूरा करने के लिये प्रत्येक प्रवासी परिवार को 200 रुपये दिये जाते थे। अनेकों सामुदायिक केन्द्रों में ठहराये गये परिवारों को राशन की वस्तुएं, सब्जियां, चावल, आटा, प्याज, आलू, दालें, सरसों का तेल, फेही का तेल, बर्तन, कम्बल, दवायें आदि दी जाती थीं।

इन सभी कार्यों में श्री अशोक गट्टू का निस्वार्थ योगदान प्रशंसनीय और अनुकरणीय रहा। इन खाद्य पदार्थों एवं अन्य आवश्यक वस्तुओं को जुटाने में कई स्वयंसेवी संगठन आगे आये और ये वस्तुएं समय-समय पर उन परिवारों को दी जाती रहीं। कश्मीरी समिति ने भी अच्छा काम किया और परिवारों के पंजीकरण की व्यवस्था की तथा ट्रांजिट कैम्प का संचालन

किया। प्रसिद्ध कश्मीरी नेता और स्वयंसेवकों ने भी महत्वपूर्ण सहयोग, मार्गदर्शन एवं सहायता दी। जम्मू में अमरनाथ वैष्णवी जैसे नेता प्रवासियों की कमान संभाले हुये थे और दिल्ली में श्री अशोक कुमार मट्टू, श्री चमन लाल गड्डू, श्री हरजीलाल, श्री एच. एन. नेहरू आदि महानुभाव प्रवासियों की स्थिति सुधारने और अनेक उच्च अधिकारियों तक हाल पहुँचाने में लगे थे। श्री अशोक कुमार मट्टू तो मेरे द्वारा मार्च 1990 से राहत और पुनर्वास कार्य आरम्भ करने से ही अपना निरन्तर सहयोग दे रहे थे। अनेकों स्वयंसेवी संगठनों और दिल्ली के व्यापारियों से प्राप्त कम्बल, कपड़े और अन्य आवश्यक वस्तुओं से भरे ट्रक जम्मू भेजे गये। जब इन प्रवासियों को बसाने की समस्या जैसे तैसे काबू में आ गई तो इनके रोजगार और जीवनयापन के साधन जुटाने की समस्या सामने आई और तब काम दिलाने वाले कार्यालय खोले गये और दिल्ली स्थित अनेकों प्राधिकरणों, चाहे वह केन्द्रीय सरकार हो अथवा दिल्ली सरकार, अथवा गैर सरकारी क्षेत्र जैसे बीएडी, चैम्बर्स ऑफ कॉमर्स, रोटरी क्लब, व्यापारिक संस्थाओं के साथ समायोजन कार्य शुरू किया गया जो प्रवासियों को जीवित रखने के लिये आवश्यक था। श्री अशोक कुमार मट्टू इन लोगों को रोजगार दिलाने का काम भी देखते थे और 6 हजार से अधिक प्रवासी युवा, युवतियों एवं कुछ अधिक आयु के व्यक्तियों को निजी क्षेत्र के कई संगठनों/इकाइयों में काम दिलाया गया। बिना किसी वेतन, पुरस्कार एवं मान्यता के श्री मट्टू का योगदान अत्यधिक प्रशंसनीय रहा और उससे इन प्रवासियों के कष्टों के निवारण में ऐसे समय सहयोग मिला जिसकी उस समय अत्यधिक आवश्यकता थी। वे प्रतिदिन लगातार 10-12 घंटे तक सेवा कार्य करते थे और इस बात का ध्यान रखते थे कि कश्मीरी भाई-बहनों को कम से कम असुविधा हो। जब भाजपा की दिल्ली में सरकार बनी और श्री मदनलाल खुराना पहले मुख्यमंत्री बने। हमने लगभग 250 प्रवासियों को दिल्ली सरकार के शिक्षा विभाग में सुविधा के आधार पर अध्यापक पद पर नियुक्ति कराने की व्यवस्था की। इसके बाद, दिल्ली नगर निगम द्वारा संचालित विद्यालयों में इसी प्रकार के रोजगार दिलाने के लिये मैं तत्कालीन निगमायुक्त श्री सुभाष कपूर से टाउन हाल में 3-4

बार मिला और 100 से अधिक प्रवासियों की शिक्षक पद पर नियुक्ति करायी। हमने दिल्ली नगर निगम और नई दिल्ली नगर पालिका परिषद क्षेत्र में 800 से भी अधिक कश्मीरी प्रवासियों को तहबाजारी हक दिलाने का महत्वपूर्ण कार्य किया जिससे ये लोग कश्मीर से पलायन करने के बाद अपना जीवनयापन कर सकें। हमने कश्मीर के विस्थापित बालक बालिकाओं को शिक्षा सुविधायें जुटाने के कार्य का भी समायोजन किया–विशेषतः महाराष्ट्र में जहाँ राज्य सरकार ने इन बच्चों के लिये सीटें आरक्षित की हुई थीं। हम सम्बन्धित अधिकारियों के साथ सम्पर्क बनाये रखते थे और आरंभ किये हुये कार्य को संचालित करते रहते थे।

खण्ड-तृतीय

राजनैतिक जीवन

लक्ष्य तक पहुँचे बिना
पथ में पथिक विश्राम कैसा
लक्ष्य है अति दूर-दुर्गम
मार्ग हैं हम जानते
किन्तु कंटकों की राहों को
सुमन ही हम मानते

प्रदेश अध्यक्ष के रूप में

(30 जून 1998 से 17 मई 2000 तक)

यह मेरा सौभाग्य है और मेरे लिए असीम गौरव का विषय है कि 30 जून, 1998 को मेरा चुनाव भारतीय जनता पार्टी, दिल्ली प्रदेश अध्यक्ष पद के लिए किया गया। प्रदेश अध्यक्ष का कार्यभार ग्रहण करते ही, मैंने अपने पहले भाषण में संगठन-निष्ठा एवं अनुशासन पर बल दिया था।

मुझे यह गर्व था कि मुझे देव-दुर्लभ कार्यकर्त्ताओं की एक विशाल टीम विरासत में मिली थी। मैंने पहले दिन ही प्रण किया कि मैं इस धरोहर को संभालते हुए इसे और भी दृढ़ करने का प्रयत्न करूँगा।

संगठन में अपार शक्ति है। संसार में वही शक्तिशाली है, उसी के हाथ में विजय है, जिसके पास संगठन का बल है। एक व्यक्ति की संगठन-निष्ठा से हज़ारों व्यक्तियों की मानसिकता को प्रेरित किया जा सकता है। जिस प्रकार एक-एक बूँद मिलकर विशाल सागर की संरचना करती है, इसी प्रकार एक-एक कार्यकर्त्ता के एकजुट होने से एक राजनीतिक दल विशाल और अपार शक्ति का रूप ले लेता है। भारतीय जनता पार्टी इस प्रयोग का एक सजीव एवं उज्ज्वल उदाहरण है और इसी के बलबूते पर आज वह कई राज्यों तथा केन्द्र में सत्ता पर आसीन है।

मेरे आदर्श महापुरुष पंडित दीनदयाल उपाध्याय की शिक्षा यह थी कि राजनीति केवल जन सेवा के माध्यम से ही की जानी चाहिए। मैं इसी सिद्धांत का अनुसरण करता रहा हूँ। मेरा दो-ढाई वर्ष का कार्यकाल इस सत्य का साक्षी है।

अपने अध्यक्ष काल में मैंने जो थोड़ी बहुत सेवा की है, अपनी सीमा

में और अपनी क्षमता के दायरे में उस का लेखा-जोखा आगे के पन्नों में प्रस्तुत है।

भारतीय जनता पार्टी, दिल्ली प्रदेश के संगठनात्मक कार्यों का विवरण (30 जून, 1998 से 17 मई, 2000 तक)

मैंने संगठन के शीर्ष से प्रथम इकाई, समिति तक सीधे सम्पर्क कर संगठन को प्रबल और दृढ़ बनाने का सन्देश दिया। आगामी विधानसभा चुनाव के लिए समस्त कार्यकर्त्ताओं का आह्वान करते हुए आगाह किया कि हमें आगामी चुनावों के लिए और भी संगठित होकर कार्य करना होगा, जिससे कि दिल्ली के प्रत्येक विधानसभा क्षेत्र से हमारी पार्टी के कार्यकर्त्ता निर्वाचित होकर आयें और विगत वर्षों की भांति पुनः दिल्ली की जनता की सेवा के लिए सरकार बना सकें।

आशीर्वाद और मार्गदर्शन

दिल्ली प्रदेश के अध्यक्ष पद का कार्यभार ग्रहण करने के पश्चात् मैंने डॉ. केशवराव बलिराम हेडगेवार, डॉ. श्यामा प्रसाद मुखर्जी एवं पं. दीन दयाल उपाध्याय जी की प्रतिमाओं पर माल्यार्पण कर अपने श्रद्धासुमन समर्पित किये। तत्पश्चात् राष्ट्रीय स्वयंसेवक संघ के सरसंघ चालक श्री राजेन्द्र सिंह 'रज्जू भैया', सहसंघ कार्यवाह श्री सुदर्शन जी व भारतीय जनता पार्टी के अध्यक्ष श्री कुशाभाऊ ठाकरे जी से आशीर्वाद प्राप्त किया।

भारतीय जनता पार्टी के प्रदेश इकाई के संगठन की दृढ़ता व प्रबलता के लिए आवश्यक मार्गदर्शन हेतु भारतीय जनता पार्टी के शीर्ष नेताओं से भेंट की। मुख्य रूप से पूर्व प्रदेशाध्यक्ष श्री केदार नाथ साहनी, श्री मदन लाल खुराना, श्री विजय कुमार मल्होत्रा एवं श्री ओ. पी. कोहली से वर्तमान स्थिति पर विचार-विमर्श किया। दूसरे चरण में माननीय श्री अटलबिहारी वाजपेयी जी, श्री लालकृष्ण आडवाणी जी, श्री मुरली मनोहर जोशी जी, श्री सत्यनारायण बंसल जी, श्री कृष्ण लाल शर्मा जी, श्री वेंकैया नायडू जी आदि से भेंट कर मार्गदर्शन प्राप्त किया। इसके अतिरिक्त दिल्ली सरकार के मुख्यमंत्री श्री साहिब सिंह वर्मा जी, दिल्ली सरकार के मंत्रीगण

और दिल्ली के सांसदों से आवश्यक विचार-चर्चा की।

आगामी विधान सभा चुनाव हेतु संगठनात्मक कार्य

दिल्ली प्रदेश अध्यक्ष पद पर निर्विरोध निर्वाचित होने के पश्चात मैंने आगामी विधानसभा चुनाव को प्राथमिकता देते हुए दिल्ली प्रदेश भारतीय जनता पार्टी को शीर्ष से प्रथम इकाई समिति तक सुदृढ़ एवं प्रबल बनाने हेतु त्वरित गति से संगठन अभियान प्रारम्भ किया। इस संगठनात्मक कार्य का संक्षिप्त विवरण निम्नानुसार है।

संगठनात्मक व प्रशासनिक बैठकें व आवश्यक कार्यवाई

दिल्ली प्रदेश भारतीय जनता पार्टी को शीर्ष से प्रथम इकाई समिति तक सुदृढ़ एवं प्रबल बनाने हेतु मैंने पदभार ग्रहण करने के पश्चात् दिल्ली प्रदेश के अंतर्गत मुख्यमंत्री (दिल्ली सरकार), मंत्रीगण, सांसद, विधायकगण, निगम पार्षद, जिला कार्यसमिति, मंडल कार्यसमिति, जिले में रहने वाले प्रदेश कार्यसमिति के सदस्यों, राष्ट्रीय परिषद् के सदस्यों, राज्य परिषद् के सदस्यों, मोर्चा के जिलाध्यक्षों व महामंत्रियों एवं कार्यकर्ताओं की कई बैठकें आयोजित कर आवश्यक विचार-विमर्श किया, जिनमें से कुछ बैठकों व आवश्यक कार्यवाई का संक्षिप्त विवरण निम्नानुसार है–

1. दिल्ली प्रदेश के विधायक दल की एक बैठक आयोजित की गयी जिसमें आगामी विधानसभा चुनाव को प्राथमिकता प्रदान करते हुए आगामी बैठकों में समस्त विधायकों की उपस्थिति, कार्यक्रम संगठनों की बैठकों को ध्यान में रखते हुए कार्यक्रम सुनिश्चित किया जाना, विधायक संगठन व प्रशासन में अनुशासन एवं सरकार की उपलब्धियों के प्रचार-प्रसार आदि विषयों पर विस्तार से विचार किया गया।
2. दिल्ली प्रदेश के पार्षद दल की एक बैठक आयोजित की गई, जिसके अन्तर्गत पार्षदों की मंडल व जिलों की बैठकों में अनुपस्थिति, पार्षदों की जोन की बैठक में अनुपस्थिति, पार्षद व विधायक के मध्य आपसी तालमेल व आगामी विधानसभा चुनाव आदि विषयों पर

विस्तार से चर्चा की गयी।

3. भाजपा दिल्ली प्रदेश की कार्यकारिणी समिति की घोषणा की गयी।
4. दिल्ली प्रदेश के मुख्यमंत्री, मंत्रीगण, सांसद व विधायकगण व निगम पार्षदों की एक बैठक आयोजित की गयी।
5. जिलाध्यक्षों, जिला पदाधिकारियों, मंडल अध्यक्षों व कार्यकारिणी, स्थानीय विधायकगण, कैंटोनमेन्ट बोर्ड के सदस्यों, एन.डी.एम.सी. के सदस्यों, मोर्चा के अध्यक्षों व महामंत्रियों, राज्य परिषद् के सदस्यों आदि की क्षेत्रीय स्तर पर कई बैठकें हुई।
7. दिल्ली की समस्याओं के निराकरण हेतु विभिन्न संगठनों के कार्यकर्ताओं के मांध्यम से जानकारी लेना, मण्डल अध्यक्षों से क्षेत्रीय समस्याओं की जानकारी, जिलाध्यक्षों के माध्यम से प्राप्त कर प्रशासन के साथ निम्न बैठकें आयोजित की गयीं–
   * प्रदेश पदाधिकारियों, निगम के सभी जोनों और अलग-अलग बोर्डों के अध्यक्षों के साथ दो बार बातचीत;
   * सभी विधानसभा सदस्यों के साथ एक बैठक;
   * समस्याओं के समाधान हेतु दिल्ली सरकार के मंत्रियों व प्रदेश पदाधिकारियों की मुख्यमंत्री निवास पर बैठक।
8. दिल्ली प्रदेश के 16 जिलों को 6 भागों में विभक्त कर 7 विभिन्न बैठकें भारतीय जनता पार्टी के राष्ट्रीय अध्यक्ष श्री कुशाभाऊ ठाकरे जी के दिल्ली प्रवास के दौरान आयोजित की गयीं। उक्त प्रत्येक बैठक में 30 से 70 तक कार्यकर्ताओं के सुझाव आमंत्रित किये गये।

चुनाव कार्यालय

इसके अतिरिक्त प्रदेश भारतीय जनता पार्टी कार्यालय द्वारा आगामी विधानसभा चुनाव को ध्यान में रखते हुए कई आवश्यक कदम उठाये गये। जिनमें प्रमुख रूप से प्रदेश भाजपा कार्यकारिणी की प्रथम बैठक 21 जुलाई, 1998 को प्रदेश कार्यालय में संपन्न हुई। प्रदेश कार्यालय में चुनाव कक्ष

का उद्घाटन अखिल भारतीय जनता पार्टी के महामंत्री वेंकैया नायडू द्वारा 21 अगस्त, 1998 को किया गया। इसके अतिरिक्त उठाये गये कुछ विशेष कदमों का संक्षिप्त विवरण निम्नानुसार हैं–

स्थानीय समिति विवरणिका

प्रदेश भाजपा कार्यालय की ओर से दिल्ली प्रदेश की समस्त स्थानीय इकाई समितियों (पोलिंग स्टेशनों) की महत्वपूर्ण जानकारी को एक साथ एकत्र करने के उद्देश्य से एक स्थानीय समिति विवरणिका समस्त दिल्ली प्रदेश की 8000 समितियों को वितरित कर अपेक्षित जानकारी प्राप्त करना सुनिश्चित किया।

स्थानीय समिति विवरणिका समस्त समितियों को वितरित की गयी तथा संबंधित जानकारी पूर्ण रूप से भर कर समिति अध्यक्ष के द्वारा दिनांक 15 अगस्त, 1998 तक प्रदेश कार्यालय में जमा किया जाना निश्चित किया गया। स्थानीय समिति इकाइयों के द्वारा यह कार्य पूर्ण उत्साह के साथ प्रारंभ किया गया और 6500 समितियों के कार्ड पूर्ण विवरण के साथ प्राप्त हुए। शेष कार्ड समितियों के द्वारा भरवाने के पश्चात् निरन्तर प्राप्त हो रहे हैं।

स्थानीय समिति रजिस्टर

प्रदेश भाजपा कार्यालय की ओर से दिल्ली प्रदेश की प्रत्येक समिति के कार्यकर्ता द्वारा उस समिति क्षेत्र में सभी घरों में जाकर मतदाताओं का (प्रत्येक परिवार का) पूर्ण विवरण एकत्र कर रजिस्टर में अंकित किया जाना सुनिश्चित किया गया। इस कार्य हेतु प्रत्येक समिति को एक-एक रजिस्टर प्रदान किया गया। लगभग 15 दिवस पश्चात् पूर्ण जानकारी प्रदेश कार्यालय में जमा करने का निर्णय लिया गया।

प्रदेश कार्यालय में जनसंपर्क

दिल्ली सरकार एवं पार्टी कार्यकर्ताओं में सीधे सम्पर्क व तालमेल को

बढ़ावा देने के उद्देश्य से सप्ताह के प्रत्येक दिन दिल्ली सरकार के विभिन्न विभागों के एक मंत्री का दिल्ली प्रदेश कार्यालय में सायं 5 बजे से 7 बजे तक उपलब्ध होना सुनिश्चित किया गया।

राष्ट्रीय सुरक्षा व अस्मिता सप्ताह

स्वतंत्रता-प्राप्ति के पचास वर्ष पूर्ण होने पर दिनांक 15 अगस्त, 1997 को स्वतंत्रता स्वर्ण जयंती वर्ष प्रारंभ हुआ। एक वर्ष पश्चात् दिनांक 15 अगस्त, 1998 को स्वर्ण जयंती वर्ष का समापन समारोह मनाया जाना निश्चित हुआ। इस स्वर्ण जयंती वर्ष के अंतिम सप्ताह दिनांक 9 अगस्त से 14 अगस्त तक को 'राष्ट्रीय सुरक्षा व अस्मिता सप्ताह' के रूप में मनाये जाने का निर्णय लिया गया, जिसके अन्तर्गत दिल्ली प्रदेश के प्रत्येक विधानसभा क्षेत्र में राष्ट्रीय सुरक्षा और अस्मिता पर एक-एक जनसभा आयोजित कर कुछ प्रमुख बिंदुओं पर पार्टी कार्यकर्ताओं व जनसमूह को संबोधित किये जाने का निर्णय लिया गया।

'राष्ट्रीय सुरक्षा व अस्मिता सप्ताह' के दौरान दिल्ली प्रदेश के 45 विधानसभा क्षेत्रों में जनसभाएं आयोजित हुईं तथा इन समस्त सभाओं को प्रमुख वक्ताओं द्वारा विशेष रूप से संबोधित किया गया। साथ ही स्थानीय विधायक, जिला कार्यकर्त्ता, मंडल कार्यकर्त्ता व समिति सदस्यों ने अपने-अपने विचार रखे। यह कार्यक्रम निरन्तर एक सप्ताह तक चलता रहा, जो पूर्ण रूप से सफल रहा।

मोर्चों का सम्मेलन

प्रदेश स्तर पर मुख्य रूप से 5 मोर्चों—युवा मोर्चा, महिला मोर्चा, किसान मोर्चा, अनुसूचित जाति मोर्चा व अल्पसंख्यक मोर्चा—का गठन हुआ था। प्रत्येक मोर्चे के द्वारा प्रदेश कार्यालय परिसर में विभिन्न दिवसों में सम्मेलन का आयोजन किया गया।

अनुसूचित जाति मोर्चा—दिनांक 8 सितम्बर को अनुसूचित जाति मोर्चे का एक सम्मेलन प्रदेश कार्यालय में आयोजित किया गया, इसी मोर्चे द्वारा दिनांक 30 सितम्बर को भी एक कार्यकर्त्ता सम्मेलन आयोजित किया

गया एवं दिनांक 5 सितम्बर को रक्तदान शिविर का आयोजन हुआ।

युवा मोर्चा—दिनांक 15 अक्तूबर को युवा मोर्चे द्वारा पूरी दिल्ली में स्कूटर रैली निकाली गयी जो पूर्णतः सफल रही। स्कूटर रैली में लगभग 1500 स्कूटरों पर कार्यकर्ताओं ने भाग लिया। रैली का उद्‌घाटन चाँदनी चौक, लाल किले से राष्ट्रीय महामंत्री श्री वेंकैया नायडू के द्वारा हरी झंडी दिखाकर किया गया। इस अवसर पर मैंने युवाओं को संबोधित किया। इसके अलावा समय-समय पर युवा मोर्चा द्वारा कई बैठकें आयोजित की गयीं। युवा संकल्प दिवस पं. दीन दयाल उपाध्याय जी के जन्म दिवस पर मनाया गया।

महिला मोर्चा—महिला मोर्चा के द्वारा प्रदेश स्तर पर कई बैठकें आयोजित की गयीं, जिनमें प्रमुख हैं :—

(अ) मुस्लिम महिला सम्मेलन—दिनांक 4 अक्तूबर को तालकटोरा स्टेडियम में केन्द्रीय कार्यक्रम के अनुसार मुस्लिम महिला सम्मेलन का आयोजन किया गया। इस सम्मेलन में संपूर्ण भारत की मुस्लिम समाज की प्रमुख महिलाओं ने प्रतिनिधित्व किया। इस सम्मेलन को माननीय प्रधानमंत्री श्री अटल बिहारी वाजपेयी जी ने संबोधित किया। कार्यक्रम पूर्णतया सफल रहा।

(ब) महिला सम्मेलन—दिनांक 14 अक्तूबर को प्रदेश कार्यालय में महिला सम्मेलन का आयोजन हुआ। इस सम्मेलन को प्रमुख रूप से श्री वेंकैया नायडू जी, श्री हुकुमदेव नारायण यादव, श्रीमती मृदुला सिन्हा और मैंने संबोधित किया। महिलाओं की अच्छी उपस्थिति रही। कार्यक्रम पूर्णरूप से सफल रहा।

किसान मोर्चा—दिनांक 16 अक्तूबर को प्रदेश कार्यालय में किसान सम्मेलन का आयोजन किया गया। इस सम्मेलन को मेरे अलावा श्री वेंकैया नायडू ने संबोधित किया। सम्मेलन पूर्णतया सफल रहा।

प्रकोष्ठों का सम्मेलन

संगठन का विस्तार करने के उद्देश्य से 25 विभिन्न प्रकोष्ठों का गठन किया गया। इन प्रकोष्ठों के द्वारा विभिन्न दिवसों में अलग-अलग सभाओं

का आयोजन किया गया :–

– दिनांक 10 सितम्बर को पूर्वांचल प्रकोष्ठ की सभा का आयोजन प्रदेश कार्यालय में किया गया।

– दिनांक 30 सितम्बर को उड़ीसा प्रकोष्ठ का सम्मेलन आजादपुर में आयोजित हुआ।

– दिनांक 11 अक्तूबर को दक्षिण भारतीय प्रकोष्ठ का सम्मेलन।

इसी तरह अन्य प्रकोष्ठों की अलग-अलग सभय में कई सभाएं आयोजित हुईं।

चुनाव अभियान समिति

प्रदेश स्तर पर विधानसभा चुनाव के दृष्टिगत चुनाव अभियान समिति का गठन विजय कुमार मल्होत्रा जी की अध्यक्षता में हुआ, जिसके अंतर्गत चुनाव से पूर्व कई आवश्यक बैठकें अनेक स्तरों पर आयोजित होती रहीं।

घोषणापत्र समिति

1998 के विधानसभा चुनाव के लिए घोषणापत्र समिति का गठन किया गया। इस समिति के अध्यक्ष श्री ओ.पी. कोहली जी के नेतृत्व में प्रदेश भारतीय जनता पार्टी 1998 के विधान सभा चुनाव का घोषणा-पत्र तैयार किया गया, जिसका विमोचन दिनांक 15 नवम्बर को मेरे द्वारा हुआ।

उपलब्धि विवरणिका/पुस्तिका

आगामी विधानसभा चुनाव को ध्यान में रखते हुए दिल्ली सरकार के पाँच वर्ष के कार्यकाल की पूर्णता पर सभी विधायकों, निगम पार्षदों, दिल्ली सरकार के मंत्रियों द्वारा उनके क्षेत्र में पिछले पाँच वर्षों के दौरान किये गये कार्यों का लेखा-जोखा एक पुस्तिका के रूप में प्रकाशित कराया गया व उसे सभी क्षेत्रों में मतदाताओं के मध्य वितरित कराया जाना सुनिश्चित किया गया।

दिल्ली सरकार के द्वारा सभी विभागों के द्वारा किये गये कार्य व उपलब्धियों को एक पुस्तक के रूप में छपवा कर प्रकाशित किया गया।

प्रदेश कार्यालय के द्वारा दिल्ली सरकार की प्रमुख उपलब्धियों को दक्षिण भारत की चार भाषाओं तमिल, तेलुगू, मलयालम व कन्नड़ में अनुवाद को छपवाकर वितरण करने की व्यवस्था की गयी।

विशाल कार्यकर्त्ता सम्मेलन

विधान सभा चुनाव के शुभारम्भ के लिए दिनांक 24 अक्टूबर, 1998 को छत्रसाल स्टेडियम में एक विशाल कार्यकर्त्ता सम्मेलन का आयोजन किया गया। इस सम्मेलन में संगठन के प्रत्येक स्तर के कार्यकर्त्ताओं ने विशेष प्रयास किया और 35 से 40 हजार कार्यकर्त्ताओं ने इस सम्मेलन में हिस्सा लिया। इस सभा को प्रधानमंत्री श्री अटल बिहारी वाजपेयी जी, श्रीमती सुषमा स्वराज, साहिब सिंह वर्मा तथा मैंने सम्बोधित किया। सम्मेलन पूर्णतया सफल रहा।

उम्मीदवार चयन प्रक्रिया

आगामी विधान सभा चुनाव हेतु एक चयन समिति का गठन किया गया। इस चयन समिति में कुल 15 सदस्य थे–

श्री मदनलाल खुराना, प्रो. विजय कुमार मल्होत्रा, श्रीमती सुषमा स्वराज, श्री साहिब सिंह वर्मा, प्रो. ओ.पी. कोहली, श्री लालबिहारी तिवारी, श्री नंदकिशोर गर्ग, श्री रामभज, श्री पवन शर्मा, श्री शांति देसाई, श्री मेवाराम आर्य, श्री वीरबहादुर सिंह, श्री लक्ष्मण सिंह अटल, श्रीमती मीरा अग्रवाल और श्री के.सी. नैनवाल।

चयन प्रक्रिया के दौरान मंडल अध्यक्ष, पदाधिकारी, जिलाध्यक्ष और पदाधिकारी आदि से अलग-अलग दिवसों में विचार माँगे गये।

जिला और मंडल पदाधिकारियों की सलाह के अनुसार प्रत्येक विधान सभा के प्रत्याशियों के लिए नाम का एक पैनल तैयार किया गया।

द्वितीय चरण में कोर ग्रुप की बैठक तथा चुनाव समिति की एक बैठक के दौरान प्रत्येक विधान सभा के लिए दो या तीन नाम चयनित कर अंतिम चक्र में केन्द्रीय चयन समिति के समक्ष प्रस्तुत किये गये और दिनांक 4 नवम्बर को चयनित प्रत्याशियों की अंतिम सूची प्रकाशित की गयी।

चुनाव कार्यालय का उद्घाटन

प्रत्येक विधान सभा क्षेत्र के प्रत्याशियों के नाम घोषित हो जाने के उपरांत दिनांक 5 व 6 नवम्बर को समस्त 67 विधान सभा क्षेत्रों में प्रत्याशियों ने नामांकन पत्र दाखिल किये। इसके पश्चात् प्रत्येक विधान सभा में चुनाव कार्यालय खुलने प्रारम्भ हुए। अधिकतर क्षेत्रों में मेरी और प्रदेश पदाधिकारियों की उपस्थिति में चुनाव कार्यालय का उद्घाटन कार्यक्रम संपन्न हुआ।

जिला स्तरीय चुनाव बैठक

विधान सभा चुनाव की पूर्व तैयारी पर विचार-विमर्श और कुछ आवश्यक मार्गदर्शन देने के उद्देश्य से दिनांक 9 नवम्बर से 16 नवम्बर तक समस्त 16 जिलों में अलग-अलग बैठक आयोजित किया जाना सुनिश्चित किया गया। इस बैठक की अध्यक्षता राष्ट्रीय महामंत्री श्री वेंकैया नायडू और मेरी उपस्थिति में होना निश्चित हुआ, किन्तु राष्ट्रीय महामंत्री श्री वेंकैया नायडू जी व्यस्तता के कारण कुछ बैठकों में सम्मिलित नहीं हो सके।

मतगणना के पश्चात् समीक्षा बैठक

मतगणना के पश्चात् चुनावी हार की समीक्षा हेतु एक बैठक शीघ्र ही प्रदेश कार्यालय में बुलायी गयी, जिसमें सभी प्रदेश पदाधिकारी, जिलाध्यक्ष, जिला प्रभारी, सांसद आदि उपस्थित हुए। इस बैठक में सभी पदाधिकारियों से विधान सभा चुनाव, 1998 में हुई हार के संबंध में विचार किया गया। इस चर्चा में निम्न बिंदु उभर कर सामने आये–

* मँहगाई।
* विधायक एवं संगठन में तालमेल का न होना था।
* प्रशासन के प्रति कार्यकर्त्ताओं में नाराजगी।
* हमारे नेताओं से गलतियों पर गलतियाँ हुईं।
* काँग्रेस पार्टी की चुनाव रणनीति का 6 महीने पहले बन जाना।
* अनुशासनहीनता।

* बहुत से स्थानों पर निगम पार्षदों ने अपने प्रभाव का प्रयोग नहीं किया।
* कुछ स्थानों पर तय किया गया कि प्रत्याशी हमारे पसन्द का नहीं है, इसलिए यह नहीं जीतना चाहिए।
* कुछ कार्यकर्त्ता दूसरे कार्यकर्त्ताओं को बदनाम करने में लगे रहे।
* कुछ लोगों ने प्रत्याशी की छवि खराब की।
* मीडिया ने हमारा विरोध किया।
* पुलिस भी हमारे विरोध में थी।
* संगठन के चुनाव की पद्धति ठीक नहीं थी।
* तीसरी शक्ति न होने से 11 प्रतिशत अतिरिक्त मत काँग्रेस की झोली में गये।
* कार्यकर्ताओं के काम के प्रति उदासीनता।
* कुछ सीटों पर जो समझौता हमने किया, वह ठीक नहीं हुआ।
* हमारे विधायक, निगम पार्षद, संगठन की बैठक में नहीं बोलते थे।
* जिले की बातें नहीं सुनी जाती थीं। प्रत्याशी जिले में नहीं आते थे।
* संगठन द्वारा मतदाताओं से सहज सम्पर्क नहीं किया गया।
* ऑटो रिक्शा वालों में नाराजगी।
* सरकार में बैठे लोग कार्यकर्त्ता को चक्कर लगवाते थे।
* अपने बागी प्रत्याशियों ने भी कुछ सीटें हरवायीं।
* मतदाता तक पर्चियाँ भी नहीं पहुँचीं।
* मतदाता गुमसुम था।
* मतदाता सूचियों की जाँच नहीं हुई।
* महिलाओं का भाजपा विरोध।
* मुख्यमंत्री का एक महीना पहले बदला जाना।
* मँहगाई के मुद्दे पर केंद्र सरकार का मुख्यमंत्रियों की बैठक दो महीने देर से बुलाना।
* कुछ का आरोप था कि हमें हमारे कार्यकर्ताओं ने ही हरवाया।
* हमें बंगाल की कम्युनिस्ट सरकार से सीख लेनी चाहिए।
* उत्तर प्रदेश सरकार का बंदे मातरम् गाने पर जोर देना।

* दिल्ली सरकार के मंत्री अगर पहले ही कार्यालय में बैठना शुरू हो जाते तो अच्छा होता।
* अनुशासन पहले ऊपर वाले अपने पर लागू करें।
* हम अपने कार्यकर्ताओं को यह आभास नहीं दे पाये कि सरकार हमारी पार्टी की है।
* दूरदर्शन पर हमारी कमियों का तथा काँग्रेस की अच्छाइयों का उल्लेख अधिक हुआ।
* हमें छः महीने पहले ही लगता था कि हम इस स्थिति में चुनावों में 18 सीटें ही जीत पायेंगे। दिल्ली में दिन-प्रतिदिन स्थिति हमारे प्रतिकूल होती चली गयी।
* आपसी झगड़ा मुख्य मुद्दा था।
* मतदान दिवस को व्यापार मेले में लगभग पाँच लाख लोगों ने प्रदर्शनी देखी।

जिलास्तरीय चुनाव समीक्षा बैठक

मतगणना के पश्चात् संगठन के प्रत्येक स्तर से चुनावी हार के कारण जानने तथा समीक्षा हेतु प्रत्येक जिले में शीघ्र ही एक-एक बैठक आयोजित किया जाना सुनिश्चित किया गया। प्रत्येक बैठक में समीक्षक के रूप में एक-एक प्रदेश पदाधिकारी की नियुक्ति की गयी।

प्रदेश पदाधिकारी संबंधित जिले की बैठक की समीक्षा के पश्चात् उस जिले के सभी उम्मीदवारों से प्रत्यक्ष विचार करके एवं प्रमुख व्यक्तियों से निजी संपर्क स्थापित कर संपूर्ण जानकारी प्रदेश कार्यालय में सम्मिलित करें, ऐसा सुनिश्चित किया गया।

उक्त कार्यों के अलावा भी पिछले छः महीनों में समय-समय पर कई जनसमस्याएं उभर कर सामने आयीं। उन सभी समस्याओं के समाधान के लिए प्रदेश स्तर से कई कदम उठाये गये।

जन-समस्या निवारण तथा समाधान हेतु प्रयास

दिनांक 25 जनवरी को प्रदेश पदाधिकारियों के एक शिष्टमंडल ने

दिल्ली में पुनः सक्रिय हो रहे भू-माफियाओं के संबंध में विचार-विमर्श हेतु दिल्ली के उपराज्यपाल श्री विजय कपूर से भेंट की और शीघ्र ही इन भू-माफियाओं को दिल्ली से समाप्त करने का अनुरोध किया गया।

दिनांक 1 मार्च को प्रदेश पदाधिकारियों का एक प्रतिनिधिमंडल शहरी मामलों के केन्द्रीय मंत्री श्री राम जेठमलानी जी से मिला, जिसमें निम्न बिंदुओं पर विचार किया गया :–

1. झुग्गी-झोंपड़ी वालों के जीवन में सुधार हेतु उचित स्थान पर बसाना।
2. सरकारी जमीन पर अतिक्रमण की रोकथाम और पहले से हुए अतिक्रमण को हटाना।
3. लीज-होल्ड संपत्ति का फ्री-होल्ड संपत्ति में परिवर्तन।
4. अनधिकृत कालोनियों को नियमित करना और उनमें नागरिक सुविधाएँ प्रदान करना।
5. गरीब लोगों के लिए डी.डी.ए. द्वारा सस्ते आवासों के निर्माण की स्कीम।
6. डी.डी.ए. का पुनर्गठन।
7. सरकार द्वारा निर्मित मार्कीटों के दुकानदारों को आवंटित दुकानों का मालिकाना हक देना।
8. यमुना नदी के तट का विकास और उसे सुन्दर बनाना।
9. राष्ट्रीय राजधानी क्षेत्र योजना का क्रियान्वयन।

दिनांक 26 मार्च को प्रदेश पदाधिकारियों का एक शिष्टमंडल मेरे नेतृत्व में गृहमंत्री श्री आडवाणी जी से दिल्ली की कानून-व्यवस्था के संबंध में विचार करने के लिए मिला और दिल्ली में बढ़ते हुए भू-माफियाओं के जाल की तरफ ध्यान आकृष्ट किया।

दिनांक 26 जनवरी को दिल्ली के समस्त जिलों में भारत माता पूजन का कार्यक्रम आयोजित किया गया। यह कार्यक्रम सेवा भारती के आह्वान पर हुआ।

जन-जागरण अभियान

स्व. पं. दीनदयाल उपाध्याय जी के बलिदान दिवस पर 11 फरवरी

से 22 मार्च तक "जन-जागरण अभियान" दिल्ली प्रदेश भाजपा के तत्वावधान में आयोजित हुआ। केन्द्र में भाजपा सरकार के एक वर्ष की पूर्णता के पश्चात् अर्जित उपलब्धियाँ एवम् काँग्रेस-वाममोर्चा-रालोमो-सपा जैसे दलों की नकारात्मक, देशघाती और दोगली नीतियों से दिल्लीवासियों को सचेत करने के लिए निरन्तर एक माह तक दिल्ली प्रदेश के प्रत्येक जिले में सम्मेलन और बड़ी बैठकों का आयोजन हुआ। साथ ही प्रदेश स्तर के सभी मोर्चों—युवा मोर्चा, महिला मोर्चा आदि ने प्रत्येक जिले में बड़ी बैठकें कर इस अभियान को तेजी से चलाया।

जन-जागरण अभियान का प्रारम्भ दिनांक 11 फरवरी को गृहमंत्री श्री लालकृष्ण आडवाणी जी के द्वारा नयी दिल्ली के रफी मार्ग स्थित विट्ठल भाई पटेल भवन के प्रांगण में एक विशाल जनसभा के संबोधन से हुआ। इस अभियान का समापन 40 दिन पश्चात दिनांक 22 मार्च को सप्रू हाऊस में आयोजित एक विशाल जनसभा में श्री बंगारू लक्ष्मण जी के संबोधन के साथ हुआ। पूरी दिल्ली में जन-जागरण अभियान पूर्णतः सफल रहा।

लाहौर यात्रा

दिनांक 20 फरवरी को प्रदेश पदाधिकारी, जिला पदाधिकारी तथा जिलाध्यक्ष आदि के एक शिष्टमंडल ने मेरे नेतृत्व में लोकप्रिय प्रधानमंत्री माननीय श्री अटलबिहारी वाजपेयी जी से भेंट कर उन्हें पत्रक-फूलमाला तथा धोती भेंट की। साथ ही दिल्ली से लाहौर तक की उनकी बस-यात्रा के लिए प्रदेश भाजपा की ओर से शुभकामनाएं देते हुए इसे एक ऐतिहासिक उपलब्धि बताया।

विश्वासघात विरोधी सम्मेलन

बिहार प्रदेश के दलितों की हुई नृशंस हत्या के विरोध में और कांग्रेस पार्टी की दोमुँही नीति को स्पष्ट करने के उद्देश्य से प्रदेश कार्यालय में एक विश्वासघात विरोधी सम्मेलन का आयोजन किया गया। इस विश्वासघात विरोधी सम्मेलन को राष्ट्रीय महामंत्री श्री वेंकैया नायडू, राष्ट्रीय अध्यक्ष अनुसूचित जाति मोर्चा, श्री मुन्नी लाल जी, सांसद आभा

मेहता व मैंने संबोधित किया।

13वीं लोकसभा चुनाव-दिल्ली प्रदेश

1. 13वीं लोकसभा चुनाव के प्रथम चरण में दिनांक 5 सितम्बर को दिल्ली प्रदेश के सात संसदीय सीटों पर चुनाव की घोषणा हुई। निर्वाचन आयोग के घोषणा के पश्चात् दिनांक 27 जुलाई को प्रदेश चुनाव समिति की बैठक प्रदेश कार्यालय में हुई, जिसमें सम्भावित उम्मीदवारों पर चर्चा की गयी। साथ ही जिला स्तर से सुझाव मांगे गये।
2. दिनांक 3 अगस्त को राष्ट्रीय चुनाव समिति के समक्ष दिल्ली के सातों उम्मीदवारों के नाम पर चर्चा केन्द्रीय कार्यालय में हुई, जिस बैठक में मेरे अतिरिक्त प्रदेश प्रभारी श्री विजयकुमार मल्होत्रा व विपक्ष के नेता प्रो. जगदीश मुखी सम्मिलित हुए। इस बैठक में दिल्ली के सातों उम्मीदवारों के नामों पर निर्णय लिया गया।
3. दिनांक 4 अगस्त को प्रदेश पदाधिकारियों की बैठक में इस विषय में विचार-विमर्श कर यह निर्णय लिया गया कि दिल्ली में लोकसभा चुनाव की घोषणा हेतु माननीय प्रधानमंत्री श्री अटलबिहारी वाजपेयी जी के सान्निध्य में एक विशाल रैली का आयोजन दिनांक 8 अगस्त को इन्दिरा गांधी इंडोर स्टेडियम में किया जाये तथा लोकसभा चुनाव का विधिवत् उद्घाटन माननीय वाजपेयी जी के द्वारा किया जाये। इस संदर्भ में विस्तृत रूपरेखा तैयार की गयी। साथ ही कार्य का विभाजन किया गया। रैली में उपस्थिति के सम्बन्ध में सभी मंडल तथा समिति स्तर तक की बैठकें आयोजित की गयीं।
4. 7 अगस्त, 1999 को निर्वाचन आयोग से मतदाता सूचियाँ प्राप्त कर ली गयी और हिन्दी/अंग्रेजी में प्राप्त मतदाता सूचियों की प्रतिलिपि सभी जिलों को वितरित की गयी।
5. दिनांक 4 अगस्त को प्रदेश कार्यालय में आयोजित एक प्रेस कांफ्रेंस में इन सातों उम्मीदवारों के परिचय कराये गये।
6. 8 अगस्त को इन्दिरा गांधी इंडोर स्टेडियम में लगभग 30 हज़ार

कार्यकर्त्ताओं की उपस्थिति हुई एवं सातों उम्मीदवारों ने इस सभा को सम्बोधित किया। माननीय अटल जी ने सभा को सम्बोधित कर 13वें लोकसभा चुनाव का विधिवत् उद्घाटन किया।

7. प्रदेश भाजपा कार्यालय को 14, पं0 पंत मार्ग स्थित भवन को नियमित रूप से प्रदेश भाजपा कार्यालय के नाम पर विधिवत आबंटन हो गया। इस भवन में बड़ी बैठकों के लिए एक हाल, पुस्तकालय कक्ष तथा दो छोटे कक्षों का निर्माण किया गया। इसका उद्घाटन दिनांक 9 अगस्त, 1999 को प्रदेश भाजपा चुनाव कार्यालय के रूप में राष्ट्रीय अध्यक्ष माननीय श्री कुशाभाऊ ठाकरे जी द्वारा किया गया। इसी अवसर पर पं0 दीनदयाल पुस्तकालय का भी उद्घाटन किया गया।

8. चुनाव के प्रभावी प्रचार-प्रसार को ध्यान में रखते हुए मीडिया कक्ष भी बनाया गया, जिसमें नियमित प्रेस कांफ्रेंस करने की योजना बनी। प्रेस ब्रीफिंग कक्ष का बैकड्राप श्री अरुण जैन कोषाध्यक्ष के सुझाव पर विशेष मूल्यों को दर्शाते हुए, जिसमें भाजपा सरकार के 13 महीने की महत्वपूर्ण उपलब्धियों का चित्रांकन किया गया था, मनाया गया।

प्रदेश चुनाव कार्यालय के उद्घाटन के साथ-साथ सभी क्षेत्रों में चुनाव प्रचार एवं चुनाव कार्यालय के उद्घाटन व नामांकन आदि के कार्य तीव्र गति से आरम्भ हो गया। इस क्रम में—

प्रदेश स्तरीय चुनाव संचालन समिति का गठन

लोक सभा चुनाव के संचालन हेतु प्रदेश स्तर से 85 सदस्यीय चुनाव संचालन समिति का गठन किया गया। इस समिति का अध्यक्ष मुझे एवं संयोजक श्री नंदकिशोर गर्ग को बनाया गया। इस समिति में दिल्ली के सभी प्रत्याशी (सभी विधायक, पूर्व विधायक, जिलाध्यक्ष, जिला प्रभारी) तथा अन्य प्रमुख सदस्य थे।

लोक सभा चुनाव हेतु प्रदेश के विशेष प्रयास

— इलेक्ट्रानिक संसाधनों का प्रयोग

- मोबाईल फोन—प्रमुख पदाधिकारीगण को वितरित किये गये
- वाकी-टाकी का प्रयोग—चुनाव अभियान समिति के 15 सदस्यों को उपलब्ध कराया गया
- पेजर का प्रयोग—16 जिला अध्यक्षों व 136 मण्डल अध्यक्षों को वितरित
- वीडियो फिल्म का निर्माण—13 महीने के भाजपा शासन की उपलब्धियों एवं सातों प्रत्याशियों के परिचय आदि विषयों पर निर्मित वीडियो फिल्म 14 दिनों तक दिल्ली में 184 स्थानों पर दिखलायी गयी।
- नुक्कड़ नाटक—सक्रिय नाटक मंच द्वारा स्वदेशी बनाम विदेशी का मंचन दिल्ली के 81 प्रमुख स्थलों पर किया गया।
- फैक्स संदेश—दिल्ली भाजपा प्रदेश कार्यालय की ओर से एक फैक्स संदेश तैयार किया गया, जो चुनाव के दो दिवस पूर्व दिल्ली के प्रमुख संस्थाओं, डॉक्टर, चार्टर्ड एकाउन्टेंट, बैंक आदि लगभग 3000 स्थानों पर भेजे गये। साथ ही उनसे यह निवेदन किया गया कि वे अपने संबधित लोगों को यह फैक्स संदेश भेजें।
- समाचार पत्रों में आकर्षक विज्ञापन, आकर्षक पोस्टर एवं पैम्फलेट, फुल साइज होर्डिंग, मतदाता पर्चियां, पाकेट साइज आकर्षक फोटो, हैण्डबिल, स्टिकर आदि
- समाचार पत्रों में प्रकाशित विशेष समाचार कटिंग का वितरण—पेजर का विशेष प्रयोग

चुनाव दिवस के एक दिन पूर्व से चुनाव प्रारम्भ होने तक 7 चरणों में प्रदेश कार्यालय की ओर से समय-समय पर विशेष संदेश सभी जिलाध्यक्षों तथा मण्डल अध्यक्षों को भेजे गये।

चुनाव में विजय

13वें लोक सभा चुनाव के प्रथम चरण में 5 सितम्बर को दिल्ली की सातों संसदीय सीटों का चुनाव सम्पन्न हो गया। उसके पश्चात् निर्वाचन आयोग के चुनाव कार्यक्रम के अनुसार अन्य चरणों में पूरे देश में चुनाव

सम्पन्न होना था। प्रथम चरण में 5 सितम्बर को 146 लोक सभा सीटों पर चुनाव हुए। द्वितीय चरण में 11 सितम्बर को 123 संसदीय सीटों, तृतीय चरण में दिनांक 18 सितम्बर को 79 संसदीय सीटों, चतुर्थ चरण में 25 सितम्बर को 74 संसदीय सीटों तथा अन्तिम पंचम चरण में 3 अक्तूबर को 121 संसदीय सीटों पर चुनाव सम्पन्न होना था।

केन्द्रीय पदाधिकारियों के आदेशानुसार तृतीय, चतुर्थ तथा पंचम चरण के चुनावों में चुनाव प्रचार हेतु दिल्ली प्रदेश स्तर से कार्यकर्त्ताओं को अन्य क्षेत्रों में भेजने का निर्देश प्राप्त हुआ, जिनमें प्रमुख रूप से उत्तर प्रदेश, बिहार तथा मध्य प्रदेश के चुनाव क्षेत्र थे। इस हेतु दिल्ली प्रदेश कार्यालय ने सभी 16 जिलों से प्रमुख कार्यकर्ताओं के नाम जिलाध्यक्ष से मांगे और 6-7 लोगों की अलग-अलग टोलियाँ तैयार की गयीं। केन्द्रीय कार्यालय चुनाव संचालन समिति के निर्देशानुसार आवश्यक 37 लोक सभा सीटों पर दिल्ली के लगभग 250 कार्यकर्ताओं को चुनाव प्रचार हेतु उत्तर प्रदेश, बिहार तथा मध्य प्रदेश की संसदीय सीटों पर भेजा गया। प्रदेश पदाधिकारीगण भी प्रमुख रूप से अमेठी, लखनऊ, रायबरेली, हरिद्वार, बिजनौर आदि संसदीय सीटों पर चुनाव प्रचार हेतु गये।

दिनांक 6 अक्तूबर को मत गणना का कार्य आरम्भ हुआ। प्रदेश कार्यालय में मत गणना दिवस पर सभी मत गणना केन्द्रों से सीधा सम्पर्क दूरभाष के माध्यम से स्थापित किया गया, ताकि मत गणना की तात्कालिक स्थिति प्रत्येक चरण की शीघ्रातिशीघ्र प्राप्त हो सके। प्रदेश कार्यालय में इस हेतु विशेष व्यवस्था की गयी थी। दिल्ली की सातों संसदीय सीटों में इलेक्ट्रानिक मशीन के द्वारा वोट डाले गये। अतः प्रातः 9 बजे से ही परिणामों के रुझान प्राप्त होने लगे। सर्वप्रथम चाँदनी चौक का परिणाम आया और वहाँ से सांसद विजय गोयल की जीत का समाचार मिला। फिर नयी दिल्ली से सांसद श्री जगमोहन की विजयश्री का समाचार प्राप्त हुआ और फिर क्रमशः सदर, करोल बाग, दक्षिणी दिल्ली, बाहरी दिल्ली व पूर्वी दिल्ली के जीत के समाचार प्राप्त हुए। देखते ही देखते सायंकाल तक सारा प्रदेश कार्यालय कार्यकर्त्ताओं से भर गया और दिल्ली की सातों संसदीय सीटों पर भाजपा की शानदार जीत से कार्यकर्त्ताओं में गजब का जोश और

उल्लास देखने को मिला। शीघ्र ही पूरे प्रदेश कार्यालय को छोटी रोशनी तथा बल्बों के द्वारा सजाया गया और कार्यकर्ताओं ने आतिशबाजी और ढोल आदि से सारे वातावरण को उल्लासमय बना दिया।

लोक सभा की सातों संसदीय सीटों के परिणाम प्राप्त होने के पश्चात् विधान सभा के अनुसार प्राप्त वोट को देखने से यह पता चला कि भाजपा 70 विधान सभा सीटों में से 53 विधान सभा सीटों पर काँग्रेस से आगे रही। यह बढ़त संगठन की गहरी पैठ व संगठन के सभी कार्यकर्ताओं के कड़े परिश्रम को दर्शाती है। सम्भवतः इस ऐतिहासिक जीत के कुछ कारणों में निम्न कारणों का होना माना जा सकता है–

1. शीघ्र ही प्रत्याशियों के नामों की घोषणा–3 अगस्त।
2. 8 अगस्त को आई.जी. स्टेडियम में माननीय अटल जी की विशाल जनसभा का आयोजन, जिसमें सभी प्रत्याशियों का परिचय कराया गया।
3. इलेक्ट्रानिक संसाधन का सम्पर्क व्यवस्था हेतु प्रयोग। पेजर मंडल स्तर तक वितरित, वॉकी टॉकी का प्रयोग।
4. माननीय अटल जी की दो विशाल सभाएं–दक्षिणी दिल्ली और करोल बाग।
5. संगठन के लोगों को विशेष महत्त्व, प्रदेश स्तर पर लगभग 85 वरिष्ठ तथा प्रमुख कार्यकर्ताओं की चुनाव संचालन समिति का गठन।
6. प्रतिदिन फोन के द्वारा एक दूसरे से सम्पर्क करने की व्यवस्था।
7. प्रदेश कार्यालय में नये चुनाव कक्ष का निर्माण जिसमें प्रतिदिन प्रेस कांफ्रेंस का आयोजन।
9. लोक सभा चुनाव के पूर्व से ही दिल्ली प्रदेश के अन्तर्गत लगभग 8000 समिति अध्यक्षों व आजीवन सहयोगी सदस्यों से 5 बार प्रदेश कार्यालय से पत्र डालकर सम्पर्क स्थापित किया गया।
10. समिति रजिस्टर व पीले कार्ड योजना का लाभ लोक सभा चुनाव के दौरान विशेष रूप से प्राप्त हुआ।

दिल्ली की सातों संसदीय सीटों पर विजय प्राप्त करने के पश्चात् प्रदेश कार्यालय में समीक्षा बैठक आयोजित की गयी, जिसके अन्तर्गत दिल्ली

में बढ़ती जनसमस्याओं पर विचार किया गया। दिल्ली सरकार द्वारा डी.टी.सी. बस भाड़े में दोगुनी वृद्धि कर दी गयी थी, जिससे दिल्ली के नागरिक आहत थे। इस हेतु प्रदेश कार्यालय में आयोजित बैठक में विधान सभा के सामने बस भाड़े में वृद्धि के विरोध में प्रदर्शन का निर्णय लिया गया।

दिनांक 21 अक्तूबर को विधान सभा के समक्ष एक विशाल प्रदर्शन हुआ, जिसे दिल्ली के सभी सांसदों ने सम्बोधित किया। प्रदर्शन पूर्णतः सफल रहा। उसके पश्चात् पूर्व निर्धारित कार्यक्रम के अनुसार सभी 16 जिलों में भी विभिन्न तिथियों में दिल्ली में बढ़े बस भाड़े के विरोध में धरने व प्रदर्शन किये गये, जो कि दिनांक 21 अक्तूबर से 27 अक्टूबर तक हुए। प्रदेश कार्यालय द्वारा उठाया गया यह कदम काफी महत्वपूर्ण साबित हुआ और दिल्ली की कांग्रेस सरकार को इस विषय में पुनर्विचार कर बढ़े हुए बस भाड़े में संशोधन करना पड़ा।

उड़ीसा का चक्रवाती तूफान

दिनांक 27 अक्तूबर, 1999 को उड़ीसा में चक्रवाती तूफान से आयी भयंकर विपदा से लाखों लोग बेघर हो गये। हज़ारों परिवारों को धन-जन की अत्यधिक हानि हुई। खाने-पीने की वस्तुओं का बेहद अभाव हो गया। उड़ीसा के 4 जिले पूरी तरह से प्रभावित हुए। इस भयानक त्रासदी से निपटने के लिए केन्द्र सरकार ने शीघ्र ही कारगर कदम उठाये।

इसी क्रम में प्रधानमंत्री श्री अटलबिहारी वाजपेयी जी ने दूरभाष पर मुझसे चर्चा कर उड़ीसा में तूफान प्रभावित लोगों के लिए सहायता देने को कहा। उन्होंने सुझाया कि शीघ्र ही राहत देने हेतु खाने-पीने की व्यवस्था के प्रयास किये जायें। इस हेतु ऐसी सामग्री के पैकेट तैयार करवाये जायें, जो हवाई जहाज के माध्यम से वितरित हो सकें। इस हेतु उन्होंने गुड़, चना, सत्तू आदि सूखे भोज्य पदार्थ के एक-एक किलोग्राम के पैकेट तैयार करवाने का परामर्श दिया।

शीघ्र ही दिनांक 31 अक्तूबर को प्रदेश कार्यालय में पदाधिकारी तथा जिलाध्यक्षों की एक बैठक बुलायी। निश्चय किया गया कि दिनांक 1 और 2 नवम्बर तक शीघ्रातिशीघ्र पैकेट तैयार कराये जायें और उन्हें उड़ीसा

भेजने की व्यवस्था की जाये। इस हेतु प्रदेश स्तर से तीन एजेंसियों से सम्पर्क स्थापित कर एक-एक किलो के चना, गुड़, सत्तू व लाई के पैकेट तैयार कराने की जिम्मेदारी कोषाध्यक्ष अरुण जैन को सौंपी गयी।

दिनांक 1 व 2 नवम्बर को पुरुषोत्तम एक्सप्रेस से लगभग 20 टन खाद्य सामग्री उड़ीसा में तूफान प्रभावित लोगों को भिजवायी गयी। खाद्य सामग्री के पैकेटों को नयी दिल्ली रेलवे स्टेशन पर इकट्ठा कराने और रेल विभाग से निरंतर संपर्क करके सामग्री को व्यवस्थित रूप से भिजवाने का कार्य श्री के. के. शर्मा और श्रीकांत शर्मा ने किया।

इसके पश्चात् बैठक में हुए निर्णयानुसार उड़ीसा तूफान प्रभावित लोगों की सहायतार्थ प्रत्येक जिले को धन एकत्र करने हेतु डिब्बे बंटवाये गये, जिसमें अत्यधिक मात्रा में धन संग्रह किया गया। साथ ही मैंने कई सामाजिक संगठनों से सम्पर्क स्थापित किया तथा उनसे उड़ीसा में तूफान प्रभावित लोगों के सहायतार्थ सहयोग स्वरूप, खाद्य सामग्री, कपड़ा, कम्बल व अन्य आवश्यक सामग्री जुटाने के लिए प्रेरित किया, जिसमें प्रमुख थे: (1) गोयल दाल उद्योग, लारेंस रोड इंडस्ट्रीयल एरिया, दिल्ली (2) सुभाष अग्रवाल, एक्शन शूज वाले (3) संकल्प, विवेक विहार। फिर मैंने एक अपील जारी करके दिल्ली की जनता से सहयोग हेतु आह्वान किया, जिसका एक अच्छा परिणाम प्राप्त हुआ। भारी मात्रा में लोगों ने तूफान पीड़ितों के सहायतार्थ सामग्री प्रदेश कार्यालय में एकत्रित की।

उड़ीसा में रिलीफ कमीश्नर के द्वारा राहत सामग्री बंटवाने में अत्यधिक अनियमितताएं बढ़ती जा रही थीं, जिसके समाचार लगातार प्राप्त हो रहे थे। अतः उसी समय राष्ट्रीय स्वंयसेवक संघ की उड़ीसा शाखा ने उड़ीसा विपन्न सहायता समिति का गठन कर राहत सामग्री बाँटने का कार्य संभाल लिया था। अतः प्रदेश कार्यालय में एकत्रित सामग्री को उड़ीसा विपन्न सहायता समिति, कटक के नाम पर भिजवाने का प्रबंध किया गया। इस हेतु प्रदेश कार्यालय के पदाधिकारियों द्वारा रेलवे विभाग से सम्पर्क कर खाद्य सामग्री के परिवहन के लिए अलग से बोगियों की व्यवस्था की गयी। दिल्ली प्रदेश भाजपा के विशेष प्रयास से लगभग 25 बोगी (प्रत्येक बोगी 50 टन) की राहत सामग्री उड़ीसा के तूफान प्रभावित लोगों के

सहायता हेतु भेजी गयी। साथ ही लगभग 6 लाख रुपये का चेक उड़ीसा विपन्न सहायता समिति, कटक को भेजा गया और इसी सहयोग के अन्तर्गत लाखों रुपये की राशि प्रधानमंत्री राहत कोष हेतु माननीय प्रधानमंत्री जी को मेरे नेतृत्व में सौंपी गयी।

दिनांक 3, 4 व 5 नवम्बर को दिल्ली में ही संसदीय संस्थान में राष्ट्रीय कार्यकारिणी की बैठक आयोजित की गयी। 13वें लोक सभा चुनाव में जीत के पश्चात् यह प्रथम राष्ट्रीय कार्यकारिणी की बैठक थी जिसमें दिल्ली प्रदेश की ओर से मैंने दिल्ली प्रदेश की चुनावी रिपोर्ट प्रस्तुत की।

दिनांक 5 नवम्बर को सायंकाल दिल्ली के सभी सांसद मेरे नेतृत्व में दिल्ली के उपराज्यपाल श्री विजय कपूर से मिले व दिल्ली को पूर्ण राज्य का दर्जा व दिल्ली में बढ़ती समस्याओं के निराकरण हेतु उनसे चर्चा की गयी।

'पोल खोल' अभियान

दिल्ली की मुख्यमंत्री श्रीमती शीला दीक्षित के विशेष निमंत्रण पर प्रदेश अध्यक्ष व विपक्ष के नेता प्रो. जगदीश मुखी दिल्ली को पूर्ण राज्य का दर्जा दिये जाने सम्बन्धी चर्चा हेतु विधान सभा कार्यालय में मिले तथा मुख्यमंत्री से विस्तृत चर्चा की। दिनांक 4 दिसम्बर को प्रदेश कार्यालय में एक महत्त्वपूर्ण प्रेस कांफ्रेंस की गयी, जिसको मैंने व विपक्ष के नेता जगदीश मुखी ने सम्बोधित किया। विषय था—दिल्ली के नॉन कन्फर्मिंग क्षेत्रों में चल रहीं औद्योगिक इकाइयों को बन्द करने के निर्देश। दिल्ली की कांग्रेस सरकार के निकम्मेपन के कारण सर्वोच्च न्यायालय को यह आदेश पारित करना पड़ा कि 31 दिसम्बर तक दिल्ली के नॉन कन्फर्मिंग क्षेत्रों में चल रही औद्योगिक इकाइयों को बन्द कर दिया जाये। किन्तु दिल्ली की सरकार ने इस विषय पर कोई कारगर कदम नहीं उठाया।

दिनांक 3 दिसम्बर को दिल्ली की कांग्रेस सरकार का एक वर्ष का कार्यकाल पूर्ण हो गया था। इस एक वर्ष में दिल्ली की समस्याएं बढ़ती गयीं। उपलब्धियों के नाम पर कांग्रेस सरकार की झोली खाली रही। इस हेतु दिल्ली प्रदेश भाजपा ने 'पोल खोल' अभियान चलाया, जिसके अन्तर्गत

3 दिसम्बर से 15 दिसम्बर तक निरन्तर प्रदेश कार्यालय में विभिन्न तिथियों में पूर्व मुख्यमंत्री, पूर्व मंत्री एवं क्षेत्रीय सांसदों ने प्रेस कान्फ्रेंस को सम्बोधित कर विषयवार कांग्रेस सरकार की अनियमितताओं को उजागर किया।

सभी प्रमुख समाचार पत्रों ने उन अनियमितताओं को प्राथमिकता के साथ प्रकाशित किया और एक अच्छा परिणाम सामने आया।

दिनांक 18 दिसम्बर को प्रदेश कार्यालय में दिल्ली में 31 दिसम्बर को बन्द हो रही औद्योगिक इकाइयों के विरोध-प्रदर्शन हेतु एक बैठक हुई, जिसमें क्षेत्रीय विधायक, निगम पार्षद, प्रदेश पदाधिकारीगण, जिलाध्यक्ष व महामंत्री, जिला प्रभारी, प्रमुख उद्योगपति व मजदूर संगठन के प्रमुख पदाधिकारी उपस्थित हुए। 22 दिसम्बर को विधानसभा के समक्ष विशाल प्रदर्शन हेतु कार्य योजना तैयार की गयी।

दिनांक 22 दिसम्बर को विधानसभा के समक्ष दिल्ली के नॉन-कन्फर्मिंग क्षेत्रों में चल रहे औद्योगिक इकाइयों के बन्द होने के विरोध में एक विशाल प्रदर्शन किया गया। लगभग 15 से 20 हज़ार कार्यकर्ताओं तथा मजदूर संगठनों के प्रतिनिधियों ने इस प्रदर्शन में हिस्सा लिया। प्रदर्शन पूर्णतः सफल रहा।

इस मध्य दिनांक 17 दिसम्बर को एक दुखद घटना घटी। भाजपा के पूर्व सांसद व राष्ट्रीय उपाध्यक्ष श्री कृष्णलाल शर्मा जी का हृदयगति रुक जाने से निधन हो गया और दिल्ली प्रदेश भाजपा की ओर से दिनांक 23 दिसम्बर को श्रद्धांजलि सभा विट्ठल भाई पटेल हाउस के प्रांगण में सायं 3 बजे आयोजित की गयी जिसका संचालन मैंने और तत्कालीन प्रदेश उपाध्यक्ष श्री मूलचन्द चावला ने किया। श्रद्धांजलि सभा में मुख्य रूप से सरसंघचालक श्री रज्जू भैया, सह सरसंघ चालक श्री सुदर्शन जी, भाजपा के राष्ट्रीय अध्यक्ष श्री कुशाभाऊ ठाकरे, केन्द्रीय गृहमंत्री श्री लालकृष्ण आडवाणी, राज्यपाल श्री सुन्दर सिंह भण्डारी, श्री सूरज भान, विश्व हिन्दू परिषद के श्री अशोक सिंघल, अन्य केन्द्रीय मंत्री, पंजाब व हरियाणा के मंत्री, लोकसभा व राज्यसभा के सांसद और दिल्ली के कार्यकर्ता उपस्थित थे।

दिनांक 25 दिसम्बर को माननीय श्री अटलबिहारी वाजपेयी जी के निवास स्थल 7, रेसकोर्स रोड पर उनके 75वें जन्म दिवस पर दिल्ली प्रदेश भाजपा के प्रमुख पदाधिकारीगण, सांसद, विधानसभा के पदाधिकारीगण, नगर निगम के पार्षद, पदाधिकारी, जिलाध्यक्ष, महामंत्री, संगठन महामंत्री, मोर्चा अध्यक्ष व महामंत्री और भाजपा सिख प्रकोष्ठ के सदस्य अभिनन्दन हेतु उपस्थित हुए।

संगठन पर्व 2000

चेन्नई में आयोजित भाजपा राष्ट्रीय परिषद की बैठक में भाजपा की समिति से लेकर राष्ट्रीय अध्यक्ष पद तक की चुनाव प्रक्रिया के सम्बन्ध में विचार विमर्श किया गया तथा संशोधित संविधान के अनुसार संगठन चुनाव कराने की घोषणा की गयी जिसे संगठन पर्व 2000 का नाम दिया गया। भाजपा दिल्ली प्रदेश के अन्तर्गत संगठन पर्व की गतिविधियाँ दिनाँक 1 जनवरी, 2000 से प्रारम्भ हुईं, जिसे प्रदेश स्तर पर छह विभिन्न चरणों साधारण सदस्यता, सक्रिय सदस्यता, स्थानीय समितियों का चुनाव, मण्डल चुनाव, जिला चुनाव व प्रदेश अध्यक्ष के चुनाव के रूप में तय किया गया।

साधारण सदस्यता

संगठन पर्व के प्रथम चरण में भाजपा दिल्ली प्रदेश के अन्तर्गत साधारण सदस्यता अभियान की अवधि दिनांक 1-1-2000 से 15-2-2000 तक ही निश्चित की गयी। प्रदेश स्तर से साधारण सदस्यता अभियान प्रमुख प्रदेश महामंत्री श्री श्यामलाल गर्ग को नियुक्त किया गया तथा जिला स्तर पर सदस्यता अभियान को सुचारु रूप से चलाने के लिए तीन सदस्यीय सदस्यता समिति, जिला संगठन मंत्री, जिला अध्यक्ष और महिला मोर्चा जिलाध्यक्ष को तय कर गठित की गयी। चेन्नई की राष्ट्रीय परिषद की बैठक में संशोधित संविधान के अनुसार प्रदेश की सदस्यता में बीस प्रतिशत की वृद्धि की जानी निश्चित थी। सदस्यता अभियान सभी जिलों में द्रुत गति से प्रारम्भ हुआ। कार्यकर्त्ताओं ने बढ़-चढ़ कर हिस्सा लिया। प्रदेश अध्यक्ष ने अपने सन्देश में सभी जिला अध्यक्षों से अपील

की कि सदस्यता अभियान के अन्तर्गत ऐसा प्रयास किया जाये कि ज्यादा से ज्यादा महिला और युवाओं की भागीदारी संगठन में बढ़े। इस मध्य हरियाणा में हो रहे विधान सभा चुनाव को ध्यान में रखते हुए सदस्यता अभियान की अन्तिम तिथि 15 फरवरी, 2000 से बढ़ाकर 25 फरवरी, 2000 कर दी गयी। निर्धारित समयानुसार साधारण सदस्यता की सूची जिला कार्यालय में 25 फरवरी तक जमा कर दी गयी तथा 29 फरवरी तक जिलों के माध्यम से सूची प्रदेश कार्यालय में जमा की गयी। साधारण सदस्यता की सूची में आपत्ति व निवारण की अन्तिम तिथि 5 मार्च तक निश्चित की गयी। सम्पूर्ण सदस्यता अभियान उत्साहपूर्वक सम्पन्न हुआ तथा भाजपा दिल्ली प्रदेश के साधारण सदस्यों की संख्या लगभग 6 लाख, 53 हजार थी, जिसमें इस वर्ष लगभग 2 लाख 14 हजार नये सदस्य बने। 20 प्रतिशत से अधिक की वृद्धि के पश्चात् कुल सदस्यों की संख्या लगभग 8 लाख 67 हजार हो गयी।

सक्रिय सदस्यता

द्वितीय चरण में सक्रिय सदस्यता अभियान प्रारम्भ हुआ, जिसके अन्तर्गत सक्रिय सदस्यता हेतु सभी 16 जिलों में आवेदन की अन्तिम तिथि 25 फरवरी, 2000 निश्चित की गयी, जिसे बढ़ाकर 29 फरवरी, 2000 किया गया। प्रदेश द्वारा जिलों में प्राप्त आवेदनों पर निर्णय करने हेतु जिला स्तरीय तीन सदस्यीय सक्रिय सदस्यता समिति गठित की गयी, जिसमें प्रदेश स्तर से सभी 16 जिलों में एक-एक प्रतिनिधि तय किया गया।

प्रदेश अध्यक्ष का चुनाव

प्रदेश अध्यक्ष के चुनाव हेतु संविधान के अनुसार अखिल भारतीय चुनाव अधिकारी द्वारा केन्द्रीय चुनाव पर्यवेक्षक के लिए राष्ट्रीय उपाध्यक्ष श्री कैलाशपति मिश्र जी को नियुक्त किया गया। प्रदेश अध्यक्ष पद के चुनाव हेतु पर्व में 7 मई, 2000 की तिथि निश्चित की गयी थी। जिले के चुनाव को देखते हुए प्रदेश अध्यक्ष के चुनाव हेतु 12 मई, 2000 की अधिसूचना जारी की गयी। किन्तु अपरिहार्य कारणों से प्रदेश अध्यक्ष पद के चुनाव की तिथि 12 मई से बढ़ाकर 17 मई को होना तय किया गया। इस सम्बन्ध में केन्द्रीय पर्यवेक्षक ने 16 मई, 2000 को नामांकन भरे जाने

व 17 मई को मतदान की अधिसूचना जारी की गयी। दिनांक 16 मई को प्रदेश अध्यक्ष पद के लिए तत्कालीन प्रदेश अध्यक्ष यानी मेरा एक नामांकन प्राप्त हुआ, जिसे राज्य परिषद् सदस्य श्री मदन लाल खुराना, श्री साहिब सिंह वर्मा, श्रीमती अनिता आर्य, श्री हरशरण सिंह बल्ली, श्री ओ.पी. बब्बर, श्री श्याम लाल गर्ग, श्री गौरीशंकर भारद्वाज और श्री रामभज आदि प्रमुख लोगों ने प्रस्तावित कर केन्द्रीय चुनाव पर्यवेक्षक श्री कैलाशपति मिश्र को राज्य परिषद के सभी सदस्यों की उपस्थिति में सौंपा।

प्रदेश अध्यक्ष पद के लिए एक ही नामांकन प्राप्त हुआ, अतः दिनांक 17 मई को सायं 4 बजे केन्द्रीय पर्यवेक्षक श्री कैलाशपति मिश्र ने सर्वसम्मति से मुझे भाजपा दिल्ली प्रदेश का अध्यक्ष निर्विरोध निर्वाचित घोषित किया एवं राष्ट्रीय परिषद के सात सदस्यों के चुनाव हेतु मुझे अधिकार दिये जाने की भी घोषणा की। इस अवसर पर राष्ट्रीय महामंत्री श्री वेंकैया नायडू, दिल्ली के प्रभारी श्री विजयकुमार मल्होत्रा, अखिल भारतीय चुनाव अधिकारी श्री ओमप्रकाश कोहली, केन्द्रीय मंत्री श्री जगमोहन, श्री अरुण जेतली, सांसद श्री मदनलाल खुराना, श्री साहिब सिंह वर्मा, श्री लालबिहारी तिवारी, श्री विजय गोयल, श्रीमती अनिता आर्य, दिल्ली विधान सभा में विपक्ष के नेता प्रो. जगदीश मुखी, दिल्ली के महापौर शान्ति देसाई, कई विधायक, निगम पार्षद एवं कई वरिष्ठ कार्यकर्ता लगभग एक हजार की संख्या में उपस्थित थे। इस अवसर पर दिल्ली गुरुद्वारा प्रबन्धक कमेटी के अध्यक्ष श्री अवतार सिंह हित एवं उनकी कमेटी के अन्य सदस्य भी उपस्थित थे। राष्ट्रीय महामंत्री श्री वेंकैया नायडू ने अध्यक्ष पद की घोषणा के उपरान्त मुझे बधाई देते हुए कार्यकर्ताओं को सम्बोधित किया। उन्होंने कहा कि श्री मांगेराम गर्ग जमीन से जुड़े हुए प्रबुद्ध कार्यकर्ता हैं, जिनका दिल्ली प्रदेश के अध्यक्ष पद के लिए पुनः सर्वसम्मति से निर्वाचित होना भाजपा दल के लिए लाभदायक सिद्ध होगा और दिल्ली में, जोकि राज्य ही नहीं बल्कि केन्द्र भी है, संगठनात्मक चुनाव के अन्तर्गत प्रदेश अध्यक्ष का चुनाव सर्वसम्मति से होना सम्पूर्ण देश के लिए एक उदाहरण सिद्ध होगा। इस अवसर पर प्रदेश प्रभारी श्री विजय कुमार मल्होत्रा ने भी कार्यकर्ताओं को सम्बोधित किया। मैंने सभी नेताओं व कार्यकर्ताओं का आभार व्यक्त किया।

भारतीय जनता पार्टी दिल्ली प्रदेश के अध्यक्ष पद का उत्तरदायित्व

भाजपा प्रदेश अध्यक्ष का पदभार मैंने 30-6-1998 को ग्रहण किया। मेरा चयन इस पद पर सर्वसम्मति से हुआ। इस पद पर आने के लिए चुनाव प्रक्रिया पूर्ण की गयी। मेरे नाम के अलग-अलग चार नामांकनपत्र दाखिल किये गये। इन पर हस्ताक्षर करने वालों में दिल्ली के भूतपूर्व प्रदेश अध्यक्ष श्री मदनलाल खुराना, विजय कुमार मल्होत्रा, ओमप्रकाश कोहली, केदरनाथ साहनी के अलावा सभी सांसद व दिल्ली के मुख्य मंत्री साहिब सिंह वर्मा और दिल्ली सरकार के सभी मंत्री, विधायक और निगम पार्षद सम्मिलित थे। केन्द्र से पर्यवेक्षक के रूप में राष्ट्रीय महामंत्री श्री वेंकैयानायडू जी आये थे। इस पदग्रहण समारोह में बड़ी संख्या में लोग उपस्थित हुए। पद ग्रहण के पश्चात् लगभग 15-20 दिन तक दिल्ली में अभिनन्दन और स्वागत के कार्यक्रम चलते रहे। एक बार तो यह लगने लगा था कि एक होड़-सी लग गई है। सामाजिक, धार्मिक, राजनीतिक संस्थाएं और अग्रवाल समाज की संस्थाओं ने बहुत गर्म जोशी के साथ लगभग 50 स्थानों पर स्वागत किया। दिल्ली में संगठन के अध्यक्ष पद पर अधिकतर श्री केदरनाथ साहनी जी, श्री विजयकुमार मल्होत्रा जी व मदनलाल खुराना जी और ओमप्रकाश कोहली जी रहे। राजनीति क्षेत्र में मुझे जाति बन्धन से अलग माना जाता है। अगर राजनीति में गुटों की बात करें तो मुझे गुटों से अलग माना जाता है। जिस दिन प्रातः 9 बजे मेरे सर्वसम्मत निर्वाचन की घोषणा

हुई, वहाँ उपस्थित सभी लोगों ने यह देख कर आश्चर्य व्यक्त किया कि वर्षा होने के बावजूद बड़ी संख्या में लोग उपस्थित हुए थे।

अब मेरे सामने एक बड़ी चुनौती थी प्रदेश की टीम का गठन करना। इसके गठन के लिए प्रमुख लोगों से बात करनी थी। इनमें श्री मदनलाल खुराना, श्री विजयकुमार मल्होत्रा, श्री केदारनाथ साहनी आदि प्रदेश के प्रमुख लोगों के अतिरिक्त परिवार में भी चर्चा करनी थी। प्रत्येक क्षेत्र से कार्यकर्ताओं का प्रतिनिधित्व हो, यह मेरी इच्छा थी। मैं चाहता था कि मेरी टीम में युवा अधिक हों, जिससे आगे आने वाली पीढ़ी तैयार हो सके परन्तु मेरे ऊपर कुछ ऐसे नामों का दबाब पड़ रहा था, जो अनुभवी तो थे, परन्तु मेरी अगली पीढ़ी वाली योजना के उपयुक्त नहीं थे। लगभग सारे प्रयासों के पश्चात् निर्णय हो गया और 8-7-98 को टीम की घोषणा हेतु एक प्रेस कांफ्रेंस प्रदेश कार्यालय में दोपहर तीन बजे बुलाई गई। उस टीम की सूची बनकर तैयार हो गई। टाईप करने के लिए दे दी गई यह सूची लगभग सर्वसम्मत हो चुकी थी, परन्तु अंतिम क्षण में कुछ फेरबदल हुआ।

चुनाव की तैयारी

कार्यसमिति गठन की तारीख 21 जुलाई तय हो गई। एक और निर्णय लिया गया। हमारा दिल्ली विधानसभा का चुनाव चार मास पश्चात् अर्थात नवम्बर में होने वाला था। विचार आया कि हमें चुनाव की तैयारी अभी से प्रारम्भ कर देनी चाहिए और एक चुनाव कक्ष अगर हम कार्यसमिति की घोषणा से पहले तैयार कर दें और पहली बैठक उसी कक्ष में हो जाये तो अच्छा होगा। इसके अलावा एक समिति कार्ड प्रत्येक जिले को दें। दिल्ली में समितियां लगभग 8000 हैं। समिति कार्ड में नीचे लिखे अनुसार जानकारी हो।

जिला और मंडल के नाम के अलावा समिति नम्बर (पोलिंग), उस पोलिंग में कुल वोट, नगर निगम चुनाव में वोटों की गिनती पोलिंग अनुसार हुई थी, इस हेतु कार्ड में जानकारी मांगी गई। कुल कितने वोट पड़े और भाजपा को कितने वोट प्राप्त हुए। यह पोलिंग किस तरह की आबादी

में स्थित है—झुग्गी/अनधिकृत कालोनी/क्वार्टर/कोठी/ग्रामीण व सम्भव हो सके तो विशेष प्रान्त के मतदाताओं का उल्लेख। इसके साथ इस पोलिंग पर प्रमुख कार्यकर्त्ताओं का नाम, पता व फोन नम्बर और अंत में समिति अध्यक्ष का नाम, हस्ताक्षर, पता, फोन नम्बर का उल्लेख किया जाये। यह समिति कार्ड का कार्य आरम्भ कर दिया गया। इसके पूर्व ही 21-7-98 को प्रदेश कार्यसमिति की घोषणा के समय हमारे राष्ट्रीय महामंत्री व दिल्ली विधानसभा के चुनाव प्रभारी वेंकैयानायडू उपस्थित हुए और कार्यकारिणी की घोषणा हुई। कार्यकारिणी बहुत अच्छी बनी ऐसा आभास हुआ मगर 3-4 दिन के पश्चात् कुछ ऐतराज होना प्रारम्भ हुआ। इसमें पहला यह कि हिन्दु महिलाओं की संख्या कम है। दूसरा एतराज था कि सिक्ख कार्यकारिणी में नहीं लिया गया। परन्तु यह बात नहीं थी। हिन्दू महिलाओं की संख्या भी पूरी थी और सिक्ख भी थे। इसे देखने के दो स्वरूप थे। एक तो केन्द्रीय संगठन के निर्णय के अनुसार अब भारत के प्रान्तों को तीन भागों में बाँटा गया—ए, बी और सी। ए श्रेणी में 21 व इससे ऊपर वाली संसदीय सीटें, बी श्रेणी में 6 से 20 तक संसदीय क्षेत्र व सी श्रेणी और 1 से 5 तक। इस रचना के अनुसार अब दिल्ली बी श्रेणी में आ गई और प्रदेश कार्यसमिति 75 के स्थान पर 50 की हो गई। यही कारण है दिल्ली के सभी प्रमुख लोगों को विशेष आमंत्रित श्रेणी में रखा गया। विशेष आमंत्रितों की सूची में दिल्ली के सभी सांसद, दिल्ली सरकार के सभी मंत्री व नगर निगम के अन्य प्रमुख पदाधिकारी रखे गये थे। इस कारण से कुछ प्रमुख लोगों की नाराजगी उत्पन्न हुई कि जिन्हें विशेष आमंत्रित रखा गया, उन्हें कार्यकारिणी में पहले रखा था। मेरी कठिनाई यह थी कि अगर मैं अपनी टीम में 10-15 लोगों को नहीं जोड़ता, तो प्रदेश को चला नहीं सकता था। अब मेरे सामने मुख्य मुद्दा था कि इस सारी परिस्थिति में से संगठन के कार्यों में कार्यकर्ता की अधिक भागीदारी निश्चित करना। मैं 30 जून को प्रदेश अध्यक्ष बना था और छः जुलाई को डाक्टर श्यामा प्रसाद मुखर्जी का जन्म दिवस था। उस रोज कार्यक्रम में प्रमुख वक्ता थे सर्वश्री कृष्णलाल शर्मा, केदारनाथ साहनी, मदनलाल खुराना, मुख्यमंत्री साहिब सिंह वर्मा। अन्य सांसदों के अलावा जिला और

मंडलों को मिला कर संख्या लगभग 300 थी। जिला अध्यक्षों को नाम से पुकार कर उनसे माल्यार्पण करवाई जाये। यह बात मैंने मंच संचालक श्री ओमप्रकाश बब्बर से कही। उन्होंने एक-एक जिला अध्यक्ष को बुलाया। मैंने कार्यक्रम समाप्त होने के बाद उन्हें बैठाकर कहा कि हम इस तरह के छोटे कार्यक्रमों में अवश्य भागीदारी करने वाले कार्यकर्त्ताओं की जिला अनुसार सूची तैयार करें और वह अगर अपनी भागीदारी सुनिश्चित करेंगे तो निचले स्तर तक अच्छा संकेत जायेगा।

राष्ट्रीय अध्यक्ष श्री कुशाभाऊ ठाकरे जी के दिल्ली प्रदेश प्रवास के दौरान आयोजित बैठकों की कार्यवाही की समीक्षा

भाजपा के राष्ट्रीय अध्यक्ष श्री कुशाभाऊ ठाकरे जी ने दिनांक 24-7-1998 से 28-7-1998 तक दिल्ली प्रदेश भाजपा के सभी जिलों के प्रमुख कार्यकर्ताओं की बैठकें ली और उन्हें सम्बोधित किया। सभी बैठकों में प्रमुख रूप से मैं, भाजपा के राष्ट्रीय महामंत्री श्री वेंकैया नायडू व भारतीय जनता पार्टी के संगठन महामंत्री श्री पवन शर्मा उपस्थित थे। साथ ही इन बैठकों में अनेक कार्यकर्ताओं ने भाग लिया।

जिलापदाधिकारी/मंडलों के अध्यक्ष/महामंत्री/विधायक/निगम पार्षद/राज्य परिषद छावनी बोर्ड सदस्य/ नई दिल्ली नगर पालिका सदस्य

यह संख्या जिला के अनुसार 35-40 बनेंगी। निर्णय हुआ कि इस श्रेणी के जिलों में बैठकें प्रारम्भ हों और इन बैठकों के शुरू होने से कार्यक्रमों में संख्या बढ़नी प्रारम्भ हुई। इस तरह का अलग निर्णय संगठन को चुस्त बनाने हेतु और विधानसभा के चुनाव कों देखते हुए राष्ट्रीय अध्यक्ष माननीय कुशाभाऊ ठाकरे जी से 10 दिन का समय लिया गया। दिल्ली भाजपा का संगठन 16 जिलों व 139 मंडलों में बंटा हुआ है। इस रचना के अनुसार सात बैठकें तय की गई और इन बैठकों के द्वारा कार्यकर्ताओं को अपनी बात कहने को कहा गया। कार्यकर्ता को अपनी जो बात चौराहे पर करनी चाहिए, वह बात कान में करता है और जो कान में बात कहनी चाहिए, वह चौराहे पर कहने लगा है।

इन दिनों कार्यकर्ताओं के मन में अपनी पार्टी के विधायकों के प्रति बहुत गुस्सा था। एक तरह से कार्यकर्ता यह भी मानने को तैयार नहीं थे कि दिल्ली में हमारी पार्टी की सरकार है। इससे हिसाब लगाना चाहिए कि हमारे जन प्रतिनिधियों की छवि किस तरह की बन गई है। हमने दो वर्ष पहले नगर निगम में 82 सीटें जीती थीं। संसदीय चुनाव में 52 विधानसभा सीटों पर आगे रहे थे। जब यह बात कार्यकर्ता से हम लोग करते थे, तब उनका उत्तर होता नगर निगम के चुनाव लम्बे समय के बाद हुए थे और महिलाओं को आरक्षण मिलने के कारण इतनी सीटें जीते। दूसरा केन्द्र में हमारी सरकार नहीं थी।

इन सब स्थितियों को देखते हुए 20 विधान सभा सीटों का एक एजेन्सी के द्वारा सर्वेक्षण करवाया गया। उस सर्वे का निष्कर्ष बहुत खराब था और अखबारों में भी सर्वे सीटों के अनुसार आने लग गया। दूसरा मदनलाल खुराना और साहिब सिंह वर्मा की अखबारों में बयानबाजी तेज हो गई। इन बातों का असर कार्यकर्ता व आम जनता पर पड़ना स्वाभाविक था। हम संगठन की दृष्टि से जितनी स्थिति सुधारते, उतनी ही इनकी बयानबाजी से खराब हो जाती। इस सारी स्थिति से उबारने के लिए राष्ट्रीय महामंत्री व विधान सभा चुनाव के प्रभारी वेंकैया नायडू जी के साथ हर सप्ताह दिल्ली सरकार के मंत्री/मुख्यमंत्री/प्रदेश महामंत्री/निगम में उप महापौर मीरा अग्रवाल तथा स्थाई समिति अध्यक्ष शांतिदेसाई के साथ अनेक बैठकें की गईं। इन बैठकों का उद्देश्य था, किसी तरह प्रशासन व निगम द्वारा दिल्ली के विकास कार्य अधिक हो सकें व कार्यकर्ताओं की नाराजगी समाप्त हो सके।

एक निर्णय और किया गया कि दिल्ली सरकार का प्रत्येक मंत्री भारतीय जनता पार्टी प्रदेश कार्यालय में प्रतिदिन दो घन्टे बैठा करेगा, जिससे कार्यकर्ताओं को यह महसूस हो कि दिल्ली की सरकार हमारी है। इसी तरह से नगर निगम के कार्यों हेतु स्थाई समिति के अध्यक्ष या डिप्टीमेयर सप्ताह में दो बार बैठने लगे। इससे कार्यकर्ताओं के साथ आने वाले लोगों को यह महसूस होने लगा कि हमारी बात सुनी जाने लगी है। इसी दौरान समस्याएं बढ़ने लगीं। केन्द्र में सरकार हमारी पार्टी की थी और प्याज की

मँहगाई धीरे-धीरे बढ़ने लगी। लोगों ने कहना शुरू किया कि प्याज 15-20 रुपये किलो हो गया है। इसके साथ ही अन्य घटनाएं घटनी प्रारम्भ हुई।

बिजली-पानी की कमी, प्याज, आलू, टमाटर महंगे, दिल्ली में डाके, चैन स्नैचिंग, इन सब समस्याओं के चलते चर्चा गर्म होती चली गई कि दिल्ली का मुख्यमंत्री बदला जाना चाहिए। लोगों की अलग-अलग राय आने लगी परन्तु इससे दिल्ली का वातावरण जहरीला बनता चला गया और कार्यकर्ता अलग-थलग बंटते चले गये।

एक बड़ा नुकसान अफसरशाही के निष्क्रिय होने से भी होने लगा। प्रशासन के ऊँचे पदों पर कांग्रेस विचारधारा के जो लोग बैठे हुए थे, उनके माध्यम से कांग्रेस ने खूब लाभ उठाया। दूसरा हमारे मुख्यमंत्री व मंत्रियों का तालमेल लगभग समाप्त हो गया था। पहले तो विधानसभा अध्यक्ष ने विधानसभा में मिलने आने वाले लोगों को लाईन में लगकर पास बनवाने व उनकी तलाशी वाला एक तंत्र खड़ा कर दिया था, जिससे प्रमुख कार्यकर्ता विधानसभा में नहीं जाता था। अगर जाये तो उसे मंत्री, मुख्यमंत्री न मिले, इसका असर पड़ने लगा। इसके पश्चात् धीरे धीरे मुख्यमंत्री बदलने वाली बात जोर पकड़ने लगी और केन्द्रीय नेतृत्व व केन्द्र सरकार में प्रधानमंत्री व गृहमंत्री की बातें आरम्भ हो गई। हमें इन सब बातों में नहीं जोड़ने का कारण था कि मैंने अपनी स्पष्ट धारणा रख दी थी कि अभी मुख्यमंत्री नहीं बदला जाना चाहिए।

परन्तु एक दिन विधानसभा चुनाव से पूर्व 9-10 अक्तूबर को वेंकैया नायडू का फोन आया कि आज मुख्यमंत्री के विषय में प्रधानमंत्री निवास पर बात हो रही है। यह फोन सेलुलर फोन पर आया। मैं हिन्दूराव अस्पताल जा रहा था जहाँ पर राष्ट्रीय स्वयंसेवक संघ के प्रान्त प्रचारक श्री प्रेम जी एक एक्सीडेन्ट में घायल उपचार हेतु वहाँ भर्ती थे। थोड़ी देर बाद फिर फोन आया कि आपकी क्या राय है। मेरा कहना था मुख्यमंत्री बदलना ठीक नहीं होगा और मदनलाल खुराना जी को चुनाव लड़वाना चाहिए। किन्तु परिस्थितिवश आखिर श्रीमती सुषमा स्वराज जी को दिल्ली का मुख्यमंत्री बनाया गया। मुझे लगा कि इस परिस्थिति में वोटर को किस तरह हम विश्वास दिला पायेंगे। इस सारी परिस्थिति में से रास्ता मुझे नजर

नहीं आ रहा था। फिर मैंने प्रधानमंत्री अटलबिहारी वाजपेयी जी से मिलने का समय लिया और उन्होंने मुझे समय दे दिया। उनसे दिल्ली की पूरी परिस्थिति पर चर्चा हुई। सुषमा स्वराज के मुख्यमंत्री पद की शपथ हुई और केंद्रीय मंत्रिमंडल का विस्तार 11 अक्तूबर को होना था। वह जयललिता के कारण रुक गया, जिससे साहिबसिंह वर्मा के केन्द्रीय मंत्रि-मंडल में नहीं आ पाने के कारण ग्रामीण क्षेत्र में पार्टी के प्रति रोष उत्पन्न हुआ और कांग्रेस ने इस विषय को काफी हवा दी। दिल्ली का पंजाबी समाज भी मदनलाल खुराना को मुख्यमंत्री न बनाये जाने से रुष्ट था। इसी तरह दिल्ली सरकार में मंत्री राजेन्द्र गुप्ता को हटाये जाने से वैश्य समाज में नाराजगी हुई। इस तरह से जो यह सब निर्णय हुए, मुझे लगता था कि अगर स्थिति नहीं सम्भली तो काफी नुकसान होगा। यह बात अटलबिहारी वाजपेयी जी से हुई। सुषमा स्वराज के मुख्यमंत्री बनने से पहले भारतीय जनता पार्टी दिल्ली प्रदेश का एक प्रशिक्षण शिविर झिंझोली फार्म हाउस पर लगा। उसमें प्रमुख वक्ता व उद्घाटनकर्ता के नाते माननीय लालकृष्ण आडवाणी जी आये थे। इस प्रशिक्षण शिविर में प्रदेश के लगभग 400 प्रमुख कार्यकर्ता उपस्थित थे, जिनमें जनप्रतिनिधि—सांसद, विधायक, निगम पार्षद के अतिरिक्त संगठन में प्रदेश/जिला/मंडल/मोर्चो व प्रकोष्ठों के प्रमुख थे। उद्घाटन भाषण से आधा घण्टा पूर्व ध्वजारोहण के पश्चात् माननीय आडवाणी जी से दिल्ली विधानसभा चुनाव के विषय में चर्चा हुई और उन्हें बताया गया कि हालात ठीक नहीं हैं। जब माननीय कुशाभाऊ ठाकरे जी की बैठकें दिल्ली में हुई, तब देखा गया कि हमारे जनप्रतिनिधियों में से काफी अधिक बदलने चाहिए और निगम पार्षदों को टिकट देने पर प्रतिबन्ध लगाना चाहिए। आडवाणी जी ने कुछ मौजूदा विधायकों में से नाम पूछे कि कौन कौन बदले जा सकते हैं, जब मैंने नामों का उल्लेख किया, तो शायद आडवाणी जी को भी वे कुछ नाम बदलने हेतु ठीक लगे। किन्तु उन्होंने इतना ही कहा कि क्या बदल सकोगे। इसके पश्चात् आडवाणी जी के उद्घाटन भाषण से सब कार्यकर्ताओं को यह संदेश चला गया कि बड़ी संख्या में इस बार प्रत्याशियों की बदली होगी। प्रमुख तौर से बड़ी आयु वालों की। इस संकेत को समझ कर अगले दिन

विधान सभा अध्यक्ष श्री चरतीलाल गोयल जी ने घोषणा कि वह आगामी विधानसभा चुनाव नहीं लड़ेंगे। इसके पश्चात् श्री सतीश खण्डेलवाल व श्री राजेश शर्मा जी द्वारा भी यही संकेत मिला। परन्तु इस बात को हम आगे नहीं बढ़ाना चाहते थे, ताकि इसका यह असर न हो जाये कि कांग्रेस यह कहना प्रारम्भ कर दे कि भाजपा को अपनी हार नजर आने लगी है। यह स्थिति चलती रही और राष्ट्रीय कार्यकारिणी की बैठक अक्तूबर के प्रथम सप्ताह में हुई। राष्ट्रीय कार्यकारिणी की पहली बैठक में मैंने आगामी विधान सभा चुनाव की तैयारी के विषय में विस्तार से बताई व कहा कि हम समिति कार्ड बनाकर घर-घर जाने की योजना प्रारम्भ कर चुके हैं। हमने समिति स्तर पर रजिस्टर योजना प्रारम्भ की है और उस रजिस्टर के माध्यम से प्रत्येक घर तक कार्यकर्ता का जाना हो जायेगा। यह बैठक जयपुर में हुई थी।

इस सारी परिस्थिति में श्रीमती सुषमा स्वराज दिल्ली की मुख्यमंत्री बन गई और हमारी कोर ग्रुप की बैठकों में उनका आना प्रारम्भ हो गया। मुख्यमंत्री चुनाव से कम समय पहले बदला गया, इसका मतदाताओं पर भाजपा की छवि कांग्रेस द्वारा प्रचारित करने से बिगड़ने लगा और प्रत्येक व्यक्ति इस कदम की भर्त्सना करने लगा। कांग्रेस ने इसे दूसरी तरह भुनाना प्रारम्भ किया कि भाजपा ने अपना मुख्यमंत्री इसलिए बदला, क्योंकि उनकी सरकार निष्फल रही है। इन सब बातों के बीच सुषमा स्वराज जी ने अपने कार्यक्रम बहुत अच्छी तरह बनाए। उनकी इच्छा थी कि 70 विधान सभाओं को दो बार कवर कर जाऊं। इसके साथ-साथ प्रधानमंत्री अटलबिहारी वाजपेयी जी व गृहमंत्री श्री लालकृष्ण आडवाणी जी के कार्यक्रमों के साथ अन्य नेता व फिल्मी कलाकारों की भी बड़ी टीम बनाई गई। परन्तु जनसभाओं में महिलाओं की संख्या ना के बराबर रही। इसी दौरान विधानसभा टिकट वितरण में भी गड़बड़ियाँ रहीं। प्रत्येक नेता की इच्छा थी, मेरे समर्थकों को टिकट मिले। पुराने विधायकों में से 18 लोगों की टिकट काटी गई। टिकट वितरण से पहले हमने एक 70 सीटों का सर्वे करवाया था। इस सर्वे की जानकारी कुछ प्रमुख लोगों को थी। इस सर्वे में हमारी केवल 14 सीटें दिखलाई गई थीं परन्तु इस बात का किसी को

विश्वास नहीं हो रहा था। इस सर्वे में मुख्य तीन बिन्दु उल्लेखित किये गये थे। पहला—हमारा कार्यकर्ता व मतदाता हमारे विधायकों से सख्त नाराज था, दूसरा मँहगाई और तीसरा बड़े नेताओं की लड़ाई। हमारी स्थिति थोड़ी सुधरती परन्तु उसी समय नई समस्या उत्पन्न होने लग जाती। समस्या केवल दिल्ली के नेताओं की लड़ाई तक सीमित नहीं रही, केन्द्र में हमारे सहयोगी दलों द्वारा रोजाना समर्थन वापिस लेने की बात होती रहती थी। इसी बीच नांगलोई विधानसभा में समता पार्टी प्रत्याशी की हत्या और कांग्रेस द्वारा हमारी पार्टी पर आरोप लगाना। यह काण्ड हमारी पार्टी के लिए काफी नुकसानदेह साबित हुआ, जबकि इस काण्ड के दोषी हमारी पार्टी से सम्बन्धित नहीं थे।

ड्राप्सी केस के कारण बाजार में सरसों का खुला तेल बिकना बन्द हो गया। फिर क्या था, आलू, प्याज, ड्राप्सी के साथ अन्य बातें जुड़ने लगीं और कार्यकर्ता कहीं पंजाबीवाद, कहीं बनिया-ब्राह्मणवाद में उलझने लगा। चुनाव परिणाम ठीक नहीं आयेंगे, यह ऊपर वालों को विश्वास हो गया, क्योंकि जिस एजेन्सी से सर्वे करवाया था, पहले भी उसका सर्वे लगभग ठीक निकला था। मैं पहले उल्लेख कर चुका हूँ कि यहाँ एक आदत सी बन गई है। जिसे बहुत कुछ मिला है, वही बाकी भी खुद लेना चाहता है। यही पीड़ा कार्यकर्ता को तंग कर रही थी।

प्रचार प्रत्येक क्षेत्र में हो रहा था, इस नाते प्रत्येक जिला की बैठक मैं लेने लगा और यह प्रयास किया गया कि इन बैठकों में प्रत्याशी, निगम पार्षद, जिला पदाधिकारी, मंडल अध्यक्ष व चुनाव रचना में लगी छोटी टीम शामिल हों। इस बैठक के द्वारा मेरा यह प्रयास रहा कि प्रत्याशी को चुनाव संचालन समिति व क्षेत्र में भ्रमण से पूरी तसल्ली हो। दूसरा उद्देश्य था जहाँ कार्य में ढिलाई हो, वहाँ संगठन चुस्त किया जाए। तीसरी बात प्रत्याशी से यह जानकारी लेना था कि प्रातःकाल प्रत्याशी की पदयात्रा में साथ रहने वाली संख्या व लोगों द्वारा की गई शिकायतें क्या क्या हैं। इस पर अलग अलग विचार आते रहे, परन्तु एक बात सभी ने कही, हमारी पदयात्रा बहुत अच्छी हो रही है। कुछ का कहना था हमारे आगे निकल जाने के पश्चात् लोग आलू, प्याज, सरसों के तेल की मँहगाई की बात करते हैं। कहीं-कहीं

पर बात आई कि फलां ग्रुप के कार्यकर्त्ता हमारे यहाँ काम न करके अन्य दूसरी सीट पर जाकर काम कर रहे हैं। इस शिकायत की तरफ संगठन ने विशेष ध्यान देते हुए अपने परिवार के प्रमुख लोगों को बताया कहीं-कहीं पर निदान भी हुआ।

इस बार एक बात और हुई। वह घटना काफी दुखदाई रही। वह थी हमारे नगर निगम के बहुत से सदस्य विधान सभा का चुनाव लड़ना चाहते थे और उन्होंने दो महीने पहले ही अपनी-अपनी भागदौड़ नेताओं के यहाँ शुरू कर दी थी, जबकि प्रदेश ने प्रारम्भ में ही कह दिया था कि कोई भी निगम पार्षद चुनाव नहीं लड़ेगा और यह निर्णय केन्द्रीय चुनाव समिति ने भी कर दिया। दिल्ली निगम पार्षदों ने प्रयास जारी रखा। इस प्रयास के कारण पहले तो पार्षदों ने विधायकों के बारे में मतदाताओं में उल्टा रोष पैदा करवा दिया। दूसरे कार्यकर्त्ता को अपने साथ जोड़े रखा। वह प्रत्याशी घोषणा होने तक उसकी बुराई करने लग गया था और जब उसके लिए वोट मांगने जाने लग भी गया, तब तक वोटर में जहर भर चुका था।

संगठन की सक्रियता

इस मध्य संगठन में सक्रियता बढ़ रही थी। संगठन में पहले से चली आ रही समस्याओं पर कुछ स्तर में अंकुश अवश्य लगा, फिर भी पूरी तरह समाधान नहीं हो सका था, जिसके कई कारण थे। हमने पूरा प्रयास किया था कि संगठन को समस्याओं से निजात मिले। हमने मंडल स्तर तक कई छोटी और बड़ी बैठकें करके कार्यकर्त्ताओं की मनोस्थिति को भी समझने का प्रयास किया था। इन छोटी और बड़ी बैठकों में कई जगह प्रदेश के अलग-अलग पदाधिकारी ने सम्मिलित होकर बैठकों में हिस्सा लिया। मेरा प्रयास रहा कि मैं ज्यादा से ज्यादा मंडल स्तरीय बैठकों में स्वयं उपस्थित रहूँ और वस्तुस्थिति की सही-सही जानकारी प्राप्त कर सकूं। कई बार तो एक दिन में देर रात तक चार-चार बैठकों में सम्मिलित हुआ। इस दौरान मेरे सारथी के रूप में ड्राइवर महेन्द्र सिंह का सहयोग भी प्रशंसनीय है जो समय की चिन्ता किये बगैर साथ-साथ चलता रहा।

हार के कई कारणों में एक था कई प्रत्याशी संगठन के पदाधिकारियों

को अपने साथ लेकर नहीं चले। उन्हें एक तो विश्वास नहीं हो रहा था, दूसरा कुछ को अपनी जीत पर काफी अधिक भरोसा था। वह संगठन के बजाय अपने परिवार के लोगों को साथ अधिक लेकर चल रहे थे। मैंने पहले निगम पार्षदों के विषय में लिखा है कि उनमें से अधिकांश टिकट चाहते थे। इसका एक बड़ा कारण यह भी था कि दिल्ली नगर निगम में अब कुल सदस्य संख्या 134 है। नये नियम के अनुसार इसमें से 125 अगली बार अपनी सीट से चुनाव नहीं लड़ पायेंगे। जो अब सामान्य सीट है वह अगली बार या तो महिला की या अनुसूचित जाति की हो जायेगी। इस कारण वह विधान सभा के लिए विशेष प्रयास कर रहे थे। इस समस्या के बारे में मैंने गृहमंत्री श्री लालकृष्ण आडवाणी जी से बात की। मैंने उन्हें बताया कि जिस सीट पर इस बार महिला चुनी गयी है। उसने काम अच्छा किया और अगली बार वह सीट महिला के लिए सुरक्षित नहीं रहेगी, परन्तु महिला का सामान्य सीट पर चुनाव लड़ने का अधिकार तो समाप्त होगा नहीं। अगर वह महिला अपने किये गये कार्य के आधार पर निर्दलीय प्रत्याशी के रूप में खड़ी हो जायेगी तो संगठन अपने कार्यकर्त्ताओं को खोयेगा। इसका अधिक नुकसान हमारी पार्टी को होगा। इस विधानसभा चुनाव में एक और प्रमुख कारण था। इस बार मँहगाई का जो मुद्‌दा बना उससे तीसरी शक्ति का वोट समाप्त हो गया और तीसरी शक्ति को लोक सभा में जो 12.6 प्रतिशत वोट मिला था वह इस बार घट कर केवल दो प्रतिशत रह गया। जिस रोज विधान सभा का मतदान था उसी दिन मतदान के तुरन्त पश्चात् एक बैठक सभी 70 प्रत्याशियों की प्रदेश कार्यालय में बुलाई गई। इस बैठक में प्रत्याशियों के अलावा सभी संसद सदस्य व जिलों के अध्यक्ष बुलाये गये। इसके पीछे दो प्रमुख कारण थे। पहला यह कि मतगणना के समय हमारे सभी संगठन के प्रमुख लोग मतगणना केन्द्रों पर रहे। दूसरा इस बैठक में हरेक प्रत्याशी से रिपोर्ट ली जाये और उस जिले के अध्यक्ष से भी जानकारी ली जाये। हम रिपोर्ट के अनुसार विधानसभा में सत्ता में आ रहे थे। जो प्रत्याशी 15 हजार वोटों से हारा, वह भी अपनी जीत के प्रति पूर्ण रूप से आश्वस्त था। इस तरह के अनेक प्रत्याशी थे। अगले दिन जिला अध्यक्ष/महामंत्री/जिला प्रभारियों की बैठक

बुलाई। उनसे मतगणना एजेन्टों को मतदान पर अंतिम समय तक रहने के लिए कहा गया। इसके पीछे मुख्य कारण था कि अखबारों में जो सर्वे रिपोर्ट आ रही थी वह कांग्रेस के पक्ष में थी। इस बार हमारे विरोध में मीडिया व पुलिस पूर्णरूप से दिख रही थी। इस चुनाव में हमारी पार्टी की तीनों प्रान्तों में हार हुई। सभी ने स्वीकार किया पहला मुद्‌दा मंहगाई क्यों बनी, जबकि रोजमर्रा की वस्तुओं के दामों में इतनी मंहगाई नहीं बढ़ी, जैसे आटा, दाल, चावल, यह सब बहुत मँहगे नहीं थे। अब देखना होगा कि मँहगा क्या था और यह मँहगाई क्यों थी। दालों में दाल अरहर, तेलों में तेल सरसों, सब्जियों में प्रमुख प्याज व आलू। यह चारों चीजें सर्व-साधारण के प्रयोग में आने वाली हैं। मुख्य मुद्‌दा प्याज का बना था। कांग्रेस ने टैम्पो पर एक बड़ा प्याज बनाकर नगर में घुमाया। स्वागत में प्याज की माला पहनाई। इस सारी घटना के पीछे बड़ा हाथ रहा इलेक्ट्रॉनिक मीडिया व प्रिन्ट मीडिया का। जब टी. वी. का स्विच ऑन हुआ प्याज की चर्चा देखी गई। केन्द्र में सरकार हमारी थी, परन्तु दूरदर्शन पर अधिक फोटो कांग्रेस अध्यक्ष की आती। केन्द्र का मीडिया शायद इन सब बातों का जबाब नहीं दे पाया। केवल यहाँ तक सीमित नहीं था। हमारे कृषिमंत्री शायद सोचते थे कि प्याज के दाम जो 80 रुपये किलो हो गये हैं, इसका लाभ किसान को मिलेगा, परन्तु किसान के पास अब माल नहीं था। माल कॉंग्रेस के षड्‌यंत्रकारी लोगों ने दबा रखा था। हमारा प्याज निर्यात होता है। पहले प्याज उत्पाद करने वाले किसानों ने अपनी प्याज की फसल जलाई। प्याज सड़ता रहा, परन्तु किसी ने प्याज नहीं उठाया। इस कारण निर्यात प्रारम्भ हुआ था। परन्तु चुनाव सामने हो और प्याज की देश में कमी हो तो पहले देश के लिए सोचना होगा। परन्तु हमारे कृषि मंत्री ने प्याज का निर्यात बन्द नहीं किया और जब निर्यात बन्द हुआ, तब तक यह विषय कॉंग्रेस के हाथ में आ चुका था। हमारी गलती अगर नहीं होती, तो प्याज का मुद्‌दा कॉंग्रेस के हाथ में नहीं आता। आलू की बहुत कमी नहीं थी परन्तु कमी को पूरा करने का कार्य खाद्यमंत्री का था। प्रयास देर से प्रारम्भ हुआ। परन्तु जो प्रयास हुआ खरीददारी सुपर बाजार के माध्यम से हुई और सुपर बाजार में पंजाब से जो आलू आया उसको

फिंकवाने के पैसे देने पड़े। इसके साथ ही प्याज का वितरण सरकारी एजेंसियों द्वारा प्रारम्भ करवाया गया। उन स्थानों पर जो अधिकारी बैठे थे, वे किसी अन्य दल से पहले से सम्बन्धित थे। इस कारण लारेन्स रोड पर प्याज के सैकड़ों ट्रक सड़ गये, परन्तु प्याज उपभोक्ता तक नहीं पहुँच पाया। यह बात ठीक है कि कांग्रेस ने अपने लोगों को मुख्य स्थानों पर बैठा रखा था, जो सरकारी स्तर पर नियम के अनुसार रोड़े अटकाते थे। हम समय कम होने के कारण मजबूर थे व दूसरा केन्द्र सरकार अकेले भाजपा की नहीं थी, भाजपा और सहयोगी दलों की मिली जुली सरकार थी। निर्णय एक स्थान पर नहीं, कई स्थानों पर होते थे।

दाल अरहर की फसल इस साल कम थी, परन्तु दालों के थोक व खुदरा भाव में काफी अंतर था। जब दालों के भावों की बात आई तब दाल मिल वालों की एक बैठक उपराज्यपाल निवास पर बुलाई गई थी। दालों की बिक्री की बात उनसे हुई और उन्होंने काम प्रारम्भ भी किया, परन्तु हमारी दिल्ली सरकार के वित्तमंत्री व खाद्यमंत्री कभी किसी बैठक में एकमत नहीं हुए।

तेल सरसों के पीछे काँग्रेस की चाल थी। एक व्यक्ति द्वारा एक टैंकर बगैर साफ किये उसमें सरसों का तेल भर दिया गया। उससे एक विशेष क्षेत्र बाहरी दिल्ली में कुछ लोग बीमार हो गये और 10 लोगों की मृत्यु हो गयी। इसके बाद सारी दिल्ली के प्रमुख तेल वालों की जाँच प्रारम्भ हुई। जिस जिस की जाँच हुई उनके सैम्पल पास नहीं हुए। उसमें कनोडिया जैसे तेल भी थे। यह बात ठीक है जिस स्तर से सरकारी मशीन सैम्पल जाँच करती है, उससे शुद्ध वस्तु भी जाँच में पूरी नहीं उतरती। यह जाँच तुरन्त होने वाली नहीं थी, समय लगना स्वाभाविक था। परन्तु इस जाँच के चक्कर में दिल्ली में जो झुग्गी बस्ती में रहने वाले वह मजदूर, जो 8-10 लोगों का भोजन एक साथ रोजाना बनाता है, रोज लाता है, रोज पकाता है, जो 50 या 100 ग्राम खुला तेल लाने वाला है और डिब्बा बन्द नहीं ला सकता, अब उसे तेल मिलना बन्द हो गया। हमारे पूरे प्रयास के बाद भी स्वास्थ्य मंत्री ने खुला तेल प्रारम्भ नहीं किया और कांग्रेस ने झुग्गी झोंपड़ी में कहना प्रारम्भ किया, भैया आज तुम्हारा चूल्हा किस लिए नहीं

जला ? तेल नहीं होगा? प्याज नहीं होगा? आलू नहीं होगा। किसी ने कहा दाल नहीं होगी। यह सब बात मिलकर रोष का वातावरण बना।

बसों की समस्या

दिल्ली में विधान सभा चुनाव से दो महीने पहले से बसों की एक समस्या प्रारम्भ हुई थी। किलोमीटर स्कीम वाली बसें हड़ताल पर चली गयीं और हमारी सरकार के मंत्री जरूरत से ज्यादा सख्त हो गये। लोगों को 2-2 घण्टे स्टैण्ड पर खड़ा रहना पड़ा और सायंकाल लोग बस के स्थान पर टैम्पो पर लौटते थे। यह आवाज सारी दिल्ली में सुनाई देती थी। इस तरह दिल्ली सरकार से सम्बन्धित समस्याओं को लेकर दो-ढाई महीनों में बारह बार दिल्ली सरकार के मुख्यमंत्री व मंत्रियों के साथ बैठना हुआ परन्तु कोई सार्थक परिणाम नहीं निकला।

इसी से सम्बन्धित एक बड़ी समस्या न्यायालय का आदेश था, जिससे कि 15 वर्ष पुराने वाहनों को सड़क पर नहीं चला सकते। इस आदेश के कारण इन वाहनों के मालिकों में हमारे प्रति रोष था। हमने कहा कि यह आदेश न्यायालय का है। परन्तु सरकार हमारी होने के कारण किसी ने हमें क्षमा नहीं किया और यह बड़ा वर्ग हमारा विरोधी होना प्रारम्भ हुआ।

इन सब बातों के अतिरिक्त कार्यकर्ताओं के मन में कुछ अन्य प्रश्न भी चुनाव की हार के थे। यह बात बैठकों में चर्चा में आती थी। जब परिणाम आ गये और हम विधान सभा की केवल 15 सीटें ही जीत पाये। एक सीट हौजखास की सुषमा स्वराज ने खाली कर दी। हमारे 14 सदस्य ही अब विधान सभा में थे। इस कारण कार्यकर्ताओं में व प्रत्याशियों में संगठन के प्रति रोष था। प्रत्याशियों का कहना था, हमें अपनों ने हराया है। इस बात को मद्देनजर रखते हुए पहले ही एक छोटी बैठक में एक निर्णय लिया गया कि पार्टी का जो सदस्य अपने प्रत्याशी के विरोध में चुनाव लड़े, उसे तुरन्त पार्टी से निकाल देना चाहिए। इसमें दो पूर्व विधायक, तीन मंडल अध्यक्ष, एक जिला कोषाध्यक्ष व चार अन्य सदस्य शामिल थे, इन 10 लोगों को पार्टी से निकाल दिया गया।

इसके पश्चात् एक बैठक में निर्णय हुआ कि सभी जिलो के अंतर्गत

आने वाली सीटों की समीक्षा करवाई जाये, जिससे हार के कारण सामने आ सकें। इस निर्णय के अनुसार यह कार्य तीन उपाध्यक्षों, दो महामंत्रियों व विधानसभा के मुख्य सचेतक को सौंपा गया।

कार्य का विभाजन

1. पूर्वी दिल्ली संसदीय क्षेत्र-श्री ओमप्रकाश कोहली, प्रदेश उपाध्यक्ष
2. बाहरी दिल्ली क्षेत्र, बवाना छोड़ कर-श्री नंदकिशोर गर्ग, मुख्य सचेतक
3. करोल बाग, नई दिल्ली संसदीय क्षेत्र व बवाना जिला-श्री मूलचन्द चावला
4. चाँदनी चौक संसदीय क्षेत्र-श्री रामभज, उपाध्यक्ष
5. सदर संसदीय क्षेत्र-श्री श्यामलाल गर्ग, महामंत्री
6. दक्षिणी दिल्ली संसदीय क्षेत्र-श्री ओमप्रकाश बब्बर, महामंत्री

इन सब क्षेत्रों की रपट प्राप्त हो गई और यह रिपार्ट एक बैठक में तीनों महामंत्रियों को समीक्षा के लिए सौंप दी गई। वे प्रदेश अध्यक्ष को सुझाव दें कि इसमें प्रदेश के द्वारा तुरन्त करने को कार्य क्या है। यह जानकारी प्रदेश कार्यकारिणी की बैठक में दी गई। आगामी लोकसभा चुनाव सितंम्बर व अक्तूबर में सम्पन्न होने थे। इसको ध्यान में रखने हुए चरणबद्ध रिपोर्ट देने के लिए कहा गया था।

आगामी लोकसभा चुनाव को ध्यान में रखते हुए प्रदेश अपने जिला, मंडल व समिति इकाई तक के लिए कार्यक्रमों की रचना प्रदेश कार्यकारिणी की एक दिवसीय बैठक में तय करेगा।

लोकसभा में हमने दिल्ली से छः सीटें जीती हुई है और विधान सभा चुनाव में हार का मुँह देखा गया, परन्तु हमारे विधान सभा के जो नतीजे आये, उनका सब लोगों को धीरे धीरे अहसास हो गया था। अब हम उन कारणों को हावी न होने दें। यह प्रदेश का प्रयास रहेगा। हमारा आगामी लोकसभा चुनाव का मुख्य लक्ष्य सभी सातों सीट जीतना होगा और मेरा पहला प्रयास सभी सीटें जीतना रहेगा। प्रत्याशी वही हो जो चुनाव जीत सके। अन्यथा बड़ा नुक्सान हो सकता है।

लोकसभा चुनाव

12वीं लोकसभा में प्रधानमंत्री का उत्तरदायित्व माननीय अटलबिहारी वाजपेयी ने 19 मार्च, 1998 को सम्भाला था। और यह सरकार मात्र 13 महीने ही चली। यह सरकार 15 दलों के साथ मिलकर चल रही थी और इन दलों में कुछ दल इस तरह के भी थे, जो सहयोग कम और टाँग ज्यादा खींचते थे। इसमें अन्ना डी.एम.के. की प्रमुख जयललिता ने इस सरकार को लगभग नहीं चलने दिया। पहले ममता बनर्जी भी काफी नाराज हो जाती थी। इन 13 महीनों में अनेक बार सरकार के सामने कठिनाईयाँ आयीं। हमारे सहयोगी दल छोटी छोटी बात पर नाराज हो जाते। परन्तु इन सब बातों के बावजूद प्रधानमंत्री श्री अटलबिहारी वाजपेयी जी पर किसी का विश्वास कम नहीं हुआ। इसमें हमारे सहयोगी दलों में अधिक सहयोग जार्ज फर्नान्डीज़ का रहा। अनेक बार सरकार के सामने काँग्रेस व लालू प्रसाद यादव ने कठिनाई खड़ी की। चाहे ईसाइयों पर अत्याचार की झूठी खबर फैला कर या बिहार में राज्यपाल के विषय पर। परन्तु 13 महीनों की अटलबिहारी वाजपेयी सरकार ने इतने काम किये जो "काल के कपाल पर रेखा अंकित कर गये।" जैसे पोखरण में एक नहीं पाँच-पाँच नाभिकीय परीक्षण कर दिये जिससे सारी दुनिया चकित रह गई और अमेरिका को कितना आघात हुआ उसका वर्णन नहीं किया जा सकता। जहाँ अमेरिका को भारत के साहस पर आश्चर्य हुआ, उससे ज्यादा इस बात पर दुख हुआ कि भारत ने एक नहीं पाँच-पाँच परीक्षण कर दिये और उसका खुफिया विभाग इससे अनभिज्ञ रहा। उसने गुस्से में आकर भारत को मिलने वाली अमेरिका से आर्थिक मदद पर प्रतिबन्ध लगा दिया। इसी तरह का व्यवहार अन्य कई देशों ने भी किया। अमेरिका सहित ये सभी देश भारत को शक्ति सम्पन्न देश के रूप में नहीं देखना चाहते थे। इस देश में 50 वर्षों में अनेक सरकारें बनीं, परन्तु इन सरकारों के ऊपर सदैव बाहर का दबाव बना रहा। शायद इसका बड़ा कारण हमारे देश में भ्रष्टाचार हो सकता है, जिससे इस देश के केन्द्रीय मंत्रियों के अतिरिक्त प्रधानमंत्री तक भी नहीं बच पाये। भारत जैसे विशाल देश ने आजादी एकजुट होकर

पायी थी, परन्तु जो लोग सत्ता में आये, वे अपनी इच्छाओं की पूर्ति के लिए देश नहीं परिवारवाद में फँस गये। इस कारण भ्रष्टाचार, आतंकवाद, जातिवाद, अलगाव से इस देश को वैसा नहीं बना पाये, जैसा सपना लोगों का था। आतंकवाद भी पिछली सरकारों की गलत नीतियों के कारण फैला। चाहे कश्मीर में, चाहे पंजाब में, चाहे तमिलनाडू रहा हो, एक समय सारा देश इसकी जकड़ में आ गया। जब उत्तर प्रदेश में सपा का शासन था तब 53 जिलों में से 40 जिलों में कर्फ्यू लगाकर शासन किया जा रहा था। वाजपेयी जी की 13 महीने की सरकार की उपलब्धियों का वर्णन इसलिए कर रहा हूँ जिससे यह बताया जा सके कि कांग्रेस के 50 साल के शासन ने देश के स्वाभिमान को किस तरह समाप्त किया और अटल जी के अल्पकाल के शासन ने भारत का स्वाभिमान किस तरह पुनः स्थापित किया।

भारतीय जनता पार्टी सरकार की दूसरी बड़ी उपलब्धि रही 'कावेरी जल विवाद' का समाधान। 'कावेरी' नदी दक्षिण भारत के प्रान्तों में से होकर गुजरती है। इसमें चार प्रमुख प्रान्त हैं—तमिलनाडु, आंध्र प्रदेश, केरल व कनार्टक परन्तु इस नदी के जल बँटवारे को लेकर एक बड़ा विवाद पिछले 100 साल से चल रहा था। यह विवाद भारत स्वतंत्र होने के पहले से ही चल रहा था। परन्तु स्वतंत्र होने के पश्चात् 50 वर्ष बीत गये। कोई सरकार इसे सुलझा नहीं सकी। इस विवाद के कारण जन व धन की हानि होती रही और विकास में रुकावटें आयीं। परन्तु इसकी चिंता कांग्रेस की सरकारों को नहीं थी या फिर वह समाधान करने में सक्षम नही रही। जो कार्य 100 वर्ष में पूरा नहीं हो पाया, वह काम अटल जी की सरकार ने 6 मास के अन्दर पूरा कर दिखाया। यह बात डीएमके नेता मुरासोली मारन ने 25 अप्रैल, 1999 की एक जनसभा में फिरोजशाह कोटला मैदान में कही। यह भारतीय जनता पार्टी दिल्ली प्रदेश ने केन्द्र में एक मत से अटल जी की सरकार के गिरने के विरोध में आयोजित की थी। इस रैली में माननीय कुशाभाऊ ठाकरे, राष्ट्रीय अध्यक्ष, प्रधानमंत्री अटलबिहारी वाजपेयी, गृहमंत्री लालकृष्ण आडवाणी, संचारमंत्री जगमोहन, रक्षामंत्री जार्ज फर्नांडीस, मानव संसाधनमंत्री मुरली मनोहर जोशी, उद्योगमंत्री

श्री सिकन्दर बख़्त और अन्य दलों के नेताओं में तृणमूल कांग्रेस की ममता बनर्जी, श्री राममूर्ति, श्री मुरासोली मारन तथा अनेक सांसद, विधायक शामिल हुए। यह रैली ऐतिहासिक बन गयी थी। संख्या भी लगभग 20 से 25 हजार के बीच रही और इसकी अध्यक्षता भारतीय जनता पार्टी के अध्यक्ष होने के नाते मैंने की थी। मंच संचालन इस अवसर पर श्री विजयकुमार मल्होत्रा ने किया था।

तीसरी बड़ी उपलब्धि गृहमंत्रालय द्वारा इस वर्ष कश्मीर घाटी में उग्रवाद को समाप्त करना रहा, जहाँ 1989 से कश्मीरी पंडित कश्मीर छोड़ कर बाहर निकल गये थे और कश्मीर घाटी में कोई नहीं जा सकता था। वहाँ आतंकवाद का पूर्ण राज था और अनेक बार बड़े नरसंहार हुए। एक बार तो उग्रवादियों ने अपने पाँच साथियों को छुड़ाने के लिए उस समय के गृहमंत्री मुफ्ती मोहम्मद सईद की बेटी के अपहरण का 'ड्रामा' भी किया था। उस समय गृहमंत्री ने देश के साथ अन्याय किया, बेटी छुड़ा ली और आंतकवादी छोड़ दिये। उससे दुनिया में भारत का सम्मान गिरा। परन्तु इस 13 महीने के अटलबिहारी वाजपेयी के शासनकाल में स्थिति बिल्कुल बदल गई। जिस कश्मीर में होटल-शिकारे पिछले 10 साल से खाली पड़े थे, फिल्मों की शूटिंग करने कोई फिल्म कम्पनी वहाँ नहीं जा सकती थी, केवल हत्याओं की ही खबर आया करती थी अब गृहमंत्री लालकृष्ण आडवाणी के प्रयास और आत्मविश्वास से दोबारा होटल भर गये, शिकारे भर गये। फिल्म कम्पनियाँ अपनी शूटिंग करने लगी। क्या कारण रहा होगा? एक गृहमंत्री ने अपने स्वार्थ के कारण कश्मीर को बर्बाद किया और दूसरे ने आबाद किया, वह भी केवल एक वर्ष के भीतर। कांग्रेस ने सत्ता का उपयोग अपने लिए किया और अटल जी की सरकार ने सत्ता का उपयोग जनता व देश के लिए किया।

एक अन्य बड़ी उपलब्धि थी भारत के प्रधानमंत्री अटल जी का अपने पड़ोसी देश पाकिस्तान जाना। केवल जाना ही नहीं, दोनों देशों के बीच बस सेवा प्रारम्भ करना। जब दिल्ली से लाहौर बस सेवा प्रारम्भ हुई, तब दुनिया में संदेश गया कि जिन देशों के सम्बन्ध इतने खराब हों, उस परिस्थिति में भारत सरकार एक बस यात्रा प्रारम्भ करे, यह शांति स्थापित

करने की तरफ एक पहल है। जब यह बस यात्रा प्रारम्भ हुई, तब पाकिस्तान के प्रधानमंत्री नवाज शरीफ ने कहा कि बस यात्रा तो दोनों देशों के बीच शुरू हो गई, परन्तु भारत के प्रधानमंत्री अटलबिहारी वाजपेयी बस द्वारा भारत से पाकिस्तान की यात्रा करें, तो ठीक होगा। शायद नवाज शरीफ ने यह बात कटाक्ष के रूप में कही थी, यह सोच कर कि न तो भारत के प्रधानमंत्री बस से आ सकते और न ही यह सेवा चल सकती है। परन्तु जब यह बात पाकिस्तान के प्रधानमंत्री ने कही, भारत के प्रधानमंत्री ने स्वीकार कर ली, तब सारी दुनिया को और भारतवासियों को अचम्भा हुआ। खास कर मुस्लिम जगत को। धीरे-धीरे एक दिन तय हो गया, प्रधानमंत्री की लाहौर बस यात्रा का। इस यात्रा से पूर्व भारतीय जनता पार्टी दिल्ली प्रदेश की ओर से मेरे साथ प्रदेश पदाधिकारी, विधानसभा में विपक्ष के नेता जगदीश मुखी, सभी जिलों के अध्यक्षों के साथ प्रधानमंत्री निवास पर गये। हम अपने साथ "खुरचन" लेकर गये थे, जो भारत की ओर से पाकिस्तान के प्रधानमंत्री को भेंट करनी थी, क्योंकि हमें जानकारी हुई थी कि पाकिस्तान के प्रधानमंत्री को "खुरचन" बहुत पसंद है। जब प्रधानमंत्री लाहौर बस से गये, तब पाकिस्तान-हिन्दुस्तान की बाघा सीमा पर प्रधानमंत्री का अभिनन्दन हुआ और पाकिस्तान में जैसा नागरिक अभिनन्दन हुआ, उससे हमारे विरोधियों को पीड़ा होना स्वाभाविक था। जब अटल जी उस अभिनन्दन में बोले और उन्होंने कहा कि हम नहीं चाहते थे कि पाकिस्तान बने, परन्तु जब बन ही गया, तो हमने इसका अस्तित्व स्वीकार किया है। अब हम चाहते हैं कि हमारा पड़ोसी देश "फले फूले"। इस बात से हमारे उन विरोधियों की गर्दन नीची हो गयी, खास कर के वामपंथियों की, जो सदैव हमें साम्प्रदायिक कह कर पुकराते थे। अब उनके पास कहने को कुछ बचा नहीं। अखबारों के पास भी इस बात का जवाब नहीं था। केन्द्र सरकार में सभी सहयोगी दल खुश हुए। यह भारत के लिए एक बड़ी घटना थी।

हमारी सरकार केन्द्र में एक मत से गिर गई थी। हमें 270 मत प्राप्त हुऐ थे और कांग्रेस को 271 (हमारे सभी विरोधियों को मिलाकर)। हमारी सरकार गिर गई, लोकसभा भंग हो गई और बजट अधर में लटक गया।

परन्तु जब सरकार की अनिश्चितता बनी हुई थी, उस समय प्रत्येक व्यक्ति की इच्छा थी कि अगर सरकार किसी तरह न बच सके, तो भी बजट तो अवश्य पास हो जाये। इस बजट में सभी को विकास नजर आ रहा था और व्यापार, ग्राम, उद्योग, कर्मचारी, सभी को अपने लिए कुछ न कुछ नजर आ रहा था, जब कि पोखरन विस्फोट के पश्चात् दुनिया की बड़ी शक्तियों ने हमारे ऊपर तरह-तरह के प्रतिबंध लगा दिये थे। इन प्रतिबंधों के चलते लोगों को विकास दर बराबर बनी रहेगी, यह विश्वास नहीं हो पा रहा था। परन्तु जब बजट आया, तो सब ने कहा कि इस बजट को बहस करे बगैर ही पास किया जाये। हमारे विरोधी दलों ने भी बजट को इस रूप में ही पास करने के लिए कहा। इस सर्वसम्मत बजट से निश्चित ही भारतीय जनता पार्टी की छवि बहुत आगे बढ़ी।

हमारी सरकार ने जब देश को परमाणु शक्ति सम्पन्न देश बना ही दिया और इसमें वैज्ञानिकों को बधाई दी, तब सरकार ने अगले बड़े लक्ष्य की ओर कदम बढ़ाया, वह था अग्नि-II का सफल परीक्षण। इस परीक्षण के पश्चात् भारत की शक्ति इतनी बढ़ गई कि उसकी रेंज से हमारे दुश्मन अब हमें आँख नहीं दिखा सकते, हाथ मिलाने के लिए अवश्य ही आतुर होंगे।

इन सब उपलब्धियों से घबरा कर कांग्रेस और वामपंथी दलों ने मिलकर सरकार गिराने का निर्णय तो ले लिया और कुछ अति स्वार्थी दलों ने अपने कोर्ट केसों से बचने के लिए यह कदम उठाया, लेकिन इसके पश्चात् कांग्रेस अध्यक्ष सोनिया गाँधी के 2-3 बार राष्ट्रपति से समय लेने के बाद भी वह अपना बहुमत सिद्ध नहीं कर सकीं, तब लोगों की नाराजगी कांग्रेस, वामपंथी व अन्य दलों के प्रति बढ़नी शुरू हुई। जब कांग्रेस अध्यक्ष सोनिया गाँधी सरकार नहीं बना पायीं, तब दोबारा अटल जी ने राष्ट्रपति के. आर. नारायणन जी को अपनी सरकार बनाने के लिए कहा। परन्तु राष्ट्रपति जी ने अटल जी की यह बात स्वीकार नहीं की, तो उन्हें कहा गया कि पहले भी देश में अल्पमत सरकारें चलती रही हैं। जैसे नरसिंह राव, चन्द्रशेखर, चरणसिंह, देवगौड़ा व इन्द्रकुमार गुजराल की सरकारें, परन्तु इस बार शायद राष्ट्रपति के मन पर किसी का दबाव था। यह बात आम

जनता महसूस कर रही थी कि राष्ट्रपति जी को सरकार को चलाने का अवसर अटलबिहारी वाजपेयी जी को देना चाहिए, परन्तु चुनाव की घोषणा हो गई।

अब एक बड़ी समस्या थी कि चुनाव की तारीख क्या तय की जाये। क्योंकि चुनाव घोषणा के पश्चात् देश में चुनाव का माहौल तो बनना प्रारम्भ हो जाता है, परन्तु अगर घोषणा के और मतदान के बीच समय का अंतर बहुत अधिक हो, तो कई तरह की कठिनाईयाँ सत्ताधारी दल के समक्ष उत्पन्न हुआ करती हैं। हम चाहते थे कि चुनाव दो महीने के भीतर अर्थात् जून में हो जाये, परन्तु कांग्रेस व वामदल इस बात से डर रहे थे कि अगर अभी चुनाव हो गया, तो सब दल समाप्त हो जायेंगे और अटल जी की सरकार स्पष्ट बहुमत लेकर लोकसभा में आयेगी। वही हुआ, चुनाव 5-6 महीने के लिए टाल दिये गये और सितम्बर, अक्तूबर में चुनाव करवाने की घोषणा चुनाव आयोग द्वारा की गई। अब केन्द्र सरकार को अपने हिसाब से चलना था और भाजपा संगठन को अपने हिसाब से। इस बात को शायद ध्यान में रखते हुए भाजपा के केन्द्रीय नेतृत्व ने राष्ट्रीय कार्यकारिणी की बैठक 1-2-3 मई को दिल्ली में बुलाई। इस बैठक में दो दिन राष्ट्रीय कार्यकारिणी के रूप में बहस हुई और आखिर 3 मई को संगठन के कार्य व चुनाव की तैयारी पर चर्चा हुई। इस तीन दिन चलने वाली बैठक में निर्णय हुआ कि जिन दलों के साथ हमारा जिस प्रान्त में सीटों का ताल मेल पहले हुआ है, वे सीट उन दलों को छोड़ दें और जिन सीटों पर किसी भी दल का प्रत्याशी नहीं जीत सका था, उन पर पुनः विचार करें। दूसरा निर्णय 3 मई की पार्टी बैठक में यह हुआ कि जो हमारा इस समय सांसद है, कोई विशेष कारण न हो तो उसे ही चुनाव लड़ाना चाहिए।

इसके अलावा अपनी अपनी प्रान्त कार्यकारिणी की बैठक बुलाकर वहाँ चुनाव जीतने के लिए अपने प्रान्त की समस्याओं के अनुसार रणनीति बनायें। हमारे यहाँ दिल्ली में लोकसभा की सात सीटें हैं। इनमें से हम एक वर्ष पहले 6 सीटों पर विजयी हुए थे और एक करोल बाग की सीट पर हम जीत नहीं पाये थे। वैसे तो हमें केवल करोल बाग का ही प्रत्याशी तय करना था, परन्तु हमारे दो सांसदों ने चुनाव लड़ने से इन्कार किया—

श्री कृष्णलाल शर्मा व श्रीमती सुषमा स्वराज ने। इन दोनों सीटों पर प्रत्याशी कोई दूसरा होगा या यही दोनों फिर चुनाव लड़ने की इच्छा व्यक्त करेंगे, यह अभी निर्णय होना सम्भव नहीं था। श्री मदनलाल खुराना जी भी बीच बीच में कह देते कि मैं चुनाव नहीं लडूँगा और उन्हें कोई जब अधिक पूछता तब स्पष्ट उत्तर नहीं खोजा जा सकता था। इस दुविधा के चलते इन तीनों सीटों पर प्रत्याशियों की स्थिति साफ नहीं हो पा रही थी। जब मुझसे प्रेस वालों ने पूछा तो मैंने कहा, यह निर्णय केन्द्र को करना है कि किस संसदीय क्षेत्र का प्रत्याशी कौन होगा। दिल्ली वाले तो अपनी चुनाव समिति को बुला कर जानकारी लेंगे कि प्रत्याशी के बारे में उनकी क्या राय है वह राय केन्द्र को भेज देंगे। जब यह बात अखबारों में अधिक आने लगी, तब प्रदेश ने अपना निर्णय लिया कि अभी तो राष्ट्रीय कार्यकारिणी की चर्चा के अनुसार यह बात स्पष्ट हुई थी कि अगर कोई विशेष कारण नहीं हुआ, तो वही लोग चुनाव लड़ेंगे, जो अब सांसद हैं।

संघर्ष योजना

अब हम दिल्ली सरकार में विपक्ष में हैं। इस नाते हमने जनवरी से ही अपने संघर्ष की योजना आरम्भ कर दी थी। पहले बिजली समस्या को लेकर धरना दिल्ली विधानसभा पर दिया गया और उसमें संख्या इतनी अधिक थी कि सम्पूर्ण प्रेस ने धरने की सराहना की। पानी की समस्या को लेकर प्रदेश महिला मोर्चा की अध्यक्षा श्रीमती नीरा शास्त्री के नेतृत्व में मटका प्रदर्शन विधान सभा पर हुआ और पुलिस कार्रवाई में लगभग 20 बहनें घायल हुईं। जब कालका जी से होकर यमुनापार में भी दूषित पानी आने लगा, तब पार्टी द्वारा विधानसभा क्षेत्रों में धरना, अनशन व प्रदर्शन प्रारम्भ किये गये और प्रदेश द्वारा बिहार में घटित अनुसूचित जाति पर अत्याचार और अनुसूचित जाति के लोगों के नर संहार पर सोनिया गाँधी के निवास पर प्रदेश अनुसूचित जाति मोर्चा के अध्यक्ष योगेन्द्र चंदोलिया के नेतृत्व में प्रदर्शन किया गया। इसके अलावा कांग्रेस की दोमुंही चाल पर सोनिया गाँधी, अर्जुनसिंह व शरद पवार के पुतले जलाये गये। और 4000 कार्यकर्ताओं ने गिरफ्तारी दी। प्रदेश भारतीय जनता पार्टी

ने आगामी चुनावों को ध्यान में रखते हुए निर्णय लिया कि 20 अप्रैल से 20 मई तक संगठन अपनी पूरी ताकत लगाकर मतदाता सूचियों में भा.ज.पा. समर्थकों के नाम जुड़वाए। इस कार्य को पूरी गम्भीरता से लिया गया।

एक बैठक 5 मई को हमारे निवास स्थान पर हुई थी। इस बैठक में दिल्ली के सभी सांसद, प्रदेश पदाधिकारी, जिलों के प्रभारी, विधान सभा व नगर निगम के प्रमुख पदाधिकारी उपस्थित थे। इस बैठक में परिवार के अन्य प्रमुख लोग भी उपस्थित थे। इस बैठक में अन्य सभी विषय छोड़ दिये गये। केवल 20 मई तक वोट बनाने हेतु पूरा संगठन लगे, यह कहा गया। सारा संगठन अपने समर्थकों के वोट बनवाने में जुट गया। इसके पश्चात् बनायी गयी आगामी योजना, आजीवन सहयोगी सदस्यता अभियान चलाने की। पहले यह योजना 20 मई से 30 मई तक की रखी। फिर 10 दिन का समय बढ़ाया गया। यह 10 जून तक चले, यह निर्णय साप्ताहिक बैठक में लिया गया। यह योजना मैंने अध्यक्ष बनने के तुरन्त बाद प्रारम्भ की गई थी और इसके अंतर्गत 1100 आजीवन सहयोगी सदस्य बने। परन्तु विधान सभा चुनाव आ जाने के कारण इसको रोकना पड़ा। परन्तु अब चुनाव से चार महीने पहले दोबारा यह योजना चलाने के प्रमुख दो कारण रहे—पहला, जो सदस्य 1997-98 में बने थे, उनका दोबारा शुल्क आ जाये। दूसरा, हमारे दिल्ली प्रदेश में संगठन की इकाई के 16 जिले हैं। इनमें से 9 जिलों में कार्यालय हैं। परन्तु 7 जिलों में कार्यालय न होने के कारण संगठन के रिकार्ड रखने की समस्या बनी रहती है। प्रदेश कार्यकारिणी की बैठक में तय किया गया कि हमारे सभी जिलों में संगठन के कार्यालय हों। कार्यालय चलाने हेतु जिस खर्च की आवश्यकता पड़े, वह आजीवन सहयोगी सदस्यता निधि का भाग जो जिले के हिस्से का होगा उससे खर्च चलायें। किसी पूंजीपति की तरफ नहीं देखना पड़ेगा। संगठन आत्म निर्भर हो सकेगा। एक और इन्हीं दिनों बड़ा कार्य हुआ जिस सरकारी बिल्डिंग में भारतीय जनता पार्टी दिल्ली प्रदेश का कार्यालय पिछले 10 वर्ष से चल रहा है, यह भवन हमारे संसद सदस्यों के नाम से है। जिस संसद सदस्य के नाम से यह भवन था, उन्होंने अपनी अलग से अलाटमेंट करवा ली। प्रदेश कार्यालय के लिए कोई बडा स्थान होना चाहिए। यह

समस्या हमारे सामने उत्पन्न हो गयी, क्योंकि जो 13, विंडसर प्लेस हमारे नाम आबंटित हुआ, वह इतना छोटा था कि उसमें कार्यालय नहीं चल सकता था। और यह 14, पंतमार्ग तिवारी जी के नाम था। अगर वह इस बार चुनाव न लड़े या जीत न पाये, तो प्रदेश कार्यालय के समक्ष कोई रास्ता नहीं बचा था। अब हमारा पिछले 6 महीने से एक विशेष प्रयास प्रारम्भ हुआ कि 14, पंतमार्ग प्रदेश के नाम हो और 13, विंडसर पैलेस तिवारी जी के नाम हो। इसके लिए दक्षिण भारतीय प्रकोष्ठ के अध्यक्ष गौरी शंकर का सहयोग लेकर काफी अधिक प्रयास के पश्चात् वह सुखद दिवस आ गया कि 14, पंतमार्ग का भवन पार्टी के नाम पट्टे पर हो गया। अब दूसरा चरण हमारा था इस भवन में एक 3,000 वर्ग फुट का क्षेत्र और कवर हो जाये, जिससे कार्यालय आज की बढ़ी हुई जरूरतों को पूरा कर सके। इस पर जो धन खर्च हो वह आजीवन सहयोग निधि से प्राप्त हो, यह हमारा प्रथम प्रयास रहा। आजीवन सहयोग निधि राशि चार भागों में बाँटी जाती है। केन्द्र 50 प्रतिशत, प्रदेश 25 प्रतिशत, जिला 15 प्रतिशत, मंडल 10 प्रतिशत। हमारा लक्ष्य हमने पचास लाख का रखा, जिससे अन्य को देकर हम कार्यालय निर्माण हेतु अपना दस लाख रुपया बचा सकें। इस नाते इस अभियान में संगठन को लगाया गया। परन्तु यह ध्यान रखते हुए कि आगामी लोक सभा चुनाव में दिक्कत न हो।

चुनाव को ध्यान में रखते हुए प्रदेश ने दो बड़े कार्यक्रम बनाये थे। एक कार्यक्रम झुग्गी-झोंपड़ी वालों का था और दूसरा कार्यक्रम व्यापारियों और उद्योगपतियों का था। इन कार्यक्रमों के द्वारा प्रधानमंत्री से इन्हें मिलवा कर समर्थन व्यक्त करवाना था। परन्तु इसी दौरान पाकिस्तान ने जम्मू-कश्मीर में कारगिल के रास्ते से घुसपैठिये व आतंकवादी बड़ी संख्या में घुसा दिये। हम शांति का प्रयास कर रहे थे और पाकिस्तान घुसपैठ कर रहा था। परन्तु दुर्भाग्य की बात यह रही कि जब हमारी सेना को घुसपैठियों का पता चला तब तक वे कारगिल में अपनी काफी अधिक शक्ति बढ़ा चुके थे। वह जितनी शक्ति बढ़ा चुके थे, यह हमारे रक्षा मंत्री को शायद आभास ही नहीं था। उन्होंने बगैर स्थिति को भांपे यह कह दिया कि हम 24 घण्टों में इन्हें खदेड़ देंगे। परन्तु जब हमने "आपरेशन विजय" आरम्भ

किया, तब हमें वस्तुस्थिति का आभास हुआ और हमें एक-एक करके अपने तीन हवाई जहाज गंवाने पड़े और सेना के 46 अधिकारी और सिपाही भी गंवाने पड़े।

एक प्रेस ब्रीफिंग भाजपा केन्द्रीय कार्यालय में श्री नरेन्द्र मोदी ने की थी। उन्होंने कहा कि जो भारत की सीमा को छेड़ेगा, हम उसे नहीं छोड़ेंगे और वह जिन्दा बचकर नहीं जायेगा। इस बात की लोगों ने प्रशंसा की।

कारगिल युद्ध

लोकसभा चुनाव शायद आगे टल जाये, इस तरह की शंका कांग्रेस ने व्यक्त की थी। परन्तु 6-6-1999 को गोवा विधान सभा के चुनाव परिणाम कांग्रेस के पक्ष में आ गये। इस कारण अब इस आशंका पर प्रश्न चिन्ह लग गया। इस बार यह विश्वास व्यक्त किया जा रहा था कि शरद पवार के कांग्रेस से अलग होने के बाद शायद कांग्रेस नहीं जीत पायेगी। परन्तु हमारे यहाँ भी गलती हुई। जिस समय 1-2 अप्रैल को राष्ट्रीय कार्यकारिणी की बैठक गोवा में हुई, तब यह विचार सामने आया था कि हम महाराष्ट्रवादी गोमांतक पार्टी के साथ मिलकर चुनाव लड़ेंगे और निश्चित रूप से सत्ता में आयेंगे। परन्तु सीटों का बंटवारा न हो पाने के कारण समझौता नहीं हुआ। परन्तु इस बार भाजपा व एम.जी.पी. को मिलाकर कुल 41 प्रतिशत वोट प्राप्त हुए और भाजपा को दस व एम.जी.पी. को चार सीटें ही प्राप्त हुई। कांग्रेस 21 स्थान लेकर सत्ता में आ गयी। विधान सभा की कुल सदस्य संख्या 40 है। कारगिल में हवाई हमलों के दौरान गोवा विधानसभा चुनाव सम्पन्न हुए और कांग्रेस को बहुमत प्राप्त हुआ। परन्तु यह बात भी सच है कि गोवा में अधिकांश सीटों को ईसाई प्रभावित करते हैं। आज ईसाई समाज भारतीय जनता पार्टी के साथ लगभग नहीं है। पहली बात तो यह है कि सोनिया गाँधी आज प्रधानमंत्री की दावेदार हैं। दूसरे उड़ीसा व गुजरात में कांग्रेस ने बाहरी शक्तियों के साथ मिलकर जिस तरह से भाजपा को बदनाम किया। है उसका असर भारत में ईसाई मतदाताओं पर पड़ा।

आज की तारीख में प्रधानमंत्री अटलबिहारी बाजपेयी की छवि पूरे देश में व सम्पूर्ण विश्व में काफी अच्छी है। इसी का परिणाम है कि आज भारत में घुसपैठ के विषय पर सब हमारे साथ हैं। अगर दिल्ली में वोट

काटने वाली तीसरी शक्ति नहीं बनवायी गयी तो हमें कम-से-कम दो या तीन सीटों पर बड़ा भारी नुकसान हो सकता है। आज कुछ सीटों पर हमारे पास उपयुक्त प्रत्याशी नहीं हैं।

परन्तु कारगिल की स्थिति अगर मोड़ ले गयी तो फिर भारतीय जनता पार्टी का पक्ष अधिक मजबूत होगा। अभी कारगिल विषय पर धीरे-धीरे पूरे विश्व का मत बनने वाला है। स्थिति से ऐसा लग रहा है कि पाकिस्तान अपने घुसपैठियों को कारगिल से हटाना नहीं चाहता और भारत के सैनिक हर तरह का प्रयास करके उन्हें अपनी सीमा में रहने नहीं देना चाहते। आज तक लड़ाई में सरकारी आँकड़ों के अनुसार 50 के लगभग अफसर व जवान शहीद हो चुके हैं। इसका बड़ा कारण है हमारी सेना नीचे है और पाकिस्तान की सेना चोटी पर है। मैं आगे चुनाव परिणामों को कारगिल से जोड़कर देख रहा हूँ। अब लड़ाई घट नहीं रही, बढ़ रही है। दोनों देशों के विदेशमंत्रियों की वार्ता की ओर सबका ध्यान लगा हुआ था, उसका परिणाम कुछ भी नहीं निकला और हमारी सेना के छः लोगों के साथ पाकिस्तान के लोगों ने घिनौना कृत्य किया। पहले उनके नाक, कान, गुप्त अंग काट दिये और फिर हत्या कर दी। जब पाकिस्तान के विदेशमंत्री सरताज अजीज भारत आये तब वार्ता से पूर्व हमारे विदेशमंत्री ने वार्ता का यह पहला मुद्दा रखा, इससे हमारी सेना का मनोबल बढ़ना स्वाभाविक था। पाकिस्तान की इस घिनौनी हरकत का जहाँ भारत की जनता ने विरोध किया, वहीं इसका असर अंतर्राष्ट्रीय स्तर पर भी साफ नजर आया। विदेशमंत्री सरताज अजीज को भारत ने पहले ही बता दिया था कि दोनों विदेशमंत्रियों की वार्ता केवल कारगिल से घुसपैठियों को निकालने पर होगी। दूसरा कोई मुद्दा नहीं रखा जायेगा। परन्तु पाकिस्तान के विदेशमंत्री ने आते ही पहला मुद्दा नियंत्रण रेखा का ही रखा और हमारे विदेशमंत्री ने छः सैनिकों के साथ अमानवीय व्यवहार का मुद्दा रखा और वार्ता आगे नहीं बढ़ पायी। आज भारत का आम नागरिक पाक को सबक सिखाने की वार्ता करता नजर आ रहा है। अब अवसर है, पाक के कब्जे वाले कश्मीर को भारत में सम्मिलित करने का। 2-7-1999 को मुख्य निर्वाचन आयुक्त श्री एम. एस. गिल व श्री कृष्णमूर्ति प्रधानमंत्री से मिले, इस अवसर

पर भारत के गृहमंत्री श्री लालकृष्ण आडवाणी व विदेशमंत्री श्री जसवंत सिंह भी उपस्थित थे। इस अवसर पर लोकसभा चुनाव की चर्चा हुई। 3-7-1999 को सभी दलों की निर्वाचन आयोग में बैठक हुई; इसमें भी भाजपा व कांग्रेस का मन चुनाव समय पर करवाने का था। अब लगता है चुनाव निश्चत समय सितम्बर अथवा अक्तूबर में हो जायेंगे।

अब विषय है कारगिल की लड़ाई का क्या होगा—आज सारे देश की भावनाएँ सीमा पर लड़ रहे जवानों के साथ हैं। अभी तक भारत के 200 जवान वीर गति को प्राप्त हो चुके हैं। मैं 31 मई को प्रधानमंत्री निवास पर व्यापारियों का एक प्रतिनिधि मंडल लेकर गया था। उस प्रतिनिधि मंडल में संख्या लगभग 1000 थी। उस वक्त श्री मनोहरलाल कुमार, अध्यक्ष व्यापार महासंघ द्वारा पाँच लाख रुपया प्रधानमंत्री राहत कोष में देने की घोषणा की गयी थी। तब मुझसे अटल जी ने कहा कि यह राशि दस लाख करवा दें। परन्तु जिस समय माइक से मनोहरलाल कुमार पाँच लाख की घोषणा कर रहे थे तब मैं प्रधानमंत्री के साथ वाली कुर्सी पर बैठा था तब उन्होंने मुझसे कहा : जो घोषणा करी है, क्या पूरी होगी? मैंने इस बात को गम्भीरता से लिया और कार्यक्रम समाप्त होने के तुरन्त बाद लोगों के बीच में जाकर कुछ लोगों से प्रधानमंत्री राहत कोष में सहयोग के लिए कहा और कुछ ने मुझे उत्साह के साथ आश्वासन दिया। मुझे लगा कि अगर मनोहरलाल कुमार नहीं करवा पायेंगे, तब भी इस कार्य के लिए काफी लोग तैयार हो जायेंगे और कुछ लोगों ने 1 या 2 लाख देने की बात की जैसे प्रमोद अग्रवाल, श्यामलाल अग्रवाल, श्री शिवदत्तजी, श्री जगभगवान जैन, श्री जेठूराम जैन, श्री कृष्ण चाँदी वाले व श्री चिंतामणि जी के बेटे ने। इसके पश्चात् मैं प्रधानमंत्री जी के पास उनके कक्ष में गया। वहाँ श्री विजयकुमार मल्होत्रा जी बैठे थे। तब मैंने प्रधानमंत्री जी से कहा कि हम प्रदेश के प्रयास से सहायता राशि एक करोड़ तक पहुँचा सकते हैं। मैं भी कुछ भावुक हो गया और यह बात कह गया क्योंकि मैंने अपने जीवनकाल में कश्मीरी विस्थापितों, उत्तरकाशी भूकम्प पीडितों व हरिद्वार निष्काम सेया ट्रस्ट, धर्मयात्रा महासंघ व अनेक संस्थाओं व पार्टी के लिए धन एकत्रित किया था, परन्तु मेरी इस बात को सुनकर जहाँ विजय जी

को अटपटा लगा होगा, वहीं प्रधानमंत्री जी भी अचम्भित थे। मैंने कहा कि आप हमारे मिलने के लिए चार समय तय कर दें, ताकि मैं दिल्ली की संस्थाओं को साथ लेकर प्रधानमंत्री राहत कोष में राशि दिलवाने के लिए ला सकूँ। तारीखें तय हो गयीं। प्रथम 17 जून, द्वितीय 28 जून, तृतीय 5 जुलाई व चतुर्थ 13 जुलाई। यह तारीखें तय होने के पश्चात मैंने संस्थाओं और उन व्यक्तियों से प्रयास किया जिन्होंने मुझे प्रथम आश्वासन दिया था। प्रथम प्रयास में 14 लाख की राशि दी। द्वितीय प्रयास में 19 लाख व तृतीय प्रयास में एक करोड़ का आंकड़ा पूरा हो गया और आगामी राशि दो करोड़ और करवाने की बात मैंने प्रधानमंत्री जी से कही। यह राशि मार्किट एसोसिएशनों, संस्थाओं व ब्लाक एसोसिएशनों व धार्मिक संस्थाओं द्वारा इकट्ठी हो रही थी, और मैं उन्हें जब राशि नेशनल डिफेन्स फण्ड में देने को कहता तब उनका एक ही कहना रहता कि प्रधानमंत्री से हमारा समय तय करवा दें। पहले से ही मैंने समय तय कर लिये थे उसका भी लाभ मिला। इस राशि देने वाले विषय में मैंने एक सावधानी अवश्य बरती। प्रदेश के पदाधिकारी व उन जिलों के अध्यक्षों को साथ में अवश्य लिया। अब तक कारगिल में लगभग 250 जवान शहीद हो चुके थे, जिनमें दिल्ली प्रान्त के तीन शहीद शामिल थे। हमारा प्रथम प्रयास रहा इन जवानों के घरों में प्रदेश और जिलों के सांसद व अन्य लोग जायें। दूसरा प्रयास था दिल्ली छावनी बेस अस्पताल में घायल सैनिकों से मिलने जाना। अस्पताल में श्री विजयकुमार मल्होत्रा, श्री मदनलाल खुराना व श्री साहिब सिंह वर्मा और प्रमुख कार्यकर्त्ता गये। वहाँ जिन वस्तुओं की जरूरत बतायी गयी, वह जरूरतें श्री मदनलाल खुराना जी द्वारा पूरी की जायें, यह बात उनसे कही गई। जब दूसरी बार बेस अस्पताल गये, तब यह सारा सामान वहाँ देकर आये। इस अवसर पर वहाँ सेना के उच्च अधिकारी मौजूद थे। मैंने उनसे कहा कि हमने एक और प्रयास किया है जो सैनिक सीमा पर लड़ रहे हैं, उनके परिवार के बच्चों को कालेज में दाखिला लेने हेतु जानकारी व सहयोग हमारी संस्था एबीवीपी द्वारा किया जा सकता है। सहयोग की बात मैंने दिल्ली के उपराज्यपाल श्री विजय कपूर से भी कर ली थी। इसके अलावा मेरी बात सुन्दरलाल जैन अस्पताल

के चेयरमैन डाक्टर चन्द्रप्रकाश से हुई और उन्होंने कहा कि हम कारगिल के घायलों के लिए 10 बेड अपने अस्पताल में आपके कहने से सुरक्षित रखने को तैयार हैं। इसी तरह महाराजा अग्रसेन अस्पताल, पंज़ाबी बाग के पूर्व अध्यक्ष श्री रोशनलाल अग्रवाल जी ने भी आश्वासन दिया। यह जानकारी मैंने माननीय प्रधानमंत्री अटल बिहारी वाजपेयी जी को उस समय दी, जब राष्ट्रीय सुरक्षा कोष में धन देने वालों के तीसरे ग्रुप में जाने वाले 35 लोगों ने उस रोज 82 लाख रुपये की राशि प्रधानमंत्री जी को भेंट की। इसके पश्चात् चौथे ग्रुप ने एक करोड़ अड़तालीस लाख की राशि दी, इसमें व्यापारिक संगठन अधिक थे। इसके पश्चात् पाँचवाँ ग्रुप दिनांक 17-7-1999 को प्रधानमंत्री निवास पर लेकर गये। इस ग्रुप ने भी एक करोड़ अड़तालीस लाख की राशि दी। इन पाँचों ग्रुपों ने कुल चार करोड़ से अधिक राशि प्रधानमंत्री राहत कोष को दी। इसमें हमारे सांसदों की राशि शामिल नहीं है। केवल कुछ राशि मदनलाल खुराना जी ने प्रदेश के साथ अवश्य दी। हमने आगे का एक समय और चाहा था, परन्तु समय अभाव के कारण प्रधानमंत्री के निजी सचिव श्री आनन्द राजन जी ने मना कर दिया, क्योंकि चुनाव बिलकुल नजदीक होने के कारण राजनीतिक गतिविधि तेज हो गयी और प्रधानमंत्री अधिक व्यस्त हो गये थे। एक समय महिलाओं का एक बड़ा ग्रुप लाने की बात की। उन्होंने जब संख्या की मुझसे जानकारी मांगी तो मैंने बताया कि हमारे अनुसूचित जाति के लोगों की संख्या लगभग दो हजार थी, अब महिलाओं की संख्या भी लगभग उतनी ही होगी। इस पर उनका कहना था कि वर्षा प्रारम्भ हो गयी, अब खुले में कार्यक्रम करना सम्भव नहीं होगा, शायद यह कार्यक्रम न हो पाये।

अब लोकसभा चुनाव के लिए केवल डेढ़ मास ही शेष रह गया था। अब तक प्रदेश भाजपा चुनाव को ध्यान में रखकर अपनी समयोजना प्रारम्भ कर चुकी थी। दिल्ली विधान सभा में कांग्रेस पार्टी की सरकार है, जिसकी मुख्यमंत्री श्रीमती शीला दीक्षित हैं। इनको दिल्ली का बहुत ज्यादा अनुभव नहीं है। इस कारण यह अपने पद पर प्रभावशाली नहीं रहीं। देश की राजधानी होने के कारण पूरे देश का नेतृत्व दिल्ली में रहता है। इस कारण दिल्ली की कोई भी समस्या हो, वह केन्द्र पर डाल देती हैं। हमने दिल्ली

सरकार से कहा कि वह कानून व्यवस्था अर्थात् दिल्ली पुलिस अपने अधीन ले ले, परन्तु सरकार यह साहस नहीं जुटा पायी। हमने दिल्ली में बढ़ती पानी, बिजली, अस्पतालों की कुव्यवस्था को लेकर संघर्ष प्रारम्भ करने की योजना प्रदेश की साप्ताहिक बैठक में बनायी। तय हुआ कि विधान सभा पर प्रथम धरना 22-7-1999 को होगा।

युद्ध समाप्त

कारगिल युद्ध समाप्त हो गया और माननीय अटलबिहारी वाजपेयी जी के नेतृत्व की जबरदस्त सराहना हुई। आज बड़ी शक्तियाँ भारत के पक्ष में बोलने पर मजबूर हुईं। यह भारत की कूटनीति की बड़ी विजय है, क्योंकि इस सफलता से बौखला कर हमारे विरोधी केवल निरुत्साहित ही नहीं हुए, इतने बौखला गये कि सोनिया गाँधी मंच पर सैनिकों की वीरगति को हत्या बताने लगी, जिससे पूरे सैनिक संगठन का अपमान हुआ। इस युद्ध में सफलता के कारण अब अन्य प्रान्तीय दल भी हमारे "राष्ट्रीय जनतांत्रिक गठबंधन" के साथ मिलने लगे। कर्नाटक में जनता दल ने भी मोर्चे में शामिल होने के लिए समता पार्टी व लोक शक्ति के साथ मिलकर एक गठबंधन बनाया। मुझे लगा कि अटलबिहारी वाजपेयी के नेतृत्व की सफलता के कारण अब बाकी दलों के नेताओं का कद बहुत छोटा हो गया है और अब वे अपने अस्तित्व को बचाने के लिए नये-नये रास्ते खोज रहे हैं। इनके मिलने से गठबन्धन की सीटें संसद में बढ़ सकती हैं। परन्तु ये लोग लोकतांत्रिक गठबंधन को समय-समय पर जयललिता के तरह तंग भी कर सकते हैं। अब तो हमारी पार्टी का मुख्य लक्ष्य सत्ता में आने का है। दुर्भाग्य से कहीं सोनिया गाँधी अगर देश की प्रधानमंत्री बन गयीं तो हमारे देश की संस्कृति ही समाप्त हो सकती है। इसका बड़ा कारण जो सामने नजर आ रहा था वह यह कि कांग्रेस अपने आप में ही समाप्त हो गयी थी। इसके अधिकांश नेता भ्रष्टाचार व भाई-भतीजावाद में डूबने के कारण अपना कद छोटा कर चुके थे। इसी कारण से लगभग सभी नेताओं ने जिस तरह से सोनिया गाँधी को पार्टी अध्यक्ष बनाने के लिए गुहार की और जिन शब्दों का इस्तेमाल किया, वह हमारे जैसे देश के लिए

सम्मानजनक नहीं है। कांग्रेस इस देश में 100 वर्ष से भी पुरानी पार्टी है। इसी पार्टी के आह्वान पर लोगों ने देश को अंग्रेजों से मुक्त करवाने के लिए बड़े से बड़े बलिदान दिये। लोग जेलों में ही सड़कर मर गये थे। वर्षों तक जेलों में यातना सही। आज लोग कांग्रेस से एक प्रश्न पूछना चाहते हैं। सोनिया गाँधी की शादी हुए 25-30 वर्ष हो गये और सोनिया गाँधी ने भारत की नागरिकता कब प्राप्त की। जब वह इस देश में बहू बनकर आ गयी थी, तो उसने नागरिकता क्यों नहीं ली। इसके पश्चात् जब से वह कांग्रेस अध्यक्ष बनी उसके परिवार वालों ने भारत में डेरा डाल लिया है। बोफोर्स तोप दलाली काण्ड में क्वात्रोची जैसे लोग फंसे हैं, वे भी प्रयासरत हैं कि हमारी इटली की महिला भारत जैसे देश की प्रधानमंत्री बन जाये। परन्तु इस बात का विरोध कांग्रेस में ही प्रारम्भ हो गया और शरद पवार ने अपनी नयी पार्टी बना ली, यह कह कर कि इस देश की प्रधानमंत्री कोई विदेशी महिला नहीं बन सकती।

(13वीं लोक सभा के चुनाव)

चुनाव परिणाम

इस बार के चुनाव परिणाम हमारे पक्ष में आये और हमें सत्ता पहले से अधिक समर्थन के साथ प्राप्त हुई, परन्तु संसद में हमारी अपनी पार्टी की पहले 181 सीट थी, इस बार केवल एक सीट ही पूरे देश में बढ़ पाई। जो भाजपा की केन्द्र में एक सीट इस बार बढ़ी है, उसमें दिल्ली का योगदान रहा। दिल्ली ने सभी सातों सीटें जीतकर एक इतिहास बनाया। परन्तु सहयोगी दलों के साथ मिलकर हमें अच्छी सफलता प्राप्त हुई और हमारा आँकड़ा 305 तक पहुँच गया जिससे अब सरकार चलाने में दलों का दबाव बहुत अधिक नहीं रह सकता।

केन्द्र में प्रथम चरण के रूप में केन्द्रीय मंत्री, स्वतंत्र प्रभार वाले मंत्री व राज्यमंत्री कुल मिलाकर 70 मंत्रियों को शपथ दिलवाई गई परन्तु यह चरण दो भागों में पूरा किया गया। इसमें 46 भाजपा व 24 सहयोगी दलों के मंत्री बनाये गये और अटल जी ने अपने सहयोगी दलों को भी काफी प्रमुख मंत्रालय देकर उनके अन्दर विश्वास उत्पन्न किया। परन्तु इस बार दिल्ली से जो मंत्री लिये गये उनके लेने से बहुत अधिक लोगों को हैरानी हुई। शायद लोगों को लगता था दिल्ली से दोनों पूर्व मुख्य मंत्री मदनलाल खुराना व साहिब सिंह वर्मा को मंत्रीपरिषद में लिया जायेगा। कुछ को विश्वास था कि सबसे अधिक अनुभवी श्री विजयकुमार मल्होत्रा या सोनिया गाँधी के सामने चुनाव लड़ीं श्रीमंती सुषमा स्वराज को मंत्री अवश्य बनाया जायेगा। दूसरा दबाव था, दिल्ली से एकमात्र महिला अनुसूचित जाति की है, इस कारण इसका भी नम्बर आ सकता है। चाँदनी चौक से विजयी

उम्मीदवार श्री विजय गोयल तीसरी बार कठिन सीट से सांसद बनकर आये और प्रधानमंत्री के नजदीकी होने के कारण इन्हें मंत्री बनाये जाने की सम्भावना भी थी। इनके पीछे एक और कारण जोड़ा जा रहा था कि वैश्य समाज से अभी तक मंत्री नहीं बनाया गया। इस कारण से भी लिया जा सकता है। अंतिम पक्ष था कि शायद जगमोहन जी को पुनः मंत्री बनाया जा सकता है।

दीपावली से पहले ही मैं प्रदेश पदाधिकारियों को साथ लेकर सरकार बनने के पश्चात् प्रधानमंत्री निवास पर बधाई देने के लिए गया था। उस अवसर पर वहाँ श्री लालकृष्ण आडवाणी जी भी उपस्थित थे। इसके एक सप्ताह पश्चात् श्री आडवाणी जी से समय लेकर पुनः उनके निवास स्थान पर गये। प्रदेश पदाधिकारियों की हमारी टीम में विधान सभा से जगदीश मुखी व नगर निगम से शांति देसाई और डिप्टी मेयर महेशचन्द शर्मा साथ रहे। हमने दिल्ली से सम्बन्धित चार विषय उनके समक्ष रखे। प्रथम, दिल्ली को पूर्ण राज्य के दर्जे पर केन्द्र सरकार का क्या विचार है। इस पर आडवाणी जी का कहना था : आपको जब मिल रहा था, तब आपने नहीं लिया। अब कांग्रेस के सहयोग के बगैर राज्य सभा में पास नहीं हो सकता। इसके लिए आपको दिल्ली सरकार से बात करनी चाहिए। अब दिल्ली में कांग्रेस की सरकार है। दूसरा हमारा विषय था दिल्ली में बाहर से लोगों की आने की गति जो बराबर जारी है। 4-5 लाख लोग हर साल दिल्ली में आ जाते हैं। इस पर केन्द्र सरकार ने एक बार कहा था कि हम पूरे देश में बहु-उद्देशीय पहचानपत्र बनाना चाहते हैं, जिससे जहाँ बंगलादेशियों पर रोक लगेगी, वहीं दिल्ली में आकर रहने वाले को यह बताना होगा वह कहाँ रहेगा और क्या काम करेगा। इस कार्ड के पश्चात् आने वाले को पहले स्थान देखना होगा। अभी तो आने वाला कहीं भी झुग्गी डालकर रहने लगता है और दिल्ली पर सतत् दबाव बना रहता है। तीसरा विषय था दिल्ली में छोटे-छोटे झुग्गी-झोंपड़ी कलस्टर ऐसे हैं, जिनमें 50-100 झुग्गियाँ हैं। इनमें रहने वालों के लिए शौच जाने का स्थान नहीं है। स्थान अभाव के कारण झुग्गियों के साथ के क्षेत्र में सड़क पर पानी बहना व शौचालय न होने के कारण जगह-जगह पर गन्दगी फैलना एक बड़ी समस्या है। अभी इन छोटे-छोटे

ग्रुपों वाली झुग्गियों को उचित स्थान देकर समस्या का समाधान किया जाना चाहिए। चौथा विषय था इस समय जो निगम पार्षद हैं, अगली बार उनकी सीट बदल जायेगी। इस कारण वर्तमान पार्षदों को जब यह लगेगा कि अगली बार हमें यहाँ से चुनाव नहीं लड़ना तो वह काम करवाने में शिथिल हो जायेगा और उसका दबाव भी अधिकारियों पर नहीं रहेगा। इस पर पुनः विचार करने के लिए कहा गया।

दिल्ली की मुख्यमंत्री शीला दीक्षित से उनके निवास स्थान पर एक बैठक दिल्ली को पूर्ण राज्य के दर्जे को लेकर हुई, जिसमें मैं व विपक्ष के नेता जगदीश मुखी के अलावा केवल मुख्यमंत्री थीं। हमने उनसे पूछा कि आपकी पार्टी का पूर्ण राज्य के दर्जे पर क्या स्टैण्ड है। दूसरा हमने कहा कि राज्य सभा में आपके सहयोग के बगैर यह बिल पास नहीं होगा। इस कारण आप सोनिया गाँधी से बात करें कि क्या वह राज्य सभा में इसका समर्थन करके पास करवाएंगी। हमने उन्हें जबाब देने के लिए कहा।

इसके पश्चात् एक संवाददाता सम्मेलन भाजपा प्रदेश कार्यालय में श्री मदनलाल खुराना ने मेरे साथ किया। इस सम्मेलन में मुख्य विषय था दिल्ली की कांग्रेस सरकार द्वारा बस भाड़ा शतप्रतिशत बढ़ाया जाना। बस भाड़ा वृद्धि डीजल के रेट बढ़ाने को लेकर की गयी थी। इससे पहले भी प्रदेश संगठन द्वारा इस मुद्दे पर विधान सभा पर विशाल प्रदर्शन किया गया था।

दिल्ली में विपक्ष की भूमिका

दिल्ली में कांग्रेस की सरकार जब से सत्ता में आयी, तब से ही हमने विपक्ष के नाते उनकी भूमिका पर प्रश्न चिन्ह लगाना प्रारम्भ किया।

दिल्ली की सरकार बने पूरा एक वर्ष हो गया था। मैंने उल्लेख किया है कि दिल्ली में हमारी हार इतनी वुरी तरह किन-किन कारणों से हुई थी। वह सब कारण लोकसभा के चुनाव ने सही कर दिये। जिन 55 विधान-सभाओं में हमारी हार हुई थी, अब लोक सभा चुनाव में 70 विधान सभा क्षेत्रों में से 55 विधान सभाओं में हमारी जीत हुई। अगर केवल संगठन की कमी होती तो अब हमारी विजय 100 प्रतिशत नहीं होती। लोक सभा की कुल 7 सीटें हैं और वह सभी हमने हासिल कीं।

हमने समिति कार्ड योजना प्रारम्भ की थी, जिसमें 80 प्रतिशत सफलता प्राप्त हुई थी। उस समय 6000 समिति कार्ड भरकर प्रदेश में आये थे। प्रदेश ने पत्र द्वारा समिति से 4 बार सम्पर्क किया, जिससे बड़ी संख्या में समिति अध्यक्षों ने अपने लैटर पैड छपवाकर अपनी समिति के नाम का उल्लेख किया और प्रदेश से सम्पर्क बनाया। बहुतों ने अपनी शादी के कार्ड पर भी अपने नाम के नीचे समिति नम्बर देकर अपना नाम अंकित किया। परन्तु इसका दूसरा चरण था मंडल के अंतर्गत समितियों के रजिस्टर जो प्रत्येक जिला तक गये परन्तु कुछ ने ही भरने प्रारम्भ किये थे और शेष ने नहीं किये। अपने कार्यकाल के दूसरे दौर में मैंने रजिस्टर योजना शुरू की, जिस पर उत्साहवर्द्धक प्रतिक्रिया देखने को मिली।

दिल्ली सरकार की विफलता का प्रमुख कारण रहा मुख्यमंत्री शीला दीक्षित का दिल्ली की समस्याओं की जानकारी न होना। इससे निम्नलिखित

समस्याएँ उत्पन्न हुईं–

(i) दिल्ली में दूषित पानी का वितरण

(ii) दूषित पानी के द्वारा पीलिया, हैजा, आंत्रशोध, बुखार आदि बीमारियों का फैलना

(iii) सर्दियों में भी बिजली वितरण का बिगड़ जाना

(iv) बस भाड़ा शत प्रतिशत बढ़ाना जिससे गरीब जनता पर भारी बोझ

(v) दिल्ली की एक लाख से अधिक फैक्ट्रियों को सुप्रीम कोर्ट के आदेश से बन्द होने की स्थिति को न रोक पाना

(vi) दिल्ली को पूर्ण राज्य के दर्जे जैसे महत्वपूर्ण विषय में कांग्रेस द्वारा अपनी स्थिति स्पष्ट न करना

(vii) बजट सत्र में 4 दिन तक सरकार द्वारा बजट नहीं पेश कर पाना

(viii) तीसरे सत्र में समाज कल्याण मंत्रालय में कार्यरत अधिकारी द्वारा महिलाओं का उत्पीड़न

दिल्ली सरकार के पहले वर्ष में हमने विपक्ष की भूमिका बखूबी निभायी। इस एक वर्ष में जो समस्याएं सरकार की निष्क्रियता के कारण उत्पन्न हुईं, उनके लिए सरकार को विधान सभा में लताड़ने व विधान सभा के बाहर जन आक्रोश उत्पन्न करके सरकार के विरोध में वातावरण बनाने का कार्य पूरा किया। इस अभियान में मीडिया का भी हमें पूर्ण सहयोग प्राप्त हुआ। मीडिया से सतत् सम्पर्क बनाये रखने में मुझे मेरे सहयोगी संजीव शर्मा से काफी सहयोग मिला।

दिल्ली विधान सभा के एक वर्ष में केवल तीन सत्र हुए। पहला सत्र शपथ ग्रहण सत्र रहा। द्वितीय सत्र बजट सत्र था और तीसरा सत्र वर्षा ॠतु सत्र था। इन तीनों सत्रों को मिलाकर विधान सभा 25 दिन भी नहीं चल पायी। हमने प्रत्येक सत्र से पूर्व अपनी नीति निर्धारित कर ली थी। आने वाले मुद्दों पर पार्टी की नीति क्या रहे। जितने दिन सत्र चले हमारे विधायकों की उपस्थिति बराबर बनी रहे, विधान सभा में अपने 14 विधायकों को बोलने का अवसर मिले, इसकी जिम्मेदारी सदन में पार्टी के नेता जगदीश मुखी को सौंपी गयी। इन तीन सत्रों में हमारी पार्टी के विधायकों की संख्या कम होने के बावजूद हम सत्तापक्ष पर भारी रहे। प्रथम

सत्र में एक कांग्रेसी विधायक की दाल मिल में हिसाब से ज्यादा दाल के मिलने का मुद्दा सदन में छाया रहा। दूसरा सत्र बजट सत्र था परन्तु बजट सत्र में सरकार चार दिन तक बजट नहीं पेश कर पायी और तीसरे सत्र में समाज कल्याण मंत्रालय के अधिकारी द्वारा महिलाओं का उत्पीड़न वाला विषय छाया रहा, जिसका जबाब न तो समाज-कल्याण मंत्री कृष्णा तीर्थ दे पायी और न ही मुख्यमंत्री दे पायीं, जिससे सत्ता पक्ष असहाय सा हो गया।

हमने विधान सभा के बाहर सर्वप्रथम एक धरने का बड़ा कार्यक्रम बनाया—बिजली वितरण सर्दियों में भी सुचारु नहीं रहता है। आगामी गर्मियों में दिल्लीवासियों का क्या हाल होगा। इस विषय को लेकर सचेत करने हेतु विधान सभा के बाहर धरना दिया, यह धरना अभी तक के धरनों में सबसे बड़ा था। यह बात प्रेस ने भी स्वीकार की।

दूषित पानी के वितरण के कारण दिल्ली में बीमारी फैलनी प्रारम्भ हुई। पानी का वितरण सुचारू न होने के कारण हमने एक कार्यक्रम के अंतर्गत "मटका फोड़" प्रदर्शन दिल्ली विधान सभा पर किया। यह प्रदर्शन महिलाओं के द्वारा किया गया था। इस प्रदर्शन में महिलाओं के अलावा हमारे जनप्रतिनिधियों सांसदों, विधायकों, निगम पार्षदों ने भी भाग लिया। यह प्रदर्शन विधान सभा के नजदीक जाकर उग्र हो गया और जब महिलाऐं सब अवरोध पार करके विधान सभा की ओर बढ़ीं, तब लाठी चार्ज, पानी की बौछारें व अश्रु-गैस का प्रयोग पुलिस ने किया, जिससे लगभग 18 महिलाएं घायल हो गयीं, जिन्हें हिन्दूराव अस्पताल में भरती करवाया गया।

दिल्ली विधान सभा पर धरना दिया गया। इस धरने के माध्यम से दिल्ली सरकार की असफलता को उजागर किया गया और बिजली, पानी, अस्पतालों की बिगड़ी स्थिति के साथ-साथ दिल्ली सरकार की निष्क्रियता पर प्रकाश डाला गया। इस धरने में हमारे सब संसद सदस्य, विधायक, निगम पार्षदों के अलावा बड़ी संख्या में जिला मंडलों व मोर्चों के कार्यकर्ताओं ने भाग लिया।

यह मात्र दिल्ली सरकार की कमी तक सीमित नहीं है। कांग्रेस का केन्द्रीय नेतृत्व भी आज पूर्ण असफल हो गया है। सोनिया गाँधी के

कार्यकाल के मात्र एक वर्ष में उन्होंने अपने निर्णयों के द्वारा अपनी अक्षमता का जो परिचय दिया उससे प्रमुख रूप से निम्नलिखित गलतियाँ हुई हैं:

1. केन्द्र सरकार को गिराने का षड्यंत्र रचा और एक प्रमुख दल की अध्यक्ष होते हुए राष्ट्रपति को 272 सांसदों के समर्थन की सूचीं तो दे दी परन्तु अपने साथ बहुमत नहीं जुटा पायीं। इससे जहाँ देश को एक चुनाव झेलना पड़ा, वहीं कांग्रेस की बुरी तरह पराजय हुई।
2. विदेशी मूल के व्यक्ति को देश के सर्वोच्च पद पर नहीं बैठना चाहिए, अपनी पार्टी में उठी इस आवाज को दबाने के लिए यह कह देना कि जो मेरे साथ आना चाहे वह आये, शेष पार्टी छोड़कर जा सकते हैं। इस बात को कहने से पार्टी के अन्दर बवाल तो एक बार नहीं उठ पाया, परन्तु इससे कुछ शक्तिशाली नेता पार्टी से निकाले गये, जिन्होंने आगे आकर इस आवाज को बुलंद किया था। वह थे श्री शरद पवार, श्री तारिक अनवर व पी. संगमा, जिन्होंने अपनी नयी पार्टी बनाकर चुनाव लड़ा।
3. देश की अधिकतर जनता विदेशी मूल के व्यक्ति को देश के महत्त्वपूर्ण पद पर कभी नहीं बैठाना चाहेगी। लोक सभा चुनाव में सोनिया गाँधी द्वारा दो स्थानों से चुनाव लड़ना और कुछ कांग्रेसी नेताओं द्वारा उन्हें धीरे-धीरे प्रधानमंत्री पद के दावेदार के रूप में प्रस्तुत करना और फिर जन-सभाओं में उनका लिखे भाषणों को पढ़ना; उनकी छवि धूमिल करने के कारण बने।
4. सदैव से कांग्रेस की छवि घोटाला और भ्रष्टाचार से लिप्त पार्टी वाली रही है। अब लालूप्रसाद यादव के साथ गठजोड़ करके उसे आगे बढ़ाया। इसके अलावा जब अनुसूचित जाति के एक साथ 38 लोगों का नरसंहार हुआ, उससे पूरा देश दहल गया था और उस समय राबड़ी देवी की सरकार जिस तरह बचायी गयी, उससे सोनिया गाँधी की व कांग्रेस की छवि बिहार और अनुसूचित जातियों में बिगड़ी। इसके साथ कांग्रेस ने अगली "आत्महत्या" जयललिता को अपने साथ जोड़कर की।

आज स्थिति यह है कि सोनिया गाँधी विपक्ष के नेता की भूमिका संसद में नहीं निभा पा रही हैं। पहले तो अटल जी के कद के सामने वह वैसे ही बौनी हैं। दूसरे, उनको राजनीति का अनुभव नहीं है। तीसरे, वह भारत की आत्मा को नहीं जानतीं। इस कारण वह देश की स्थिति पर नहीं बोल पातीं। अब इन सब कारणों से संसद में अपने पाँव पर खुद कुल्हाड़ी मारने वाली स्थिति बन गयी है।

सोनिया जी ने दिल्ली में अपना जनाधार स्वतः समाप्त किया। दिल्ली विधान सभा चुनाव कांग्रेस जीत गयी, परन्तु मुख्यमंत्री का पद दिल्ली के ही किसी जनाधार वाले नेता को देतीं तो शायद आज दिल्ली; जो भारत की राजधानी है; में इतनी बुरी हालत कांग्रेस पार्टी की नहीं होती। जो मुख्यमंत्री बनीं वह दिल्ली की समस्याओं को नहीं जानती हैं। दिल्ली के नेताओं के स्वभाव को नहीं जानतीं। दिल्ली की नौकरशाही को नहीं जानतीं। फिर काम किससे करवायेंगी। इसी कारण दिल्ली की समस्याएँ बढ़ती जा रही हैं। ना शीला सुलझा सकती हैं, ना ही सोनिया जी रास्ता बतला सकती हैं; हल किस तरह होगा?

पोल खोल अभियान

दिल्ली में कांग्रेस सरकार

दिल्ली में कांग्रेस सरकार का एक वर्ष पूर्ण होने पर भाजपा दिल्ली प्रदेश ने 'पोल खोल अभियान' सप्ताह मनाया इसके अंतर्गत भाजपा दिल्ली सरकार के पूर्व मुख्यमंत्रियों, मंत्रियों, सातों सांसदों और मैंने 15 दिन तक प्रेस सम्मेलनों को संबोधित किया, जिसमें रोजाना एक मंत्री, एक सांसद व प्रदेश का पदाधिकारी उपस्थित रहा। उस अवसर पर भाजपा शासन काल की उपलब्धियों व कांग्रेस के एक साल के शासन काल का लेखा जोखा यहाँ प्रस्तुत है :–

1. बिक्रीकर

भाजपा के शासन काल में हमने इन्स्पेक्टर राज्य खत्म कर दिया और बिक्री कर प्रक्रिया सरल बना दी गयी। हमने 35 वस्तुओं पर से बिक्री कर पूरी तरह हटा दिया था, 40 वस्तुओं पर काफी कम कर दिया था। हमारे शासन काल में व्यापार और उद्योग तरक्की पर थे और हम बिक्री कर से 900 करोड़ रुपये की जगह 2200 करोड़ रुपये प्राप्त कर पाये। किन्तु हमें यह कहते हुए खेद है कि कांग्रेस के एक साल के शासन में इन्स्पेक्टर राज्य लौट आया है और व्यापारी वर्ग तथा उद्योगपतियों को परेशान किया जा रहा है। 13 नवम्बर तक बिक्री कर से हुई आमदनी कुल 1298 करोड़ थी, जबकि लक्ष्य 2700 करोड़ का था। सरकार के लिए लक्ष्य को प्राप्त करना असम्भव हो गया।

लघु बचत से प्राप्त होने वाली आय पिछले वर्ष से 200 करोड़ रुपये

कम है। उत्पादन विभाग ने दो प्रतिशत की वृद्धि दिखायी है, जबकि लक्ष्य दस प्रतिशत का था। कांग्रेस पार्टी ने अपने घोषणापत्र में कहा था कि वह राजधानी के आर्थिक जीवन में उत्साह और विश्वास जागृत करेगी और लघु एवं घरेलू उद्योगों पर सर्वाधिक ध्यान देगी, जिससे कि अन्य राज्यों की तरह दिल्ली में भी बिक्री कर की दरें कम की जा सकें। इस विषय में दिल्ली सरकार द्वारा लघु उद्योगों को रिहायशी बस्तियों से अलग पुनः स्थापित करने के बारे में तदर्थता की नीति अपनाये जाने का उल्लेख करना चाहेंगे। उच्चतम न्यायालय ने नाराज होकर 31 दिसम्बर, 1999 तक इन उद्योगों को बंद करने का आदेश दिया था। चुनाव घोषणापत्र में बिक्री कर की दरें अन्य राज्यों की अपेक्षा कम रखने की वचनबद्धता होने पर भी वित्तमंत्री और मुख्यमंत्री ने सारे देश में समान दरें रखने की वकालत की थी। इस कदम से दिल्ली राज्य की वितरण व्यवस्था चरमरा जायेगी। अपने घोषणापत्र में कांग्रेस ने टूलरूम और नये औद्योगिक एस्टेट की साथ-साथ स्थापना करने का वचन दिया था। उसने शहरीकृत गाँवों में कृषि पर आधारित उद्योग स्थापित करने का भी वायदा किया था। इन दो वचनबद्धताओं के बारे में आज तक कोई कदम नहीं उठाया गया।

मुख्यमंत्री शीला दीक्षित ने अपनी सरकार के ब्रोशर में नागरिकों की शासन में भागीदारी को एक महान उपलब्धि बताया है। यह समझना कितना कठिन है कि जो मुख्यमंत्री जनता द्वारा चुने गये प्रतिनिधियों को विधान सभा में बहस करने का मौका नहीं देना चाहतीं, वह नागरिकों की भागीदारी का ढिंढोरा कैसे पीट रही हैं।

उसी ब्रोशर में स्वास्थ्यमंत्री ने झुग्गी झोंपड़ियों में सचल स्वास्थ्य सेवा में (मोबाइल हेल्थ सर्विस) और सुश्रुत ट्रॉमा सेन्टर की स्थापना को स्वास्थ्य के क्षेत्र में महान उपलब्धि बताया। इस सम्बन्ध में तथ्य यह है कि भाजपा के शासनकाल में ही प्रत्येक विधान सभा क्षेत्र में मोबाइल हेल्थ वैन उपलब्ध थी और ट्रॉमा सेन्टर भी स्थापित हो चुका था।

मुख्यमंत्री ने परिवहन व्यवस्था में सुधार एम. आर. टी. एस. की शुरुआत और सात फ्लाईओवर बनाने का वायदा किया है, जो पूरी तरह शरारतपूर्ण है। एम. आर. टी. एस. की योजना पिछली भाजपा सरकार

ने बनायी थी और शुरू की थी। सात फ्लाईओवर भी भाजपा की देन हैं।

2. उद्योग

आप सबको यह याद होगा कि तीन वर्ष पहले सुप्रीम कोर्ट ने निर्णय लिया था कि दिसम्बर, 1999 तक दिल्ली के रिहायशी इलाकों में चल रहे सभी उद्योग बन्द कर दिये जायें। सारी दिल्ली में घबराहट थी कि दिल्ली के उद्योग बन्द हो जायेंगे। 15 लाख मजदूर बेरोजगार हो जायेंगे। लोग सड़कों पर उतर आये थे। उस समय कांग्रेस ने भी अपनी राजनीतिक रोटियाँ सेकनी शुरू कर दी थीं। लेकिन उस समय की भारतीय जनता पार्टी की सरकार ने अपनी तत्परता और मेहनत के बल पर ऐसी नीति बनाकर उच्चतम न्यायालय के सामने रखी, जिसे केवल उच्चतम न्यायालय ने माना, बल्कि सरकार की व उसके मुख्यमंत्री की अपने फैसले में भूरि-भूरि प्रशंसा भी की। उस पूरी स्कीम को लागू करने की जिम्मेदारी सरकार को दी गयी। सरकार ने इस स्कीम पर तेजी से काम करना शुरू किया। रातों-रात आवेदन फार्म छापे गये, दिल्ली के उद्योगपतियों को प्लाटों के आवंटन के लिए आवेदन देने के लिए कहा गया और देश के इतिहास में पहली बार आवेदनपत्रों के साथ देय राशि को बैंकों से जमा कराने के लिए ऋण की व्यवस्था करवायी गयी। भारत के इतिहास में पहली बार एक सप्ताह लगातार बैंकों ने 24 घण्टे काम किया और 250 करोड़ के लगभग राशि के ऋण बिना किसी गारंटी के केवल दिल्ली सरकार के छपे फार्मों के आधार पर आबंटित किये।

सरकार ने अपनी इस मुस्तैदी को जारी रखते हुए 4,000 एकड़ जमीन, जो मास्टर प्लान के तहत उद्योगों के लिए निर्धारित थी, जिसे पहले कांग्रेस सरकार ने यह कहकर रद्द कर दिया था कि हम दिल्ली में कोई और औद्योगिक क्षेत्र नहीं बनायेंगे, उसको आइडेंटीफाई कर लिया। लगभग 1300 एकड़ भूमि का बवाना में अधिग्रहण कर उस पर बाढ़ बनवा दी गयी। उसके विकास के लिए 'राइट्स' नामक कम्पनी को नियुक्त कर दिया गया। बाकी बची 2700 एकड़ जमीन के लिए अधिग्रहण की कार्रवाई तेजी से शुरू कर दी गयी। झिलमिल औद्योगिक क्षेत्र में फ्लैटिड फैक्ट्रियों

के निर्माण का काम तेजी से शुरू करा दिया गया। बवाना की उस 1300 एकड़ जमीन पर साइट ऑफिस बिल्डिंग बनायी गयी और उसका उद्घाटन कर ऑफिस का काम शुरू भी कर दिया गया। लगभग 52,000 लोगों ने वैकल्पिक स्थान के लिए आवेदन किया था। उसकी जांच के लिए एक कमेटी बना दी गयी। लगभग 10,000 लोगों को पात्रता के आधार पर नियुक्ति पत्र भेज दिये गये। इतने में दिल्ली विधान सभा के चुनाव घोषित हो गये। इसलिए उनको अलाटमेंट के पत्र चुनाव आचार संहिता को ध्यान में रखकर नहीं भेजे जा सके। चुनाव के बाद सरकार बदल गयी और दिल्ली के रिहायशी इलाकों में चलने वाले उद्योगों की बदकिस्मती का दौर शुरू हो गया। दो साल से जो काम सुचारु रूप से चल रहा था, उसे वहीं रोक दिया गया और आज मुझे दुःख के साथ कहना पड़ रहा है कि आज की सरकार उससे एक कदम भी आगे नहीं बढ़ी। जहाँ उच्चतम न्यायालय सरकार के काम की प्रशंसा कर रहा था और पूर्व भाजपा सरकार के किये कार्यों से संतुष्ट था, आज वहीं उसने अपने फैसले में सरकार की खिंचाई की और उसके सारे काम से असंतोष जाहिर करते हुए 31 दिसम्बर, 1999 तक सभी उद्योगों को दिल्ली से स्थानांतरित करने के आदेश दे दिये। कुछ और उद्योगों और औद्योगिक इकाइयों की स्थिति ऐसी है—

(क) सूचना प्रौद्योगिकी

दिल्ली की भाजपा सरकार ने दिल्ली को सूचना प्रौद्योगिकी में सारे देश से आगे ले जाने का फैसला किया था। श्री सिकन्दर बख्त भारत सरकार के तत्कालीन केन्द्रीय उद्योगमन्त्री थे, उनके नेतृत्व में दो-बार मीटिंग हुई, जिसमें उस समय के केन्द्रीय शहरी विकासमन्त्री श्री राम जेठमलानी, दिल्ली के उपराज्यपाल, दिल्ली के उद्योगमन्त्री, औद्योगिक सचिव, दिल्ली विकास प्राधिकरण के उपाध्यक्ष की बैठक में यह फैसला लिया गया था कि पप्पनकलां में 100 एकड़ जमीन अधिग्रहीत कर वहाँ एक सूचना प्रौद्योगिकी पार्क बनाया जाये। समिति ने वहाँ 100 एकड़ जमीन भी अधिग्रहण के लिए तय कर ली और उसको लेने के लिए डी. डी. ए. से सारी

औपचारिकताएं पूरी कर ली गयीं। परन्तु आज एक साल बीत जाने के बाद भी यह सारा काम वहीं का वहीं बन्द पड़ा है।

(ख) दिल्ली राज्य औद्योगिक विकास निगम

दिल्ली राज्य औद्योगिक विकास निगम दिल्ली के उद्योगों से सम्बन्धित दिल्ली सरकार की संस्था है। जब भारतीय जनता पार्टी सत्ता में आयी थी, उस समय यह संस्था घाटे में चल रही थी। पाँच वर्ष के अथक परिश्रम से और भारतीय जनता पार्टी की नीतियों के कारण यह संस्था अपने इतिहास में पहली बार लाभदायक बनी और इस संस्था ने आय कर दिया और अपने कर्मचारियों को 20 प्रतिशत बोनस दिया। परन्तु कांग्रेस सरकार में इसका पहिया फिर उल्टा चलने लगा और यह संस्था फिर घाटे में चलनी शुरू हो गयी।

(ग) खादी ग्रामोद्योग

जब भारतीय जनता पार्टी की 1993 में सरकार बनी, उससे पहले गाँधी और नेहरू तथा खादी के नाम पर चल रही कांग्रेस सरकार थी, जो खादी उद्योग का एक साल में सिर्फ ढाई लाख का ऋण बाँट रही थी। भारतीय जनता पार्टी की सरकार के कार्यभार संभालते ही पहली बार खादी ग्रामोद्योग को एक वर्ष में एक करोड़ के ऋण बाँटे और सन् 1997-98 तक पहुँचते-पहुँचते ऋण की यह राशि 14 करोड़ तक चली गयी। लेकिन आज यह कहते हुए दुख होता है कि 14 करोड़ के ऋण की हम केन्द्रीय सरकार से जो काउंटर गारंटी कराकर छोड़ गये थे, उस ऋण को बाँटने में भी वर्तमान दिल्ली सरकार विफल रही है।

3. जेल

1993 में जब भाजपा दिल्ली में सत्तारूढ़ हुई, तब तिहाड़ में चार जेलें थीं। भारतीय जनता पार्टी ने अपने शासनकाल में तिहाड़ जेल में एक अत्याधुनिक जेल नं. 5 का निर्माण किया और तीन वर्ष के भीतर ही इस जेल ने काम करना प्रारम्भ कर दिया। भारतीय जनता पार्टी की सरकार

ने महिलाओं के लिए एक अलग जेल बनाने का निर्णय लिया और इसके लिए जेल भी बनकर तैयार हो गयी। लेकिन आचार संहिता लागू होने के कारण इसका उद्‌घाटन नहीं हो सका। खेद की बात यह है कि कांग्रेस सरकार के एक वर्ष के शासनकाल के बाद भी इस जेल का शुभारम्भ नहीं हो सका। जेल नं. 6-ए, 6-बी, 6-सी का निर्माण कार्य भारतीय जनता पार्टी की सरकार ने शुरू किया था। लेकिन इसमें कोई प्रगति नहीं हो पायी। रोहिणी में बनने वाली जेल का मुहूर्त और चारदीवारी का काम भारतीय जनता पार्टी ने अपने शासनकाल में पूरा कर लिया था। लेकिन इससे आगे का निर्माण कार्य कांग्रेस सरकार शुरू नहीं कर पायी। मंडावली में जेल बनाने के लिए भूमि लेकर उसकी चारदीवारी का काम भी भाजपा शासनकाल ने किया था, लेकिन कांग्रेस सरकार के शासनकाल में वह काम भी अधर में लटका पड़ा है।

भारतीय जनता पार्टी की सरकार ने अपने शासनकाल में जेलों को पूरी तरह से कम्प्यूटरीकृत किया व इनमें अलग-अलग तरह के उद्योग लगाने का काम किया था। जेल में अपनी बेकरी शुरू की गयी, जिसमें डबल रोटी, बिस्कुट, पेस्ट्री आदि बनने शुरू हुए। पहली बार जेल के भीतर कैदियों को मुख्य धारा से जोड़ने के लिए खेलों का आयोजन किया गया। पहले जेल में कैदियों की खेल प्रतियोगिताएँ आयोजित की गयी। फिर बाहर की टीमों के साथ कैदियों की टीम के टूर्नामेंट कराये गये। इन आयोजनों से कैदियों में नये उत्साह का संचार हुआ। लेकिन वर्तमान कांग्रेस सरकार ने कैदियों की इन भावनाओं का खून कर दिया।

आज हम दिल्ली सरकार से जानना चाहते हैं कि जब वे विपक्ष में थी तो जेलों के सुधार के बारे में बड़ी-बड़ी बातें किया करते थे, लेकिन अब जो जेलें तैयार हैं, उन्हें उपयोग में क्यों नहीं लाया जा रहा है ?

4. श्रम

भाजपा की सरकार ने पूरे देश में सबसे ज्यादा न्यूनतम वेतन दिल्ली के मजदूरों को दिया, जो अपने आप में एक रिकार्ड है। केवल न्यूनतम वेतन ही नहीं, श्रमिकों को और सुख-सुविधाएँ देने में भारतीय जनता पार्टी

ने कोई कसर नहीं छोड़ी। नीमड़ी कालोनी में अत्याधुनिक **'श्रम कल्याण केन्द्र'** का निर्माण किया गया। इसी तर्ज पर डी. टी. सी. कालोनी, हरिनगर में **'श्रम कल्याण केन्द्र'** के निर्माण का काम शुरू किया गया। लेकिन कांग्रेस सरकार के एक वर्ष के शासनकाल में वह निर्माण कार्य ठप्प पड़ा है।

भाजपा सरकार ने श्रमिकों को अलग-अलग जगह भ्रमण करने के लिए सुविधाएँ दीं। उसके तहत शिमला (हिमाचल प्रदेश) में एक गेस्ट हाउस के लिए एक बिल्डिंग खरीद ली गयी। उसकी अदायगी कर दी गयी और कब्जा भी ले लिया। लेकिन शीला दीक्षित की कांग्रेस सरकार ने इस काम में भी कुछ नहीं किया और अभी तक वह गेस्ट हाउस चालू नहीं किया गया। अमृतसर में गेस्ट हाउस बनाने की योजना के तहत वहाँ की सरकार ने दो फ्लैटों का ऑफर किया, लेकिन अभी तक दिल्ली सरकार उन्हें लेने का निर्णय नहीं ले सकी है। शिमला का गेस्ट हाउस कब चालू होगा, उसके बनने में कितने वर्ष और लगेंगे, शीला दीक्षित सरकार को दिल्ली के मजदूरों को बताना होगा।

भारतीय जनता पार्टी ने मजदूरों की तकलीफों को दूर करने के लिए मुम्बई तर्ज पर **'लेबर वेलफेयर बोर्ड'** का निर्माण किया। लेकिन एक वर्ष होने के बाद भी दिल्ली की कांग्रेस सरकार ने बोर्ड को स्थापित नहीं किया है।

5. गुरुद्वारा प्रबन्धक कमेटी

भाजपा सरकार के सत्ता संभालने से पूर्व कांग्रेस सरकार ने दिल्ली गुरुद्वारा प्रबन्धक कमेटी के चुनाव 16 वर्षों तक नहीं कराये थे। दिल्ली में लोकसभा चुनाव हो गये, विधान सभा के चुनाव हो गये, लेकिन दिल्ली की गुरुद्वारा प्रबन्धक कमेटी के चुनाव नहीं कराये गये। दिल्ली के सिक्खों को लोकतांत्रिक अधिकार से दिल्ली की कांग्रेस सरकार ने 16 वर्षों तक वंचित रखा। दिल्ली में भाजपा सरकार आते ही तत्कालीन मुख्यमंत्री श्री मदनलाल खुराना ने गुरुद्वारा प्रबन्धक कमेटी के चुनाव कराये। लेकिन दुख की बात यह कि पिछले साल जुलाई में उसका कार्यकाल समाप्त हो

जाने के बाद भी कांग्रेस दिल्ली के सिक्खों को लोकतांत्रिक अधिकार से वंचित रख रही है। यह चुनाव कब होंगे? इसकी नयी मतदाता सूचियाँ बनेंगी या नहीं? 18 वर्ष की आयु का मतदाता अपने मत का अधिकार कर पायेगा या नहीं? इस बारे में शीला दीक्षित सरकार को दिल्ली के सिक्खों को बताना होगा।

भाजपा की अन्य प्रमुख उपलब्धियाँ

दिल्ली में भाजपा शासन के पाँच वर्ष की सरकार को दिल्ली के नागरिकों के हितों के लिए गठित एवं समर्पित सरकार की संज्ञा दी जा सकती है जबकि दिल्ली में एक साल के कांग्रेसी शासन को भ्रष्टाचारी एवं अकर्मण्य शासन की संज्ञा दी जा सकती है। भाजपा के शासन के दौरान, दिल्ली के एक लाख से अधिक नागरिकों को, जो 60 वर्ष से अधिक की आयु वाले थे, वृद्धावस्था पेंशन जारी करके उनकी मासिक राशि भी 100 रुपये से बढ़ाकर दो सौ रुपये कर दी गयी और यह राशि पहले साढ़े चार साल बैंक एवं डाकघरों द्वारा पहुँचायी गयी, जबकि अन्तिम 6 मास में वह राशि उन्हें चेक द्वारा बेरोजगार युवकों को रोजगार देते हुए उनके द्वार पर पहुँचायी गयी। कांग्रेस शासन के एक वर्ष के दौरान उन सभी लोगों को यह राशि पिछले एक वर्ष से उपलब्ध नहीं हो पायी और वे बुजुर्ग लोग असहाय परिस्थिति में दर-दर भटक रहे हैं।

हमारे शासन काल के दौरान तीन वृद्धावस्था आवास गृह खोले गये और एक भवन का शिलान्यास किया गया और तीन अन्य खोलने का प्रावधान बनाया गया जबकि कांग्रेस शासन के दौरान उनमें से दो गृहों को बन्द कर दिया गया और निर्माणाधीन भवन का भी कार्य ठप्प है। हम लोगों ने अपने शासन के दौरान प्रतिदंडित महिलाओं के लिए दो अल्पवास गृह खोले थे व सात अन्य को खोलने का प्रावधान किया था और उसके साथ ही कामकाजी महिलाओं के दो होस्टल खोलकर सात अन्य का प्रावधान करके एक पर निर्माण कार्य आरम्भ करवाया। परन्तु कांग्रेस शासन में वह भी ठप्प हो गया। हमारे शासन में महिला आयोग की स्थापना उसके सभी सदस्यों की नियुक्ति करके की गयी, परन्तु कांग्रेस

के एक साल के शासन के उपरान्त भी महिला आयोग का गठन नहीं हो पाया है। हमारे कार्यकाल के दौरान आंगनवाड़ी के बच्चों को दिये जाने वाले अल्पाहार की राशि एक रुपये प्रतिदिन से बढ़ाकर दो रुपये प्रतिदिन की गयी व प्रत्येक दिन बदल-बदलकर सुचारु रूप से भोजन दिया जाने लगा। यह स्कीम भी कांग्रेस शासन के दौरान गर्त में चली गयी। हमने कुष्ठ रोगियों को दिये जाने वाला मासिक भत्ता 300 रुपये से बढ़ाकर 450 रुपये किया व विभाग ने भ्रष्टाचार को समाप्ति करने का प्रयास करते हुए विभिन्न कदम उठाये, जिसके लिए नागरिक अधिकार पत्र एवं शिकायत निवारण कोष्ठों का निर्माण किया, जबकि कांग्रेस प्रशासन के दौरान हर प्रकार के भ्रष्टाचार की अति हो चुकी है। नारायण सिंह का केस, समाज कल्याण विभाग के आवास गृहों में प्रवासियों को दिया जाने वाला दूध, फल, जाड़े के गर्म वस्त्र, प्रवासियों को काम करने पर मिलने वाले भत्ते का रोकना, राष्ट्रीय जच्चा-बच्चा कल्याण राशि को पूरी तरह से रोक देना, यह कार्य कांग्रेस शासन के दौरान हुए। सभी कार्य हमारे कार्यकाल के दौरान शुरू करके प्रवासियों की दशा सुधारने का कार्य किया गया व भ्रष्टाचार के सम्बन्ध में विभागीय कार्यवाई करने के भी आदेश दिये गये थे।

नागरिक आपूर्ति एवं खाद्य सम्भरण विभाग के अन्तर्गत हमने प्रत्येक विधान सभा क्षेत्र में ही उस क्षेत्र के खाद्य सम्भरण कार्यालय के खोलने की योजना बनाकर 20 नये कार्यालय खोले, शिकायत निवारण कक्ष की स्थापना की और तीन क्षेत्रीय कार्यालय भी खोले। इन सभी में बिजली, पानी, शेड, टेलीफोन इत्यादि की सुविधा उपलब्ध करायी जबकि कांग्रेस शासन के दौरान एक भी नया कार्यालय नहीं खोला गया। हमारे कार्यकाल के दौरान तीन नयी उपभोक्ता अदालतों का निर्माण किया गया और हमारे शासन में कुल छः उपभोक्ता अदालतें खोली गयी, जबकि कांग्रेस शासन के दौरान इनमें उचित सुविधाओं का प्रावधान तक नहीं किया गया, नयी खोलने का तो प्रश्न ही नहीं उठता। हमारे शासन काल के दौरान 106 विभागों के नागरिक अधिकारपत्र बनाकर जारी किये गये, जबकि कांग्रेस शासन में बचे हुए किसी भी विभाग का नागरिक अधिकारपत्र प्रकाशित

नहीं किया गया।

हमारे कार्यकाल के दौरान नया राशन कार्ड 48 घण्टे में बनाने की योजना क्रियान्वित की गयी और उसकी निगरानी हेतु आयुक्त तथा मंत्री के स्तर पर प्रत्येक सप्ताह आकलन किया गया जबकि कांग्रेस शासन में अब कार्ड कई दिनों में ही उपलब्ध हो सकता है। विभाग में भ्रष्टाचार और अकर्मण्यता चरम सीमा पर पहुँच चुकी है। हमारे कार्यकाल के दौरान चीनी का कोटा बढ़ाया गया व त्योहारों पर भी प्रत्येक कार्ड पर एक किलो ग्राम चीनी अलग से दी गयी। जबकि कांग्रेस शासन में उस कोटे को कम कर दिया गया व दीपावली जैसे त्योहार पर भी अतिरिक्त चीनी उपलब्ध नहीं हो पायी। हमारे कार्यकाल के दौरान आटे की थैली 63 रुपये प्रति दस किलो की दर पर राशन की दुकानों पर मुहैया करायी गयी। ये सब गतिविधियाँ व योजनाएं आम जनता के हितों को ध्यान में रखते हुए क्रियान्वित की गयीं। परन्तु कांग्रेस शासन के दौरान इन सभी योजनाओं को समाप्त कर दिया गया।

हमारे शासन के दौरान बुजुर्ग नागरिकों के लिए प्रत्येक विधान सभा क्षेत्र में बुजुर्ग नागरिक मनोरंजन केन्द्र की स्थापना करने का प्रावधान किया गया। 42 क्षेत्रों में ये केन्द्र खोल भी दिये गये। जबकि कांग्रेस के एक साल के कार्यकाल के दौरान बचे हुए 28 क्षेत्रों में से एक में भी यह केन्द्र नहीं खोले गये। महिलाओं के हितों की रक्षार्थ महिला कल्याण अधिकारी की नियुक्ति प्रत्येक जिले में की गयी, परन्तु इन्हें कांग्रेस शासन में हटा दिया गया। आज जनता की समस्याओं के निवारण के लिए कोई भी मंच नहीं है। इस कांग्रेस शासन के दौरान जनता की समस्याओं की अनदेखी करते हुए, जनता विरोधी नीतियाँ अपनाते हुए भ्रष्टाचार को बढ़ावा दिया गया है।

कांग्रेस का एक साल का शासन काल अकर्मण्यता, भ्रष्टाचार, लाल फीताशाही, प्रशासनिक अड़चनों एवं तानाशाही पूर्ण शासन रहा है। इस शासन में जनता की समस्याओं, सुविधाओं एवं जनता की सुविधा हेतु निर्मित प्रावधानों एवम् योजनाओं की अनदेखी की गई। और इसी के साथ कर्मचारियों, योजनाओं से लाभान्वित होने वाले नागरिकों के हितों की

अवहेलना करते हुए दिल्ली में जंगल राज कानून को लागू किया गया।

पूर्व विकास व परिवहन मन्त्री श्री देवेन्द्र शौकीन ने दिल्ली की कांग्रेस सरकार पर आरोप लगाते हुए कहा कि प्याज के छिलकों पर दिल्ली में कांग्रेस की सरकार एक वर्ष पूर्व सत्ता में आयी। पिछले एक वर्ष का कांग्रेस का कार्यकाल, दिल्ली की जनता को ऐसा लग रहा है मानो सरकार एक शताब्दी से उनके साथ घोर अन्याय कर रही है।

इस एक वर्ष के दौरान दिल्ली में समस्याओं का अम्बार लगता चला गया। ऐसा लग रहा है मानो दिल्ली सरकार का, दिल्ली वासियों से कोई सरोकार ही नहीं है। पिछले एक वर्ष का कार्यकाल कांग्रेस की निष्क्रियता, घोटालों और भ्रष्टाचार का काल रहा है। दिन प्रतिदिन समस्याओं के अम्बार लगते रहे, परन्तु उनके समाधान के कारगर उपाय नहीं किये गये।

भाजपा के पाँच वर्ष के शासनकाल में दिल्ली में इतना विकास कार्य हुआ, जिससे दिल्ली की जनता का आत्मविश्वास बढ़ा था। 1993 से 1998 भाजपा के शासन के वर्ष तक दिल्ली में जनसेवा एवं विकास और निर्माण के वर्ष रहे हैं। यह पाँच वर्ष का समय दिल्ली के लिए विकास का युग रहा है।

भाजपा की दिल्ली सरकार के द्वारा पिछले पाँच वर्षों के कार्यकाल में किये गये विकास कार्य का संक्षिप्त विवरण इस प्रकार है :—

(1) मिनी मास्टर प्लान द्वारा ग्रामीण क्षेत्र के विकास के लिए नये कीर्तिमान।

(2) विकास की धारा को गरीबों की ओर मोड़ा। भाजपा ने अपने पाँच वर्ष के शासनकाल में दिल्ली को विकास की धारा पर चलाया और प्रत्येक कालोनी में विकास के अनेकों कार्य किये। गरीब गडरिया लुहारों को स्थायी रूप से नाँगलोई के पास चित्तौड़गढ़ में बसाकर, इस दिशा में एक नया कार्य किया।

(3) टीकरी कलॉ 10 करोड़ की लागत से विकसित किया गया तथा वहाँ प्रतिवर्ष 23 जनवरी को नेताजी के जन्म दिवस पर समारोह कराये जाते रहे। परन्तु कांग्रेस ने इस आयोजन को त्याग दिया। भाजपा ने वहाँ एक विशाल कार्यक्रम का आयोजन भी किया था।

(4) किसानों को जमीन के मुआवजे में तीन गुना वृद्धि और प्रति वर्ष बढ़ोत्तरी की व्यवस्था की गई। किसानों के जमीन के मुआवजे को 6.45 लाख से बढ़ाकर 16 लाख रुपये प्रति एकड़ किया जो कि देश में सबसे अधिक मुआवजे की रकम है। मुआवजे की राशि को 10 प्रतिशत की दर से बढ़ाने का भी निर्णय लिया था, लेकिन कांग्रेस की सरकार द्वारा बढ़े हुए मुआवजे को किसानों को नहीं दिया जा रहा है।

(5) सरकार के द्वारा जनता की भागीदारी सरकार के अन्दर सुनिश्चित करने के लिए दिल्ली को 9 जिलों और 27 तहसीलों में विभाजित किया गया, लेकिन कांग्रेस ने सत्ता में आते ही 27 तहसीलों को खत्म करके 9 तहसीलों में कर दिया, इससे ग्रामीण जनता को असुविधा हो रही है।

(6) सड़कें पहले से चौड़ी और बेहतर बनाकर, नये दिशा-सूचक पट्ट लगाये गए। भाजपा के शासनकाल में 736 किलोमीटर लम्बी सड़कों के निर्माण व मरम्मत तथा 285 किलोमीटर लेन एवं बाइलेन बनायी गयीं, जबकि पिछले एक वर्ष के कांग्रेस के शासन काल में केवल 18 किलोमीटर सड़क बनायी व मरम्मत की गयी। यह कांग्रेस सरकार की निष्क्रियता को दर्शाता है।

(7) 68 भूमिगत पारपथों का निर्माण किया गया।

(8) 15 फ्लाई-ओवरों का निर्माण कार्य शुरू किया गया।

(9) बड़े पैमाने पर पार्कों का विकास किया गया।

(10) निजामुद्दीन और आई. टी. ओ. पुलों का विस्तार किया गया जिससे दिल्ली की जनता को बहुत राहत मिली, पहले घंटों ट्रैफिक जाम से दिल्ली की जनता को परेशानी का सामना करना पड़ता था।

(11) 1630 ट्यूबवेल लगाये गये, कई सौ मीटर पुरानी बिजली की तारों को बदला गया।

(12) अनियमित बस्तियों में विद्युतीकरण का कार्यक्रम शुरू किया तथा 168 एवं 400 के. वी. के ट्रांसफार्मर लगाये गये।

(13) पैंतीस गाँवों में बहु-उद्देश्यीय सामुदायिक केन्द्रों का निर्माण किया गया।

(14) गाँव-गाँव में पक्की सड़कें, स्टेडियम, महाविद्यालय एवं प्रौद्योगिकी संस्थान, 22 महाविद्यालय बनाये गये, बवाना स्टेडियम 10 करोड़ की लागत से बन रहा था, परन्तु कांग्रेस सरकार ने इसका निर्माण कार्य धीमा कर दिया।

(15) गाँवों का लालडोरा बढ़ाने के लिए 106 गाँवों में चकबन्दी शुरू की गयी, जिनमें अधिकाँश गाँव में चकबन्दी का कार्य पूरा हो गया था।

(16) स्वतंत्रता सेनानियों की पेंशन 500 रुपये से बढ़ाकर 1,000 रुपए प्रतिमाह कर दी गयी।

कांग्रेस सरकार के कारनामे

इसके विपरीत कांग्रेस सरकार के ऐसे कारनामे रहे :—

(1) कांग्रेस सरकार के एक वर्ष के शासन के दौरान भ्रष्टाचार का आलम यह है कि सहकारिता विभाग में भ्रष्ट व्यक्तियों को सोसाइटियों का प्रशासक नियुक्त किया गया, जिसकी जाँच भ्रष्टाचार उन्मूलन विभाग को दी गयी। इससे यह साबित होता है कि विकासमंत्री का उनके विभागों पर कोई नियंत्रण नहीं है। उन्हें तुरन्त अपने पद से त्यागपत्र दे देना चाहिए।

(2) बाढ़ नियंत्रण विभाग में करोड़ों का डिसिल्टिंग का घोटाला हुआ।

(3) बाढ़ नियंत्रण विभाग द्वारा प्राइवेट फर्मों द्वारा योजनाओं के प्रारूप व डिजाइन तैयार करवाना सरकार के लाखों रुपयों को बर्बाद करना जबकि बाढ़ नियंत्रण विभाग के पास खुद का प्लानिंग और डिजाइनिंग विभाग होता है, जिसका मुखिया अधिशासी अभियन्ता होता है।

(4) बाढ़ नियंत्रण विभाग द्वारा कई लाख रुपये के पत्थर और 5 लाख सीमेंट के खाली कट्टे खरीदे गये। यह केवल कागजों पर ही रह गये, क्योंकि इस वर्ष दिल्ली में बारिश ही नहीं हुई। इस कारण बाढ़ आने का प्रश्न ही नहीं उठता। इसलिए भाजपा इस प्रकरण की जाँच कराये

जाने की माँग करती है।

(5) पशुपालन विभाग द्वारा दिल्ली के पशु अस्पतालों में पशुओं के इलाज के लिए 1.28 करोड़ की दवाई खरीदी जानी थी, लेकिन इस वित्तीय वर्ष के 9 महीने बीत जाने के बाद भी आज तक दवाई नहीं खरीदी गयी, जिसकी वजह से पशुओं का इलाज ठीक प्रकार से नहीं हो रहा है।

दिल्ली की कांग्रेस सरकार के एक वर्ष के शासनकाल की एकमात्र उपलब्धि डी. टी. सी. बस भाड़े में दोगुना वृद्धि करना है। परन्तु इसके बावजूद डी. टी. सी. की आमदनी नाममात्र ही बढ़ी है। भाजपा ने अपने शासन काल में डी. टी. सी. के बस भाड़े में 900 से बढ़कार 2500 तक की वृद्धि की। इसके अतिरिक्त किलोमीटर योजना के तहत 2400 बसें चलाई गयीं, जिसमें डी. टी. सी. में काम कर रहे लोगों के अतिरिक्त 1000 कंडक्टरों को इन बसों पर लगाया गया था। परन्तु जिस तेजी से कांग्रेस के शासनकाल में डी. टी. सी. के प्रबन्धन एवं उसकी सुधार प्रक्रिया का ह्रास हुआ, उससे डी. टी. सी. के कर्मचारियों का मनोबल टूटा है। आज डी. टी. सी. के कर्मचारियों को स्थानीय कांग्रेस पदाधिकारियों को रिपोर्ट देनी पड़ रही है। साथ ही स्थानान्तरण योग्यता के आधार पर न होकर राजनीतिक हस्तक्षेप के द्वारा हो रहा है।

भ्रष्टाचार एवं निरंकुशता के कारण विभाग में अव्यवस्था फैली है, जिसके लिए मुख्य रूप से मंत्री जिम्मेदार हैं। बुराड़ी स्थित फिटनेस एवं ड्राइविंग लाइसेंस के विविध प्राधिकरण में दलाली द्वारा हर गलत कार्य सम्भव हो रहा है। यहाँ तक कि हतोत्साहित होकर मंत्री अपनी जिम्मेदारी सरकारी कर्मचारियों पर थोप रहे हैं।

भाजपा के शासनकाल में ही एकीकृत महानगरीय परिवहन प्राधिकरण का प्रारूप तैयार होकर स्थापित किया जाना था, जिस पर सरकार ने अभी तक विचार नहीं किया। विश्व बैंक की सहायता से अप्रैल, 1998 में वायु प्रदूषण की रोकथाम के लिए एक कार्य शिविर का आयोजन किया गया था। परन्तु कार्य शिविर की एक भी अनुशंसा दिल्ली सरकार कार्यान्वित नहीं कर सकी। आई. टी. आई. दिल्ली द्वारा तैयार किया गया मास्टर प्लान,

जिसमें कार चालकों के लिए साइकिल, बसों इत्यादि की बात कही गयी थी, सरकार ने भुला दिया गया है।

दिल्ली के स्वास्थ्य मंत्री डॉ. वालिया की एक वर्ष की उपलब्धियों को एक बड़े शून्य का करार दिया जा सकता है। डॉक्टर वालिया के एक वर्ष के शासनकाल में दिल्ली की भाजपा सरकार के पाँच वर्षों के कार्यकाल में प्रारम्भ की गयी अनेक व्यापक पैमाने पर जनोपयोगी, कल्याणकारी एवं अन्तरराष्ट्रीय ख्याति प्राप्त करने वाली योजनाओं को बन्द करके दिल्ली के शिशुओं, स्कूली बच्चों, गर्भवती महिलाओं एवं बुजुर्गों पर अत्याचार किया गया है। इस संदर्भ में डॉ. हर्षवर्धन ने बताया कि पिछले एक वर्ष से अन्तरराष्ट्रीय ख्याति प्राप्त करने वाले मातृसुरक्षा अभियान, मोतियाबिन्द मुक्ति अभियान, श्रवण शक्ति अभियान, विशेष शिशु टीकाकरण अभियान, स्कूली बच्चों की स्वास्थ्य जांच का अभियान, स्वस्थ शहर परियोजना, कैंसर जाँच अभियान इत्यादि को पूरी तरह बंद कर दिया गया है एवं एक वर्ष में अन्तर्राष्ट्रीय महत्व रखने वाले पोलियो उन्मूलन अभियान की तरफ भी पूरी लापरवाही बरती है, जिसके परिणामस्वरूप इस वर्ष पोलियों केन्द्रों पर पाँच वर्ष से कम आयु के केवल 16 से 17 लाख बच्चे आये, जबकि पिछले भाजपा शासन के दौरान हर वर्ष 22 से 23 लाख बच्चे पोलियो की दवा लेने पोलियो केन्द्रों पर आते थे। बुजुर्गों के स्वास्थ्य की उचित प्रकार एवं सहज ढंग से चिन्ता करने के लिए विश्व स्वास्थ्य संगठन की महानिदेशक डॉ. ब्रूसलैण्ड द्वारा दिल्ली में पिछली सरकार के कार्यकाल में प्रारम्भ की गयी। रविवार क्लीनिक योजना भी लगभग बंद कर दी गयी है। जन स्वास्थ्य से जुड़ी तमाम पानी एवं मच्छर से होने वाली बीमारियों को गैर जिम्मेदाराना ढंग से लिया गया, जिसके परिणामस्वरूप इस वर्ष दिल्ली में आंत्रशोध, कॉलरा, छोटी माता, खसरा, पीलिया एवं टाइफाइड के पिछले एक दशक में सबसे अधिक मामले प्रकाश में आये। जहाँ पिछले पाँच वर्षों में पिछली सरकार द्वारा दिल्ली के स्कूलों में पढ़ने वाले 15 लाख बच्चों का विस्तृत योजनाओं के द्वारा हर महीने पूर्ण स्वास्थ्य निरीक्षण किया जाता था एवं जिस योजना को 1996 में केन्द्र ने राष्ट्रव्यापी कार्यक्रम के रूप में लिया, उस कार्यक्रम को भी इस सरकार के द्वारा बन्द

कर दिया गया। पत्रकार सम्मेलन में उपस्थित उक्त नेताओं ने सरकार पर स्वास्थ्य मंत्रालय पर झूठ बोलने, जनता की आँख में धूल झोंकने का आरोप लगाया उन्होंने बताया कि टी. बी. निवारण जैसी योजना जो विश्व बैंक के द्वारा इन पाँच वर्षों में 50 करोड़ की सहायता से दिल्ली की जनता के स्वास्थ्य के लिए दिल्ली की भाजपा सरकार ने मार्च, 1996 में कैबिनेट से स्वीकृति लेकर लागू की थी, और 1998 में टी. बी. के उपकेंद्र दिल्ली में स्थापित हो चुके थे, उस योजना पर अपनी मोहर लगाकर जनता को गुमराह करने का प्रयास कर रहे हैं। इस प्रकार बच्चों को एम. एम. आर. वैक्सीन निःशुल्क देने वाली योजना को, जिसको वित्त की स्वीकृति एवं वैक्सीन खरीद के टेंडर तक 1998 में पास हो गये थे, वे भी दिल्ली में प्रारंभ करने में इस निकम्मी सरकार ने एक वर्ष लगा दिया।

डॉ. हर्षवर्धन ने स्वास्थ्यमंत्री पर भारतीय चिकित्सा पद्धतियों एवं होम्योपैथिकी को पूरी तरह नजरंदाज करने का आरोप लगाया। आयुर्वेद के विकास के लिए प्रारम्भ किया गया, "दिल्ली रिसर्च सेंटर फार मॉडर्नाइज्ड प्रमोशन आफ आयुर्वेद", नजफगढ़ के पास खेड़ा डाबर में 100 एकड़ में बनाया जाने वाला भारतीय चिकित्सा पद्धतियों से जुड़ा संस्थान, चरक हर्बल गार्डन की योजनाओं को ठण्डे बस्ते में डालने का आरोप लगाया। यद्यपि पिछली सरकार ने तिब्बिया कालेज को पिछले वर्ष असेम्बली में कानून बना कर अधिगृहीत कर लिया था, लेकिन उसके सर्वांगीण विकास के लिए कुछ नहीं किया गया। भाजपा सरकार द्वारा स्थापित दिल्ली मेडिकल कौंसिल को एक वर्ष तक बिना वित्त दिये अपंग बनाया गया तथा दिल्ली में पहली बार नर्सों के लिए बनायी गयी कौंसिल का कार्य भी एक वर्ष में प्रारंभ नहीं हो सका। पिछली विधान सभा में सर्वसम्मति से पास झोला छाप डाक्टरों को कंट्रोल करने तथा उनके पुनर्स्थापन की योजना को भी इस सरकार ने एक वर्ष में कूड़ेदान में फेंक दिया।

कांग्रेस ने यद्यपि अपने घोषणा पत्र में यह कहा था कि 1,000 की आबादी पर पाँच बेड वाला अस्पताल दिल्ली में स्थापित करेगी लेकिन पूरे एक साल में एक भी नये अस्पताल अथवा डिस्पेंसरी की स्थापना नहीं हुई, अपितु दिल्ली की भाजपा सरकार द्वारा नये अस्पतालों के विकास एवं

कालोनी अस्पतालों के विकास की तमाम प्रगति को जानबूझकर रुकवा दिया गया। इस संदर्भ में डॉ. हर्षवर्धन ने नरेला, द्वारका, कड़कड़डूमा, जे. एन. यू., दीनदयाल अस्पताल के साथ जुड़े सुपर स्पेशलिटी अस्पताल इत्यादि का विशेष उल्लेख किया। पिछले पाँच वर्षों से तेजी से प्रगति कर रहे अम्बेडकर, महर्षि वाल्मीकि, अरुणा आसफ अली, गुरु गोबिन्द सिंह इत्यादि अस्पतालों में हो रहे निर्माण कार्यों को अपनी योजना बताकर दिल्ली की जनता को मूर्ख बनाने का प्रयास किया गया। सुश्रुत ट्रामा सेंटर जो अगस्त, 1998 में बनकर तैयार हो गया था और जिसने सितम्बर, 1998 में कार्य करना प्रारंभ कर दिया था, उसका भी फरवरी, 1999 में इस सरकार ने दोबारा अपना पत्थर लगाकर उद्‌घाटन किया। लोकनायक अस्पताल का मास्टर प्लान तैयार कराकर उसका व्यापक विकास कराने की योजना तथा लोकनायक और दीनदयाल अस्पतालों में ट्रामा सेंटर प्रारम्भ कराने की योजना में पिछले एक वर्ष में एक भी ईंट लगाने का कार्यक्रम नहीं हो पाया है।

दिल्ली के स्वास्थमंत्री को डॉ. हर्षवर्धन ने किसी भी मंच पर आकर बहस करने के लिए आमंत्रित करते हुए कहा कि उन्होंने एक वर्ष में छोटी या बड़ी एक भी नयी योजना दिल्ली वासियों के लिए नहीं बनायी और उनका योगदान न केवल शून्य है अपितु उन्होंने अनेक महत्वाकांक्षी चलती हुई योजनाओं को बंद करके दिल्ली वासियों के स्वास्थ्य के साथ खिलवाड़ किया है।

कांग्रेस के एक वर्ष के शासन काल की तुलना में भाजपा सरकार की प्रथम वर्ष के कार्यकाल की कुछ प्रमुख उपलब्धियों का विवरण निम्न प्रकार है :—

1. यमुना जल बंटवारे का ऐतिहासिक समझौता, जिसके कारण दिल्ली वासियों को अपने अधिकार का यमुना जल प्राप्त हुआ, जो पहले हरियाणा से खरीदना पड़ता था।
2. लाखों गरीब परिवारों की बर्बादी रोकने के लिए दिल्ली सरकार की 125 करोड़ रु. की वार्षिक आय की परवाह किये बिना लाटरी बंद

करवा दी।

3. दिल्ली के प्रत्येक विधान सभा क्षेत्र के पूर्ण विकास हेतु एक करोड़ रुपये की वार्षिक राशि उपलब्ध करवायी और दिल्ली ऐसा करने वाला भारत का पहला राज्य बना।
4. झुग्गी झोंपड़ी व शहरी कटरों में रहने वाले 20 लाख लोगों के कल्याण हेतु अनेक तरह की बुनियादी सुविधाएँ–बिजली, पानी, नालियाँ, शौचालय आदि के विकास के लिए स्लम विकास बोर्ड का गठन किया। 1993-94 में इनके लिए केवल 5 करोड़ रुपये का प्रावधान था, जिसे 80 करोड़ रुपये कर दिया गया।
5. अनधिकृत कालोनियों में रहने वाले लगभग 20 लाख लोगों के कल्याणार्थ 1071 बस्तियों को नियमित करने के लिए केन्द्र सरकार से सिफारिश की।
6. देहाती क्षेत्रों के विकास के लिए 10 वर्ष से रुके मिनी मास्टर प्लान को मंजूर करवाया एवं इसके लिए 50 करोड़ रु. की वार्षिक राशि का अतिरिक्त प्रावधान किया।
7. 12वीं कक्षा तक शिक्षा मुफ्त उपलब्ध करवायी, प्राइमरी स्कूल के बच्चों को मध्य अवकाश भोजन देना शुरू किया। शिक्षा के खर्च पर पिछले वर्षों के मुकाबले अभूतपूर्व वृद्धि की।
8. पाँच नये कालेज खुलवाये।
9. बच्चों को भारतीय संस्कृति से जोड़ने के लिए सभी स्कूलों में नैतिक शिक्षा अनिवार्य की।
10. करोड़ों बच्चों को पोलियो जैसी खतरनाक बीमारी से बचाने हेतु पल्स पोलियो कार्यक्रम का सफल अभियान चलाया, जिसकी सराहना देश-विदेश में हुई और जिसे देखते हुए केन्द्र सरकार ने भी इस अभियान को देश भर में चलाने का निर्णय लिया।
11. श्रमिकों की समस्याओं को समझते हुए न्यूनतम वेतन 1800 रु. प्रति माह किया, जो देश के किसी भी राज्य से अधिक है।
12. दिल्ली को साफ सुथरा और आकर्षक बनाने के लिए नीले साइन बोर्डों, सड़कों व संगीतमय फव्वारों का निर्माण किया।

13. गरीब विधवाओं की बेटियों की शादी पर 5 हजार रु. उपहार स्वरूप देने का प्रावधान किया गया।
14. 60 वर्ष से अधिक उम्र के बुजुर्गों हेतु वृद्धावस्था पेंशन की राशि को दोगुना किया। हमारी सरकार से पूर्व पेंशनधारियों की संख्या पाँच हजार थी, जिन्हें बढ़ाकर 80 हजार किया।
15. दिल्ली में भाजपा सरकार बनने के बाद एक भी साम्प्रदायिक दंगा नहीं हुआ।
16. दिल्ली वासियों की रोजमर्रा की जरूरतों को ध्यान में रखते हुए अनेक वस्तुओं से बिक्री कर हटाया व कई वस्तुओं पर बिक्री कर कम किया गया। इसके बावजूद 1993 में दिल्ली में बिक्री कर की वसूली 800 करोड़ थी, जो वर्ष 1994-95 से 1371 करोड़ हो गयी और पाँच वर्ष पूरे होने पर यह राशि 2400 करोड़ को पार कर गयी।
17. पौराणिक परम्पराओं को याद रखते हुए निगम बोध घाट पर यमुना-गंगा जल संगम तालाब का निर्माण कराया।
18. आदर्श गोरक्षा बिल दिल्ली विधान सभा गठन में सबसे पहले पारित कराया। नौ गौशालाओं का निर्माण।
19. 1984 के कत्लेआम के दोषियों को सजा दिलवाने के लिए उचित कदम उठाये।
20. दिल्ली में हिन्दी के बाद पंजाबी को दूसरी भाषा का दर्जा दिलवाया।
21. दिल्ली के विकास कार्यों के लिए योजना राशि को केन्द्र सरकार से 950 करोड़ रु. से बढ़वाकर 1720 करोड़ रु. करवाया।

दो वर्ष का कार्यकाल पूरा होने के बाद भाजपा सरकार की उपलब्धियों को देखकर नवभारत टाइम्स, टाइम्स आफ इंडिया तथा पायनियर आदि समाचारपत्रों ने सर्वे करवाये थे। 3 दिसम्बर, 1995 के नवभारत समाचारपत्र ने मुख्य समाचार दिया, जिसका शीर्षक था "80 प्रतिशत लोग खुराना सरकार से संतुष्ट"। बाद में श्री साहिब सिंह जी ने इन विकास के कार्यों को आगे बढ़ाया और बाकी वायदे पूरे किये।

पिछले विधानसभा चुनाव के समय दिल्ली वासियों को प्याज की

कीमतों के नाम पर छला गया था। इसका अनुभव अब दिल्ली वासी कर चुके हैं। दिल्ली वासी भाजपा के शासनकाल से वर्तमान के एक वर्ष के कांग्रेस शासनकाल की तुलना कर रहे हैं कि दिल्ली वासियों को छला गया है और भाजपा का शासनकाल निश्चित रूप से बेहतर शासन था। पिछले लोकसभा चुनाव में भाजपा को लोकसभा की सातों सीटें जितवा कर जनता ने दिल्ली की वर्तमान कांग्रेस सरकार को नकारा सिद्ध कर दिया है।

चेन्नई बैठक

राष्ट्रीय परिषद् की बैठक (26-28 दिसंबर, 1999) चेन्नई में सम्पन्न हुई। इस बैठक के लिए संख्या सीमित की गयी थी, क्योंकि स्थान छोटा था। पहले हमारी राष्ट्रीय परिषद् की बैठक गाँधीनगर में सम्पन्न हुई थी, जहाँ स्थान बड़ा व खुला था। शायद सुरक्षा के कारण से ऐसा स्थान चुना गया होगा। इस बैठक में पूरे देश से आये प्रतिनिधियों की संख्या 1500 के लगभग थी। दिल्ली के प्रतिनिधि 30 के लगभग थे, जिनमें सांसद, विधान सभा में पदाधिकारी व दिल्ली प्रदेश पदाधिकारियों के अलावा नगर निगम के महापौर तथा उपमहापौर भी शामिल थे। इस बैठक में प्रधानमंत्री अटलबिहारी वाजपेयी जी नहीं आ पाये और गृहमंत्री श्री लालकृष्ण आडवाणी जी भी समापन के समय केवल एक-दो घण्टे के लिए ही आ पाये। इसके अलावा भारतीय जनता पार्टी के अधिकांश केन्द्रीय मंत्री भी नहीं आ पाये। इसका कारण था हमारा हवाई जहाज कुछ उग्रवादियों ने हाईजेक कर लिया था, जिसकी उड़ान नेपाल से दिल्ली की थी। इसमें 170 यात्री थे। वह जहाज पहले तेल लेने अमृतसर उतरा, परन्तु अमृतसर में जहाज को तेल नहीं दिया गया और उग्रवादी उसे लाहौर ले गये। वहाँ से वह जहाज अफगानिस्तान में उतरा, वहाँ कंधार में एक यात्री को उन्होंने मार डाला, जिससे यात्रियों में दहशत का वातावरण बन गया। इनमें जो छोटे बच्चे थे, उन्हें और कुछ औरतों को रिहा कर दिया। परन्तु 150 यात्री जहाज में पाँच दिन तक कंधार में रहे। इस सारी स्थिति के चलते प्रधानमंत्री व अन्य मंत्री राष्ट्रीय परिषद् की बैठक में भाग नहीं ले पाये और कभी तालिबान से, कभी अन्य देशों से वार्ता हेतु राजधानी में ही रहे।

चेन्नई राष्ट्रीय परिषद् की बैठक में मेरे साथ मेरी पत्नी भी गयी थी। और जो दिल्ली से प्रतिनिधि गये, वे बैठक के पश्चात् तिरुपति, बाला जी, भगवान वेंक्टेश्वर के दर्शन हेतु गये। इनके ठहरने व दर्शन करने की व्यवस्था पहले से की गयी थी। हमारे दिल्ली के कार्यकर्ता श्री पवन कुमार टोपी वाले पहले से टोपी का व्यापार तिरुपति में करते हैं। अब व्यापार में उनके बेटे लगे हैं। हमारे लोगों को दर्शन कराने हेतु वह पहले से ही तिरुपति चले गये थे। श्री पवन टोपी वाले ने दर्शन व ठहरने की व्यवस्था के अलावा अन्य व्यवस्था बहुत अच्छी की थी, जो प्रशंसनीय है।

चेन्नई की बैठक संगठन की दृष्टि से बहुत महत्वपूर्ण थी। इसका बड़ा कारण है हमारे संगठन के संविधान में संशोधन। इस संविधान संशोधन कमेटी के अध्यक्ष श्री जनकृष्णमूर्ति जी थे। और अन्य पाँच सदस्यों में श्री ओमप्रकाश कोहली, श्री प्यारेलाल खण्डेलवाल व श्री राम अशीष राय प्रमुख थे। इस कमेटी ने अपना प्रवास भारत की सब प्रान्तों में करके संशोधन हेतु निचले स्तर तक के सुझाव मांगे थे। इन सुझावों में कुछ बातें प्रमुखता से उभर कर आयी थीं जिसमें एक थी कि अध्यक्षों का कार्यकाल दो बार के स्थान पर एक ही बार का होगा। परन्तु एक बार का कार्य काल दो के बजाय तीन साल का होगा। दूसरा प्रस्ताव सक्रिय सदस्यता का था। इस सुझाव के अंतर्गत अब सक्रिय सदस्य वही बन सकेगा, जो पहले 3 वर्ष पार्टी का साधारण सदस्य रह चुका होगा। इसके पीछे प्रमुख कारण यह लगता है कि पार्टी अब प्रान्तों के साथ-साथ केन्द्र में सत्तारूढ़ है। सत्ता के साथ कुछ स्वार्थी तत्व जुड़ा करते हैं। उन्हें पहले तीन वर्ष पार्टी की नीतियों के अनुसार चलने की आदत पड़े, फिर संगठन की इकाइयों में जुड़ें। इसके साथ-साथ संगठन में मंडल इकाई को प्रमुख मानते हुए संगठन की इस मंडल इकाई में पहले केवल अध्यक्ष ही अनिवार्य सक्रिय सदस्य होना चाहिए, यह प्रावधान था, परन्तु इसमें प्रस्ताव किया गया कि मंडल कार्यकारिणी में, जो 21 सदस्यों की होती है, सभी सक्रिय सदस्य होने चाहिए। परन्तु सक्रिय सदस्यता पर आगे जो अमल और करने होंगे, वह यह है कि सक्रिय सदस्य को प्रदेश या केन्द्र की पत्रिका का सदस्य अवश्य बनना होगा। जैसे केन्द्र पिछले कुछ वर्षों से 'भाजपा समाचार' नाम

की मासिक पत्रिका प्रकाशित कर रहा है, अब प्रान्त भी अपने यहाँ प्रकाशित करें। तीसरा सुझाव था कि सक्रिय सदस्य अपनी आय में से पार्टी का आजीवन सहयोग सदस्यता शुल्क दे, जो एक वर्ष में पार्टी को अपना कार्यालय चलाने हेतु देना पड़ता है। यह आजीवन सहयोग निधि 1000, 5000, 10000 रु. है। यह योजना 5 वर्ष पहले लागू की गयी थी और कई प्रान्तों में इसका लाभ हुआ। जैसे दिल्ली प्रदेश ने अपने यहाँ 5000 के लगभग आजीवन सहयोगी सदस्य बना रखे हैं। हम इस योजना को प्रत्येक उस कार्यकर्ता पर लागू करना चाहते थे जो पार्टी का सक्रिय सदस्य बनेगा। इस योजना पर काफी चर्चा हुई। इसके अलावा अन्य संशोधनों में जिला इकाई के अध्यक्ष को भी अपनी कार्यकारिणी प्रदेश की तरह ही "मनोनीत" करने का अधिकार दिया गया है। संशोधन थोड़े बहुत फेर-बदल के बाद मान लिये गये। इसमें साधारण सदस्यता का विषय थोड़ा पेचीदा है। पहले हमारी साधारण सदस्यता 10 वर्ष के एक खण्ड के लिए है। वह खण्ड 1994 से 2003 तक का है। पार्टी ने जिसे 2 रु. का साधारण सदस्य 1994 में बनाया था, उसको दोबारा सदस्य 2003 के बाद ही बनना होगा। यह आश्वासन पार्टी ने साधारण सदस्य बनने वाले को लिखित रूप से उस फार्म पर अंकित करके दिया है। नये संविधान के अनुसार अब साधारण सदस्यता का खण्ड 10 वर्ष के स्थान पर 6 वर्ष का होगा। परन्तु पार्टी इस खण्ड की अवधि जो 2000 से 2005 तक की रखना चाहती थी। उस पर एक प्रश्न चिन्ह लगा कि जो 1994-1997 में साधारण सदस्य बना और अब किसी कारण वह दोबारा बनने से वंचित रह गया तो वह कानून का सहारा लेकर समस्या खड़ी कर सकता है। इस पर निर्णय हुआ कि इस बार साधारण सदस्यता 1994 से 2003 के खण्ड में ही जोड़ी जायेगी और इसका शुल्क भी 2 रु. रहेगा। 2003 में नयी सदस्यता दी जायेगी। यह बात राष्ट्रीय परिषद् की बैठक में तय हो गयी।

संगठन के चुनाव हेतु केन्द्रीय चुनाव अधिकारी श्री ओमप्रकाश कोहली जी को बनाया गया। श्री कोहली जी भारतीय जनता पार्टी दिल्ली प्रदेश के उपाध्यक्ष के पद पर हैं। वह पहले दिल्ली प्रदेश अध्यक्ष पद पर रह

चुके हैं। जब दिल्ली प्रदेश के चुनाव हुए और मैं पार्टी का प्रदेश अध्यक्ष बना, तब उनका केन्द्र में किसी पद पर जाना तय था, परन्तु आखिरी समय में परिवार के आदेश से वह केन्द्र में न जाकर प्रदेश में उपाध्यक्ष रहे और वह राज्य सभा के सदस्य होने के नाते केन्द्र सरकार की अन्य समितियों के सदस्य रहे। उनका अन्य प्रान्तों में आना-जाना रहा। फिर पार्टी की संविधान संशोधन कमेटी के प्रमुख सदस्य बने। अब केन्द्रीय चुनाव अधिकारी पद पर नियुक्त हुए। यहाँ मैं एक बात का उल्लेख करना चाहता हूँ। राष्ट्रीय अध्यक्ष माननीय कुशाभाऊ ठाकरे जी पिछले कुछ समय से अस्वस्थ चल रहे हैं। उन्होंने 3-4 महीने पहले अपने पद से त्यागपत्र देने की बात प्रेस वालों से कही थी। उसके पश्चात् पार्टी में चर्चा प्रारम्भ हुई कि ठाकरे जी चाहते हैं कि पार्टी के चुनाव जल्दी हो जायें, जिससे वह निवृत्ति ले सके। चेन्नई से आने के पश्चात् उन्होंने अपना स्वास्थ्य परीक्षण करवाना था और एक छोटा ऑपरेशन भी होना था। इस हेतु वह अपोलो अस्पताल में दाखिल हो गये।

परन्तु वहाँ उनका स्वास्थ्य ठीक होने की बजाय खराब हो गया और कठिनाई कम होने के स्थान पर ज्यादा बढ़ गयी। फिर उन्हें गंगाराम हस्पताल में दाखिल करवाया गया। संगठन का कार्य राष्ट्रीय उपाध्यक्ष श्री जनकृष्णमूर्ति जी देख रहे हैं। केन्द्र से जो निर्देश प्रान्तों को राष्ट्रीय अध्यक्षजी द्वारा दिये जाते थे अब वे श्री जनकृष्णमूर्तिजी द्वारा दिये जा रहे थे। केन्द्रीय कार्यालय से सब प्रान्तों को एक पत्र गया। उस पत्र के माध्यम से सब प्रान्त अध्यक्षों को सूचित किया गया कि पार्टी की इकाइयों के जो अध्यक्ष अगस्त, 1997 में बने थे, वह दोबारा नहीं बन पायेंगे। यह नियम पत्र के अनुसार मंडल इकाई से केन्द्र तक की इकाई पर लागू होगा। यह पत्र जब प्रान्त में आया, तब मैंने केन्द्रीय चुनाव अधिकारी श्री ओमप्रकाश कोहली से जानना चाहा कि यह जो पत्र आया है और जो चेन्नई बैठक में निर्णय हुआ था, इन दोनों बातों में अन्तर है। कारण संविधान आगे के लिए लागू होना है। न कि पीछे से लागू होगा, क्योंकि पहले संविधान के अनुसार 2-2 वर्ष की दो पारी अध्यक्ष पद को मिला करती थीं। अब चेन्नई में निर्णय हुआ कि 3 वर्ष की एक पारी मिलेगी। इस पत्र के अनुसार

न तो पिछला संविधान लागू हो रहा है और न ही नया संविधान लागू हो रहा है। दूसरी बात कोहली जी से कही कि दिल्ली में तो प्रदेश अध्यक्ष का चुनाव जून 30, 1998 में हुआ था। इसमें में तो केवल डेढ़ वर्ष हुआ है। तब उनका कहना था कि अगस्त, 1997 से लगाकर अब चुनाव 2000 में हो रहे हैं। इस तरह यह एक अवधि पूरी हो गयी।

हम इस पत्र के बारे में केन्द्रीय पदाधिकारियों से स्पष्टीकरण चाहते थे। जब इस पत्र के विषय में राष्ट्रीय उपाध्यक्ष श्री जगदीश प्रसाद माथुर से बात हुई तो उन्होंने कहा इस तरह का चेन्नई में कोई निर्णय नहीं हुआ। इसके पश्चात् राष्ट्रीय महामंत्री श्री संघप्रिय गौतम से बात हुई। उन्होंने कहा, हमसे कोई इस विषय में चर्चा ही नहीं हुई। फिर राष्ट्रीय कोषाध्यक्ष श्री वेदप्रकाश गोयल जी से जब बात हुई, तब उन्होंने भी इस तरह के पत्र के विषय में बताया कि इसमें मेरी जानकारी के अनुसार काफी गलतफहमी है। संविधान तो बनने के पश्चात् लागू होगा, पहले नहीं। परन्तु इस पत्र के कारण दिल्ली के संगठन चुनाव में एक अनिश्चितता का वातावरण बनना प्रारम्भ हो गया। परिवार के लोगों के साथ आगामी संगठन की रचना की चर्चा करने हेतु जो बैठना चल रहा था, उस पर, इस पत्र के बाद, विराम लग गया। अब विषय दो बार संगठन की इकाई पर अध्यक्ष वाला ही नहीं था, विषय प्रारम्भ हुआ कि क्या सारे संगठन में अध्यक्ष पुनः नहीं बनेगा या यह पत्र वापिस होगा। अधिकतर केन्द्रीय पदाधिकारियों ने कहा कि यह पत्र वापिस ही होना चाहिए। अभी संगठन की इस तरह की तैयारी ही नहीं है कि पूरे देश में संगठन के इस प्रमुख पद को भरा जा सके। फिर भी निर्णय हुआ कि एक बैठक सारे देश के प्रदेश चुनाव अधिकारियों और प्रदेश अध्यक्षों की बुलायी जाये और उसमें इस विषय पर चर्चा की जाये। यह बैठक 17 मार्च, 2000 को केन्द्रीय कार्यालय, अशोक रोड में बुलायी गयी। इस बैठक का मुख्य मुद्दा था सब प्रान्तों के संगठन चुनाव की तारीखें तय करनी व यह कि स्थापना दिवस 6 अप्रैल, 2000 को सभी प्रान्तों में कार्यक्रम हो। इसके अलावा 17 अप्रैल, 2000 को एक अनुसूचित जाति मोर्चे का बड़ा कार्यक्रम "दलित संगम" के नाम से दिल्ली में हो और इसमें दलित समाज के लोग पूरे देश से आकर

अपनी शक्ति का प्रदर्शन करने के साथ-साथ संविधान संशोधन पर कांग्रेस व अन्य विपक्षी दलों द्वारा देश में जो वातावरण खराब किया जा रहा है, उस पर अपना मत प्रकट करें। इन लोगों के पास कहने के लिए केवल एक ही बात है कि डा. भीमराव अम्बेडकर जी द्वारा अनुमोदित देश के संविधान को बदला जा रहा है, जबकि कांग्रेस ने स्वयं 91 बार संविधान में संशोधन किया है। इस समागम के माध्यम से दलितों को सही स्थिति से अवगत करवाया जाये।

संगठन चुनाव

भाजपा प्रदेश संगठन के चुनाव का श्री गणेश 20 दिसम्बर, 1999 को भाजपा प्रदेश कार्यालय में श्री नरेन्द्र मोदी, महामंत्री भाजपा राष्ट्रीय इकाई द्वारा किया गया। इस बैठक में प्रारम्भिक विषय था प्राथमिक सदस्यता, जिसका नाम संगठन पर्व 2000 रखा गया और केन्द्र ने राष्ट्रीय स्तर पर नरेन्द्र मोदी जी को प्राथमिक सदस्यता प्रमुख नियुक्त किया और उन्होंने सब प्रान्तों से कहा कि आप अपने यहाँ साधारण सदस्य प्रमुख किसी कार्यकर्ता को नियुक्त करें। भाजपा दिल्ली प्रदेश ने श्री श्यामलाल गर्ग जी को नियुक्त किया। इस विषय को जिला मंडल तक पहुँचाने हेतु यह बैठक बुलायी गयी। साधारण सदस्यता हेतु प्रत्येक जिले में तीन प्रमुख कार्यकर्ताओं की टीम होगी, जिनमें एक महिला रहेगी। इस बैठक में प्रदेश पदाधिकारी, जिलों के प्रभारी, जिलों के अध्यक्ष, महामंत्री, संगठन मंत्री के अलावा जिला महिला मोर्चा अध्यक्ष के साथ सब मोर्चों के प्रदेश अध्यक्ष उपस्थित थे। संगठन पर्व 2000 के विषय में कुछ प्रमुखों बातों का उल्लेख श्री नरेन्द्र मोदी जी ने किया। उन्होंने बताया कि जो अपना साधारण सदस्यता का 10 वर्ष का एक बाक्स चल रहा है, यह 1994 से 2003 तक है। इस 2000 की सदस्यता के पश्चात् दोबारा से नयी सदस्यता होगी। परन्तु नये संविधान संशोधन के अनुसार हमें अपनी पुरानी सदस्यता के रिकार्ड की आवश्यकता अगले 6 वर्ष की अवधि वाली सदस्यता के समय पड़ेगी। नये संविधान में प्रावधान होगा कि सक्रिय सदस्य वही बनेगा जो तीन वर्ष पुराना सदस्य होगा। समिति में वही चुनकर आयेगा, जो एक वर्ष पुराना पार्टी का साधारण सदस्य होगा। इसलिए हमें अपनी

साधारण सदस्यता व सक्रिय सदस्यता का पूरा हिसाब ठीक करना होगा, जिससे आगे रिकार्ड आसानी से मिल सके। दूसरा मुख्य विषय, जिस समिति का पिछली बार सदस्यता अभाव के कारण गठन नहीं हो पाया, वह अवश्य गठित हो जाये, जिससे संगठन के कार्य को आगे बढ़ाने में बल मिल सके। उनका तीसरा मुद्दा था कि संसद में महिलाओं के आरक्षण का एक बिल विचाराधीन है। इस नाते हमें संगठन के कार्य में महिलाओं की अधिक भागीदारी करनी चाहिए। साधारण सदस्यता की इस टीम में एक महिला अवश्य रखें। हमारे प्रदेश अध्यक्ष अपनी जिला व मंडल अध्यक्ष और महिला मोर्चा की अध्यक्षों को इस संगठन पर्व 2000 से जोड़े। प्रदेश की ओर से बैठक में सूचना दी गयी कि पिछली 1994 व 1997 की साधारण सदस्यता सात लाख के लगभग है। अब हमें एक लाख चालीस हजार सदस्यता और बढ़ानी होगी। परन्तु यह साधारण सदस्यता मंडल इकाई पर 20 प्रतिशत बढ़नी जरूरी होगी, जिस में 20 प्रतिशत नहीं बढ़ेगी, वह मंडल गठित नहीं होगा। साधारण सदस्यता की कापी 2 लाख सदस्यों हेतु श्री श्यामलाल जी छपवायें और तय करें कि कोई सदस्यता प्राप्त करने वाला वंचित न रहे। साधारण सदस्यता चेन्नई अधिवेशन के बाद प्रारम्भ होगी।

चेन्नई अधिवेशन से 2-3 जनवरी को ही आ गये थे और 4 जनवरी को मंगलवार की साप्ताहिक बैठक में कहा गया कि जो जिले अभी कापी नहीं ले गये, वे कापियाँ ले जायें और नीचे मंडलों को आवश्यकता के अनुसार कापी देना प्रारम्भ करें। यह बात साधारण सदस्यता प्रमुख श्री श्यामलाल गर्ग ने जिला अध्यक्षों को कही और साधारण सदस्यता का समय 15 फरवरी तक का तय किया गया। साधारण सदस्यता ठीक प्रारम्भ हुई, परन्तु जहाँ-जहाँ से शिकायतें आयीं, उन शिकायतों को ध्यान में रखते हुए प्रदेश द्वारा कापी सीधे वितरित की गयी। साधारण सदस्यता का समय 15 दिन और बढ़ाना पड़ा। इसका कारण 22 फरवरी को हरियाणा विधान सभा चुनाव में प्रचार के लिए दिल्ली के कार्यकर्ताओं का लगभग 15 दिन हरियाणा में रहना। इस चुनाव प्रक्रिया से मैंने अपने आपको पहले दिन से ही अलग कर लिया था। इसके पीछे दो कारण थे। पहला संगठन के चुनाव में मैं

विवादित न बनूँ। दूसरा संगठन द्वारा जन-समस्याओं से जूझने हेतु अपना समय सुरक्षित रखूँ। हमारा साधारण सदस्यता का लक्ष्य पूरा हुआ और दो लाख से अधिक सदस्यता हो गयी।

नये संविधान संशोधन के अनुसार मंडल कार्यकारिणी का सदस्य वही बन सकेगा जो सक्रिय सदस्य होगा। इस हेतु प्रदेश द्वारा एक सक्रिय सदस्यता कमेटी प्रदेश में बनायी गयी, जो तीन सदस्यों की थी और जिसका चेयरमैन श्री मदनमोहन अब्रोल को बनाया गया। इसके दो अन्य सदस्य बने श्री जे. पी. शर्मा, हमारे वकील प्रकोष्ठ दिल्ली प्रदेश के महामंत्री, और महिला की दृष्टि से श्रीमती मीरा अग्रवाल पूर्व उपमहापौर। इसी तरह सक्रिय सदस्यता जाँच समिति प्रत्येक जिला इकाई पर बनायी गयी। जिला इकाई को कहा गया कि वह सक्रिय सदस्यता के फार्म अपनी साधारण सदस्यता के साथ ही भरवाते चलें। परन्तु यह ध्यान रखें कि नये संविधान संशोधन के अनुसार तीन वर्ष पुराना सदस्य ही सक्रिय सदस्यता कमेटी के समक्ष आवेदन करे। परन्तु अगर कोई फार्म भरना चाहे और तीन वर्ष पुराना नहीं है, वह फार्म ले लें। आवेदन स्वीकार व अस्वीकार करने वाली कमेटी इसका निर्णय स्वयं कर लेगी, क्योंकि इस सक्रिय सदस्यता वाले विषय में कुछ छूट देने का प्रावधान जिला अध्यक्ष के पास सुरक्षित है। वह अपने अधिकार का प्रयोग कर सकते हैं।

सक्रिय सदस्यता व साधारण सदस्यता के पश्चात् प्रारम्भ होना था संगठन की प्रथम इकाई पोलिंग समिति का चुनाव। चुनाव प्रक्रिया नीचे से प्रारम्भ करने हेतु प्रदेश के चुनाव इन्चार्ज बनने थे। इस हेतु केन्द्रीय चुनाव अधिकारी ने प्रदेश से तीन नाम मांगे और प्रदेश द्वारा तीन नाम दिये गये, चौधरी निहाल सिंह, श्री नंदकिशोर गर्ग व डाक्टर हर्षवर्धन। इन तीन नामों में से केन्द्रीय चुनाव अधिकारी श्री ओमप्रकाश कोहली जी ने चौधरी निहाल सिंह जी के नाम की स्वीकृति प्रदान की। अब आवश्यकता थी प्रदेश चुनाव अधिकारी द्वारा जिलों के चुनाव अधिकारी नियुक्त करने की। मेरे पास प्रमुख कार्यकर्ताओं (पदाधिकारियों) की संख्या अधिक थी और जिले केवल 16 थे। इस हेतु निर्णय लिया गया कि चुनाव अधिकारी चौधरी निहाल सिंह द्वारा मेरी 32 नामों की सूची में से 16 नाम जिला

चुनाव अधिकारियों के तय करने के पश्चात् जो शेष नाम होंगे उन्हें सक्रिय सदस्यता प्रमुख के नाते प्रत्येक जिले में चेयरमैन बनाकर भेजना होगा। यह कार्य संगठन का है। इस नाते संगठन मंत्री श्री पवन शर्मा जी को इसके साथ जोड़ दिया गया। चौ० निहाल सिंह प्रदेश चुनाव अधिकारी तय हुए थे और प्रदेश संगठन चुनाव के कार्यालय संबंधी कार्यों के लिए उनके सहयोगी के रूप में श्री के. के. शर्मा को नियुक्त किया गया। संगठन चुनाव के प्रथम चरण में समिति इकाई का चुनाव 30 मार्च 2000 तक, द्वितीय चरण में मंडल इकाई का चुनाव 20 अप्रैल 2000 तक, तृतीय चरण में जिला अध्यक्ष और राज्य परिषद सदस्य का चुनाव 30 अप्रैल 2000 तक सम्पन्न हुआ। इसके पश्चात् 17 मई 2000 को मुझे भाजपा दिल्ली प्रदेश का दुबारा सर्वसम्मति से अध्यक्ष घोषित किया गया।

खण्ड—चतुर्थ

डायरी के पन्ने

क्षमा शोभती उस भुजंग को
जिसके पास गरल हो
उसे क्या, दन्तहीन, विषरहित
विनीत और सरल हो

मेरे द्वारा लिखी डायरी के कुछ पन्ने

शुक्रवार, 23 फरवरी, 1996

पिछले दो दिन से श्री मदनलाल खुराना द्वारा मुख्यमंत्री पद से हवाला काण्ड के कारण त्यागपत्र देने से राजनीतिक सरगर्मी काफी तेजी से बदल रही थी। दिल्ली में राष्ट्रीय कार्यसमिति की बैठक भी 22-23 फरवरी को हो रही थी। मुख्यमंत्री के लिए कई नाम आ रहे थे। इनमें से जो पार्टी ने पर्यवेक्षक तय किये थे, उन्होंने केन्द्रीय कार्यालय में मुख्यमंत्री के बारे में विधायकों की पसंद लिखित में मांगी। मुख्यमंत्री चाहे जो भी बने, उसकी सरकार खुराना जी की भांति दिल्ली को चमकाने में कामयाब हो, ऐसी कामना है। आज प्रातः भ्रमण के पश्चात मैं अपनी लायब्रेरी को सुव्यवस्थित करने में लग गया और देखा कि इसमें किन-किन पुस्तकों व किन-किन महापुरुषों के छोटे-छोटे चित्र लाने शेष हैं। इसके पश्चात लक्ष्मीनारायण मन्दिर का वार्षिक उत्सव चल रहा है, मैं उसमें गया। आज प्रदेश कार्यालय में अधिक चर्चा दिल्ली के मुख्यमंत्री व अन्य मंत्रियों की ही रही। रात्रि 9.30 बजे समाचार मिला कि श्री साहिब सिंह वर्मा दिल्ली के मुख्यमंत्री बन गये हैं।

शनिवार, 24 फरवरी, 1996
दो रोज से चला आ रहा मुख्यमंत्री का निर्णय

आज दोपहर तीन बजे पुराने सचिवालय में भाजपा दिल्ली प्रदेश के अध्यक्ष श्री केदारनाथ साहनी, राष्ट्रीय नेता श्री मुरलीमनोहर जोशी और राष्ट्रीय महामंत्री एवं दिल्ली के प्रभारी कुशाभाऊ ठाकरे, सांसद ओमप्रकाश

कोहली के पहुँचने के पश्चात विधायक दल (भाजपा) की बैठक प्रारम्भ हुई और इस बैठक में पूर्व मुख्यमंत्री श्री मदनलाल खुराना उपस्थित थे। सर्वसम्मति से श्री साहिब सिंह वर्मा को नेता चुना गया और इसके पश्चात ये लोग दिल्ली के उपराज्यपाल से मिलने उनके राजनिवास पर गये और उन्हें मुख्यमंत्री घोषित किया गया। शपथ ग्रहण समारोह 26 फरवरी को दो बजे छत्रसाल स्टेडियम में होना निश्चित हुआ। आज जिस समय विधायक दल की बैठक हो रही थी। बाहर अपार जनसमूह उमड़ रहा था। लोगों के चेहरे पर खुशी की लहर दौड़ रही थी। शपथ ग्रहण का कार्यक्रम किसी बहुत बड़े स्थान पर हो, इसी कारण यह कार्यक्रम छत्रसाल स्टेडियम में रखा गया। इसके पश्चात प्रदेश की बैठक में युवा मोर्चा की राष्ट्रीय रैली जो 29.2.96 को रामलीला मैदान में होने वाली है, उसकी चर्चा हुई और एक रथ यात्रा जो 9 मार्च को माननीय आडवाणी जी दक्षिण भारत से प्रारम्भ कर रहे हैं और जो पूरे देश में भ्रमण करके 14 अप्रैल को दिल्ली में सम्पन्न होगी। इसी बीच खुराना जी चाहते थे कि एक रैली दिल्ली में भी निकले। इस पर सभी का कहना था कि यह रैली प्रदेश अध्यक्ष के नेतृत्व में निकलनी चाहिए, इस पर काफी चर्चा होने के पश्चात तीनों महामंत्री इसकी योजना बना लें, यह तय हुआ। और इसके बाद मैं हिन्दी साहित्य सम्मेलन की बैठक में आर्य समाज मंदिर, करोल बाग गया। इसके पश्चात् मैं रात्रि के कार्यक्रमों में नहीं जा सका। आज प्रातःकाल भ्रमण के पश्चात् शाखा में जाने के बाद घर आकर कुछ विधायकों से व अन्य लोगों से चर्चा हुई। आज घर आने वाले क्षेत्र के लोगों की संख्या काफी अधिक थी। इसके पश्चात् स्नानादि से निवृत्त होकर भागवत गीता पढ़ने लग गया। तत्पश्चात् ओमप्रकाश गर्ग के निवास सी-13, आदर्श नगर में वरुण के जन्मदिन का कार्ड देने चले गये। दोपहर में वजीरपुर औद्योगिक क्षेत्र के पदाधिकारी मुख्यमंत्री का होली मिलन पर समय लेने के लिए आये थे।

रविवार, 25 फरवरी, 1996

आज प्रातः भ्रमण के पश्चात् शाखा विकिर होने के बाद इस बात

की पार्क में बहुत अधिक चर्चा थी कि खुराना जी ने यह बात बहुत गलत की है कि दिल्ली में मुख्यमंत्री वही बनेगा, जिसे मैं चाहूँगा। इस बात से लोग नाराज थे कि भाजपा कार्यकर्ता से समाज ऐसी बात की आशा नहीं रखता। शाखा से मैं सीधा घर आ गया था। वहाँ से श्री मदनलाल खुराना के निवास पर कार्ड देकर आया। इसके पश्चात श्री साहिब सिंह वर्मा, मुख्यमंत्री के निवास पर वरुण के जन्मदिन का कार्ड देने गया था। वहाँ पर मुख्यमंत्री का अभिनन्दन करने जो लोग आये हुए थे, केवल अपने साथ गुलदस्ते और फूलों के हार ही नहीं लाये थे, बल्कि जिन जीपों व गाड़ियों में आये थे, उन्हें भी सजा रखा था। यह दृश्य मन को लुभाने वाला लग रहा था कि उत्साह उमड़ रहा है और वह भी अनुशासित। ऐसे मौकों पर लोग साधारणतः अनुशासित नहीं रहा करते।

इसके पश्चात् स्नानादि करके मन्दिर में अपने गुरुजी परम पूज्य स्वामी ज्ञान स्वरूपानंद जी से मिलने चला गया। वह मन्दिर के वार्षिक उत्सव पर प्रवचन करने श्री लक्ष्मीनारायण मन्दिर में आये हुए थे। आज प्रातः के समापन के अवसर पर हवन में भाग लिया और मन्दिर में पूजा की। भंडारा प्रारम्भ होने के बाद हमने गंगाधाम धर्मशाला के शिलान्यास में भाग लेने के लिए हरिद्वार प्रस्थान किया। मेरे साथ छोटा भाई महावीर प्रसाद, श्री मनोहरलाल, जीजा जी, अशोक जी, जीजा और साथ में महावीर की बहू व मेरी दोनों बहनें गयी थीं। हरिद्वार मैं शायद पिछले 10 वर्ष में लगभग 100 बार अवश्य गया हूँ। केवल 1991 व 1 मार्च, 1992 के बीच में 40 से अधिक बार गया था। 1 मार्च 1992 को निष्काम सेवा ट्रस्ट द्वारा निर्मित अग्रवाल सेवा सदन का उद्घाटन संसद में विपक्ष के नेता श्री लालकृष्ण आडवाणी जी ने किया। इस भवन में एक राम मन्दिर भी बनवाया गया है, इसकी मूर्ति प्रतिष्ठा महामंडलेश्वर 1008 स्वामी साक्षी हरी जी महाराज के द्वारा की गयी। साक्षी जी उस समय मथुरा से सांसद थे। इस भवन में महाराजा अग्रसेन जी की एक विशाल मूर्ति भी लगी है। इसका उद्घाटन उत्तर प्रदेश के वित्तमंत्री श्री राजेन्द्र गुप्त जी द्वारा किया गया। इस अवसर पर एक स्मारिका का विमोचन भी करवाया गया। विमोचन माननीय

श्री केदारनाथ साहनी ने किया। यह बात बिल्कुल सच है कि इस धर्मशाला का शिलान्यास माननीय अशोक सिंघल जी द्वारा 27 महीने पहले किया गया था। अब जब इसका उद्घाटन कराने का समय आया तो बैठक में चर्चा हुई कि किसी धन देने वाले से इसका उद्घाटन करवाना चाहिए। इस विचार को आगे ना बढ़ने देने में कुछ लोगों ने विचार रखा कि उद्घाटन किसी महात्मा से करवाना चाहिए। एक ने बीच में कहा, आज लगता है जो संघ के प्रचारक के रूप में लोग काम कर रहे हैं उनसे बड़ा त्यागी या महात्मा कौन होगा, जो सभी अपनी इच्छाओं को त्यागकर इस देश के पुनर्निर्माण में लगे हैं। सो हमें किसी राजनीतिक कार्य कर रहे व्यक्ति से उद्घाटन करवाना चाहिए। शायद भगवान ने मेरी इच्छा को फलीभूत किया हो। मैं इस बात का भी उल्लेख करना चाहता हूँ कि मैं इसका संस्थापक व महामंत्री भी हूँ। तय हुआ कि उस समय के मुख्यमंत्री श्री कल्याण सिंह या श्री लालकृष्ण आडवाणी जी इसका उद्घाटन करें। मैं भी उस वक्त भाजपा का दिल्ली प्रदेश का महामंत्री था। यह उद्घाटन श्री आडवाणी जी द्वारा बहुत कठिनाई से तय हो पाया। इसका कारण था कि 29 फरवरी को संसद में बजट आना था और 1 मार्च को विपक्ष के नेता के नाते प्रेस कान्फ्रेंस में आडवाणी जी को बोलना था। यह कठिनाई सामने थी, भगवान ने रास्ता निकाला। किसी कार्य से उत्तर प्रदेश के मंत्रियों को विमान से दिल्ली आना था। आडवाणी जी इस विमान से हरिद्वार जाकर पुनः दिल्ली आ सके। इस उद्घाटन के अवसर पर सर्वश्री अशोक सिंघल, सुशील मुनि, केदारनाथ साहनी, मदनलाल खुराना, विजयकुमार मल्होत्रा, ओमप्रकाश कोहली, स्वामी चिन्मयानंद जी, बी. एल. शर्मा प्रेम, ताराचन्द खण्डेलवाल, कालकादास, रामसिंह, सभी सांसद व उत्तर प्रदेश के लगभग 8 मंत्री, दिल्ली के महानगर पार्षद व निगम पार्षद और सभी समाजों के प्रमुखों के साथ लगभग तीन हजार लोग दिल्ली से गये थे।

बुधवार, 1 मई, 1996
बद्रीनाथ धामयात्रा

आज प्रातः 3.50 बजे उठ गये थे और हरिद्वार में ही स्नानादि से निवृत्त

होकर प्रातः 5 बजे बद्रीनाथ जी के लिए चल पड़े। हमने अपनी गाड़ी हरिद्वार में ही छोड़ दी। हमारा कल विचार था कि एक 13 सीटों वाली गाड़ी ले ली जाये। आठ सवारी हमारी थीं। एक पण्डित रामकरण शर्मा, एक रसोइया और अपने दोनों गाड़ियों के ड्राइवर साथ चलें। परन्तु रात्रि देरी से पता चला कि 13 सीटर तो पहले सभी यात्रियों के नाम के अनुसार स्वीकृति लेकर ही पहाड़ पर जा सकती है। वह गाड़ी लगभग प्रातः दस बजे चल पायेगी। रास्ता 14 घण्टे का है। इसलिए 13 सीटर में हमें रात्रि में बीच में रुकना पड़ेगा। इसलिए हमने दो एम्बेसडर गाड़ी कीं और रसोइया और दोनों चालक अपनी कारों के साथ वहीं छोड़ने पड़े। एक बार विचार आया कि अपनी गाड़ियाँ लेकर चलें, परन्तु किसी ने कहा कि अभी रास्ते में सड़क पर बर्फ है। आपके ड्राइवर इतने अनुभवी नहीं होंगे, जो रोजाना जाता है उसका अनुभव अधिक होगा। हम सबसे पहले ऋषीकेश रुके। हमने कल श्री सतपाल अग्रवाल जी को फोन किया था कि हमें धर्मशाला बनाने के लिए एक जमीन लेनी है। इसमें आपका सहयोग चाहिए। श्री यशपाल जी व्यापार महासंघ के पश्चिमी उत्तर प्रदेश के अध्यक्ष हैं और वह हमारी संस्था धर्मयात्रा महासंघ के पश्चिमी उत्तर प्रदेश के उपाध्यक्ष भी हैं। हमने हरिद्वार से चलने से पूर्व दो रोज तक काफी अधिक लोगों से बद्रीनाथ में जमीन लेने के लिए सहयोग माँगा था। इसका सबसे बड़ा एक ही कारण था कि बद्रीनाथ में जो जमीनें हैं, वे झगड़े की अधिक हैं। इसका एक बड़ा कारण यह था कि जब पण्डों के परिवार अलग होते हैं, तब जमीन किसी के हिस्से में आती है और कागज किसी और नाम से होते हैं। यह एक समस्या हो जाती है। इसके लिए हमें विश्वसनीय व्यक्ति चाहिए। हमने अधिक लोगों का सहयोग चाहा। मैं दिल्ली से श्री विजय बंसल जी से श्री मनोहरकांत ध्यानी जी व श्री राजकुमार जी का नाम व उनके ऋषीकेश व देहरादून के फोन नम्बर लेकर आया था परन्तु श्री ध्यानी जी चुनाव प्रचार के लिए नैनीताल, अल्मोड़ा गये हुए थे। इसके अलावा श्री पंकज जी, संगठन मंत्री, विश्व हिन्दू परिषद से भी सहयोग माँगा, उन्होंने परमार्थ लोक के प्रबन्धकर्ता माननीय मंगलानंद अवधूत जी के नाम पत्र दिया और रास्ते में ऋषीकेश से श्री यशपाल अग्रवाल जी का पत्र श्री जगदीश प्रसाद

जी डिमरी जोशीमठ के नाम पत्र लेकर आये। एक पत्र उन्होंने बगैर किसी को सम्बोधित किये लिखकर दिया कि आप इसको कहीं भी इस्तेमाल कर सकते हैं। हम जोशी मठ सायं 4.40 बजे पहुँच पाये और आखिरी गेट 4.30 बजे का होने के कारण हम डिमरी जी से नहीं मिल पाये।

वीरवार, 2 मई, 1996

आज प्रातः 4.30 बजे उठकर शौच आदि से निवृत्त होकर पंडित रामकरण शर्मा जी के साथ प्रातः भ्रमण के लिए निकल गये। हम सबसे पहले माना गाँव रोड पर गये। वहाँ पर एक भवन श्री डालमिया जी ने बनवाया है और व्यवस्था के लिये उसको जयराम आश्रम वालों को सौंप दिया है। इसके बाद बस अड्डे पर गये। वहाँ पर कुछ प्लाट थे, जिनकी पण्डित रामकरण से चर्चा मन्दिर के कपाट बन्द होने से पहले जब श्री घनश्यामदास के साथ आये, तब हुई थी। दोनों जगह देखकर विचार किया कि माना गाँव रोड की जमीन और बस अड्डे की जमीन दोनों ही मन्दिर से एक बराबर दूरी पर हैं, परन्तु कोई व्यक्ति बस से जब सायंकाल आयेगा, तब नजदीक का स्थान ही देखना चाहेगा, इसलिए बस स्टैंड पर जमीन प्रथम स्थान पर देखनी चाहिए। इसके पश्चात अपने कमरे में वापिस आकर एक प्याला चाय पीकर हम सभी भगवान बद्रीनाथ के दर्शन के लिए मन्दिर में चले गये। वहाँ जाकर तप्त कुण्ड में अधिक देर तक स्नान किया। पहले जब हम बद्रीनाथ जी में 10 वर्ष पूर्व आये थे, तब वाली बात हमें आज भी याद आकर स्नान से पूर्व ही आनन्द देती रही है कि इस कुण्ड में स्नान करने में कितना आनन्द आता है। मैं धार्मिक भाव से भी इसका उल्लेख नहीं करता तो भी कितना शारीरिक आनन्द इसमें नहाने में आता है, मैं लिख नहीं पा रहा हूँ। इसमें एक विशेष बात और भी है जिसकी जानकारी मुझे उसी कुण्ड में स्नान कर रहे श्री राकेश भरतलाल जी से मिली कि जब स्वतः भगवान विष्णु समाधि में यहाँ पर थे, तब माँ लक्ष्मी जी ने बेटी का रूप धारण करके भगवान विष्णु पर साया किया था। इसीलिए इस धाम को बद्रीनाथ धाम कहा जाने लगा। इस बात की उन्हें किसी ग्रंथ से जानकारी मिली थी। आज इस कुण्ड के एक भाग में जो पानी की सतह

से लगभग 6 इंच नीचे है, मैंने भी इसकी पूजा की और जो बात मेरा मन पूछ रहा था, उसकी जानकारी मुझे प्राप्त हो गयी। इसके पश्चात सूर्य को जल चढ़ाकर मन्दिर में प्रवेश किया और वहाँ पर जाकर मैंने अपना धर्मयात्रा महासंघ वाला परिचय कार्ड दिया, तो वहाँ बैठे धर्माधिकारी श्री जगदम्बा प्रसाद जी ने मुझे आगे बुलाकर कहा कि आप थोड़ी देर रुकें। मैं दो भाइयों की पूजा करवाकर आपकी पूजा करवाऊँगा। जब मैंने अपना कार्ड दिया, तब उनको वह बात याद आ गयी, जो हमने भारत के प्रमुख तीर्थस्थलों को लिखी थी कि धर्मयात्रा महासंघ आपका सहयोग इस बात के लिए चाहता है कि तीर्थों के विकास के लिए हमें आपके तीर्थस्थल पर यात्रियों की सुविधा को ध्यान में रखते हुए तीर्थ की गरिमा के अनुरूप क्या-क्या कार्य करणीय हैं बतायें। इस तरह सम्पर्क बढ़ाने में सहायता मिलती है। इसके पश्चात पूजा बड़े आनन्द के साथ सम्पन्न हुई और थोड़ी देर रुककर हमने एक बैठक पिछले कक्ष में की और बद्रीनाथ धाम के विकास की जब चर्चा हुई, तो उन्होंने कहा कि जब तक वैष्णों देवी की तरह यहाँ की जमीन व सभी भवनों का अधिग्रहण नहीं हो जाता तब तक यहाँ का विकास सम्भव नहीं है। यहाँ के ट्रस्ट को कोई विशेष भी अधिकार प्राप्त नहीं हैं। हमने काफी पहले लिखकर सरकार को अपना सुझाव भेजा था और उनका जवाब भी आया है। हम आपके पास उसकी कापी भेज देंगे। आज इस कारण से नहीं मिल सकती कि लोक सभा चुनाव आज होने के कारण कुछ कर्मचारी वोट डालने के लिए नीचे गये हुए हैं। इसके पश्चात् राकेश भरथवाल के साथ हम प्लाट देखने के लिए चले गये और एक प्लाट श्री भरथवाल जी ने, जो लगभग 1700 गज का है, हमें दिखाया। वह श्री अशोक कुमार गुप्ता ने पिछले साल लिया था। शायद भरथवाल को लग रहा होगा कि अभी तक उन्होंने पूरा भुगतान नहीं किया है, वह बेच भी सकते हैं। इसके लिए उनसे बात करने की जिम्मेदारी लगाकर आये। इसके बाद बागड़ धर्मशाला के प्रबन्धक से मिले, फिर भोजन किया और अधिक सर्दी होने के कारण श्री सोहनलाल जी परमार्थ लोक से जयपुरिया धर्मशाला में आ गये। सर्दी के कारण वह कमरे में ही रहे, बाकी लोग मन्दिर में सायंकाल आरती के लिए चले गये। सायंकाल आक्सीजन बहुत

कम हो जाती है, इसलिए देर तक घूम नहीं सकते थे। हम जब दोबारा होटल देवलोक में गये और उनसे एक कैटलाग लिया। उसमें सबसे आखिरी चोटी पर नीलकंठ दिखला रखा था। उन्होंने कहा कि आप रात्रि में देखें, इसके रंग बदलते रहते हैं और आपको इस चोटी से बहुत अधिक प्रकाश दिखाई देगा। हमने जब देखा सचमुच हमें यह बात आश्चर्यजनक लगी और उन्होंने बताया कि इससे ऊंची बारह चोटी हमारे देश में हैं, जिन पर कोई न कोई अवश्य चढ़ चुका है, परन्तु इस चोटी पर आज तक कोई भी नहीं चढ़ पाया।

शिक्षण वर्ग

मैं पीछे लिखता-लिखता अपनी कलम को रोक नहीं पाया और अधिक पीछे चला गया। पिछले 47 साल में मैं शिक्षण वर्ग क्यों नहीं कर पाया। आपने देखा होगा कि मैं रोटी की लड़ाई लड़ रहा था, परन्तु सोया हुआ नहीं था। मैंने फिर दिल्ली में 1966 से शाखा जाना आरम्भ किया मैं यह बताना भी चाहता हूँ कि मैंने बीच वाले भाग में शाखा जाना नहीं छोड़ा। परन्तु केवल उत्सवों पर व गुरु दक्षिणा पर जाया करता था। 1966 में मेरा बेटा भी आठ साल का हो गया था। विचार किया कि 2 साल के बाद मैं अपने बेटे को अवश्य ही नियमित शाखा भेजना आरम्भ करूँगा। प्रभु इच्छा से मेरे पाँच बेटे हैं। सभी स्वयंसेवक हैं। चार ने शिक्षण वर्ग ही नहीं किया, तृतीय वर्ष भी कर लिया है। मेरा आज 60 साल की आयु तक पहुँचते-पहुँचते कठिन से कठिन कार्य को करने का स्वभाव बना हुआ है। राम जन्मभूमि आंदोलन में एक बार तीन बेटे गये। उन्हें कारावास में डाल दिया गया। एक अंतिम स्थान पर पहुँच गया। फिर मैं और एक बेटा। इसके पश्चात आपातकाल में लम्बे समय तक जेल, फिर एक बार भाजपा द्वारा 1992 में 26 जनवरी को राष्ट्रीय ध्वज श्रीनगर में फहराने जाना।

अब एक साल से श्री आदित्य जी से शिक्षा ग्रहण कर रहा हूँ। इसी का परिणाम है कि मैं अपनी डायरी स्वयं लिखने लगा हूँ। मैंने अपने स्वागत कक्ष में एक पुस्तकालय बनाया है और अब मैं ग्रंथों का भी

पठन-पाठन करने लगा हूँ। यही कारण है कि अब मेरा विचार बना कि जीवन के शेष समय में मैं अपने सभी शिक्षण पूरे कर लूँ। कम-से-कम शिक्षाविहीन तो नहीं कहलाऊँगा। ठीक है, मेरे पास अब लगभग 15 बड़ी संस्थाओं का काम है—जैसे भारतीय जनता पार्टी प्रदेश कोषाध्यक्ष, धर्मयात्रा महासंघ का राष्ट्रीय अध्यक्ष, श्री सनातन धर्म प्रतिनिधि सभा का प्रदेश उपाध्यक्ष, हिन्दी साहित्य सम्मेलन का प्रान्त योजना मंत्री, निष्काम सेवा ट्रस्ट, हरिद्वार का महामंत्री, महाराजा अग्रसेन पब्लिक स्कूल का परामर्शदाता, नव आदर्श जनहित संघ का संस्थापक, आदर्श रामलीला कमेटी का मुख्य परामर्शदाता। इनके अलावा अन्य अनेक संस्थाओं के साथ जुड़ने का मतलब है अपनी क्षमता का शत-प्रतिशत उपयोग करना। कभी-कभी किसी-न-किसी प्रसंग को अवश्य लिखता रहता हूँ। जब मैं सन् 1949 में समालखा, हरियाणा में शाखा में जाने लगा, तब अपने मामा प्यारेलाल जी के यहाँ काम सीखता था अर्थात् वहाँ नौकरी करता था। मेरे मामाजी की जो दुकान थी, वह भी किसी की साझेदारी में थी। उस समय मेरा वेतन 25/- रुपया महीने का था। मैं अपनी बात को थोड़ा और पीछे ले जाना चाहता हूँ। जिस घर में मैं पैदा हुआ, वह एक अच्छा खाता-पीता परिवार था। मेरे जन्म पर हमारे दादा ने गाँव में बहुत कुछ बधाई के समय दिया था। इसके पश्चात् हमारी दुकान हमारे बाबा ने छोटे भाई के साझे में नरवाना मन्डी में की और हमारा काम व नाम मन्डी में प्रथम स्थान पर था। परन्तु 10-15 साल के पश्चात् रुई के सट्टे में इतना नुकसान हुआ कि कौन आधी खायेगा और कौन पूरी, यह विचार किया जाता था। दिल्ली आने से पूर्व मैंने 6 साल अकोला, वर्धा (महाराष्ट्र) व कलकत्ता में नौकरी की। दिसम्बर 1956 में मामा जी भी समालखा से कलकत्ता व वहाँ से दिल्ली आ गये थे। दिल्ली में आकर मुझे एक नौकरी 250/- रुपये की मिल रही थी, परन्तु हमारे मित्र जगदीश बन्सल ने बताया कि जिस स्थान पर यह 250/- रुपये की नौकरी है, उनके यहाँ पहले भी कई मुनीम हैं। उन्होंने बताया कि एक दाल का कारखाना है। वहाँ पर अब कोई मुनीम नहीं है और उसके यहाँ कोई भी मुनीम तीन-चार महीने से अधिक नहीं टिक पाया, कारण कि उनमें थोड़ी देर का गुस्सा आता है, परन्तु वहाँ अगर

तुम टिक गये तो दाल बनाने की पूरी जानकरी आपको आ सकती है। मैं पहले भी वर्धा में दाल मिल में था। यह जानकारी जगदीश जी को थी। उन्होंने बताया कि वह वेतन केवल 80/- रुपये महीना देंगे। अगर तुमने उनका काम सम्भाल लिया, तो अच्छी तरक्की हो सकती है। मैंने यह जीवन का आरम्भ करने वाला चैलेन्ज स्वीकार किया। मुझे विश्वास था कि मैं काम कर सकता हूँ। मैं वर्धा, फिर कलकत्ता में 350/- रुपये की नौकरी छोड़कर आया था। इसका सबसे बड़ा कारण था कि घर वालों ने महसूस किया कि अगर मैं कलकत्ता में रहूँगा, तो मेरी शादी जल्दी नहीं हो पायेगी। कारण वहाँ कोई छोटी आय वाला देखने नहीं जा सकता।

शाखा विकिर होने के पश्चात् भोजन का समय 8.15 बजे होता है। वितरण वाले पंद्रह मिनट पूर्व पाकशाला में पहुँच जाते हैं। भोजन एक साथ सभी अधिकारियों सहित किया जाता है। इसके पश्चात् रात्रि 9.15 बजे किसी रोज अंताक्षरी, कभी भजन संध्या आदि होती। यह कार्यक्रम व बैठक दस सवा दस बजे समाप्त हो जाता था। इसके पश्चात् हम हनुमान चालीसा का संयुक्त पाठ करते हैं। कभी भोजन से पूर्व भी हो जाता है। मगर मैं इस बात का अवश्य उल्लेख करना चाहता हूँ कि वर्ग में आने के पश्चात् मैं पूजा व सूर्य को जल देने का अपना कर्तव्य पूरा नहीं कर सका। मैं जिस रोज घर से आया था, उसी रोज 19-5-96 को पूजा करते वक्त क्षमा याचना कर आया था कि मैं सुचारु रूप से नित्य कर्म नहीं कर पाऊँगा। इसके लिए परमात्मा मुझे क्षमा करें। भोजन के पश्चात् पूजा व इसके बाद दीप विसर्जन रात्रि 10.30 बजे होता है। हम रात्रि में खुली छत पर सोया करते थे। कुछ देर के पश्चात् तुरन्त नींद आ जाती थी। इसका सबसे बड़ा कारण था अधिक मेहनत व विश्राम के लिए समय न मिलना।

मैंने अपनी प्रातः काल से रात्रि तक की दिनचर्या लिखने का प्रयास किया है, परन्तु अब मैं अपने मन की बात कहना चाहता हूँ। जो स्वयंसेवक प्राथमिक वर्ग में आये हुए थे, उनसे चलते फिरते जो चर्चा हुआ करती है उसके बारे में। इस वर्ग में 70 से 80 तक बिल्कुल नये स्वयंसेवक आये थे। कुछ स्वयंसेवक गजेसिंह के साथ नजफगढ़ से आये हुए थे। लगता

है, वह पहले कभी संघ के नजदीक नहीं रहे और उन्हें संघ के नियमों का ज्ञान भी नहीं था। इसके साथ 10 स्वयंसेवक ऐसे भी आये हुए थे, जो थे तो काफी पुराने, परन्तु उनके जीवन में अभी संघ ने प्रवेश बिलकुल नहीं किया था। सेवा निवृत सेना के कर्नल भरपुर सिंह इनमें प्रथम बार आने वाले एक थे। भोजन से लगभग सवा बजे हम निवृत्त होते थे, भोजन वितरण के लिए 45 स्वयंसेवकों की आवश्यकता होती थी, जो दूसरी पारी में भोजन करते थे। इसके पश्चात् हमें 45 से 60 मिनट का समय मिलता था। कई बार उस समय का उपयोग हम विश्राम करके पूरा किया करते थे और कभी अन्य स्वयंसेवकों के साथ विचार-विमर्श करके। हमारी अगली बैठक दोपहर 2.40 बजे प्रारम्भ हुआ करती थी। हर बैठक से पूर्व वर्ग गीत का एक बार अवश्य व कभी-कभी एक से अधिक बार भी अभ्यास किया जाता था। इसके पश्चात जो अधिकारी बौद्धिक के लिए आया करते थे, वे पहले बौद्धिक का विषय देते हैं। मैं जानकारी के लिए बताना चाहता हूँ कि मैंने प्रातः 4 बजे जागरण से लेकर रात्रि 10.30 बजे तक पूरी दिनचर्या का विवरण सुझाव सहित उल्लेख किया है। मैं बता रहा था कि हमारी बैठक जो 2.40 वाली थी, वह 3.30 बजे समाप्त होती थी और उसके पश्चात कभी उसी स्थान पर अल्पाहार आता था। जैसे कभी भुने हुए चने, आम, नींबू पानी इत्यादि। हमारी अगली बैठक कभी पूरे वर्ग के विशाल कक्ष में, तो कभी एक से अधिक स्थानों पर भी हुआ करती थी। परन्तु सायं 4 बजे होने वाली बैठक में किसी उच्च अधिकारी का बौद्धिक होना होता था, जिसमें पूरे वर्ग के 242 शिक्षार्थी व 60 प्रबन्धक व शिक्षक सभी करते थे। यह बैठक पाँच बजे समाप्त हो जाती है और बौद्धिक करने वाले अधिकारी से बहुत से स्वयंसेवक बौद्धिक के कुछ बिन्दुओं पर चर्चा प्रारम्भ कर देते थे, जिसमें 15 मिनट और लग जाते थे। पहले दिन तो हमें चाय नहीं मिली, परन्तु अगले दिन एक व्यवस्था हो गयी कि 1 रुपया देकर एक कप चाय कैंटीन से ले सकते थे और तीन रुपया देकर 200 ग्राम दूध ले सकते थे। मैं बता रहा था कि सायं 5 बजे बैठक समाप्त होने और अगली कार्यक्रम के बीच का समय 30 से 60 मिनट तक का चाय व डायरी है, जिसमें लेखन किया जा सकता

था। इसके पश्चात सायं 6 बजे सायंकाल की शाखा लगती थी। इसमें हम पाँच मिनट पूर्व पहुँच जाते थे। शाखा लगने के पश्चात शाखा के आदेश व अपनी नित्य प्रति लगने वाली शाखा के नियमों की जानकारी देना व भोजन वितरण व अन्य विषयों की जानकरी देना आदि होता था।

सोमवार, 20 मई, 1996

आज प्रातःकाल चार बजे से पाँच मिनट पूर्व शिक्षक द्वारा सीटी बजाना आरम्भ हुआ और 4 बजे लगभग सभी बिस्तर छोड़कर शौच से निवृत होने के लिए स्कूल की सीमा से बाहर परन्तु सीमा से सटे हुए शौचालय व स्नानागार गये और निवृत होकर पाँच बजे शाखा वेश में संघ स्थान पर पहुँच गये। प्रातःकाल ढाई घण्टे के शारीरिक कसरत के पश्चात 35 शिक्षार्थी व 2 शिक्षकों की एक बैठक हमारे प्रचारक के सान्निध्य में श्री योगेश जी ने ली और सभी मध्य विभाग के शिक्षार्थियों का एक चार्ट बनाया और हमारा सभी का परिचय हमारे प्रचारक श्री राकेश जी से करवाया। इसी बीच में अल्पाहार आ गया। चार्ट बनने के बाद अल्पाहार किया और उसके पश्चात संघ की प्रार्थना का अभ्यास करने के लिए हम क्रमशः नम्बर 8 में चले गये। यहाँ मैं बताना चाहूँगा कि प्रार्थना सीखने वालों के अलग-अलग गण बन गये। कहीं एक स्थान पर दो गण व कहीं इससे अधिक भी थे, हमारे कक्ष में दो गण थे। हमारे गण की संख्या 25 थी और हमारा गण प्रौढ़ स्वयंसेवकों का था। हमारे गण में 11 सरकारी सेवा से निवृत्त लोग थे, जो उच्च पदों से सेवा निवृत हुए थे। इनमें एक सेना के कर्नल भी रोहतक से आये थे, उनका नाम भरपूर सिंह था और कुछ केन्द्रीय सरकार के मंत्रालयों से सेवा निवृत हुए थे। कुछ व्यापारी भी थे, कुछ पुराने स्वयंसेवक थे। इस तरह हमारी सारी दिनचर्या प्रारम्भ हुई। प्रातः 4 बजे जागरण की सीटी बजती थी और उसके पश्चात पाँच बजे शाखा लग जाती थी और लगभग 7.30 बजे विकिर हो जाती है। परन्तु विकिर से पूर्व आज होने वाली व्यवस्थाओं की जानकारी देने में पंद्रह मिनट का समय लग जाता था। इसके पश्चात जैसे मैंने उल्लेख किया कि प्रार्थना अभ्यास किया जाता और उसके पश्चात प्रात 9.30 से 10.30 तक का समय स्नानादि

के लिए दिया जाता था। इसके पश्चात 10.45 मिनट पर किसी-न-किसी अधिकारी का बौद्धिक होता था। यह एक-सवा घन्टे तक चलता है और समाप्त होते-होते बारह बज जाते हैं। भोजन सवा बारह बजे होता था। रोजाना भोजन वितरण करने वाले कार्यकर्ता संघ के विभाग के अनुसार अपने बर्तन एक साथ रखकर भोजन वितरण के लिए पहुँच जाते थे।

बैठक धर्मयात्रा महासंघ व प्रधानमंत्री अटल जी का नागरिक अभिनन्दन

आज प्रातः 6.15 पर श्री सनातन धर्म मन्दिर सी ब्लाक में प्रांत प्रचारक माननीय श्री प्रेम गोयल जी आये थे। आज सायंकाल संघ का प्राथमिक वर्ग सात दिन का गीता स्कूल, सुलतान पुरी (गीतापुरी) में आरम्भ होना था। इसका समय सायं 6 बजे का था, परन्तु आज भारत के प्रधानमंत्री श्री अटलबिहारी जी की सभा सायं 7 .15 बजे समाप्त होनी थी। मुझे विभाग कार्यवाहक श्री द्वारिका नाथ जी से सभा समाप्त होने के बाद जाने की अनुमति मिल गयी। इसका कारण था कि भाजपा प्रदेश का पदाधिकारी होने के कारण रामलीला मैदान में विशेष व्यवस्था के लिए लगा रखा था। इसके पश्चात आज श्री महावीर प्रसाद जी के निवास स्थान पर धर्मयात्रा महासंघ की प्रथम बैठक थी। यह बैठक प्रातः 9 बजे आरम्भ हुई। इस बैठक में सर्वप्रथम मैंने राष्ट्रीय अध्यक्ष के नाते दिल्ली प्रान्त के अध्यक्ष श्री प्रमोद अग्रवाल जी का परिचय करवाया और फिर मैंने अपने राष्ट्रीय पदाधिकारी व प्रन्यासी व सरकारी कमेटी के सदस्यों का परिचय करवाया। हमने विशेष आमंत्रण पर मध्य विभाग के कार्यवाहक श्री द्वारिका नाथ जी व अशोक विहार नगर के सह कार्यवाहक श्री धीरज कुमार जी को भी बुलवा रखा था। इसके पश्चात् मैंने पिछले 15 महीनों में धर्मयात्रा महासंघ द्वारा किये गये कार्यों की जानकारी दी और इसके पश्चात् विचार हुआ कि अब हमें नया नारा देना चाहिए। इसके लिए हमने भारत के प्रधानमंत्री के सम्मान में जो पोस्टर निकाला है उसमें सबसे ऊपर एक स्लोगन के रूप में लिखा है—

भारत की आत्मा तीर्थों में वास करती है
अब चार कदम तीर्थों के विकास की ओर

इसके अलावा जो अभी तक धर्मयात्रा महासंघ द्वारा कार्य किये गये, वे हैं—

गंगा अवतरण का प्रबन्ध तथा काँवरियों की व्यवस्था के लिए दिल्ली सरकार द्वारा काँवरिया कमेटी का गठन करवाकर उनकी व्यवस्था करवाना व कैलाश मानसरोवर के यात्रियों के प्रथम जत्थे का अभिनन्दन दिल्ली सरकार व पाँचवें जत्थे का माननीय रज्जू भैया जी द्वारा। इसके पश्चात विक्रमी संवत 2053 शाह आडिटोरियम में मनाया गया। इस अवसर पर मुख्य अतिथि श्री अटलबिहारी वाजपेयी, श्री अशोक सिंघल जी, श्री विष्णु हरि डालमिया, श्री गिरिराज किशोर जी, श्री साहिब सिंह वर्मा व अन्य अतिथियों के साथ बड़े कवि सम्मेलन का आयोजन भी हुआ था। इसके पश्चात् आज मेरे बेटे सुरेश की साली की सगाई श्री ओमप्रकाश के लड़के के साथ हुई। उसमें उपस्थित होना था। यह रिश्ता मेरे ही द्वारा करवाया गया। इसमें दोनों ओर की संख्या छोटे-बड़े मिलाकर 50 रही होगी। सायं 4.30 बजे रामलीला मैदान में श्री योगेश अग्रवाल, सुनील जैन व अशोक गर्ग के साथ पहुँच गये। माननीय अटल जी, आडवाणी जी व सभी केन्द्रीय मन्त्रियों व सभी सांसदों व केन्द्रीय पदाधिकारियों के आगमन पर उनका अभिनन्दन किया गया। श्री लालकृष्ण आडवाणी 5.45 व अटल जी 6 बजे रामलीला मैदान में पहुँच गये और पहले उनके अभिनन्दन में हमारे दिल्ली प्रदेश के अध्यक्ष श्री केदारनाथ साहनी जी व उसके पश्चात श्री लालकृष्ण आडवाणी जी का भाषण हुआ। उनके भाषण में एक पूर्ण विश्वास का भाव था कि 31 मई को संसद में बहुमत सिद्ध करने के समय सफलता अवश्य मिलेगी। हमें 1996 में कांग्रेस के खिलाफ अधिक मत मिले हैं। इससे पहले दो बार कांग्रेस सत्ता से अलग अवश्य हुई, परन्तु उसे किसी भी एक दल से मत कम नहीं मिला। इसलिए जनादेश यह था कि हम केन्द्र में सरकार बनाएँ। माननीय अटलबिहारी वाजपेयी जी का प्रधानमंत्री के नाते जब लोग भाषण सुन रहे थे, लोगों को कितना

आनंद आ रहा था, मैं इसका बखान नहीं कर पा रहा हूँ। उन्होंने कहा कि आज देश की सुरक्षा की स्थिति कितनी खराब है कि मुझे काँच के मकान के अन्दर से बोलना पड़ रहा है। मैं इस काँच के मकान से प्रथम व अंतिम बार बोल रहा हूँ। इतनी कड़ी सुरक्षा अपनों से दूर करती है। भाषण समाप्त होने के पश्चात मैं गीता स्कूल में प्राथमिक वर्ग के लिए सीधा ही चला गया। मेरा बिस्तर वगैरह पहले चला गया था।

माननीय बालासाहब देवरस का निधन
मंगलवार, 18 जून, 1996

आज प्रातःकाल शाखा तो लगी परन्तु ध्वज नहीं लगा। हमें रात्रि में सूचना मिल गयी थी कि माननीय बालासाहब देवरस का देहान्त पुणे में हो गया। इस कारण से आज शाखा में ध्वज नहीं लगा और शाखा विकिर के पश्चात दो मिनट का मौन रखा गया। श्री देवरस जी ने संघ के कार्य का सम्पूर्ण भारत व भारत से बाहर भी विकास किया। आज समाज का कोई ऐसा वर्ग नहीं, जहाँ संघ कार्य नहीं पहुँचा हो। ऐसा कोई क्षेत्र नहीं, जहाँ प्रचारक नहीं पहुँचा। आज पूरे विश्व में अगर कोई एक संगठित व अनुशासित संगठन है तो केवल राष्ट्रीय स्वयंसेवक संघ ही है। आज भारत के विषय में कोई भी विचारक जब विचार करता है, तो सबसे पहले सोचता है कि इस विषय में संघ की सोच क्या है। आज सायंकाल प्रदेश कार्यालय में साप्ताहिक बैठक भी केवल देवरसजी को श्रद्धांजलि देकर समाप्त कर दी गयी। मैं आज झण्डेवालान कार्यालय गया था। वहाँ भी प्रातःकाल एक श्रद्धांजलि सभा का कार्यक्रम था। उसमें श्रद्धांजलि देने वाले स्वयंसेवक आते रहे। इसके साथ ही आज उनके देहान्त की चर्चा रही। आज प्रातःकाल हमारे घर पर भाजपा, अशोक विहार मंडल व भारत नगर मंडल के कार्यकर्ता व दोनों मंडलों के युवा मोर्चा के कार्यकर्ता भी आये थे। इसके साथ श्री धर्मवीर यादव व श्री राजसिंह चौहान भी आये थे। आज दिन भर ऐसी ही व्यस्तता रही। आज सायंकाल जब प्रदेश पदाधिकारियों की बैठक हुई, उसमें उस कार्ड पर विचार हुआ, जो अशोक विहार युवा मंच द्वारा 26 जून को इस क्षेत्र के सांसद श्री बी.एल. शर्मा प्रेम, श्रीमती सुषमा स्वराज

व श्री साहिब सिंह का अभिनन्दन के लिए छपवाये थे। इस कार्ड में जिला अध्यक्ष महेन्द्र नागपाल का नाम नहीं था। इस कारण से यह कार्ड शिकायत के रूप में प्रदेश अध्यक्ष के समक्ष रखा गया। साहनी जी ने कहा कि कुछ मंडल जिला को छोड़ कर सीधा कार्यक्रम कर रहे हैं, यह ठीक नहीं है। जो इस कार्यक्रम में जाने वाले हैं, मैंने उनको मना कर दिया है। इस पर मैंने अपनी नाराजगी व्यक्त की। जो कभी अनुशासन को नहीं मानता केवल उसकी ही सुनी जाती है जो अनुशासन में रहता है, उसकी बात नहीं सुनी जाती। इस पर अन्य लोगों ने आज प्रातःकाल शाखा विकिर के पश्चात घर आकर श्री राजकुमार गर्ग, विजय बंसल, नंद किशोर अग्रवाल, राजसिंह चौहान के साथ मंत्रणा की। इन सब को कहा कि प्रातः 10 बजे विकास व ट्रान्सपोर्ट मंत्री श्री राजेन्द्र गुप्ता भारत नगर में अथार्टी पर आयेंगे। नीमड़ी कालोनी वालों की कुछ समस्या है, जिसके कारण उनको बहुत कठिनाई का सामना करना पड़ रहा है। इसके साथ ही वहाँ पर आज नगर निगम के चीफ इन्जीनियर भी आयेंगे। उनकी जो कठिनाइयाँ हैं, वह साथ जाकर मुख्यमंत्री के समक्ष रखी। इसके पश्चात स्नानादि से निवृत्त होकर स्वाध्याय किया और आज यह भी एक निश्चय किया कि हम भागवत का अठारहवाँ अध्याय अगर इसी मास में समाप्त कर दें तो बहुत अच्छा रहेगा। श्रीमद्भागवत को पूरी करने में हमारे अठारह महीने लगे। इसके पश्चात नाश्ता करके विश्राम किया, फिर गुरुजी आ गये और पढ़ाई प्रारम्भ की। आज प्रातःकाल शाखा से आने के पश्चात छोटे भाई महावीर के साथ बैठकर चाय पी रहा था। उसने बताया कि भाई साहब, मकानों की कीमत बहुत बढ़ती जा रही है। आपको अब किसी तरह एक बड़ा मकान अशोक विहार में अवश्य तुरन्त लेना चाहिए। बच्चे बड़े हो रहे हैं। आपके यहाँ एक मकान में 6 परिवार हैं। कहीं बढ़ाने की गुंजाइश भी नहीं है। इस मकान में मैं और मेरे 5 बेटे अपने परिवार के सहित रहते हैं। मेरे 9 पोते पोती हैं। मैंने कहा कि हमारे पास अभी दो साल पक्का मकान बनाने की स्थिति बिल्कुल नहीं है और अशोक विहार में कोई फ्लैट भी नहीं लिया जा सकता है। इसके पश्चात समय देखकर यह बात अपने बेटों से की। सुरेश का कहना था कि अगर हमने अभी मकान के विषय में सोचा, तो

हमारी दुकानों को इसका नुकसान होगा। अलग होने के अब दो साल बाद काम पटरी पर आया है, यह उतर न जाये। बड़ा बेटा सुभाष इस विषय में अधिक मुखर नहीं हुआ। परन्तु उसकी यह इच्छा अवश्य दिख रही थी कि एक मकान की आवश्यकता तो तुरन्त है। अन्य में अशोक व संजय का मत मेरे मत के साथ नजर आ रहा था।

बुधवार, 26 जून, 1996

आज सायं 5 बजे भारतीय जनता पार्टी दिल्ली प्रदेश की साप्ताहिक बैठक प्रदेश कार्यालय में थी। मेरे पीछे बैठे श्री रामभज जी ने उल्लेख किया कि हमने जनता दल के प्रदेश अध्यक्ष को पार्टी में शामिल कर लिया है। मैंने तुरन्त उठकर जानना चाहा कि वीरेश प्रताप कह रहा है कि अगर मैं 1980 में साहनी जी की बात मानकर भाजपा में आ जाता तो अब दिल्ली का मुख्यमंत्री होता। साहनी जी का इशारा पा कर बात को आगे नहीं बढ़ाया।

बैठक के पश्चात घर आकर सतीश से पुष्पांजलि में जो मकान देखा है, उसके विषय में चर्चा आरम्भ हुई और परिवार में बैठकर दूसरा मकान लेने पर विस्तार से पुनः चर्चा हुई। यह महसूस किया गया कि एक मकान में 6 परिवार नहीं रह सकते। अब जैसे-जैसे बच्चे बड़े हो रहे हैं, मकान की तुरन्त आवश्यकता महसूस होने लगी है। यह विचार पहले भी आ चुका था कि अशोक विहार में मकान लेना हमारी शक्ति से बाहर का हो गया और अब फ्लैटों में कोई बच्चा जाना नहीं चाहता तो विचार आया कि कोई 150 गज के लगभग का मकान कहीं से कर्ज लेकर भी लेना चाहिए और फिर पूरा परिवार मिलकर आने वाले 3 वर्ष में कर्ज उतार सकते हैं, क्योंकि अभी हमारे परिवार में कोई शादी वगैरह का बड़ा खर्च 6-7 साल नहीं आने वाला है।

आज प्रातःकाल तबियत खराब होने के कारण शाखा में नहीं गया। आज कार्य हेतु मिलने आने वालों में थे श्री एस.के. टंडन, श्री कपिला, पंडित देवीशरण, श्री नगेन्द्र व उसके साथ अन्य लोग व श्रीमती पद्मकान्ता, श्री शम्भू प्रसाद, श्री राजकुमार गर्ग, श्री सुनील जैन, श्री विजय बंसल,

श्री शर्मा जी, श्री दीपक नागर, श्री ठाकुर, बी. एन. सिंह, जीजा रिखीराम जी, श्री राजसिंह चौहान। ये लोग कुछ अन्य समूह में व कुछ मंडल में चल रहे वातावरण के विषय में व कुछ पुलिस व कुछ दिल्ली प्रशासन से संबंधित कार्य हेतु आये। इसके पश्चात अपने जीजा ज्योतिराम जी को देखने के लिए चला गया। उनको पीलिया काफी अधिक हुआ है। कमजोरी अधिक आ गयी थी। हमारे पड़ोस में श्री बालकिशन जी की माता का देहान्त हो गया था। उनके घर गया। निगम बोध घाट पर अपने बड़े बेटे सुभाष को दुकान पर फोन करके भेजा। इसके पश्चात गुरुजी आ गये, उनसे पढ़ने के बाद मैं भाजपा प्रदेश कार्यालय जाना चाहता था परन्तु तबियत खराब होने के कारण स्कूटर पर जाने की हिम्मत नहीं जुटा पाया और आज कार्यालय नहीं जा पाया। थोड़ी देर बाद सतीश का फोन आया कि पुष्पांजलि वाली कोठी एक बार अगर आप लोग देख लें, तो आगे इस बात को बढ़ाने की योजना बनायी जा सकती है। सतीश को मैंने कहा कि रोशनआरा रोड पर दुकान पर फोन करें। सुभाष या अशोक मुझे अपने साथ यहाँ से ले जायें और वह भी एक ही बार में देख लें। थोड़ी देर के पश्चात रोशनआरा रोड से अशोक आ गया और उसके साथ मैं भी कोठी देखने चला गया। मंगोलपुर दुकान से सतीश और रवि भी आ गये। परन्तु चलने से पूर्व सुरेश ने कोठी लेने पर अपना सख्त विरोध जताया। उसका कहना था कि अभी हमें कोई मकान नहीं लेना चाहिए। मकान के लिए रुपया दुकान से नहीं निकाला जा सकता। अगर ब्याज पर लेकर लगाया, तो ब्याज नहीं दिया जा सकता। इस तरह उसने अपनी नाराजगी व्यक्त की।

महाराजा अग्रसेन अस्पताल पंजाबी बाग के चुनाव से संबंधित बैठक
शनिवार, 29 जून, 1996

टोनी की गाड़ी में ही बैठकर पंजाबी बाग श्री नंदकिशोर गर्ग के निवास पर चला गया। आज वहाँ महाराजा अग्रसेन अस्पताल से संबंधित एक बैठक थी। इसका विषय था आगामी 14 जुलाई को अस्पताल की कमेटी के चुनाव। यह एक बड़ी समस्या रही है। जिस संस्था का थोड़ा काम बढ़

जाता है। उसमें संयुक्त काम करने की आदत खत्म हो जाती है और संगठन ग्रुपों में बँट जाता है। इसमें मेरा कहना है, जहाँ यह चुनाव वाली परम्परा से संगठन को थोड़ा नुकसान होता है, वहाँ काम बढ़ाने में फायदा भी है। हर ग्रुप अधिक काम करके दिखाना चाहता है और अपने साथ अधिक लोगों को जोड़ता है। परन्तु इसमें मेरा एक दूसरा विचार भी है। कई बार जिस अधिक प्रतिभाशाली व्यक्ति को हम आगे लाना चाहते हैं, उसका जब यह विचार रहता है कि मेरे लिए सब एक बराबर हैं। वह व्यक्ति उस समय अपना लक्ष्य सोसायटी न मानकर अपनी प्रतिभा (अपना सम्मान) को मान लेता है। वह पीछे हट जाता है। पूरा समाज उसका लाभ नहीं उठा सकता। इस बैठक में सदस्य तो लगभग एक पक्ष के थे परन्तु प्रमुख लोग समझौता करवाने के पक्ष में भी थे। इसके लिए एक सात सदस्य कमेटी बनायी गयी जो आपसी तालमेल कैसे हो, इस बात का प्रयास करेगी। इसके सदस्य बने—1. श्री मांगेराम गुप्ता 2. श्री मुंशीराम गुप्ता 3. श्री नंदकिशोर गर्ग 4. श्री ब्रजमोहन गर्ग 5. श्री रोशनलाल अग्रवाल 6. मांगेराम गर्ग यानी मैं 7. श्री मनीराम गुप्ता।

इसके अलावा क्षेत्र के अनुसार सूची दी गयी व सभी को एक-एक सदस्य तक पहुँचने के लिए कहा गया। इस बैठक में 70-80 की संख्या रही होगी।

करोल बाग संसदीय क्षेत्र में लोक सभा चुनाव की पूछताछ

आज प्रातः शाखा विकिर से पूर्व ही घर आ गया था। महाराज अग्रसेन ज्योति रथ यात्रा 15 जुलाई को अशोक विहार विधान सभा क्षेत्र में आयेगी। उसका अभिनन्दन व अग्रोहा विकास ट्रस्ट द्वारा अग्रोहा के विकास के लिए धन के विषय को लेकर श्री शादीलाल मिण्डा के निवास स्थान पर एक बैठक थी। इस बैठक में श्री रवीन्द्र संगल, श्री शादीलाल मिण्डा, श्री शिवचरण गुप्ता व रामविलास अग्रवाल उपस्थित थे। कार्यक्रम पर चर्चा के साथ निर्णय लिया गया कि स्टिकर, हैण्डबिल बाँटे जायें। शोभायात्रा वजीरपुर औद्योगिक क्षेत्र से होकर अशोक विहार में प्रवेश करेगी। दीप सेन्ट्रल मार्केट के आगे मंच लगाकर उसका स्वागत किया जाये व इसके

पश्चात जुलूस के रूप में अशोक विहार फेज-4 वाले स्कूल में ले जाया जाये और वहाँ बड़ा कार्यक्रम हो। इसके पश्चात श्री ठाकुर बी.एन. सिंह, राकेश शर्मा, कृष्णचन्द गुप्ता, डाक्टर दीपक, डाक्टर अरुणा, श्री सुभाष अग्रवाल, श्री ओ. पी. सैनी व श्री दर्शनलाल लुम्बा के साथ मुलाकात के पश्चात मैं डाक्टर सुभाष अग्रवाल के साथ सुन्दरलाल जैन अस्पताल में अपने को चेक करवाने के लिए गया। डाक्टर प्रीतम गुप्ता ने काफी समय लगाकर देखा। मैंने पिछले एक सप्ताह में अपने जो टेस्ट करवाये हैं, उनकी रिपोर्ट देखी और पाया कि कोई विशेष बीमारी नहीं है। केवल छाती पर प्रदूषण के कारण व अन्य कारणों से इन्फेक्शन हो जाता है। अगर कुछ समय तक 'पफ' लिया जाये और उसके पश्चात गर्म पानी से भाप ली जाये तो यह शिकायत नहीं रहेगी। इसके पश्चात स्नानादि से निवृत्त होकर नाश्ता किया। देरी होने के कारण स्वाध्याय व पूजा नहीं कर पाये। इसके पश्चात प्रदेश में पदाधिकारियों की बैठक थी। उसमें आगामी कार्यक्रम पर विचार हुआ। इसके पश्चात करोल बाग संसदीय क्षेत्र में चुनाव के हार के कारण व चुनाव के समय संगठन की सक्रियता व निष्क्रियता की जानकारी के लिए गठित तीन सदस्यीय कमेटी ने जिला पदाधिकारियों को श्री जयनारायण खण्डेलवाल के घर पर बुला रखा था। इस कमेटी के अन्य सदस्य श्री रामभज जी व श्री अमरनाथ कुमार हैं। आज जिला पदाधिकारियों के साथ पहली बैठक थी। इसके अलावा सभी विधायक, लोकसभा प्रत्याशी, मंडल अध्यक्ष व अन्य पदाधिकारियों के साथ बैठने के अलावा संघ के जो लोग समन्वयकर्ता के नाते लगे थे, उनसे भी बात करनी है।

'फूड विलेज' परिवार के 24 सदस्य गये
रविवार, 30 जून, 1996

आज प्रातःकाल महावीर गुप्ता जी व अन्य लोग सावन पार्क से आये थे। सावन पार्क से दो बसें जो बन्द कर दी गयी हैं, वे पुनः चलनी प्रारम्भ हों, इसकी कोशिश करनी थी। इसके अलावा वजीरपुर औद्योगिक क्षेत्र के लोगों का झगड़ा हरीश के साथ है। डॉ. हरीश ने 11 साल के एक लड़के

को चार लोगों के साथ वहाँ से भगा दिया था। अन्य जिनके द्वारा क्षेत्र में 'बदअमनी' फैलायी जाती है, उस पर दोनों पक्षों की एक बैठक एस.एच.ओ. राणा के साथ थी। एस.एच.ओ. राणा तो थे, परन्तु शिवदयाल को अचानक पुलिस मुख्यालय जाना पड़ा। इसलिए पूरी बात नहीं हो पायी। परन्तु एस.एच.ओ. ने काफी सख्त शब्दों में कहा कि अब डॉक्टर गुण्डागर्दी नहीं कर सकेगा। इसके पश्चात घर आकर स्नानादि से निवृत्त हो स्वाध्याय व पूजा के लिए गया। फिर थोड़ी देर विश्राम करके आज सब बच्चों व बड़ों ने एक साथ घूमने के लिए जाना था। यह व्यवस्था मेरी ओर से की गयी थी। आज घूमने जाने का उद्देश्य था कि हमारे घर में मेरे पाँचों बेटों के अभी 9 बच्चे हैं। मैंने इनमें नयी पश्चिम की संस्कृति का असर न पड़कर हमारी संस्कृति के अंकुर विद्यमान रहें, इस उद्देश्य को लेकर एक दंगा कमेटी बनायी। दंगा छोटे बच्चों का रुचिकर विषय है। हमने दंगा करने के नियम भी बनाये। इनमें चार मुख्य विषय हैं। दंगा तब करेंगे जब 80 प्रतिशत उपस्थिति होगी। इससे वह प्रयास करेंगे कि 80 प्रतिशत उपस्थिति करने के लिए झगड़ा नहीं करेंगे। दूसरा नियम दंगा सप्ताह में एक बार अवश्य करेंगे। इससे समय नजदीक होने से उत्साह बराबर बना रहेगा। तीसरा नियम दंगों के बाद कैम्पा या आइसक्रीम अवश्य खायेंगे। अगर कभी दंगा कमेटी की उपस्थिति 80प्रतिशत नहीं होगी और दंगा नहीं भी होगा तब भी सप्ताह में एक बार कैम्पा व आइसक्रीम अवश्य खायेंगे। आज इस कमेटी की ओर से घर से बाहर का कार्यक्रम बनाया गया। भोजन घर से बनाकर ले गये और दोपहर में 3.30 बजे फन-ऐन-फूड विलेज, गुड़गाँव रोड पर गये। भोजन वापसी में बिरला मन्दिर में किया। इसमें जाने वाले मैं, छोटा भाई महावीर प्रसाद, बेटे सुभाष चन्द, अशोक कुमार, जीजा अशोक जी, मेरी पत्नी, मेरी बहन सोना, पुष्पा, मेरी बेटी सरोजबाला, मेरी पुत्र-वधू सुनीता, मंजू, बबीता, बड़ी लड़की व दो दोहते-दोहती, दो भांजी व 7 पोता-पोती, मेरी दो पुत्रवधू नहीं गयीं। एक नेपाल घूमने गयी थी, दूसरी के बच्चों को बुखार था। एक बेटा नेपाल गया था, दो अपनी दुकान से अवकाश नहीं कर सके।

विदेश यात्रा से लौटे अशोक सिंघल जी
सोमवार, 1 जुलाई, 1996

आज प्रातःकाल की थकान व पिछले कुछ समय से तबीयत खराब होने के कारण शाखा नहीं जा सका। आज प्रातःकाल आने वालों में डी.एस.आई.डी.सी. के लोग, सुभाष सिंघानिया के साथ व वजीरपुर जे.जे. कालोनी के लक्ष्मीनारायण व मद्रासी सेठ के साथ व राशन वाले दुकानदार आये थे। इसके अलावा विवेक उदयचन्द, सावन पार्क व अन्य लोगों के अलावा कुछ लोग बिजली की समस्या से संबंधित भी आये थे। इसके पश्चात आज प्रातः 10 बजे श्री हितेन्द्र संगल जी के साथ संकट मोचन हनुमान मन्दिर, रामकृष्णपुरम, विश्व हिन्दू परिषद कार्यालय में गया। आज हमारी धर्मयात्रा महासंघ व बजरंग दल की संयुक्त बैठक माननीय गिरिराज किशोर जी के साथ थी। इस बैठक का विषय था आगामी अगस्त मास में बजरंग दल के 25 हजार कार्यकर्ता अमरनाथ यात्रा पर जायें, जिससे कश्मीर में जाने वाले लोगों का मनोबल बढ़ सके और हमारे तीर्थों पर सरकार का विशेष ध्यान रहे। इसमें बजरंग दल हमसे रास्ते में कैम्पों की व्यवस्था चाहता था। इस पर चर्चा हुई और हमने सहयोग का स्वरूप तय किया। इसके अलावा धर्मयात्रा महासंघ के विषय में अन्य चर्चा हुई। आज माननीय अशोक सिंघल जी ने अपनी विदेश यात्रा का वर्णन किया। कल ही वह विदेश यात्रा से आये थे। उन्होंने बताया कि अमरीका के तीन प्रान्तों में हमारे हिन्दू प्रधानमंत्री हैं और विदेश में हमारे मन्दिर निश्चित रूप से दूसरों पर प्रभाव डाल रहे हैं। इंगलैंड के स्वामीनारायण मन्दिर से हिन्दू संगठित हुए हैं। उन्होंने बताया कि अनेक हिन्दू संस्थाएँ अलग-अलग नाम से विदेशों में काम कर रही हैं, जैसे पाण्डुसेना, हिन्दू मिशन, कथाकुंज, फ्रेन्ड्स ऑफ बी.जे.पी., सेवा इण्टरनेशनल, कल्याण आश्रम, हिन्दू विज़न, कपिला प्रयाग। इस स्थान पर अब हिन्दू अपने बच्चों का मुंडन व अन्य संस्कार यहीं पर करवाते हैं। इसके अलावा आई.सी.सी.आर. नाम की एक संस्था द्वारा विदेश में हिन्दू संस्कृति का प्रसार हो रहा है। इस समय इंग्लैंड में 10 लाख हिन्दू हैं। भाजपा का काम विदेशों में बढ़ाने की अधिक गुंजाइश

है। वहाँ भारतीय जनता पार्टी को बढ़ाना चाहिए। इसके पश्चात मैं घर पर 3.30 बजे आया और काफी ज्यादा तबियत खराब होने के कारण थक चुका था। आज चाँदनी चौक जिला कार्यालय में लोकसभा में हार के कारणों की खोज को लेकर एक तीन सदस्यीय जो कमेटी प्रदेश के द्वारा गठित की गयी है, उससे पूछताछ करनी थी, परन्तु मैं नहीं जा पाया। यह पूछताछ आज विधायक, जिलाधिकारी व क्षेत्र के कुछ प्रमुख लोगों से करनी थी।

तीर्थयात्रा विकास समिति (सरकारी कमेटी) की बैठक

आज प्रातःकाल शाखा के मासिक मिलन में गये। इस अवसर पर प्रान्त प्रचारक श्री प्रेमजी गोयल आये हुए थे। उनसे गुरु दक्षिणा के विषय में चर्चा हुई। इसके पश्चात घर आने पर श्री मदनलाल खुराना, पूर्व मुख्यमंत्री का फोन आया। उन्होंने बताया कि वजीरपुर औद्योगिक क्षेत्र में बत्रा जी की फैक्ट्री है। उसमें पिछले कई दिन से हड़ताल चल रही है। उस विषय में आगे आकर उनका समझौता करवा दूँ। इसके पश्चात प्रदेश अध्यक्ष श्री केदारनाथ साहनी जी का फोन आया और उन्होंने कहा कि लोक सभा के चुनाव खर्च का हिसाब सोमवार तक अवश्य देना है। यह सूचना केन्द्र से आयी थी। इसके पश्चात फैक्ट्री वाले आ गये, जिनको श्री मदनलाल खुराना जी ने भेजा था। उनसे बात करके मजदूर यूनियन वाले श्री विजय बंसल को सायंकाल बात करने की बात की। इसके साथ आज प्रातःकाल श्री विनोद अरोड़ा, यमुना विहार काँवर संघ व अन्य लोगों से मिलने के पश्चात् स्नान किया। पूजा के पश्चात् विधान सभा भवन गया। वहाँ तीर्थ यात्रा विकास समिति की बैठक थी। यह बैठक 3 अगस्त से 12 अगस्त तक काँवरियों की सुविधा हेतु व्यवस्था के लिए बुलायी गयी थी। इस बैठक में आठ विधायक व मुख्यमंत्री जी उपस्थित थे। आज इसकी अध्यक्षता मैंने की । श्री तरुण विजय नहीं आ पाये। इस बैठक में श्री साहिब सिंह वर्मा जी ने बताया कि इस साल 17 लाख रुपये इस कमेटी के खर्च के लिए स्वीकृत हुए हैं। इस बात पर लोगों का कहना था कि यह राशि बहुत कम है। इसका कारण नाम बदलने के पश्चात स्वरूप बदला है। यह समिति अब केवल काँवरियों तक सीमित न रहकर अन्य तीर्थ यात्रियों की

सुविधा हेतु भी हो गयी है। इसके पश्चात भाजपा प्रदेश कार्यालय गया और वहाँ से श्री धर्मचन्द जी को लेकर एस.एफ.डी.ए. में श्री थापर के पास जाकर हिसाब की बात की और इसके बाद प्रदेश में बिलों की बात की। अब प्रदेश में पदाधिकारी कम आने लगे हैं। लगता है, योगेन्द्र जैन के रूखे स्वभाव से खिन्न हैं।

आज प्रातःकाल आने वाले लोगों में प्रमुख मुद्दा लेकर आये वजीरपुर औद्योगिक क्षेत्र फैक्ट्री के मालिक सोमनाथ व विजय कुमार। फैक्ट्री में 6 दिन से चल रही हड़ताल को लेकर समझौते के लिए भारतीय मजदूर संघ के क्षेत्रीय मंत्री श्री विजय कुमार बंसल, श्री मेहरचन्द व कुछ अन्य प्रमुख लोगों से अलग-अलग बात करके फैक्ट्री की हड़ताल समाप्त करवायी गयी। मालिक और मजदूरों को एक साथ गले मिलवाया, इस आश्वासन के साथ कि कर्मचारी अपनी फैक्ट्री का उत्पादन बढ़ायें और मालिक विशेष ध्यान कर्मचारियों का रखें। इसके पश्चात आज डायरी लिखना व जो कई कार्य शेष थे, उनको पूरा किया। आज स्नानादि करने के पश्चात स्वाध्याय व पूजा करके महाराजा अग्रसेन ज्योति रथ यात्रा के विषय में तैयारी के लिए कार्य का विस्तार से विभाजन किया और अग्रोहा के विकास में हमारे क्षेत्र का पूरा योगदान रहे, इसके लिए श्री रामविलास जी व श्री शिवचरण लाल गुप्ता के साथ जाकर कुछ लोगों से परची देकर चन्दा लिया। आज ज्योति रथ यात्रा के माध्यम से समाज को जागृत करने का काम अग्रवाल समाज ने अपने हाथ में लिया। महाराजा अग्रसेन ने पाँच हजार वर्ष पूर्व ही बाँट कर खाने का उदाहरण प्रस्तुत किया था। आज उसी बात को लेकर यह समाज सदैव सामाजिक कार्य में अग्रणी होकर समाज की सेवा करता है। इसके द्वारा संस्था में जो भी सेवा कार्य होता है, वह केवल अग्रवाल समाज के लिए न होकर पूरे समाज व मानव उत्थान के लिए होता है। इसके पश्चात स्नानादि से निवृत्त होकर प्रदेश कार्यालय गया। आज साहनी जी के साथ संगठन के विषय में बात करनी थी। वहाँ से घर आकर गुरु जी से पढ़ाई की और फिर थोड़ी देर विश्राम करके स्वाध्याय पर लग गया।

श्री कालकादास से लोक सभा चुनाव के हार के कारणों की जानकारी
वीरवार, 18 जुलाई, 1996

आज प्रातःकाल श्री प्रेमचन्द कैथल वालों के साथ मुख्यमंत्री श्री साहिब सिंह जी के पास गये। जाने का विषय था जो फरवरी मास में कैथल वालों के यहाँ बड़ी चोरी हुई थी, उसको बरामद करने में पुलिस का कोई विशेष प्रयास नहीं है। इसके लिए हरियाणा के मुख्यमंत्री श्री बन्सीलाल को फोन करवाया और एक पत्र भी उनको दिलवा दिया। इसके पश्चात घर आने वाले अधिकतर लोग बच्चों के दाखिले के लिए आये। श्री सोमनाथ, हजारी सिंह, शम्भूप्रसाद सत्य, राजसिंह चौहान, इसके साथ नेफेड के डिप्टी डायरेक्टर श्री प्रेमी जी, सतीश के साथ आये। आज श्री पी.सी. गर्ग ने बताया कि भारत नगर स्कूल के प्रिन्सपल श्री जे.के. त्यागी को वहां से बदल दिया गया है। इसके स्थान पर अग्निहोत्री आ जायें, यह इच्छा पी. सी. गर्ग नें व्यक्त की। डॉक्टर हर्षवर्धन ने इस बात को अस्वीकृत कर दिया। इसके पश्चात श्री राजेन्द्र गुप्ता जी से बात हुई। घर आकर स्नानादि से निवृत्त होकर स्वाध्याय व पूजा के बाद थोड़ी देर विश्राम किया, फिर गुरुजी आ गये। पढ़ाई करने के बाद पुराना सचिवालय गया और श्री साहिब सिंह वर्मा से मिल कर महाराजा अग्रसेन पब्लिक स्कूल की प्रिन्सिपल श्रीमती एस.पी. ढींगरा को स्टेट अवार्ड के लिए मिलने गये। इसके पश्चात् प्रदेश कार्यालय में जाकर आज तक के बिलों को पास किया। श्री साहनी जी ने कहा, हमारे सभी एकाउण्ट कम्प्यूटराइज्ड करवाने के लिए तीन महामंत्री व मैं एक साथ बैठ जाएँ। इसके पश्चात मैं श्री कालकादास जी के पास गया। और उनसे लोकसभा चुनाव में हार के कारणों के विषय में चर्चा प्रारम्भ हुई। पहले वह अपने मुख से कोई बात कहना नहीं चाहते थे। परन्तु बाद में उनका कहना था कि मैं कांग्रेस से नहीं हारा, मुझे अपनों ने हरवाया है। प्रथम बैठक में 25 लोग आये, जबकि 125 आने थे। भोजन भी 150 का बनवाया गया। अगले दिन जुलूस निकाल कर पुतला जलाया गया। फिर कहने लगे क्या दोष था मेरा, जो मेरे साथ संगठन के लोगों ने ऐसा किया। इसके पश्चात सुरेश की साली रमा की

आज शादी थी। यह रिश्ता भी मैंने श्री ओमप्रकाश गर्ग के यहाँ करवाया था। रात्रि 11 बजे शादी से आकर विश्राम किया।

योगेन्द्र जैन द्वारा हनुमान चालीसा का पाठ

शुक्रवार, 19 जुलाई, 1996

आज प्रातः शाखा में गया और वहाँ से आज वजीरपुर जे.जे. कालोनी की शाखा में श्री शम्भूदास को यह कहने के लिए गया कि वह महाराजा अग्रसेन पब्लिक स्कूल में जाकर नौकरी की दरख्वास्त दे आयें और उनकी नौकरी सोमवार से लग जायेगी। इसके पश्चात घर आकर श्री सतीश जी, श्री लक्ष्मीनारायण भैरवा, श्री विजय गुप्ता, श्री राकेश शर्मा व उनके साथ एक मूर्ति ढलाई वाला लड़का भी आया था अन्य लोगों से मिलने के बाद झण्डेवालान के लिए चला गया और कई विषयों पर वहाँ चर्चा हुई। इसके पश्चात घर आकर स्नानादि से निवृत्त होकर नाश्ता किया। कारण था कि लगभग डेढ़ घण्टा झन्डेवालान में लगने से बारह बज गये, पूजा नहीं की गयी। थोड़ी देर विश्राम करने के पश्चात गुरु जी आ गये और पढ़ाई करके भाजपा प्रदेश कार्यालय चला गया। श्री पवन शर्मा जी से यह चर्चा हुई कि अब तुम्हें 16 जिलों का प्रवास करके संगठन को चुस्त बनाना चाहिए। इसके पश्चात श्री केदारनाथ साहनी जी से संगठन के विषय में चर्चा हुई और यह बात भी हुई कि जो यह बात अखबार में आयी थी कि केदारनाथ साहनी ने अपना त्यागपत्र फरवरी में ही दे दिया था। यह खबर किसके द्वारा दी गयी, अभी पहचान हो पायी या नहीं। इसमें मेरा कहना था कि यह कोई निश्चित रूप से कोई बड़े कद का ही नेता होगा। इसके पश्चात आज ओमप्रकाश मित्तल परिवार के समझौते के विषय में श्री रामनारायण गुप्ता जी के निवास पर गया। वहाँ श्री ओमप्रकाश मित्तल, श्री ताराचन्द गुप्ता, श्री रूपचन्द गुप्ता उपस्थित थे। फिर रामचन्द गुप्ता के साथ भाजपा प्रदेश महामंत्री श्री योगेन्द्र कुमार जैन को देखने चले गये। यह सब एक षड्यंत्र के तहत किया गया। उनको 'फालिज' हुआ है। जब उनके पास मैं यह विचार करके गया था कि उन्हें कहूँगा कि तुम हनुमान चालीसा

का तीन बार पाठ किया करो। परन्तु जब हमने उनके कमरे मे प्रवेश किया वह हनुमान चालीसा का पाठ ही कर रहे थे। यह देखकर आनन्द की अनुभूति हुई। इसके पश्चात श्री ब्रजमोहन के निवास पर गये। आज उनके बेटे की बहू का जन्मदिन मनाया जा रहा था। वहाँ हमें भी भोजन पर आमंत्रित किया हुआ था।

अमरनाथ यात्रियों के लिए जगमोहन, चमनलाल के साथ बैठक शनिवार, 20 जुलाई, 1996

आज प्रातःकाल 7.15 बजे श्री प्रमोद अग्रवाल, अध्यक्ष धर्मयात्रा महासंघ दिल्ली के साथ पहले सांसद श्री चमनलाल गुप्ता के यहाँ कश्मीर भवन में गये। और फिर लोधी स्टेट सांसद व पूर्व राज्यपाल, जम्मू कश्मीर जगमोहन से मिले। इसके पश्चात स्नानादि करने के पश्चात स्वाध्याय व पूजा की। फिर नाश्ता करके विश्राम किया। आज महाराजा अग्रसेन ज्योति रथ नरेला से विदाई होकर हरियाणा जा रही थी। इस अवसर पर श्री ओमप्रकाश जिन्दल, चरतीलाल गोयल, रामेश्वरदास गुप्ता, श्री नंदकिशोर गर्ग, श्री केदारनाथ साहनी, तिलकराज कटारिया, श्री धर्मवीर सोलंकी व इन्द्रराज सिंह विधायक के अलावा अन्य गणमान्य व्यक्ति आ गये। इस कार्यक्रम में जाने की इच्छा स्वतः श्री साहनी जी ने व्यक्त की थी। मेरे साथ श्री महावीर गुप्ता, श्री राजकुमार गर्ग, श्री विजय बन्सल गये थे। इसके पश्चात घर आकर बच्चों की दंगा कमेटी द्वारा आज अंताक्षरी, इसके पश्चात दौड़, फिर अन्य खेल हुए। इनमें दर्शक के नाते सभी बहुएँ व मेरी पत्नी भी थीं। इसके पश्चात नियम के अनुसार आज दंगे के बाद कैम्पा सबने पी। आज प्रथम नम्बर पर दंगा कमेटी द्वारा बनाये गये नियमों का उल्लेख करवाया व उनके पालन की जानकारी सभी 10 बच्चों द्वारा ली गयी। आज अंत में एक नियम और जोड़ा गया। वह नियम है 'सत्य बोलना'। सभी बच्चों से कहा गया कि आप अभी से इस नियम का भी प्रयास प्रारम्भ कर दें।

गिरिराज जी धर्मशाला का निर्माण
रविवार, 21 जुलाई, 1996

आज प्रातःकाल हम 3.30 बजे उठ गये और छोटे भाई महावीर प्रसाद व अशोक कुमार को उठाया। हम 5.30 प्रातः गिरिराज जी चले गये। साथ में श्री महावीर प्रसाद, श्री सियाराम, श्री अशोक जी व एक व्यक्ति अशोक जी के साथ और गया। हम इन्हीं की गाड़ी में गये थे। गाड़ी रास्ते में कोसी पर खराब हुई, परन्तु हम आगे बढ़ते रहे। फिर मथुरा से 2 कि.मी. पहले हमारी गाड़ी का आगे वाला टायर फट गया। जब बदलने के लिए जैक लगाया और टायर खोलकर दूसरा टायर निकाला तो वह भी फटा पाया गया। अब आगे बढ़ने का रास्ता केवल एक ही नजर आया कि बस द्वारा मथुरा और वहाँ से गोवर्धन जाकर दूसरी गाड़ी लेकर आना। परन्तु कुछ ही मिनटों में श्री राजकुमार, रामनिवास खानपुर वालों की गाड़ी आ गयी और उनका टायर (स्टेपनी) लेकर बदल लिया। हम उन्हीं के साथ-साथ गोवर्धन पहुँच गये। यहाँ मैं बताना चाहता हूँ हम गोवर्धन में एकता ट्रस्ट द्वारा जो धर्मशाला यहाँ बनायी जा रही है, उसकी आज यहाँ ट्रस्टियों की बैठक निश्चित हुई है। इसमें मैं ट्रस्टी नहीं हूँ। परन्तु शिलान्यास के अवसर पर भी मैंने इसका शिलान्यास विशेष आग्रह करके अशोक सिंघल जी से करवाया था और मंच संचालन भी मेरे द्वारा हुआ। उस समय लगभग 25 लाख रुपये की बुकिंग हुई थी। इस समय यहाँ का मुख्य मुद्दा था, दूसरी मंजिल बनानी है या नहीं। इस विषय में प्रमुख लोगों का विचार बनाने का तो था, परन्तु उन्हें डर था कि रुपये के बगैर कहाँ से दूसरी मंजिल बनेगी। परन्तु विषय आरम्भ हुआ और बात सर्वसम्मत तय हो गयी। ऊपर की मंजिल में 22 कमरे बनेंगे और हर ट्रस्टी या तो एक कमरे की बुकिंग कहीं से लाये या पचास हजार रुपया इकट्ठा करके दे। सभी से अलग-अलग पूछा गया। व्यवस्था हो गयी। फिर गिरिराज पर दूध चढ़ाने गये और मथुरा वापिसी में मन्दिर दर्शन करना चाहते थे। परन्तु वर्षा के कारण रास्ते बन्द मिले, तो सीधे दिल्ली आ गये। यहाँ आकर पता चला कि सूरजभान अस्पताल में हैं। महावीर के साथ मिलने गये। वह मानसिक दृष्टि से अधिक बीमार नजर आये।

किसी एक तथ्य की पूरी जानकारी प्राप्त करना
शुक्रवार, 16 अगस्त, 1996

आज प्रातःकाल शाखा विकिर होने के पश्चात् श्री जी.पी. गुप्ता के घर जाकर धर्मयात्रा महासंघ द्वारा लोगों से यह विचार जानने का प्रयास किया है कि किसी भी एक तीर्थ स्थल के बारे में पूरी जानकारियाँ दें कि उस तीर्थ स्थल की क्या मान्यता है और भारत के किस प्रान्त में स्थित है। यह जानकारी हम नीचे से प्रारम्भ करके ऊपर तक ले जाना चाहते हैं। प्रथम नम्बर अशोक विहार, फिर दिल्ली का व इसके पश्चात पूरा देश, फिर भारत के बाहर के हिन्दू तीर्थ स्थलों की जानकारियाँ। इसके लिए श्री गुप्ता को इतिहास संकलन कमेटी का सदस्य बनाया है। इसके पश्चात श्री प्रमोद अग्रवाल, अध्यक्ष, धर्मयात्रा महासंघ, दिल्ली आये और अमरनाथ यात्रा के भंडारे हेतु रुपया देकर गये, फिर श्रीमती पद्मकान्ता जी आयीं और वह भी कुछ पैसा इकट्ठा करके देकर गयीं। आज सायंकाल जम्मू जाना है, उस विषय में जाने वाले कार्यकर्ताओं से सम्पर्क किया। इसके पश्चात स्नानादि से निवृत्त होकर स्वाध्याय किया। पूजा के पश्चात नाश्ता करके विश्राम किया और गुरुजी आ गये। पढ़ाई के पश्चात झण्डेवालान गया। 20 अगस्त की हरिद्वार यात्रा के विषय में माननीय जयगोपाल जी व प्रेम गोयल जी से बात की। प्रदेश कार्यालय रोजाना का काम निपटाकर घर आकर भोजन किया और अशोक गर्ग व ठाकुर वी.एस. सिंह मुझे व हितेन्द्र संगल, राकेश शर्मा को साथ लेकर नयी दिल्ली स्टेशन पर चले गये। गाड़ी लगभग ढाई घंटे लेट थी। स्टेशन पर ही रात्रि 12.15 बजे तक रहे। आज अमरनाथ जाने वालों की स्टेशन पर इतनी अधिक भीड़ थी कि बहुत बड़ी संख्या में लोग स्टेशन पर ही रह गये। यह दुर्भाग्यपूर्ण स्थिति रही कि अमरनाथ जाने वाले यात्री दिल्ली स्टेशन पर ही रुक गये। इस स्थिति में रेलवे को अमरनाथ यात्रा के लिए स्पेशल रेल गाड़ियाँ चलानी चाहिए।

बजरंग दल के कार्यकर्ताओं के लिए भंडारा व जम्मू में प्रवास
शनिवार, रविवार, 17-18 अगस्त, 1996

हम दोपहर 1.30 बजे जम्मू स्टेशन पर पहुँच गये थे। वहाँ स्टेशन पर बजरंग दल के कार्यकर्ता मिल गये थे। हम गीता भवन में स्कूटरों पर चले गये। वहाँ हमारा धर्मयात्रा महासंघ का भंडारा अमरनाथ यात्रियों के लिए चल रहा था। हमारे साथ 5 कार्यकर्ता, पवन गोयल व अन्य, सेवा कार्य के लिए गये थे। आज यहाँ पर साध्वी ऋतम्भरा जी का भाषण था और जहाँ पर वह रुकी हुई थीं, हम वहाँ गये। साथ में ही हम परेड ग्राउंड गये। बजरंग दल के कार्यकर्ता अमरनाथ यात्रा सभा में बड़ी संख्या में उपस्थित थे। यह सभा एक संकेत दे रही है कि हमारे ही देश में हमारे इष्टदेव भगवान शंकर के दर्शन के लिए जाने वालों को उग्रवादियों की धमकी का सामना करना पड़ रहा है। आज जो यह चैलेंज उग्रवादी संगठनों ने दिया है, उसी को स्वीकार करते हुए बजरंग दल के 50 हजार कार्यकर्ता अमरनाथ यात्रा पर आये हैं। बजरंग दल के राष्ट्रीय अध्यक्ष (श्री जयभगवान जी) ने कहा कि अगर बजरंग दल के एक भी कार्यकर्ता को खरोंच आयी, तो ब्याज समेत हिसाब कर लेंगे। इसके पश्चात भंडारे में जाकर विश्राम किया। प्रातःकाल उठकर स्वामी जी से बात की और इसके पश्चात दिनचर्या से निवृत्त होकर गीता भवन आये। वहाँ भण्डारे में लगे सभी हलवाइयों के साथ एक बैठक करके 27.8.96 तक चलने वाले भण्डारे की व्यवस्था का पूरा प्रोग्राम बनाया और खर्च का इन्चार्ज श्री रामफूल जी सत्यवती वालों को बनाया गया और पन्द्रह हजार रुपये देकर आया। इसके बाद विश्व हिन्दू परिषद कार्यालय में भी लगभग सभी से बात हुई। धर्मयात्रा महासंघ द्वारा लगाये गये भंडारे की श्री जयभान सहित सभी ने भूरि-भूरि प्रशंसा की और कहा कि इस भंडारे से हमारी बहुत बड़ी समस्या का समाधान हुआ है। इसके बाद वीर भवन संघ कार्यालय में चला गया। वहाँ श्री सुरेश जी प्रचारक से विस्तार से चर्चा हुई। इसके पश्चात श्री इन्द्रेश जी आ गये और उनसे एक घण्टे तक सभी विषयों पर चर्चा हुई। एक विषय यह भी था कि ईसाइयों ने कश्मीर में काम बढ़ाना आरम्भ किया

है, इसलिए मेरा यह सुझाव था कि 'एक मास्टर एक स्कूल' वाली योजना यहाँ जम्मू कश्मीर में आरम्भ करवायें। हम भी आपको सहयोग करवा सकते हैं। इसके पश्चात वहाँ से पूजा एक्सप्रेस में जम्मू से बैठकर आ गये।

उत्तर प्रदेश विधान सभा चुनाव

24 सितम्बर, 1996

आज प्रातः काल 6.45 बजे मैं व श्री राजसिंह चौहान, नरेला जिला के पूर्व महामंत्री व श्री राकेश शर्मा, अध्यक्ष, भारत नगर युवा मोर्चा घर से चले और मोहन नगर में महरौली जिला के महामंत्री रमेश विधूड़ी व उनके साथ श्री छोटे लाल जी से मिले। हम वहाँ से श्री रमेश की गाड़ी में राजसिंह चौहान के साथ बैठ गये। वहाँ से हम सर्वप्रथम बिजनौर की विधान सभा सीट पर गये। यहाँ मैं यह बताना चाहता हूँ कि भाजपा ने दिल्ली प्रदेश को उत्तर प्रदेश विधान सभा चुनाव में 86 विधान सभा सीटों पर कार्यकर्ता भेजने थे। हर जिले को अपने क्षेत्र से 5-5 टोलियाँ भेजनी थीं। हर टोली में अधिक से अधिक पाँच ऐसे कार्यकर्ता जायें जो चुनाव लड़वाने में सक्षम हों। एक जिला के साथ एक प्रदेश पदाधिकारी भी तय किया गया। दिल्ली में यह व्यवस्था श्री पवन शर्मा, प्रदेश महामंत्री देख रहे हैं। इसी योजना के अंतर्गत महरौली जिला की जो पाँच टीम बनायी गयी हैं। उनके साथ मुझे भेजा गया। ये पाँचों टीमें तीन दिन पहले चली गयी थीं। महरौली जिले को उत्तर प्रदेश विधान सभा की चार सीटें मिली थीं। ये थीं बिजनौर, नजीबाबाद, नगीना, लैन्स डाउन (कोटद्वार)। इन चारों सीटों के प्रत्याशी थे क्रमशः डाक्टर विजेन्द्र सिंह वर्मा, राजाराम, ओमप्रकाश जाटव व भारत सिंह रावत। इसके अलावा पाँचवीं सीट हरिद्वार की प्रदेश अध्यक्ष केदारनाथ साहनी जी से अनुमति लेकर ली थी।

हरिद्वार के लगभग सभी कार्यकर्ताओं से मेरे पुराने संबंध निष्काम सेवा ट्रस्ट के भवन के कारण हैं। हरिद्वार के पूर्व विधायक व अब के प्रत्याशी

का काफी अधिक विरोध था। यह जानकारी मुझे बसपा, दिल्ली से मिलती रहती थी। इसी विरोध को मैं अपने प्रभाव से दबा सकूँ, यह इच्छा जगदीश मुन्नी जी ने किसी के माध्यम से व्यक्त की थी। हरिद्वार एक प्रमुख तीर्थ स्थल है। धर्मयात्रा महासंघ, जिसका मैं राष्ट्रीय अध्यक्ष हूँ, भारत के तीर्थों के विकास के लिए कार्य कर रहा है। इस कारण भी मेरी यह प्रबल इच्छा थी कि कोई संत हरिद्वार से अगर जीतता है, तो तीर्थों के विकास को अधिक बल मिलेगा। परन्तु जब हरिद्वार में कार्यकर्ता अलग-अलग टिकट पाने का प्रयास कर रहे थे, उस समय मेरी कोई भूमिका नहीं थी। इन सभी बातों को देखते हुए मैंने हरिद्वार में भी जाने की अनुमति ली थी।

हम प्रथम दिवस 24.9.96 को चुनाव प्रचार हेतु गये। जो कार्यकर्ता अलग-अलग विधान सभा क्षेत्रों में लगाये गये थे, उन सब से हम जाकर मिले और कुल मिलाकर हमारे जाने से वहाँ के संगठन को क्या लाभ मिल रहा है, इस बात को देखा। महरौली जिला की जो पाँचों मंडलों की पाँच टीमें तय की गयी थीं, उनमें प्रमुख के नाते धर्मपाल, जिला अध्यक्ष, श्री अनिल गोयल, श्री जगदीश घावरी व श्री लज्जाराम व श्री धर्मवीर और इस सब के साथ अन्य 4-4 कार्यकर्ता और थे। हम सबसे पहले बिजनौर जाकर नगर अध्यक्ष श्री राजेन्द्र अग्रवाल जी से मिले। इसके पश्चात जो पूरे ग्रामीण क्षेत्र को देख रहे हैं श्री बालेश्वर अग्रवाल व कार्यालय प्रमुख शिवकुमार सिंह से बात की और सभी जानकारी ली। इसके पश्चात जिला अध्यक्ष श्री छत्रपाल जी के विषय में जानकारी माँगी। उनका कहना था, वह हमारी व्यवस्था से नहीं, अपनी व्यवस्था से विधान सभा की अन्य सीटों पर गये होंगे। पता चला कि वह शायद नगीना विधान सभा सीट पर गये हैं। हमने वहाँ फोन करवा कर पता किया। मालूम हुआ, वह ग्रामीण क्षेत्र में गये हैं। फिर हमने वहाँ चुनाव देख रहे नगर अध्यक्ष से जब अन्य कार्यकर्ताओं के विषय में जानकारी चाही, तब वह थोड़े नाराज होकर बोले, 'हमारी व्यवस्था में आपका कोई कार्यकर्ता नहीं लगा हुआ। हमें उनके विषय में कोई जानकारी नहीं है।' इसके पश्चात श्री बालेश्वर जी से सभी

तरह के मतदाताओं से हम किस-किस विषय को लेकर मिल रहे हैं, चर्चा हुई। उन्होंने बताया कि इस सीट पर कुल 2.51 लाख वोट हैं। इसमें मुस्लिम वोट 72 हजार, जाट 40 हजार और हरिजन 50 हजार हैं। इसमें जाट वोट लगभग हमें मिलेंगे। मुसलमान हमारे विरोध में जायेंगे। परन्तु सबसे अधिक निर्णायक वोट हरिजन का रहने वाला है। मैंने पूछा, ईसाइयों को जो केन्द्र सरकार आरक्षण देने की बात कर रही हैं, आप क्या उसका प्रचार कर रहे हैं। दूसरे जो दिल्ली सरकार ने अनेक योजनाएं इस समाज के लोगों के लिए लागू की हैं, उनकी जानकारी दी जा रही है। उनका कहना था, जरा बतायें। फिर हमने वह दस-पंद्रह योजनाएँ बतलायीं जो उन्हें बहुत अच्छी लगीं। तब उन्होंने कहा कि आप सायंकाल कुछ नुक्कड़ सभाओं में यह जानकारी दे दें तो अच्छा रहेगा। हम वहाँ से यह कहकर चले गये आप सायंकाल की कुछ बैठक रखें, हम दो विधान सभा सीटों पर अपने कार्यकर्ताओं से मिलकर सायं 6 बजे तक वापिस आ जायेंगे। हम वहाँ से नगीना गये, परन्तु इसरो पहले नजीबाबाद गये। वहाँ जाकर इस विधान सभा सीट के प्रमुख व नगर अध्यक्ष श्री शम्भूनाथ कौशिक तथा इस पूरी विधान सभा सीट के प्रमुख श्री बृजबिहारी लाल महेश्वरी से मिले। फिर इनके साथ जयंत जी, तायल जी से मिलकर सब जानकारियाँ लीं। इस पर उनका कहना था कि एक बार छत्रपालजी और उनके साथ कुछ लोग हमारे यहाँ आये थे और कुछ क्षेत्र की अच्छी जानकारी भी देकर गये थे। फिर हमारे पास नहीं आये। उन्होंने कहा अगर चार कार्यकर्ता आ जायें तो अच्छा रहेगा। इसके पश्चात हम फिर दोबारा बिजनौर चले गये। वहाँ कार्यालय में ही एक बैठक अनुसूचित जाति के कुछ लोगों की बुलायी। उसमें लगभग एक घण्टे तक दिल्ली सरकार द्वारा जो योजनाएँ अनुसूचित जाति के लोगों के लिए बनायी थीं, वह बतलायीं। उन्हें बताया कि अनुसूचित जाति की विधवा की लड़की की शादी में सरकार 5 हजार रुपया देती है और अब तो जब लड़की पैदा होगी तभी 5 हजार रुपया उसके नाम से जमा करवा दिये जायेंगे और जो दलित ईसाइयों को केन्द्र सरकार आरक्षण देने की बात कर रही है इससे तो तुम्हारा ही हक छिन जायेगा। दिल्ली और राजस्थान की सरकार ने जो सुविधा दी है, वह जानकारी दी,

तो उनका कहना था आप हमारे यहाँ अगर गाँव-गाँव जाकर यह सब बातें बतला दें तो हमें इसका बहुत अधिक लाभ मिलेगा। इसके बाद हमने कहा कि हम प्रातःकाल की कुछ बैठकों में एक बार अवश्य जायेंगे। इसके पश्चात अन्य सीटों पर होते हुए भारतीय जनता पार्टी दिल्ली प्रदेश के महामंत्री श्री पवन शर्मा जी व केशवपुरम जिला के अध्यक्ष श्री बलराम यादव व श्री वीरेन्द्र तलवार जी आ गये। कुछ समय रुक कर वह अगले स्थान के लिए प्रस्थान कर गये।

हम रात्रि विश्राम के लिए बिजनौर से लगभग दो कि.मी. दूर गाँव आदमपुर में श्री सीताराम सिंह राणा के निवास पर रुके और भोजन व विश्राम किया। भोजन बहुत अच्छा था। प्रातःकाल उठकर शौच आदि के लिए खेतों में गये। वहीं पर मन्दिर था। स्नान और पूजा करने के बाद श्री राणा से पूछा, क्या आप धर्मयात्रा महासंघ के साथ जुड़ना चाहेंगे। उन्होंने स्वीकार किया। फिर उनको धर्मयात्रा महासंघ के फार्म व रिपोर्ट के बंडल दिये। इसके पश्चात हमने कुछ गाँवों में नुक्कड़ बैठक रखी हुई थीं। वहाँ जाकर श्री रमेश विधूड़ी, राजसिंह चौहान व राकेश के साथ बोले। वहाँ से हम नगीना विधान सभा क्षेत्र गये। वहाँ पर कार्यालय का काम व्यवस्थित नहीं था। टिकट को लेकर कार्यकर्ताओं में कुछ तनाव था। तनाव का कारण स्थानीय जिला व मंडल में भी नजर आया। वहाँ नगर अध्यक्ष श्री सरवरी लाल टंडन व ब्लाक अध्यक्ष श्री महिपाल सिंह, गाँव पुरेनी, कार्यालय प्रभारी प्रभात सिंह व कोषाध्यक्ष अनिल कुमार गुप्ता व जिला कार्यवाहक श्री जगेन्द्र व लाला ओमप्रकाश से भी बात की। मैं जिस स्थान पर गया वहाँ जाकर पहले शिशु मन्दिर के विषय में पूछा और उनसे मिला भी, फिर अपने दिल्ली से आये कार्यकर्ताओं के विषय में जानकारी ली। इस पर कोषाध्यक्ष श्री अनिल गुप्ता जी ने बताया कि श्री रमेश विधूड़ी जी व उनके साथ जो तीन कार्यकर्ता आये थे, वे कल वापिस दिल्ली चले गये। उन्होंने तीन दिन में इतना अच्छा काम किया। हमारी सीट काफी जीत की ओर बढ़ी परन्तु उसमें से एक कार्यकर्ता को बुखार हो गया। फिर उनका भी मन उचट गया। वह वापिस चले गये। परन्तु विधूड़ी जी को उन्होंने बताया कि जगदीश घावरी जी वापिस आने की बोलकर गये

हैं। इसके पश्चात जब पोलिंग बूथों की परची बनाने और वोटर सूची जाँच करने की, प्रत्याशी के भ्रमण की, दूसरे हमारे निकटतम विरोधी प्रत्याशी की जानकारी मांगी, तो पाया कि अधिकतर कार्यालयों के पास यह सूचना नहीं थी। काम में लगे ज्यादातर पदाधिकारी व अन्य प्रमुख कार्यकर्ताओं के फोन नम्बर तक नहीं थे। लग रहा था शायद यह रचना केवल चुनाव के लिए ही की गयी है। चुनाव के चार रोज शेष रहने की स्थिति में भी कार्यकर्ता और पदाधिकारी अपने-अपने काम पर जा रहे थे। अभी तक न तो दुकान छोड़ी है, न ही काम पर जाने वालों ने अपने काम पर जाना छोड़ा है। यह भी तीनों स्थानों पर जाने से पता चला। कोई कार्यकर्ता बाहर से आया है तो उसकी व्यवस्था, कम से कम ठहरने की व भोजन की, स्थानीय कार्यकर्ताओं के घरों में कर दी गयी।

इसके पश्चात हम वहाँ यह कहकर आगे बढ़ गये कि हम दिल्ली फोन करके जगदीश घावरी को यहाँ तुरन्त आने के लिए कहेंगे। हम यहाँ से कोटद्वार (लेन्स डाउन) गये, वहाँ पर हमारी महिला मोर्चा की पदाधिकारी राज रावत मिलीं। उनसे दिल्ली के कार्यकर्ताओं के विषय में पूछा। उन्होंने बताया कि यहाँ कार्यकर्ता आये थे, परन्तु यहाँ के लोगों का कहना था अगर यहाँ पहाड़ वाले कार्यकर्ता आते तो ठीक था। अन्य कार्यकर्ता यहाँ काम नहीं कर सकते। एक तो यह पहाड़ी क्षेत्र है। दूसरे, भाषा का विषय है। यहाँ के नगर अध्यक्ष कैप्टन गोविन्द सिंह रावत, कार्यालय संचालक दिनेश जी, कैलाश जी व यहाँ के प्रभारी सतीश तिवारी मिले। यहाँ हमारा विश्व हिन्दू परिषद का संगठन अधिक शक्तिशाली है। यहाँ पर मुस्लिम कार्यकर्ता भी काम में लगे हुए देखे गये। हमारी इच्छा यहाँ पर रात्रि विश्राम की थी परन्तु उत्तर प्रदेश की आवश्यकता देखकर लगा हम अब हरिद्वार जायेंगे, तो अधिक अच्छा रहेगा। यहाँ पर क्षेत्र से बाहर के कार्यकर्ताओं की आवश्यकता नहीं है। हम रात्रि में हरिद्वार पहुँच गये। वहाँ पहुँचकर देरी होने के पश्चात भी कुछ लोगों को फोन किये, परन्तु अधिकतर लोग उस समय नहीं मिले। जो मिले उनसे प्रातःकाल का समय तय हुआ। पूर्व विधायक व प्रत्याशी जगदीश मुन्नी के यहाँ फोन किया। उस समय वह

ग्रामीण क्षेत्र में गये हुए थे। मुझे रात्रि सात बजे मिलने के लिए निष्काम सेवा ट्रस्ट में आये और लगभग एक घण्टा तक वहाँ पर रहे। उनका कहना था कि कुछ लोगों ने टिकट प्राप्त करने का प्रयास किया, परन्तु टिकट मुझे मिल गया। उनमें कुछ काम में नहीं लगे। कुछ स्वयं तो लग गये, परन्तु उनके साथ जुड़े कार्यकर्ता अभी मन से नहीं लगे। इसमें 10-15 प्रमुख कार्यकर्ताओं के विषय में चर्चा हुई और उन्होंने कहा मैं पहले दो बार विधायक रहा हूँ। दोनों बार मिलाकर कुल 35 मास का ही काल रहा है। उन्होंने बताया कि रुपया भी अभी तक किसी ने इकट्ठा नहीं किया और शायद करने की इच्छा भी नजर नहीं आ रही। उन्होंने दुखी मन से कहा, 'आप कुछ कार्यकर्ताओं से मिलकर इस स्थिति में सुधार करें।'

इसके पश्चात मैंने गंगाशरण मददगार जी से बात की। वह काफी नाराज थे। उनका कहना था मुन्नी जी बिलकुल नहीं जीत सकते। उनका बहुत अधिक विरोध है। उनसे पूछा, इसका कारण क्या है। उन्होंने कहा, वह जीतने के पश्चात किसी को नहीं पहचानते। फिर बताया कि बेईमान भी हैं। इस बात को सभी कार्यकर्ताओं ने नकारा। फिर उनको साथ लेकर व कुछ उनके बगैर लोगों से मिलना प्रारम्भ किया। मिलने वालों में सर्वश्री रामदास स्वामी, राजकुमार अरोड़ा, अशोक त्रिपाठी, कृष्णमूर्ति भट्ट, मोहनलाल जी, महावीर जी, राजेन्द्र जी, राममूर्ति वीर जी, मनोहरलाल सहगल व धन संग्रह के लिए श्री मदनमोहन सहगल व वी.एच.पी. के श्री नरेश जी व डाक्टर मोहनलाल, डाक्टर महावीर, डाक्टर राजेन्द्र प्रसाद के अलावा प्रमुख तौर पर गुरुकुल के कुलपति डाक्टर धर्मपाल जी से मिला। उनसे मिलने से पूर्व दिल्ली के मंत्री श्री राजेन्द्र गुप्ता जी से फोन करवाया। अन्य लोगों के अलावा विश्व हिन्दू परिषद के प्रचारक श्री पंकज जी व धर्मयात्रा महासंघ के संयोजक श्री सुनील शर्मा के साथ लगभग एक घण्टा निष्काम सेवा ट्रस्ट में भोजन पर बैठे। इसके पश्चात धर्मयात्रा महासंघ के नगर अध्यक्ष श्री महेश्वरी जी के निवास पर बैठे और एक निर्णय लिया कि इस चुनाव में धर्मयात्रा महासंघ अपनी विशेष भूमिका निभाए। धन व जन दोनों शक्ति लगनी चाहिए। तय हुआ कि कम से कम पंद्रह

हजार रुपया हम अपने पदाधिकारियों से इकट्ठा करके दें। सूची बनानी प्रारम्भ की और सर्वप्रथम मैंने 2100 रुपये दिये। इसके पश्चात सायं पांच बजे एक अच्छी बैठक करके हम सबको कार्य में लगाया। इसके अलावा एक बैठक हमने नीलधारा स्मारिका की भी की। इसमें सर्वश्री विजय कुमार जी, यशपाल जी, गंगाशरण जी, सुनील जी उपस्थित थे। भोजन आश्रम में किया। फिर गंगामाता अस्पताल में गये। हरिद्वार से चलकर 29-9-96 को प्रातःकाल हम सीधे जीन्द गये। वहाँ पर गोपाल विद्या मन्दिर का वार्षिकोत्सव था। इसमें मुझे मुख्य अतिथि के रूप में बुलाया गया था। इसमें श्री सीताराम सिंघल व श्री बृजमोहन सिंघल को बुला रखा था। इसका आमंत्रण श्री दीपचन्द जी ने दिया था।

सोमवार, 14 अक्तूबर, 1996

प्रातःकाल पहले आदर्श रामलीला कमेटी के अध्यक्ष श्री वेदप्रकाश वासिया, महामंत्री अशोक गर्ग, संजीव शर्मा, विजय बन्सल व जयभगवान एम.एल.ए. के साथ मुख्यमंत्री श्री साहिब सिंह वर्मा के निवास पर रामलीला में आने का निमंत्रण देने गये थे। वहाँ श्री साहिब सिंह जी नहीं थे। प्रातः 6.30 बजे मंगलवार को होने वाली प्रमुख लोगों की बैठक से अभी वापिस नहीं आये थे। कुछ अन्य प्रमुख लोग वहाँ उपस्थित थे। हम सभी बाहर रुककर वापिस जाने लगे। इतनी देर में सुश्री पूर्णिमा सेठी आ गयीं और हम भी वापिस आकर कोठी में चले गये और साथ गये हुए बाकी लोग बाहर लॉन में बैठ गये। मैं और जयभगवान अग्रवाल अन्दर पूर्णिमा के साथ चले गये, वहाँ श्री पूरनचन्द योगी जी बैठे हुए थे। पूर्णिमा से कुछ चर्चा के पश्चात घर आकर स्नानादि से निवृत्त होकर भोजन किया। फिर महाराजा अग्रसेन जयन्ती, प्रेमनगर, नांगलोई से आये नरेन्द्र बिन्दल के साथ गया। यहाँ पर अग्रवाल समाज द्वारा प्रथम बार जयन्ती मनायी गयी और शोभायात्रा भी निकाली गयी। फिर घर आकर पढ़ाई के पश्चात प्रदेश कार्यालय गया और सायंकाल आज धर्मयात्रा महासंघ के कार्यालय हेतु नक्शा बनवाने के लिए श्री हितेन्द्र संगल व प्रमोद अग्रवाल के साथ वजीरपुर इंडस्ट्रियल एरिया गया। वहाँ से आकर आज रामलीला में रोहिणी, सेक्टर

3 में संसार सिंह के यहाँ गया। वहाँ से आकर लगभग रात्रि 11.30 बजे आदर्श रामलीला कमेटी के मंच पर गया, वहाँ एस.एच.ओ., एडी. एस. एच.ओ. व ए.सी.पी. भी आये हुए थे सुरक्षा के हेतु।

सरकार को अस्थिर करने का प्रयास

मंगलवार, 15 अक्तूबर, 1996

आज प्रातःकाल श्री जयभगवान अग्रवाल के साथ आदर्श रामलीला कमेटी के विषय में चर्चा हुई और यह तय हुआ कि कल वह रामलीला के उद्घाटन पर आयेंगे। आजकल दिल्ली नगर निगम के चुनाव को लेकर टिकटार्थी बड़ी संख्या में अपना जीवन परिचय लेकर आते हैं। एक तो वैश्य समाज के लोग व दूसरे अन्य कार्यकर्ता भी काफी बड़ी संख्या में आते हैं। उनसे मिलने के उपरान्त स्नानादि से निवृत्त होकर भोजन किया। मैं दोबारा यहाँ यह बताना चाहता हूँ कि आजकल मैं पूजा, स्वाध्याय व सूर्य नारायण भगवान को जल नहीं दे रहा हूँ। हमारे बेटे अशोक की पत्नी के पुत्र रत्न हुआ है। उसका हवन बुधवार को होगा और फिर ठाकुर जी की पूजा प्रारम्भ होगी। अब स्नान के पश्चात सीधा भोजन ही कर लेता हूँ। इसके पश्चात आज दोपहर 1 बजे सर्वश्री सहिब सिंह वर्मा, विजय गोयल, बी.एल. शर्मा प्रेम, ओम प्रकाश कोहली, आलोक कुमार, राजेन्द्र गुप्ता व पवन कुमार एक साथ बैठकर यह विचार करने लगे कि आखिर अपनी ही पार्टी के लोग क्यों अपनी सरकार को अस्थिर करने की बार-बार कोशिश कर रहे हैं। यह नीचे के कार्यकर्ता के लिए बड़ी कष्टदायक स्थिति है। इसे किसी भी तरह रोकना चाहिए। इस बात पर भी चिन्ता व्यक्त की गयी। प्रदेश अध्यक्ष क्यों नहीं सख्त कार्यवाई करते। इसके बाद आज प्रदेश कार्यालय में एक साप्ताहिक बैठक थी। इस बैठक में आज मुख्य चर्चा पहले 'डेंगू बुखार' की रही और इसके लिए रक्त दान शिविर लगाने की बात तय हुई। फिर दिल्ली नगर निगम के चुनाव को लेकर चर्चा हुई। नगर निगम के चुनाव को लेकर एक याचिका श्री शांति देसाई ने हाई कोर्ट में डाल रखी थी। उसकी अगली सुनवाई की तारीख 6-11-96 पड़ गयी। इससे लगा शायद अब चुनाव कुछ समय के लिए आगे चले जायेंगे। इस

कारण को लेकर जो कल से सभी जिलों के इन्टरव्यू आरम्भ होने थे, वे रुक गये। इसके बाद विधायकों के हस्ताक्षर वाली बात श्री विजय गोयल, सांसद और ओमप्रकाश कोहली ने उठायी। श्री कोहली ने कहा, इसमें कुछ प्रदेश पदाधिकारी भी हैं, उन पर कार्यवाई होनी चाहिए। साहनी जी ने कहा कोई बख्शा नहीं जायेगा। अवश्य कार्यवाई होगी।

फिर चुनाव

सहकारी विकास बोर्ड की बैठक, छावनी बोर्ड के चुनाव और नेताजी सुभाष जयन्ती

बुधवार, 22 जनवरी, 1997

आज प्रातःकाल श्री अमृतलाल शर्मा ख्याला से नगर निगम सीट के लिए आये थे। नीमड़ी कालोनी के भी कुछ युवा आये थे। वे यह चाहते थे कि भारत नगर की सीट पर कोई भी व्यक्ति केवल इस वार्ड का ही होना चाहिए। यह सब लोग चाहते हैं। इसके पश्चात स्नानादि से निवृत्त होकर तुरन्त पुराने सचिवालय गया, वहाँ आज एक बैठक दिल्ली सरकारी विकास बोर्ड की थी। मुख्य मंत्री श्री साहिब सिंह ने विकास बोर्ड के चेयरमैन को बताया कि सहकारी सोसायटी को अपना काम अधिक सुचारु रूप से चलाना चाहिए। इसके पश्चात संजय गांधी ट्रान्सपोर्ट नगर के श्री सरदार सुरजन सिंह, खैरातीलाल, व मोंट फोर्ट स्कूल में दाखिले के लिए डाक्टर रघुवीर अग्रवाल आये थे। इसके पश्चात प्रभारी मंडल दिल्ली छावनी की बैठक श्रीमती सुषमा स्वराज की अध्यक्षता में करणसिंह तंवर के निवास पर हुई और सभी सातों बोर्डों की जानकारी ली गयी। अगली बैठक 24 जनवरी की तय हुई। परन्तु आज की बैठक में एक विचार उभर कर आया कि 23 जनवरी को नगर निगम चुनाव की घोषणा होने की पूरी सम्भावना है। अगर 23-24 जनवरी को सरकारी घोषणा हो गयी, तो कुछ कार्यकर्ता नगर निगम चुनाव में बड़ी संख्या में प्रत्याशी होंगे। कुछ नामांकन पत्र भरने की तैयारी में अपने सहयोगी कार्यकर्ताओं को रोकेंगे। छावनी का चुनाव

2 फरवरी का है। एक सप्ताह बड़ी कठिनाई रहेगी, इसके लिए कुछ कार्यकर्ता बराबर वाले प्रान्त से बुलवाने पड़ सकते हैं। इसके पश्चात मावलंकर भवन गया, वहाँ भारतीय जनता पार्टी दिल्ली प्रदेश की ओर से नेताजी सुभाषचन्द्र बोस की 100वीं वर्षगांठ पर जयन्ती मनायी जा रही थी। इस अवसर पर जो लोग आजाद हिन्द फौज में थे और अब दिल्ली में निवास करते हैं, उनका अभिनन्दन प्रदेश की ओर से तय किया गया। इस कार्यक्रम में पूर्व प्रधानमंत्री अटलबिहारी वाजपेयी जी को भी आना था। इस कार्यक्रम में एक सौ आजाद हिन्द फौज के सिपाहियों को सम्मानित किया गया। इसके पश्चात घर आकर भोजन करने लगा, तब कुछ लोग इस बात के लिए आ गये कि भारत नगर वार्ड से टिकट स्थानीय व्यक्ति को दिया जाये, बाहर के व्यक्ति को नहीं दिया जाना चाहिए।

छावनी बोर्ड चुनाव में पद यात्रा व अमरनाथ यात्रा के लिए बोर्ड का गठन

वीरवार, 23 जनवरी, 1997

आज प्रातःकाल बगैर स्नान किये छावनी बोर्ड के वार्ड नम्बर 2 के प्रत्याशी श्री सुरेश कुमार गुप्ता के पदयात्रा कार्यक्रम में श्री राजकुमार गर्ग, विजय बन्सल, ठाकुर विशिष्ट नारायण सिंह व वजीरपुर जे.जे. कालोनी के 16 लोग श्री राकेश शर्मा जी के साथ गये। यह पदयात्रा 2 बजे तक चलती रही। घर आकर गुरु जी से पढ़ाई करने के पश्चात भारतीय जनता पार्टी कार्यालय 14, पंत मार्ग पर गया और वहाँ आज दिल्ली नगर निगम चुनाव के कूपन आ गये थे, उन्हे जिलों को भेजने के लिए जिलों के कोषाध्यक्षों को पत्र लिखा। इस बार मेरा यह प्रयास रहेगा कि नगर निगम चुनाव के कूपन कोषाध्यक्ष के माध्यम से दूँ और हिसाब पूरा रखा जा सके। इसके पश्चात प्रदेश अध्यक्ष साहनी जी से बात हुई और चाँदनी चौक के संसदीय क्षेत्र के प्रभारी होने के नाते मेरी जिम्मेवारी नगर निगम के आठ बोर्ड के प्रत्याशियों के चयन की थी। यह मंडल से, जिला से सभी स्तरों पर संगठन के पदाधिकारियों के साथ बात करने के पश्चात उन्हें बताने

की जिम्मेवारी थी, ये वार्ड हैं—दरिया गंज, जामा मस्जिद, बाजार सीताराम, पहाड़ गंज, बल्लीमारान, कसाबपुरा, चांदनी चौक, सिविल लाइन्स। इसके पश्चात घर आकर धर्मयात्रा महासंघ द्वारा एक पत्र जम्मू कश्मीर के मुख्यमंत्री को दिया और उन्हें इस बात का धन्यवाद दिया कि अमरनाथ यात्रा त्रासदी की जाँच समिति रिपोर्ट में सेनगुप्ता द्वारा सुझाये सभी बिन्दु मान लिये गये और पत्र के माध्यम से उनसे निवेदन किया कि इन सभी बिन्दुओं पर तुरन्त कार्य आरम्भ करवायें। इनमें पहला कार्य था वैष्णो देवी की तरह बोर्ड गठन होना, दूसरा पहलू यात्रा दो महीने अर्थात दो पूर्णमासी चले। तीसरा आने-जाने का रास्ता सुगम व साफ हो। चौथा, रास्ते में रुकने के स्थान, पाँचवां, मौसम की जानकारी के पूर्ण यंत्र व छठा बाल टाल वाला रास्ता चालू होना चाहिए। यह सभी बातें हमारी अक्तूबर मास में मुख्यमंत्री फारूक अब्दुल्ला से श्रीनगर में विधान सभा के अधिवेशन के अवसर पर विपक्ष के नेता श्री शिवचरण जी के साथ जाकर हो गयी थीं। इसके पश्चात रात्रि में कुछ लोग नगर निगम चुनाव हेतु आये थे। उनसे बात करने में आजकल काफी देरी हो जाती है।

चुनाव में प्रत्याशी

शुक्रवार, 24 जनवरी, 1997

आज प्रातःकाल नगर निगम के प्रत्याशियों की लम्बी लाइन लगी। आने वाले मुख्य प्रत्याशी सर्वश्री रतनलाल गर्ग, ताराचन्द गुप्ता, रोशनलाल गर्ग, सीताराम जिन्दल, सुशील, नरेन्द्र, देवेन्द्र, रामनारायण गुप्ता, किशनचन्द वशिष्ट, श्रीमती बालाराणा व संतोष वर्मा के अलावा बलराज पुरी, धर्मवीर यादव, राजसिंह चौहान थे। इन लोगों से मिलने के पश्चात स्नान, स्वाध्याय व पूजा करके विजय बन्सल व राकेश शर्मा के साथ छावनी बोर्ड चुनाव में गये। वहाँ आज उत्तरांचल प्रकोष्ठ के पूर्व अध्यक्ष श्री वीरेन्द्र जुयाल के साथ काफी अच्छी संख्या में कार्यकर्ता गये, इनमें महिला भी बड़ी संख्या में थीं। आज लगभग पूरे वार्ड का भ्रमण किया। इसके पश्चात घर आकर गुरु जी से पढ़ाई करने के बाद कुछ डायरी लिखी। फिर आज

श्रीमद्भागवत कथा सुनने के लिए शालीमार बाग राम मन्दिर में गया। सायं 6 बजे छावनी बोर्ड के चुनाव में नारायणा गया। वहाँ प्रभारी मंडल व इन्चार्ज की बैठक श्रीमती सुषमा स्वराज की अध्यक्षता में हुई। यह बैठक लगभग चार घण्टे तक चली। इस बैठक में पहले सातों वार्ड इन्चार्ज से वृत्त लिया और फिर जो कुछ कमियाँ हैं, उन पर विचार के पश्चात एक-एक करके सभी प्रत्याशियों से जानकारी ली गयी और आगामी एक सप्ताह का कार्यक्रम बनाया गया। सातों वार्ड का रोज का समय तय हुआ। इसके पश्चात जब यह जानकारी मिली कि नगर निगम चुनाव की घोषणा हो गयी है, इस पर किसी ने कहा कि अब क्षेत्र से बाहर के कार्यकर्ता काम करने शायद बहुत अधिक नहीं आ पायेंगे। कुछ चुनाव लड़ने की तैयारी में अपने समर्थकों के साथ लग जायेंगे और कुछ टिकट नहीं मिलने के कारण नाराज होकर बैठ जायेंगे। इसलिए अब स्थानीय कार्यकर्ताओं को अधिक सक्रिय करना चाहिए। भोजन के पश्चात घर लगभग 11 बजे रात्रि में आ पाया, परन्तु घर पर उस समय नगर निगम का टिकट चाहने वाले कुछ लोग बैठे हुए थे।

शनिवार, 25 जनवरी, 1997

आज प्रातःकाल काफी जल्दी श्री जयभगवान प्रधान के साथ नजफगढ़ के 25-30 लोग एक व्यक्ति के टिकट के लिए आये, वह रात्रि में भी आये थे। मैं उन्हें नहीं मिल पाया। इसलिए वह प्रातः जल्दी आ गये। परन्तु कई बार राजनीति में देखने को मिलता है कि एक व्यक्ति सबको पीछे छोड़कर राजनीति में आगे निकलने की महत्त्वाकांक्षा रखता है। यही बात इस केस में है, जो टिकट मांगने आया, वह चार साल से देहरादून रहता है और टिकट अवश्य चाहता है। इसके पश्चात मानकपुरा से निर्मल नौबल आये और उनके साथ श्री रामेश्वर दास जी आये थे। इसके पश्चात स्नानादि से निवृत्त होकर तुरन्त श्री चरतीलाल गोयल जी, अध्यक्ष, विधान सभा के निवास रूपनगर गया। वहाँ श्री नरेश गुप्ता, प्रीत विहार वाले भी आये हुए थे। उन्होंने एक सूची बनायी थी कि दिल्ली नगर निगम चुनाव में कितने स्थानों पर वैश्य समाज के लोगों को टिकट मिले व अन्य समाजों का भी

प्रतिनिधित्व हो सके। यह सूची बनाकर वह श्री चरतीलाल गोयल को दे आये। इसके बाद श्री विजय बंसल के साथ छावनी बोर्ड चुनाव में गया, वहाँ जाकर आज पहले प्रत्याशी श्री सुरेश गुप्ता से बात करने के पश्चात प्रचार मंत्री, वोटर सूची इन्चार्ज व फिर एक-एक पोलिंग पर 15-15 कार्यकर्ताओं की सूची बनाने को कहा और आज पोलिंग के अनुसार रचना को कार्यकर्ताओं के साथ बैठकर अन्तिम रूप देने के पश्चात घर आ गया। आकर गुरुजी से पढ़ाई करने के बाद डायरी लिखी व अन्य नगर निगम प्रत्याशियों की सूची तैयार की। फिर भोजन के बाद ठाकुर, विजय बंसल व रामकुमार कंसल के साथ राजनगर, पीतमपुरा गया, आज वहाँ संस्कार भारती की ओर से कवि सम्मेलन था। इस अवसर पर मुख्यमंत्री के अलावा विधायक गौरीशंकर भारद्वाज, नंदकिशोर गर्ग, जयभगवान अग्रवाल व हरियाणा बोर्ड के प्रभारी सीताराम सिंघला भी आये हुए थे। इस अवसर पर श्री ओमपाल सिंह निडर कवि के रूप में आये हुए थे। लगभग 15 कविगण और भी आये थे। आज वजीरपुर इण्डस्ट्रियल एरिया में गणतंत्र दिवस की पूर्व संध्या पर हरियाणवी गीतों का एक कार्यक्रम था। यह श्री सुशील जैन व नरेन्द्र जैन के द्वारा आयोजित था और वजीरपुर उद्यमी संघ द्वारा मनाया जा रहा था।

नगर निगम चुनाव में टिकटों का वितरण

बुधवार, 29 जनवरी, 1997

आज प्रातः डायरी लिखने व धर्मयात्रा महासंघ के शेष हिसाब निपटाकर प्रातःकाल वाली एक टीम विजय बन्सल के साथ छावनी बोर्ड भेजी और फिर स्नानादि से निवृत्त होकर ठाकुर बी.एन. सिंह ओमवती व प्यारे की पत्नी के साथ छावनी चुनाव में गया। वहाँ आज लगभग हर क्षेत्र की टीमें अपने कार्य को आधे से अधिक पूरा कर चुकी थीं। इसके पश्चात प्रदेश कार्यालय गया, वहाँ श्री योगेन्द्र जैन, प्रदेश महामंत्री से नगर निगम चुनाव प्रत्याशियों की चर्चा हुई। इस चर्चा में यह बात स्पष्ट होकर आयी कि एक ओर खुराना लॉबी तथा दूसरी ओर साहिब सिंह लॉबी व

तीसरा एक और गुट जो पवन का माना जाता है, इन तीनों में जोर आजमाइश चल रही थी। इसके पश्चात चुनाव के कूपन सभी जिलों को वितरित करके फिर संघ कार्यालय गया। नगर निगम के चुनाव में टिकटों के वितरण को लेकर चर्चा हुई। इसमें मेरा कहना था कि इस बार भाजपा में एक ग्रुप जनता दल का आया है और अकालियों से समझौता हुआ है। इसके अलावा काफी बड़ी संख्या में लोगों ने भाजपा की सदस्यता ग्रहण की है। इस परिस्थिति में हमें टिकट देते समय यह अवश्य ध्यान देना होगा कि कहीं गुजरात व राजस्थान वाली स्थिति न बन जाये। अनेक क्षेत्रों के सम्भावित प्रत्याशी कौन-कौन से हो सकते, इस पर चर्चा हुई। फिर श्री सुरेश वाजपेयी जी को सूरजमल विहार उनके घर छोड़ने गया। रास्ते में उनकी बेटी को लिया। रास्ते में उनसे यमुनापार की निगम सीटों की बात की और फिर घर आकर भोजन के पश्चात दिल्ली नगर निगम के चुनाव में प्रत्याशियों के विषय में श्री ओमप्रकाश कोहली, सांसद व श्री पवन शर्मा से बात करके और रोहिणी के विधायक श्री जयभगवान अग्रवाल से बात करके जब सोने की तैयारी हुई, तब श्री नंदकिशोर अग्रवाल अशोक विहार के वार्ड की चर्चा करने आये। फिर तो काफी रात तक टिकट लेने वालों का आवागम्न लगा रहा।

छावनी बोर्ड चुनाव

शनिवार, 1 फरवरी, 1997

आज प्रातःकाल 6.30 बजे गोपाल गोयल को साथ लेकर बेहरा इन्क्लेव गया। वहाँ से बिट्टू को साथ लिया और छावनी बोर्ड श्री गोयल के यहाँ गया। वहाँ पर सुरेश गुप्ता को बुला रखा था। हम गोयल के पास इसलिए गये थे कि वह अपने रंगरूटों को वोट डालने के लिए जाने दें। दूसरी ओर से यह प्रयास किया जा रहा था कि वह रंगरूटों को वोट नहीं डालने दें। उन्होंने एक रास्ता चुना था कि रविवार होने के कारण उनका एक स्थान पर एकीकरण होता है और उसमें 5-6 घण्टे लग जाते हैं। इस दौरान वह अपने वोट भुगता देंगे। परन्तु श्री गोयल ने यह स्वीकार किया कि हर व्यक्ति का यह अधिकार है। मैं इसकी व्यवस्था करने के लिए कहूँगा।

इसके पश्चात घर आकर स्नानादि से निवृत्त होकर स्वाध्याय के पश्चात् प्रदेश कार्यालय गया। वहाँ पर थोड़ी देर रुककर 31 जनवरी को भरे गये फार्मों की जानकारी लेने के पश्चात मैं छावनी बोर्ड के चुनाव क्षेत्र में गया। वहाँ सभी पोलिंगों के प्रभारी व पोलिंग एजेन्टों की बैठक बुला रखी थी। इसमें अन्य व्यवस्था में जुड़े हुए प्रभारियों के अलावा श्रीमती सुषमा स्वराज, सांसद, श्री करण सिंह तंवर, विधायक व श्री मित्तल, चण्डीगढ़ के सांसद भी आये थे। इसमें जानकारियों के बाद इन सब 6 पोलिंग इन्चार्जों को बस्ते दिये गए। मैं वहाँ से घर आ गया और फिर वहाँ से कनक अग्रवाल, नगर निगम प्रत्याशी के घर गया।

रविवार, 2 फरवरी, 1997

आज प्रातःकाल चार बजे उठकर छावनी बोर्ड चुनाव के वार्ड नम्बर 2 पर तुरन्त पहुँचने के लिए छावनी क्षेत्र, सुभाष नगर मंडल, राजौरी गार्डन मंडल, अशोक विहार, सावन पार्क, वजीरपुर औद्योगिक क्षेत्र के कार्यकर्ताओं को फोन करके तुरन्त वहाँ पहुँचने का संदेश दिया। प्रातः 8 बजे पोलिंग आरम्भ हो गयी थी और सायं 5 बजे समाप्त हुई। कई बार झगड़े की स्थिति भी उत्पन्न हुई। परन्तु सब ठीक हो गया।

पूर्वी दिल्ली के चुनाव हेतु तैयारी (बैठक नरेला जिला)

बुधवार, 14 मई, 1998

आज प्रातःकाल पुष्पा गुप्ता अपनी बेटी रत्ना को लेकर आयीं। वह इसे किसी वकील के साथ लगवाना चाहती थीं। यह लड़की अभी तक मारुति में परचेज सह इन्चार्ज थी। इसके अलावा श्री ताराचन्द गुप्ता, श्री सतपाल गाँधी, ठाकुर वशिष्ट नारायण सिंह, श्री विजय बंसल व कुछ लोग हरिद्वार धर्मशाला के पत्र लेने के लिए आये। स्नानादि से निवृत्त होकर स्वाध्याय व पूजा के बाद थोड़ी देर विश्राम किया। फिर डायरी लिखनी आरम्भ की। इसके पश्चात अग्रवाल वेलफेयर सोसायटी कार्यालय डी–ब्लाक गया। आज वहाँ पर मैंने चुनाव की तैयारी देखने का समय श्री रोहताश कुमार अग्रवाल, महामंत्री के साथ तय किया हुआ था। वहाँ

पर जो 16 मई से नामांकनपत्र भरने का समय तय कर रखा है, वह देखा। फिर अभी तक कुल मतदानों की फोटो में से कितनी अभी शेष रहती हैं, इसके अलावा जो रजिस्टर तैयार किया गया है, वह देखा। फिर यह जानकारी ली कि जो फोटोग्राफर घर-घर जाकर फोटो खींच रहा है, वह कितनी हो चुकी हैं। बताया, बहुत अच्छी प्रगति है। इसके पश्चात सुन्दरलाल जैन अस्पताल में गया, वहाँ हमारे संबंधी का आपरेशन हुआ है। अब उन्हें काफी आराम है। इसके बाद आज नरेला जिला में पूर्वी दिल्ली के चुनाव की तैयारी हेतु बैठक थी। यह बैठक खण्ड प्रमुखों की बुलायी गयी। इस बैठक में तीनों जिलों के प्रमुख लोग बुलाये गये थे जो इस चुनाव में सहयोग करेंगे। इस बैठक में इस जिले के व उन जिलों के निगम पार्षद व विधायक आये हुए थे। अधिकारी के नाते श्री केदारनाथ साहनी जी प्रदेश अध्यक्ष, श्री लालबिहारी तिवारी, प्रत्याशी, जिला अध्यक्ष महेन्द्र नागपाल, प्रदेश पदाधिकारी श्री धर्मवीर सोलंकी, प्रभारी श्री तिलकराज कटारिया, प्रकोष्ठ प्रभारी श्री मूलचन्द चावला थे। यह बात तो ठीक है कि आज देश भर में और खास करके दिल्ली में भाजपा का प्रभाव है, परन्तु पूरे विपक्ष ने एक होकर कांग्रेस का प्रत्याशी तय किया। इससे लगता है कि सब मिलकर भाजपा को हरवाने का प्रयास करेंगे और मुस्लिम वोट भी एक पक्ष में डलवाने की कोशिश होगी। परन्तु अगर भाजपा अपनी बात को प्रभावशाली ढंग से रख पायी तो हिन्दू भी एक हो सकते हैं।

आर.के. पुरम में बैठक, खुराना जी हवाला से मुक्त

वीरवार, 15 मई, 1998

आज प्रातः शाखा विकिर के पश्चात घर आकर तुरन्त पूर्वी दिल्ली चुनाव हेतु वजीरपुर विधान सभा के दोनों मंडलों को फोन से बात करके तैयारी के विषय में पता किया। श्री यशपाल भाटिया, श्री चन्द्र अरोड़ा, श्री महावीर प्रसाद गुप्ता, श्री अनिल सैनी, श्री राजकुमार गर्ग, श्री नंदकिशोर गर्ग, श्री राजेन्द्र अग्निहोत्री इन लोगों को फोन किया। इसके पश्चात आज

प्रातःकाल से ही लोग मिलने के लिए आ रहे थे। केवल पूर्वी दिल्ली के चुनाव की चर्चा होती रही। इसके पश्चात स्नानादि से निवृत्त होकर स्वाध्याय व पूजा के बाद नाश्ता करने के बाद श्री मदनलाल खुराना, पूर्व मुख्यमंत्री के निवास स्थान पर उन्हें बधाई देने के लिए गये। आज कोर्ट द्वारा श्री खुराना जी को हवाला काण्ड में दोषमुक्त किया गया था। श्री खुराना को जब अदालत ने बरी किया, तो दिल्ली के अधिकांश कार्यकर्ताओं में उत्साह की लहर दौड़ गयी। मैं भी उनके निवास पर उनका अभिनंदन करने श्री सुनील शर्मा व श्री गिरिप्रसाद गुप्ता के साथ गया। खुराना जी घर पर नहीं मिले। वहाँ श्री मदनलाल गाबा, उनके बेटे व उनकी पत्नी को एक शाल व एक दुपट्टा व फूलमालाएँ देकर आये। इसके पश्चात भाजपा प्रदेश कार्यालय गया। वहाँ श्री साहनी जी ने निवेदन किया कि पूर्वी दिल्ली चुनाव में अग्रवाल समाज के कुछ प्रमुख लोग क्षेत्र की अग्रवाल संस्थाओं के पास जाकर उन्हें चुनाव में लगाएँ। इस कार्य को श्री नंदकिशोर गर्ग व मुझे सौंपा गया और 20 पत्र भी हस्ताक्षर करके दिये। इसके पश्चात विश्व हिन्दू परिषद संकटमोचन हनुमान मन्दिर गये। वहाँ धर्मयात्रा महासंघ के पदाधिकारियों के साथ माननीय गिरिराज किशोर की बैठक हुई। इस अवसर पर श्री सुनील शर्मा, श्री हितेन्द्र संगल, श्रीमती नीरा शास्त्री, श्री ओमप्रकाश सिंघल व श्री गिरिराज गुप्ता थे। आज का मुख्य विषय था–कैलाश मानसरोवर यात्रा पर एक पुस्तक निकालनी है। इस पुस्तक के प्रकाशन के लिए दिल्ली सरकार से एक लाख रुपया कैलाश मानसरोवर पर पुस्तक व प्रचार पूरा करने में खर्च के लिए चाहिए। इसके पश्चात आज शादियाँ थीं। सर्व प्रथम श्री ब्रजमोहन, श्री सेठी, श्री बाबूराम नोबल एवं श्री प्रेमचन्द बन्सल जी के यहाँ जयदेव पार्क गये।

पूर्वी दिल्ली चुनाव से संबंधित बैठक अशोक विहार मंडल और शाहदरा जिला

शुक्रवार, 16 मई, 1997

आज प्रातःकाल शाखा विकिर के पश्चात भारतीय जनता पार्टी, अशोक

विहार मंडल की बैठक पूर्वी दिल्ली संसदीय चुनाव से संबंधित थी। इस बैठक में संख्या 25 कार्यकारिणी सदस्यों की थी। इसके अलावा जिला अध्यक्ष महेन्द्र नागपाल व सुदर्शन पासी भी उपस्थित थे। इस बैठक में रविवार 18 मई को प्रत्याशी लालबिहारी तिवारी का जो भ्रमण होना था इसकी योजना बनायी गयी। इस अवसर पर मैंने नागपाल जी से जानकारी माँगी कि मेरे जिम्मे कोई कार्य लगाना है तो बताएँ, परन्तु वह बात को टाल गये। इसके पश्चात घर आकर लोागों से मिलने के पश्चात स्नानादि से निवृत्त होकर पूजा करने के पश्चात श्रीनगर कालोनी के अग्रवाल समाज के लोगों के साथ डी.सी.पी. सत्येन्द्र गर्ग के पास गया। पिछले 13 मई को क्षेत्र के कुछ बदमाश लड़कों ने शादी से अगले दिन लड़की को लेने आये लड़के व उनके दामाद को मारा था। इस पर वह इससे बढ़कर हमला करना चाहते थे। अब भी वे लड़के किसी की बहन-बेटी को छेड़ देते हैं। यह बात डी.सी.पी. से करने गया था। डी.सी.पी. ने तुरन्त कार्रवाई प्रारम्भ करवा कर एस.एच.ओ. सरस्वती विहार को फोन किया और स्वयं एक बैठक शकुरपुर में रखने की बात की। इसके पश्चात् भोजन करने और डायरी लिखने के बाद प्रदेश कार्यालय गया। वहाँ श्री साहनी जी से बात की। फिर पूर्वी दिल्ली चुनाव से संबंधित शाहदरा जिला की बैठक थी। उसमें मैं श्री पवन शर्मा जी के साथ गया। आज बैठक ने आम सभा का रूप ले लिया था। इसके पश्चात एक कार्य प्रदेश अध्यक्ष श्री साहनी जी ने मेरे व श्री नंदकिशोर के नाम से पत्र देकर करने के लिए कहा कि पूर्वी दिल्ली चुनाव में अग्रवाल समाज के कुछ प्रमुख लोगों को लेकर अग्रवाल संस्थाओं के पास जाकर इस चुनाव में भाजपा का सहयोग करने के लिए कहो। समाज के प्रमुख लोगों को उन्होंने व्यक्तिगत पत्र भी लिख कर दिया। घर आने के पश्चात श्री रामविलास अग्रवाल और शिवचरण गुप्ता का फोन आया और वह अग्रवाल सोसायटी की जो चुनाव की प्रक्रिया चल रही थी, उस विषय में अपनी बात कहना चाहते थे। इसके अलावा रात्रि में काफी लोगों के फोन नामांकन फार्मों से संबंधित आये।

पूर्वी दिल्ली संसदीय चुनाव की बैठक, शाहदरा कार्यालय/प्रदेश कार्यालय व सुरेश सिंघल के साथ अग्रवाल-समाज की योजना

शनिवार, 17 मई, 1997

आज प्रातःकाल शाखा विकिर के पश्चात् घर आकर पूर्वी दिल्ली चुनाव से संबंधित कुछ लोगों को फोन करना प्रारम्भ किया, परन्तु मेरे पास आगामी कोई योजना नहीं थी। विशेषतः नुक्कड़ बैठकों की योजना नहीं बनायी जा रही है। इसके अलावा प्रातः जो लोग घर मिलने अपने कार्यों के लिए आते हैं, अब उन्हें केवल पूर्वी दिल्ली चुनाव की बात करने के लिए कहा जा रहा है। स्नानादि से निवृत्त होकर पूजा के पश्चात अग्रवाल वेलफेयर सोसायटी के चुनाव के लिए नामांकनपत्र से संबंधित कुछ गलतफहमियां फैलायी गयीं कि एक व्यक्ति सभी पदों पर नामांकन पत्र क्यों नहीं भर सकता, सोसायटी कार्यालय में जाकर यह निर्णय करवाया कि एक व्यक्ति केवल एक पद पर ही चुनाव लड़ेगा, परन्तु एक व्यक्ति फार्म दो ले सकता है। इसके पश्चात मैं शाहदरा कार्यालय (पूर्वी दिल्ली संसदीय क्षेत्र के चुनाव कार्यालय) गया। कल श्री केदारनाथ साहनी जी ने एक चुनाव समिति का गठन किया, जिसके अंतर्गत प्रभारी होने के नाते हमें लिया गया। आज की बैठक में जिला अध्यक्ष व प्रभारी आये थे। इसके पश्चात् पूर्वी दिल्ली चुनाव में साधन जुटाने व कार्य में लगने के लिए माननीय प्रदेश अध्यक्ष जी ने प्रदेश कार्यालय में दो अलग-अलग बैठक बुला रखी थीं। पहली बैठक में सभी निगम पार्षद व समितियों के अध्यक्ष बुलाये गये थे। इस बैठक में सर्वश्री ओमप्रकाश कोहली, पवन शर्मा, योगेन्द्र जैन व कोषाध्यक्ष के नाते मैं भी उपस्थित था। सभी निगम पार्षदों को प्रदेश में दस-दस हजार रुपया जमा करवाने के लिए कहा गया व अपने क्षेत्र की जरूरतें पूरी करने के लिए भी आदेश दिया गया। इसी तरह विधायकों व मंत्रियों की बैठक बुलायी थी, परन्तु अधिक विधायक नहीं आ पाये। इसके पश्चात मैंने श्री सुरेश सिंघल, कोषाध्यक्ष, मयूर विहार जिला के साथ बात करके उन्हें कहा कि प्रदेश अध्यक्ष केदारनाथ साहनी जी चाहते हैं कि हम पूर्वी दिल्ली क्षेत्र में अग्रवाल समाज की कुछ बैठकें करके इस चुनाव में इस समाज के लोगों

को जुटाएँ। इसके पश्चात घर आकर श्री महावीर गुप्ता जी को बताया कि कल प्रातःकाल हमारे प्रत्याशी श्री लालबिहारी जी का राउंड होगा। इस विषय में बात करने के बाद सावन पार्क वाले धनराज को बुलाकर इस चुनाव में जुटने के लिए कहा।

पूर्वी दिल्ली चुनाव व साहिब सिंह वर्मा के साथ लम्बी बात

मंगलवार, 29 मई, 1998

आज प्रातःकाल श्री विजय भाटिया जी के साथ फोन पर बात हुई। मैंने उन्हें फोन करके कहा कि हमारा चुनाव प्रचार अभी खड़ा नहीं हो पा रहा है। अभी तक प्रमुख कार्यकर्ता भी काम में नहीं लग पाये। एक तो जो चुनाव के समय की रचना की है, इसमें उन लोगों को भी जोड़ लेना चाहिए, जो नगर निगम चुनाव में यहाँ काम न करके किसी कारणवश दूसरी नगर निगम सीट पर कार्य कर रहे थे। जैसे यशपाल भाटिया, अश्विनी शर्मा, विपिन मारवाह। और भी कुछ लोग हैं। इस अवसर पर हमें किसी भी कार्यकर्ता को नाराज नहीं रहने देना चाहिए। उन्होंने कहा कि मैं कल प्रातःकाल आप व मंडल अध्यक्ष नंदकिशोर के साथ बैठूँगा। इसके पश्चात स्नानादि से निवृत्त होकर श्री नंदकिशोर गर्ग के यहाँ गया। वहाँ आज बिजली डिपार्टमेंट के अधिकारी आने वाले थे और सुलतानपुर माजरा के बिजली कनेक्शन लगवाने थे। श्री नंदकिशोर गर्ग से मैंने बताया कि श्री साहिब सिंह वर्मा, मुख्य मंत्री से मेरी आज फोन पर लम्बी बात हुई है। उनका कहना था कि पवन शर्मा के साथ बैठकर बात की जा सकती है। परन्तु पवन शर्मा को सीधा-सीधा खुराना के साथ जुड़कर यह सब नहीं करना चाहिए। उन्होंने मुझ से पूछा कि बताएँ, मेरी क्या गलती है। वह इधर-उधर कुछ बातें करते हैं। मैंने श्री गर्ग से कहा कि मैं सायं 5.30 बजे विधान सभा में रहा हूँ। इसके पश्चात मैं श्री सतपाल गर्ग के लड़के की सगाई में गया। इसके पश्चात चुनाव संचालन समिति व साप्ताहिक बैठक में आने वाले कार्यकर्ताओं की बैठक मुख्य चुनाव कार्यालय में हुई। इस बैठक में एक मुद्दा यह भी था कि 29.5.97 को चुनाव वाले दिन छुट्टी

नहीं रहेगी। इसके कारण वोट कम पड़ेंगे और कार्यकर्ता भी अपने काम पर चले जायेंगे। अन्य विषय भी आये। इसके बाद प्रदेश अध्यक्ष श्री साहनी जी ने एक यह कार्य भी मेरे व श्री नंदकिशोर गर्ग के जिम्मे लगाया है कि दिल्ली के अग्रवाल समाज के प्रमुख व्यक्तियों को पूर्वी दिल्ली क्षेत्र में ले जाकर अग्रवाल समाज के लोगों को भाजपा के पक्ष में वोट डालने के लिए प्रेरित करें। इसी शृंखला में आज एक बैठक श्री सुरेश सिंघल जी के निवास पर बुलायी गयी थी।

नरेला जिला के विषय में साहनी जी से बात

बुधवार, 21 मई, 1998

आज प्रातःकाल मिलने वाले लगभग सभी लोग पुलिस से संबंधित कार्य के लिए आये थे। ऊपर के जो पुलिस अधिकारी हैं जैसे अतिरिक्त आयुक्त श्री बी.के. गुप्ता व डी.सी.पी. श्री सत्येन्द्र गर्ग, ये दोनों काफी सख्त हैं। इन्होंने इस जोन की चोरी-डकैती व हत्याओं के कई केस सुलझाये हैं। आज भी इसी तरह के कुछ केस अलग-अलग स्थानों के थे। इसके पश्चात अन्य लोगों से मिलकर स्नानादि से निवृत्त होकर वजीरपुर जे.जे. कालोनी में प्रातः सरदारों की एक शादी में गया। वहाँ हमारे कुछ कार्यकर्ता जैसे राकेश शर्मा, खजांची लाल, विष्णु चौहान के साथ अन्य भी इंतजार कर रहे थे। जब मैं वापिस चलने लगा, तब राकेश ने कहा कि आप यहाँ खुराना जी की सभा में कब आयेंगे। बताया गया कि सभा गुरुद्वारे के आगे होगी। मेरे पास कोई जवाब नहीं था। क्योंकि मेरे पास तो इसकी सूचना भी नहीं थी। मैं इस बात को टाल गया। फिर श्री तिलकराज कटारिया का फोन आया कि आज रात को 10 बजे की बैठक में महेन्द्र नागपाल के घर आना है। यह सूचना मेरी पत्नी को दी। साथ में यह बात भी जोड़ दी कि यह बैठक पहले से ही हो रही है। यह बात क्यों कही गयी? इसके पश्चात अग्रवाल वेलफेयर सोसायटी में गया और कल नामांकनपत्रों की जो जाँच होनी है, वह जाकर देखी। फिर श्री पवन शर्मा जी घर पर आ गये। उनसे लगभग डेढ़ घंटे तक सरकार व संगठन के

विषय पर चर्चा हुई। उनका सरकार के प्रति कुछ रोष है। इसके पश्चात महाराजा अग्रसेन भवन, त्रिनगर गये। आज श्री मोहन गौड़ के पिताजी की रस्म पगड़ी थी। इस अवसर पर काफी लोग आये हुए थे। विधायक, निगम पार्षद, प्रदेश पदाधिकारियों के अलावा मुख्यमंत्री श्री साहिब सिंह वर्मा भी आये हुए थे। वहाँ से संघ कार्यालय गये। प्रान्त प्रचारक जी को पूर्वी दिल्ली चुनाव की जानकारी के साथ-साथ आज की दिल्ली सरकार की जानकारी दी। फिर प्रदेश कार्यालय में श्री साहनी जी से मिलकर नरेला जिला और विशेष कर के वजीरपुर विधान सभा की जानकारी दी और साहनी जी को बताया गया कि यहाँ पर चुनाव में कार्य का विभाजन किस तरह से किया गया है। जो लोग नगर निगम चुनाव में दूसरी सीट पर लगे थे, अब वे दूसरी सीट के इन्चार्ज बनाये गये, जिससे कार्यकर्ता नहीं उठ रहा है।

पूर्वी दिल्ली चुनाव की सभाएँ

शनिवार, 24 मई, 1997

आज प्रातःकाल श्री विजय बन्सल के साथ वजीरपुर इंडस्ट्रियल एरिया के पाँच पोलिंगों के कार्यकर्ताओं की बैठक ली। इस बैठक में लगभग 25 कार्यकर्ता थे—इन पोलिंगों के अधिकांश कार्यकर्ता अपने गाँव गये हुए थे। यह क्षेत्र झुग्गी झोंपड़ी क्षेत्र है। इन पोलिंगों के कार्यकर्ता संगठन से कुछ नाराज थे, परन्तु अंत में सबने फाइल संभाल ली। इसके पश्चात घर आया। पीतमपुरा व शकरपुर के कार्यकर्ता आये हुए थे। इन दोनों मंडलों के कार्यकर्ता अशोक विहार फेज I, II, III, IV में लगे हुए थे। इसके पश्चात पूर्वी दिल्ली संसदीय कार्यालय में बैठक थी। इसमें चुनाव इन्चार्ज सर्वश्री ओमप्रकाश कोहली, पवन शर्मा, वेदव्यास महाजन के अलावा सभी प्रभारी व पाँचों जिलों के अध्यक्ष उपस्थित थे। आज की बैठक में अभी तक के कार्य की समीक्षा व आगामी तैयारी पर विस्तार से चर्चा प्रारम्भ की और फैसला हुआ कि ये सब कार्य 27.5.97 तक पूरे हो जायेंगे। इसके पश्चात पूर्वी दिल्ली संसदीय चुनाव में श्री लालबिहारी तिवारी के समर्थन में एकजुट

करवा कर अग्रवाल समाज को जोड़ने के लिए प्रदेश अध्यक्ष माननीय केदारनाथ साहनी के आग्रह पर इस संसदीय क्षेत्र की बैठकें तय की गयीं। आज इस बैठक के पश्चात डाक्टर हर्षवर्धन, सुरेश सिंघल व परमानन्द गर्ग को साथ लेकर पहली बैठक पटपड़ गंज गाँव में हुई। यह बैठक छोटी होने के बावजूद प्रभावशाली थी। सर्वप्रथम शिक्षा व स्वास्थ्यमंत्री का स्वागत करवाया। उसके बाद एकजुट होकर कार्य में लगने के लिए प्रेरित किया। फिर अगली सभा मंडावली में श्री प्रेम बिन्दल के निवास पर थी। वहाँ भी समाज के लोगों को एकजुट होकर कार्य करने की प्रेरणा दी। इस बैठक के बाद कल्याणपुरी की बैठक में गये। यह बैठक श्री वेद प्रकाश गर्ग के निवास स्थान पर थी। काफी अच्छी रही। इन लोगों की कुछ नाराजगी भी थी कि हमें केवल चुनाव के समय ही पूछा जाता है। इसके अलावा हमें सदैव दूर रखा जाता है। इस बैठक के पश्चात काफी तेज वर्षा प्रारम्भ हो गयी। फिर घर आकर भोजन करने के पश्चात जो रोज रात्रि 10 बजे बैठक होती है, उसमें गया। वहाँ रमेश प्रकाश जी उपस्थित थे। बैठक समाप्त होने के बाद महसूस हुआ कि यहाँ अशोक विहार की रिपोर्टिंग ठीक नहीं होती और हम बोल नहीं सकते।

अग्रवाल समाज की पूर्वी दिल्ली की नुक्कड़ सभाएँ

रविवार, 25 मई, 1997

आज प्रातःकाल कुछ लोगों को पूर्वी दिल्ली चुनाव से संबंधित फोन किये। इसके अलावा आज वृद्धाश्रम के उद्घाटन के लिए कुछ प्रमुख लोगों को फोन करने के पश्चात स्नानादि से निवृत्त होकर वृद्धाश्रम के उद्घाटन पर बूढ़पुर, खेड़ा रोड गया। इस उद्घाटन समारोह में मुख्य अतिथि मुख्यमंत्री श्री साहिब सिंह वर्मा और उद्घाटनकर्ता श्री नंदकिशोर गर्ग थे। इस कार्यक्रम की अध्यक्षता मैंने की। इस अवसर पर विधायक श्री जयभगवान अग्रवाल, इन्द्रराज सिंह, श्री सत्प्रकाश राणा और समाज के गणमान्य व्यक्ति बड़ी संख्या में उपस्थित थे। धर्मयात्रा महासंघ के राष्ट्रीय संयोजक सुनील शर्मा, प्रान्त अध्यक्ष प्रमोद अग्रवाल, सीताराम जिन्दल के अलावा

धर्मयात्रा महासंघ के कार्यकर्ता भी थे। अग्रवाल वेलफेयर सोसायटी के जो चुनाव 8-6-97 को होने हैं, मुझे उसमें चुनाव अधिकारी बनाया गया। दोनों पक्षों की ओर से बैठकर आचार संहिता बनायी गयी। इस अवसर पर सोसायटी के अध्यक्ष श्री प्रेमसागर गुप्ता, महामंत्री श्री रोहताश अग्रवाल के अलावा श्री शादीलाल मिण्डा, जादोराम गुप्ता, नरेश मोहन मित्तल, ईश्वर चन्द्र गोयल, शिवचरण गुप्ता, श्री रामविलास अग्रवाल, श्री मदनलाल मित्तल, श्री राकेश गुप्ता और श्री सुरेश जिन्दल भी थे। यह निर्णय हुआ कि बगैर फोटो के कोई मतदान नहीं कर सकेगा और जो थोड़ी फोटो आनी शेष हैं, वे सभी प्रयास करके जल्दी से जल्दी इकट्ठी करनी चाहिए। इसके पश्चात विश्व हिन्दू परिषद के कार्यकारी अध्यक्ष श्री अशोक सिंघल जी से मिलने श्री जयप्रकाश जी सूर्या ट्यूब के निवास वेस्ट पंजाबी बाग गया। वे वहाँ पर पिछले कुछ समय से स्वास्थ्य लाभ कर रहे हैं। उन्होंने कहा कि टिहरी बाँध बन जाने से गंगा की पवित्रता समाप्त हो जायेगी। उन्होंने कहा कि काँवर लेकर जब बड़ी संख्या में लोग हरिद्वार से जायेंगे, तब उन्हें एक परचे के माध्यम से गंगा के विषय में बताना चाहिए। इसके पश्चात पूर्वी दिल्ली जिले में अग्रवाल समाज की बैठकों में चुनाव प्रचार हेतु बोलने गया। सबसे पहली सभा पटपड़गंज में हुई। इस बैठक में संख्या 55 थी। इस अवसर पर श्री मदनलाल गाबा, विधायक श्री नंदकिशोर गर्ग, श्री वेद प्रकाश गुप्ता, श्री रोशनलाल अग्रवाल व श्री कृष्णलाल बन्सल उपस्थित थे।

सोमवार, 26 मई, 1997

आज प्रातःकाल श्री तिलकराज कटारिया का फोन आया कि चुनाव के लिए सायंकाल तक 50 हजार रुपया इकट्ठा करके दे दें। पता नहीं क्यों, उन्होंने रमेशप्रकाश जी का नाम लेकर इतने रुपये तुरन्त देने के लिए कहा, जबकि महेन्द्र नागपाल इस विधानसभा सीट के इन्चार्ज हैं और उन्होंने इसी सीट से रुपया भी इकट्ठा किया है। एक धन संग्रह समिति भी बनायी गयी थी। उन्होंने उस समिति को अलग करके धन संग्रह किया और जिस मंडल क्षेत्र से रुपया इकट्ठा हुआ, उस इकाई को वह रुपया देना चाहिए।

श्री कटारिया से मैंने कहा कि अगर 10-15 हजार की बात हो तो मैं इकट्ठा कर दूँगा। इस पर उन्होंने मना कर दिया। इसके बाद फोन करने का अर्थ रुपया न होकर मुझे इस बात का दोषी ठहराना था कि मैंने रुपया इकट्ठा नहीं किया।

इसके पश्चात आने वालों से मिला, चुनाव के कारण आने वाले आते रहे और काफी अधिक देरी तक उनसे बातचीत में लगा रहा। फिर स्नानादि से निवृत्त होकर पूजा करने के बाद पूर्वी दिल्ली चुनाव कार्यालय में गया। डिप्टी मेयर चौधरी महेन्द्र सिंह के निवास पर यह कार्यालय है। वहाँ पर श्री रतनलाल गर्ग जी और श्री गोयल जी आ गये। हम वहाँ से यमुना विहार ए ब्लाक में गये। वहाँ श्री लालबिहारी तिवारी को ब्राह्मण समाज की ओर से बुलाया गया था। फिर श्री नरसिंह दास बन्सल जी के द्वारा तिवारी जी को सिक्कों से तोला गया। हमारी अगली बैठक नंद नगरी मंडल में जी.टी.वी. एन्कलेव में श्री मूलचन्द जी के निवास स्थान पर थी। वहाँ पर गलती से जिला अध्यक्ष श्री महेन्द्र सिंह जी ने एक दिन पहले की सूचना दे दी थी। कल बड़ी संख्या में अग्रवाल समाज के लोग आये थे। आज संख्या अधिक नहीं थी। परन्तु कल एक बार प्रत्याशी अवश्य आ जायें। एक रोज पहले हुई बैठक में कोई प्रमुख व्यक्ति नहीं आ पाया था। इसके पश्चात यमुना विहार सी-5, सी-6 के शिव मन्दिर में एक अच्छी बैठक हुई। फिर हमारी पाँचवीं बैठक मौजपुर में थी। हम इसमें डेढ़ घण्टे लेट पहुँच पाये। मेरे साथ श्री नंदकिशोर गर्ग थे। यह बैठक बहुत अच्छी थी। अंतिम बैठक ब्रह्मपुरी में थी। इस बैठक में हम रात्रि 11.30 बजे पहुँच पाये, परन्तु संख्या उस समय भी बहुत अच्छी थी।

श्री साहिब सिंह वर्मा मुख्यमंत्री की भारत नगर वार्ड में पदयात्रा
मंगलवार, 27 मई, 1997

आज प्रातःकाल श्री विजय भाटिया जी व नंदकिशोर जी अग्रवाल, अशोक विहार से फेज II के 13 पोलिंगों की अभी तक की तैयारी की चर्चा करने आये, उसी समय श्री नंदकिशोर अग्रवाल ने पूछा कि आज मुख्यमंत्री जी की भारत नगर वार्ड (वजीरपुर विधान सभा) में टैम्पो पर

यात्रा है। आपको सूचना है क्या ? मैंने कहा कि सूचना पहले लालबिहारी तिवारी को भी नहीं थी। हमें कैसे होती ? फिर मंडल उपाध्यक्ष महावीर गुप्ता का फोन आया कि आप अभी तक क्यों नहीं आये। साहिब सिंह जी आने वाले हैं। मैंने कहा कि मुझे सूचना नहीं है। फिर श्री उदयचन्द जी का फोन आया कि साहिब सिंह जी का राउंड चल रहा है। आप इसमें क्यों नहीं आये। उनको मैंने यह कह दिया कि मुझे किसी अन्य स्थान पर जाना है। फिर जे.जे. कालोनी से खजांचीलाल, राकेश शर्मा आये और वह भी नाराजगी व्यक्त कर रहे थे कि आज मुख्यमंत्री का राउंड है और हमें सूचना नहीं है।

इसके पश्चात स्नानादि से निवृत्त होकर पूजा के पश्चात श्री कैलाश चन्द गुप्ता व ब्रजमोहन शर्मा के साथ मुख्यमंत्री जी के निवास पर गया। उन्हें आज अशोक विहार फेज II में कथा के लिए आने को कहा। पहले निर्णयानुसार कथा में 30.5.97 को आना था। परन्तु हमारी इच्छा थी कि पूर्वी दिल्ली लोकसभा का चुनाव 29.5.97 को है। उससे पहले आने से काफी लाभ रहेगा। उन्होंने समय न होने के बावजूद आना स्वीकार किया। फिर अग्रवाल वेलफेयर सोसायटी के चुनाव, जो 8 जून को होने हैं, उनकी तैयारी हेतु सोसायटी कार्यालय में गया और पोलिंग वाले दिन तक की तैयारी की समीक्षा की और स्टाफ को इस काम में लगाया। इसके पश्चात् संस्कृत अकादमी की ओर से पारितोषिक वितरण किया गया। इस अवसर पर श्री नंदकिशोर गर्ग, सरोज दीक्षा, रामलाल वर्मा, और कनक अग्रवाल अतिथि थे। उसी समय काफी जबरदस्त वर्षा हुई और टेन्ट वगैरह सब खराब हो गया। खुले में ही कार्यक्रम किया। फिर धर्मयात्रा महासंघ कार्यालय गया। मेरे साथ श्री नंदकिशोर गर्ग भी वहाँ गये थे। आज की बैठक में पश्चिम उत्तर प्रदेश के अध्यक्ष श्री राजेन्द्र मित्तल जी भी आये हुए थे। इसके बाद नंदकिशोर जी के साथ घर आ गये। आज सतीश की लड़की श्रुति का जन्मदिन था। आज ही सुधांशु जी महाराज की कथा भी थी। इस कथा में मुख्यमंत्री श्री साहिब सिंह वर्मा भी आये थे।

अशोक गर्ग की प्रतिभा

बुधवार, 28 मई, 1997

आज प्रातःकाल कल होने वाली पोलिंग के विषय में बात करने हेतु

विजय भाटिया जी व द्वारकानाथ जी आये थे। इसके अलावा पीतमपुरा व शकरपुर के मंडलों के अधिकारी आये और जो परची बाँटनी शेष थीं, वे अशोक गर्ग के साथ मिलकर बँटवायीं। इस चुनाव में अशोक विहार फेज II व III अशोक गर्ग के पास है। यह देखा गया कि अशोक ने रामलीला व इन्द्रप्रस्थ युवा मंच का महामंत्री बनने के बाद अपने साथ बड़ी संख्या में लोगों को जोड़ा है। इस चुनाव में विशेष करके इनकी प्रतिभा निखर कर सामने आयी है। लगता है, जो लगन इनके अन्दर है, वह आगे बढ़ाने में सहायक होगी। इसके बाद स्नानादि से निवृत्त होकर थोड़ी देर विश्राम किया। फिर अपनी डायरी व जीवनी लिखनी प्रारम्भ कर दी। आज बोकारो स्टील सिटी से मेरे साले के लड़के सत्यनारायण का परिवार आया हुआ था। उसे बिरला मन्दिर व अन्य दर्शनीय स्थल दिखाने के लिए मेरी गाड़ी चली गयी थी। सायंकाल श्री राजसिंह चौहान के साथ वे सभी स्थान देखने गये, जहाँ कल पूर्वी दिल्ली संसदीय चुनाव की पोलिंग होनी है। हमारी वजीरपुर विधान सभा में पड़ने वाले सभी 26 केन्द्रों में से अशोक विहार नगर निगम के सभी केन्द्र देखने गये। हमने इस दौरान यह देखा कि पंखे ठीक हैं या नहीं। पानी की पूरी व्यवस्था है या नहीं। इसके पश्चात श्री कैलाश चन्द गुप्ता जी के यहाँ गये। आज वहाँ आचार्य सुधांशु जी महाराज का भोजन था। वहाँ पर 8-10 प्रमुख लोगों को बुला रखा था। उनसे कुछ देर चर्चा करने के बाद भोजन किया। आज वर्षा बहुत अधिक होने के कारण कथा पार्क में नहीं हो पायी। कथा मन्दिर में थोड़े समय के लिए करवायी।

खुराना जी से वार्ता, प्रदेश की साप्ताहिक बैठक

मंगलवार, 3 जून, 1997

आज प्रातःकाल बहुत से लोगों ने पूछा कि आप तो कल रात्रि में शिक्षण वर्ग में जाने वाले थे। मैं उन्हें जवाब नहीं दे पा रहा था कि मैं क्यों नहीं शिक्षण वर्ग में गया, जबकि मेरी इतनी अधिक मानसिक तैयारी थी कि मैं हर परिस्थिति में इस वर्ष शिक्षण प्राप्त करूँ। मिलने के बाद स्नानादि

से निवृत्त हो स्वाध्याय व पूजा के बाद नाश्ता करके भाजपा प्रदेश कार्यालय गया, वहाँ श्री खुराना जी से बात करनी थी। मेरे साथ पवन शर्मा जी भी थे। श्री मदनलाल खुराना ने कहा कि जब मेरे साथ विधायकों का बहुमत है तो फिर मुझे क्यों नहीं मुख्यमंत्री बनाया जा रहा। मैं जब चाहूँ बहुमत सिद्ध कर सकता हूँ। इस पर हमने कहा कि आडवाणी जी की रथ यात्रा समाप्त होने तक चुप रहना चाहिए। फिर संगठन परिवार जैसा सोचेगा, वैसा होगा। इस पर उन्होंने कहा कि देखो खाद्यमंत्री बनाने के लिए उन्होंने कितने लोगों को आश्वासन दे दिया है। इसके बाद मैंने प्रदेश अध्यक्ष श्री केदारनाथ साहनी जी से बात की और उनसे कहा कि इस कशमकश में संगठन का नुकसान नहीं होना चाहिए, आपको यह देखना चाहिए, चाहे अटल जी से ही क्यों न बात करनी पड़े। इसके पश्चात आज प्रदेश के पदाधिकारियों की बैठक के बाद विषय था कि हमारे राष्ट्रीय अध्यक्ष के, जो पूरे भारत की 52 दिन की स्वर्ण जयन्ती रथ यात्रा के पश्चात्, दिल्ली आगमन पर उनके स्वागत की किस तरह तैयारी हो। श्री साहनी जी ने कहा कि इस कार्यक्रम में कम से कम 50 हजार संख्या होनी चाहिए। इस पर मेरा कहना था कि अगर हम यह संख्या एक साथ इकट्ठी ही करना चाहते हैं, तो इसकी योजना के लिए एक कमेटी बनानी चाहिए और नीचे तक यह बात पहुँचाने की व्यवस्था करवानी चाहिए। अग्रवाल वेलफेयर सोसायटी के चुनाव में जो बेलट पेपर छापा है, उसमें ॐ पक्ष वालों की एक शिकायत थी कि हमारा चुनाव चिन्ह दूसरे के मुकाबले में छोटा लग रहा है। इस पर उन्हें सुबह श्री रामनारायण गुप्ता जी से बात करके निर्णय करने के लिए कहा।

धर्मयात्रा महासंघ के लिए धन संग्रह

शुक्रवार, 18 जुलाई, 1997

आज प्रातःकाल श्री गिरिप्रसाद गुप्ता जी पुरा महादेव में होने वाले 21 जुलाई के रुद्रमहाभिषेक की अभी तक की तैयारी व आर्थिक स्थिति की जानकारी देने और 20-21 जुलाई को कार्य सुचारु सम्पन्न कराने हेतु

कुछ कार्यकर्ता जो दिल्ली से जायेंगे, उनकी चर्चा करने आये थे। एक कार्य सूची बनायी गयी कि कितने कार्यकर्ता 20 तारीख की बस में व कितने कार्यकर्ता 21 को प्रातः जायें। इसके अलावा इन्द्रप्रस्थ विश्व हिन्दू परिषद के प्रान्त के कार्यकारी अध्यक्ष श्री ओमप्रकाश सिंघल, उपाध्यक्ष श्री ओमप्रकाश शर्मा व महामंत्री श्री सूर्यदेव त्रिपाठी जो भी वहाँ चलें। इसके पश्चात् तुरन्त स्नानादि से निवृत्त होकर श्री मेवाराम आर्य के साथ भाजपा अध्यक्ष श्री लालकृष्ण आडवाणी से मिलने गये। वह 52 दिन की स्वर्ण जयन्ती सफल यात्रा करके लौटे थे। उनका धन्यवाद करने गये थे। उस समय उनसे कहा कि दिल्ली में रोज-रोज यह चर्चा गरम हो जाती है कि मुख्यमंत्री बदला जायेगा। जो करना है वह तुरन्त कर देना चाहिए। मेवाराम जी ने कहा कि देरी होने से हो सकता है कि हिमाचल वाली स्थिति बन जाये। श्री आडवाणी जी ने कहा कि 4-5 दिन बाद इस विषय पर बात करूँगा। इसके पश्चात प्रदेश कार्यालय में आकर कुछ बिल पास करने थे। श्री मदनमोहन अब्रोल डी.टी.सी. के सदस्य बन गये थे। उन्हें बधाई देने के पश्चात प्रदेश अध्यक्ष श्री केदारनाथ साहनी के साथ पंजाबी बाग श्मशान घाट पर गये, वहाँ आज अशोक हरी ए.सी.पी. का दाहसंस्कार था। वह कल प्रदर्शनकारियों पर काबू पाते हुए ट्रक के पहिये के नीचे आ गये थे। वह काफी सक्षम और समझदार ए.सी.पी. थे। पिछले 10 साल से वह पार्लियामेन्ट थाने पर एस.एच.ओ. थे, फिर वहीं पर ए.सी.पी. बन गये। उनकी अंत्येष्टि में लगभग सभी उच्च पुलिस अधिकारियों के अलावा मुख्यमंत्री, उपराज्यपाल व अनेक राजनीतिक नेता उपस्थित थे। इसके पश्चात घर आकर थोड़ी देर विश्राम और पढ़ाई करने के बाद श्री राजसिंह चौहान के साथ पहले कमलकिशोर गोयनका के घर उनकी सेहत की जानकारी लेने गये। फिर धर्मयात्रा महासंघ का चन्दा इकट्ठा करने श्री ईश्वर गोयल, श्री नरेश मोहन मित्तल और इसके बाद श्री प्रेम सागर गोयल के घर पर गये ।

मंगलवार 22 जुलाई 1997

आज अटल जी से बात करनी थी कि दिल्ली की सरकार के विषय

में आये दिन जो अखबारों में आ रहा है, वह ठीक नहीं है। ऊपर से इसे रोका जाये। परन्तु इस विषय पर बात करने से उन्होंने इन्कार कर दिया। इसके अलावा आज प्रदेश की साप्ताहिक बैठक 11, अशोक रोड भाजपा के केन्द्रीय कार्यालय में हुई। इस बैठक में 15 जुलाई को सम्पन्न हुई स्वर्ण जयन्ती रथ यात्रा की सफलता पर बधाई दी गयी। इसके अलावा संगठन के जो चुनाव होने जा रहे हैं, प्रथम चरण के कार्य रजिस्टर हमारे 20 जुलाई तक तैयार होने थे, वे तैयार नहीं हुए। इस कारण समितियों के चुनाव 1 अगस्त से जो आरम्भ होने थे, वे अब 10 अगस्त से होंगे। इसके पश्चात् धर्मयात्रा महासंघ की साप्ताहिक बैठक केन्द्रीय कार्यालय करोल बाग में थी। इसका मुख्य विषय था अमरनाथ यात्रा की कठिनाइयां, जगन्नाथ यात्रा में उड़ीसा प्रान्त संगठन को आर्थिक सहयोग, पुरा महादेव में रुद्राभिषेक की सफलता व धन संग्रह की रसीदें 31 जुलाई तक वापिस करना।

बुधवार 22 अक्तूबर 1997

मैं हरिद्वार से दोपहर 2 बजे के समाचार सुनकर चलना चाहता था। हरिद्वार में पिछले तीन दिवस जहाँ विराट हिन्दू सम्मेलन के थे, वहीं पर उत्तर प्रदेश भाजपा के शक्ति परीक्षण के भी थे। इन्हीं तीन दिनों में भारत व पूरे विश्व की राजनीतिक दृष्टि उत्तर प्रदेश की घटना पर टिकी हुई थी। जहाँ उत्तर प्रदेश विधान सभा में भाजपा की कल्याण सिंह सरकार ने अपना बहुमत साबित किया, वहीं बची हुई कांग्रेस व बसपा के साथ मिलकर मुलायम सिंह की समाजवादी पार्टी के विधायकों ने विधान सभा भवन के अन्दर ही कातिलाना हमला किया और केन्द्र में बैठी संयुक्त मोर्चा सरकार द्वारा उत्तर प्रदेश की सरकार भंग करके राष्ट्रपति शासन लगाने की सिफारिश राष्ट्रपति को की गयी, जिसे पूरा राष्ट्र दुखी मन से देख रहा था। परन्तु राष्ट्रपति के. आर. नारायणन ने उस सिफारिश को स्वीकार न करके पुनः विचार हेतु केन्द्रीय मंत्रिमंडल के पास भेज दिया।

हरिद्वार से आगमन के बाद पत्नी का ऑपरेशन

वीरवार, 23 अक्तूबर, 1997

आज प्रातः काल मिलने आने वालों में काफी लोग थे। मैं पिछले तीन रोज से हरिद्वार गया हुआ था। वजीरपुर जे. जे. कालोनी व सावन पार्क के कार्यकर्ता विशेषतः यह शिकायत कर रहे थे कि भारत नगर मंडल के चुनाव में किसी भी प्रमुख कार्यकर्ता को नहीं लिया गया केवल 3-4 परिवारों के कुछ व्यक्तियों को लेकर सूची तैयार कर दी गयी व शेष जिला अध्यक्ष ने अपने फैक्ट्री कर्मचारियों को जोड़ दिया। इसके पश्चात् एफ ब्लाक एसोसिएशन अध्यक्ष श्री शर्मा जी का फोन आया। वह अपने ब्लाक में काम नहीं होने की निगम पार्षद श्रीमती कनक अग्रवाल की शिकायत कर रहे थे, परन्तु दूसरे क्षण ही कह रहे थे कि कार्य जो हुआ है वह अधूरा है। आज की राजनीति में एक बड़ी समस्या पैदा हो गयी है कि पहले तो समस्याएं अधिक हैं और खर्च करने के लिए सरकार के पास पैसा कम है। परन्तु अगर कम पैसा होने के बाद तय किया गया कि धन विकास में लग जाये तो शायद कुछ काम होता हुआ नजर आयेगा। जितना बचाखुचा पैसा लगता है, काम प्रारम्भ करके अगर उसे तुरन्त पूरा कर दिया जाये तो लोगों को शिकायत का कम अवसर प्राप्त होगा। अब यह हो रहा है कि एक ही ठेकेदार को 15 स्थानों के ठेके एक साथ दिये जाते हैं और वह काम को इतना लटका देते हैं कि क्षेत्र के निवासी दुखी हो जाते हैं। वह काम भी किया न किया बराबर हो जाता है। इसे सुधारना होगा। सुधरेगा तब, जब प्रशासन चलाने वाले अपना स्वार्थ त्याग देंगे। आज हमारी पत्नी का ऑपरेशन सुन्दरलाल जैन अस्पताल में डॉक्टर सुभाष अग्रवाल द्वारा किया गया। उनकी छाती पर एक गाँठ हो गयी थी और वह पक गयी, फिर उसमें मवाद हो गया। यह सारी घटना मात्र 20 दिन में हुई। पहले मुझे इस विषय में लड़कों की बहुओं ने कहा अवश्य था, परन्तु पत्नी ने परवाह नहीं की। मैंने भी इस बात को याद नहीं रखा। परन्तु हरिद्वार से आने के बाद जब दर्द बढ़ गया, तब छोटा बेटा संजय व उसकी पत्नी सुमेधा अस्पताल लेकर गये। वहाँ ऑपरेशन करना पड़ा।

एक और चुनाव

वनवासी कल्याण आश्रम हेतु धन संग्रह
बुधवार, 14 जनवरी, 1998

आज प्रातःकाल स्नान करके शाखा के मकर संक्रांति कार्यक्रम में श्री सनातन धर्म मन्दिर, सी ब्लाक में गया। वहां से वनवासी कल्याण आश्रम के हेतु चन्दा लेने श्री सत्यनारायण बंसल जी, प्रान्त संघ चालक श्री द्वारकानाथ जी, विभाग कार्यवाहक श्री जीतसिंह जी, नगर संघ चालक श्री योगेश गर्ग, जिला कार्यवाहक के साथ पहले टी.टी. बनियान वालों के यहाँ, फिर सागर रत्ना और फिर जसवंत राय जैन के पास गये। अंत में श्री विजय भाटिया जी के पास गये। वहाँ से आकर भोजन करने के बाद वजीरपुर औद्योगिक क्षेत्र से आते हुए डी.एस.आई.डी.सी. के लोगों से मिला। उनकी कुछ विशेष समस्याएं थीं। उनके लिए चेयरमेन श्री सुदर्शन सरीन को फोन किया। तय हुआ कि डी.एस.आई.डी.सी. का जो रुपया फैक्ट्री वालों की तरफ है उस रुपये की किस्तें हो जायेंगी। फिर विश्राम किया। आज शादी के कार्ड देने वाले भी काफी लोग आये। शादियाँ पिछले दो महीने से लगभग बन्द थीं। अब 23 जनवरी से शादियाँ प्रारम्भ हो गयी हैं। गुरु जी से पढ़ाई प्रारम्भ की। कई रोज से हरिद्वार गया हुआ था। इस कारण पढ़ाई नहीं हो पायी। आज दिल्ली की लोक सभा सीटों के प्रत्याशी तय हो गये। श्री मदनलाल खुराना, श्री कृष्णलाल शर्मा, श्रीमती सुषमा स्वराज, श्री जगमोहन, श्री विजय गोयल, श्री लालबिहारी तिवारी व श्री सुरेन्द्रपाल रातावाल लोकसभा के लिए प्रत्याशी बनाये गये। इनके नामों की घोषणा होने के पश्चात् कहीं-कहीं थोड़ा बहुत विरोध आरम्भ

हुआ परन्तु कोई बड़ा विरोध कहीं नहीं हुआ। इसके बाद सेवा ट्रस्ट का एक कार्यक्रम महाराजा अग्रसेन भवन डी ब्लाक में था। वहाँ से फिर भारत स्टील, मंगोलपुरी गया। वहाँ पर जाते समय श्री परमेश्वरी दास जी व श्री जयभगवान जी के पास निष्काम सेवा ट्रस्ट हरिद्वार का रुपया लेने गया। भारत स्टील पर जाने का कारण सतीश से पवन शर्मा जी के विषय में बात करने का था, परन्तु उनकी नाराजगी को देखते हुऐ मैंने आगे कोई बात नहीं की। इसके पश्चात् घर आकर चाँदनी चौक के प्रत्याशी श्री विजय गोयल से बात हुई। वह चाहते थे कि मैं लोक सभा चुनाव में चाँदनी चौक संसदीय सीट का प्रभारी बनकर चुनाव लड़वाऊँ। इसके पश्चात् कल की बैठक की सूचना दी।

लोक सभा चुनाव की कार्य योजना का काम आरम्भ, चाँदनी चौक जिला

वीरवार, 15 जनवरी, 1998

आज प्रातःकाल चाँदनी चौक के भाजपा जिला अध्यक्ष चौधरी चन्दन सिंह जी से बात हुई व दोपहर 1 बजे श्री विजय गोयल द्वारा बुलायी गयी बैठक में 5, महादेव रोड पर भाग लिया। यह बैठक विजय गोयल को चाँदनी चौक के प्रत्याशी बनाये जाने के पश्चात् चाँदनी चौक जिला व मंडलों के कार्यकर्ताओं की बुलायी गयी थी। इस बैठक में श्री ओमप्रकाश कोहली और श्री चौधरी निहाल सिंह जी भी उपस्थित थे। मैं वहाँ से श्री केदानाथ साहनी प्रदेश अध्यक्ष के साथ मादीपुर गया। वहाँ हमारे पंजाबी बाग जिला कार्यकारिणी के सदस्य श्री भारत भूषण जी का हरदोई रेल हादसे में देहान्त हो गया था। आज उसकी रस्म पगड़ी थी। प्रशान्त विहार में भाई मदनलाल की क्रिया थी। उनका देहान्त अचानक हृदय गति रुकने के कारण हो गया था। वह हमारे ताऊ के लड़के थे। यह जब दिल्ली आये तो काफी समय तक मेरे पास ही रहे थे। इनके बड़े बेटे राजेश गर्ग आज राजनीतिक क्षेत्र में है। पहले भाजपा के साथ जुड़े हुए थे, फिर इनकी श्री विजय कुमार मल्होत्रा से कहा सुनी डुसू के चुनाव को लेकर हो गयी थी। तब से यह

कांग्रेस के साथ जुड़े हैं। जब इन्होंने पार्टी बदली, तब मैं अपनी पत्नी के साथ 45 दिन के लिए तीर्थयात्रा पर गया हुआ था। यह 12 साल पहले की बात है। मैं यहाँ से भाई द्वारकादास की क्रिया में टेगौर गार्डन चला गया। वह अपनी आयु लगभग पूरी करके गये हैं। उनकी आयु 84 वर्ष की हो गयी थी। मैं इनके साथ लगभग 45 साल से जुड़ा हुआ हूँ। इनकी दुकान अकोला मध्य प्रदेश में थी, जब मैं नौकरी करने हेतु वहाँ गया था। इनकी क्रिया में वक्ता के नाते पण्डित लक्ष्मीनारायण एस.एच.ओ. आये हुए थे। वह पुलिस में रहते हुए भी प्रवचन करते हैं। वहाँ से श्री सीताराम जिन्दल जी के साथ घर आया और रास्ते में कुम्भ के अवसर पर हरिद्वार में जो भण्डारा होगा, उसके हेतु जो राशन लोगों से इकट्ठा करना है, उस पर चर्चा हुई। उन्होंने बताया कि सामान लिखना आरम्भ हो गया है। इसके बाद घर आकर श्री राजकुमार गर्ग व श्री अशोक चानना से अशोक विहार मंडल की चुनाव समिति की बात हुई। उन्होंने बताया कि समिति सब नये पुराने कार्यकर्ताओं को जोड़कर बनायी है। सायंकाल आज बहुत थकान हो गयी थी।

गऊशाला में हरी चरी डालना आरम्भ और चुनावी बैठकें

शुक्रवार, 16 जनवरी, 1998

आज प्रातःकाल केशवपुरम विभाग का मासिक मिलन था। इस बैठक का इस बार विस्तार किया गया था और नगर तक के कार्यकर्ता बुलाये गये थे। इस बैठक में माननीय श्री सोहन सिंह जी आये थे और उन्होंने आज अन्य विषयों के साथ प्रमुख विषय लोक सभा चुनाव का लिया। उनका मुख्य विषय था : एक बार हमें सत्ता में आने के लिए अगर किसी के साथ मिलकर भी चलना पड़े तो कोई चिंता नहीं। अगर इस बार हमने यह परहेज कर लिया कि हमारा विचार तो उस पार्टी के साथ मिलता नहीं और हम उसके साथ समझौता किस तरह करें, तब आप सत्ता से वंचित रह जाओगे और यह देश ईसाई व मुस्लिम बहुल हो जायेगा। आप फिर इसे नहीं बदल सकते और हिन्दू समाज का उत्थान नहीं हो सकता।

इसके पश्चात् घर आकर स्नानादि से निवृत होकर चौधरी चन्दन सिंह के घर गया। वहाँ पर उनके साथ बैठकर चुनाव समिति बनाने पर विचार हुआ। चुनाव समिति लोक सभा चुनाव हेतु बनायी जा रही है। इसके पश्चात् पूर्वी दिल्ली संसदीय चुनाव हेतु एक बैठक माननीय श्री ओमप्रकाश कोहली जी द्वारा बुलायी गयी थी। उन्होंने इस बैठक में लगभग उन 40 लोगों को बुलाया, जो अभी आठ महीने पहले पूर्वी दिल्ली चुनाव में जुटे थे। पहले इस सीट का चुनाव श्री बी. एल. शर्मा प्रेम के त्यागपत्र के कारण हुआ था।

मैं वहाँ से निगम बोध घाट गया, आज हमारे निष्काम सेवा ट्रस्ट हरिद्वार के ट्रस्टी श्री रामकिशोर जी का देहान्त हो गया था। फिर भारतीय जनता पार्टी प्रदेश कार्यालय गया। वहाँ से शेष जिलों को कूपन देने व अन्य तैयारी देखने के पश्चात् 5, महादेव रोड, श्री विजय गोयल, चाँदनी चौक संसदीय क्षेत्र के प्रत्याशी के निवास पर गया। वहाँ एक छोटे कोर ग्रुप की बैठक थी। इसमें जिला अध्यक्ष चंदन सिंह, नगर निगम में स्थायी समिति के अध्यक्ष शांति देसाई, परिवार के श्री सुशील बुबना के अलावा श्री सुधांशु मित्तल, पवन गुप्ता, तुलसी अग्रवाल उपस्थित थे। इस अवसर पर निर्णय किया गया कि रोजाना आज वाली टीम के अलावा विशम्भरदत्त शर्मा व प्रकाश कौशिक बैठा करेंगे। इसके पश्चात् बाहरी दिल्ली सीट पर रोहिणी कार्यकर्ता सम्मेलन में गया।

चुनाव हेतु बैठक कनक अग्रवाल के निवास पर

शनिवार, 17 जनवरी, 1998

प्रातःकाल एक बैठक निगम पार्षद श्रीमती कनक अग्रवाल के निवास पर कार्यकर्ताओं की थी। इस बैठक में 20 कार्यकर्ता उपस्थित हुए। इनमें विशेषतः वे कार्यकर्ता थे, जिन्हें जिला ने लोक सभा चुनाव में अभी तक नहीं पूछा है। कनक जी को चिंता थी कि अगर इन्हें काम नहीं दिया गया तो ये नाराज होकर बैठ जायेंगे और कनक को क्षेत्र में सम्पर्क करना कठिन हो जायेगा। यह बात पहले से जिला व जो तदर्थ मंडल गठन किया गया

है, वह संकेत दे चुका है। तदर्थ मंडल की बैठक में रश्मि अग्रवाल गयी थी। इन सब बातों को देखते हुए और विधान सभा में कहीं कार्यकर्ता उदासीन न हो जाये, इस कारण मेरा यह प्रयास है कि लोक सभा के चुनाव में कार्यकर्ताओं को निष्क्रिय न होने दिया जाये। इन सब बातों को एक तरफ करते हुए श्री भाटिया जी को लगाया गया। निर्णय हुआ कि तदर्थ मंडल केवल चुनाव तक ही कार्य करेगा। इसके पश्चात् मंडल के चुनाव हो जायेंगे। घर आ कर तुरन्त स्नान के पश्चात् पूजा करके धर्मयात्रा महासंघ की बैठक में रामकृष्णपुरम गया। आज की बैठक में थे माननीय गिरिराज किशोर, श्री ओंकार भावे, श्री सुनील शर्मा, श्री रघुनन्दन प्रसाद जी, श्री विजय कुमार हरिद्वार वाले, श्री गिरिप्रसाद गुप्ता। आज हरिद्वार में पड़ने वाले कुम्भ के अवसर पर चर्चा हुई कि धर्मयात्रा महासंघ प्रचार-प्रसार के अलावा यात्रियों को किसी तरह यह बात बताये कि यात्री को यह करना चाहिए, यह नहीं करना चाहिए। आज काफी कार्यक्रम थे, पहले श्री दीपचन्द जी के लड़के का टीका हयात रीजेंसी में था। इसके पश्चात् श्री शीतलप्रसाद जैन के सुपुत्र का टीका समारोह, इसके पश्चात् श्री केवलकृष्ण कक्कड़ के पिताजी की रस्म पगड़ी। इन सब में होकर घर आकर डायरी वगैरा लिखना प्रारम्भ किया।

श्री रमेश प्रकाश जी के साथ बैठक वजीरपुर विधान सभा

आज प्रातः 7 बजे एक प्रमुख बैठक श्री विजय भाटिया जी के निवास स्थान पर अशोक विहार में हुई। इस बैठक में प्रमुखता से राष्ट्रीय स्वंयसेवक संघ के प्रान्त सह कार्यवाह व राजनीति क्षेत्र के प्रभारी श्री रमेश प्रकाश जी उपस्थित थे। इनके अलावा विभाग कार्यवाहक श्री द्वारका नाथ जी, श्री विजय भाटिया जी, श्री योगेश गर्ग, श्री महेन्द्र नागपाल, श्रीमती कनक अग्रवाल, श्री नंदकिशोर अग्रवाल, श्री मदनलाल भाटिया के अलावा मैं भी इस बैठक में आया था। इस बैठक का विषय था। नरेला जिला व विशेष करके वजीरपुर विधान सभा, इसके अशोक विहार का नगर प्रचलित होने के कारण अशोक विहार में राजनीतिक लोगों के आपसी मदभेद। ये मतभेद यहाँ तक पहुँच गये कि एक दूसरा आपस में मिलता नहीं, बोलता नहीं,

एक दूसरे की काट करने की कोशिश करता है। रमेश प्रकाश जी ने अपना विषय रखना आरम्भ किया और कहा कि काम में सब मिल कर लगें। यह चुनाव पहले से अधिक वोटों से अवश्य जीतना चाहिए। इसके अलावा कहा कि यहाँ तो 85 प्रतिशत स्वयंसेवक हैं और सब कामों मे आगे रहते हैं। यह बात जब वह कह चुके तो नंदकिशोर अग्रवाल जी ने कहा कि आपने हमारी बात सुनी ही नहीं। उन्होंने कहा कि अगर मैं कड़वी बात कहूँगा तो आप सुनेंगे क्या? श्री रमेश प्रकाश जी ने कहा, आप अपनी बात कहें। तब उन्होंने बताया कि मैंने आपको, द्वारका जी को, विजय भाटिया जी को, कई बार यहाँ की स्थिति से अवगत करवाया परन्तु सभी यह कह कर चल देते थे कि भारतीय जनता पार्टी वाले देखें। ये सब बातें पहले बताते रहे परन्तु नहीं सुनी गयीं।

जिला चाँदनी चौक चुनाव तैयारी प्रभारी के नाते मेरा योगदान

मैं चाँदनी चौक जिला का प्रभारी हूँ। इस नाते संगठन (भाजपा) व परिवार ने मुझे इस संसदीय सीट पर भी समय लगाने के लिए कहा। यह आदेश भाजपा प्रदेश की ओर से प्रदेश अध्यक्ष श्री केदारनाथ साहनी जी ने व संघ की ओर से प्रान्त सह कार्यवाह व भाजपा प्रभारी श्री रमेश प्रकाश जी ने किया। श्री रमेश प्रकाश जी ने बताया कि आप चाँदनी चौक सीट पर भी समय लगा कर वहाँ का काम खड़ा करवाएं, यह निर्णय जवाहर नगर की बैठक में हुआ। इस निर्णय की जानकारी मुझे 19-1-98 को श्री विजय भाटिया जी के निवास पर हुई एक बैठक, जो वजीरपुर विधान सभा में चुनाव कार्य हेतु बुलायी गयी थी, उसमें दी गई। वैसे प्रभारी के नाते मैंने चाँदनी चौक संसदीय क्षेत्र के प्रत्याशी की बात मंडल व जिला तक के प्रमुख कार्यकर्ताओं के साथ जिला कार्यालय में कर ली थी। इस सीट पर पहले श्री जे. के. जैन चुनाव लड़े थे, परन्तु वह कांग्रेस प्रत्याशी श्री जयप्रकाश अग्रवाल से हार गये थे। इस बार कार्यकर्ता यहाँ से बदलाव चाहते थे। श्री विजय गोयल, जो अब यहाँ से प्रत्याशी है, वह पहले सदर संसदीय क्षेत्र से जगदीश टाईटलर को हराकर आये थे। इस बार सदर से पूर्व मुख्यमंत्री श्री मदनलाल खुराना चुनाव लड़ रहे हैं। मैं विजय गोयल

की चाँदनी चौक सीट पर पिछले सप्ताह से कार्य में लगा हुआ हूँ। अभी तक यहाँ ये कार्य संपन्न हो गये हैं–

1. कार्यालय में हवन करवा कर विधिवत उद्घाटन हो चुका, संख्या अच्छी थी।
2. प्रेस कांफ्रेंस 5, महादेव रोड पर संपन्न हो चुकी।
3. बड़ा कार्यकर्ता सम्मेलन नेशनल क्लब में हो गया। संख्या 1500 के लगभग।
4. एक बैठक जिला पदाधिकारियों व मंडल अध्यक्षों के साथ हुई। प्रदेश से बात कर के जिला चुनाव समिति का गठन हो गया। कुल संख्या 51।
5. एक नित्यप्रति बैठने हेतु छोटा ग्रुप तय हो गया जिसकी संख्या 13 है। रोज बैठना आरम्भ हो गया।
6. चुनाव इन्चार्ज, इलेक्शन एजेण्ट, कवरिंग कंडीडेट, अन्य कार्य का विभाजन किया गया।
7. प्रत्याशी का प्रातःकाल के 8 मंडलों का राउण्ड।
8. प्रत्येक मंडल की कार्य समिति की बैठक होती है।
9. महिलाओं के ग्रुप सक्रिय हो गये।
10. धन संग्रह हेतु कूपन, वोटर सूची, वोटर पर्ची आदि प्रदेश से।

योजना अनुसार कार्य का विभाजन व संचालन आरम्भ हो गया है। इस कार्य में संघ परिवार की और से माननीय रामचन्द्र जी व सुशील बुबना जी भी लगे। प्रभारी के नाते मैं लगा हूँ। श्री विजय गोयल के पिताजी श्री चरतीलाल गोयल दिल्ली विधान सभा के अध्यक्ष हैं। वह भी अपना कुछ समय लगा रहे हैं। इसके साथ-साथ एक टीम जो पहले से विजय गोयल के साथ चलती है, जिसमें प्रमुख हैं श्री सुधांशु मित्तल, पवन गुप्ता, तुलसी अग्रवाल, अनिल गुप्ता व अन्य। ये सभी रात दिन काम में लगे हैं। काम में सब लग गये। अगर ऊपर के नेताओं ने अपनी सोच सही रखी तो कोई खतरा नहीं है। परन्तु मुझे आशा बिल्कुल नजर नहीं आती। अपनी बात की जानकारी सम्बंधित ऊपर वाले अधिकारियों को देकर मैं

काम में लग गया। पहले दिन श्री शांति देसाई नाराज हो गये, जिन्हें हनुमान मन्दिर पर मनाया गया। फिर श्री वासदेव कप्तान नाराज हुए। आज यहाँ धन संग्रह का कार्य अपने हाथ में कोई नहीं लेना चाहता। दूसरी एक और आवश्यक बात यह है कि विजय गोयल की इच्छा है कि मैं चाँदनी चौक में कार्य अवश्य देखूँ, परन्तु विजय कुमार मल्होत्रा ने संकेत दिया कि आपको आगामी विधान सभा चुनाव लड़ना है, इसलिए आप अपनी विधान सभा सीट देखें। खर्च की दृष्टि से पैसा अभी तक सारा विजय गोयल के द्वारा इकट्ठा करके खर्च किया जा रहा है। कार्य में लगे 30 लोगों को सेलुलर फोन भी दिये गये, जिससे तुरन्त सम्पर्क स्थापित हो सके। कुछ वायरलेस सेट लाये गये। पूरा कार्यालय सक्षम होकर चले। दस कम्प्यूटर व अन्य कार्य हेतु एक टीम भी लायी गयी है। आज दिनांक 24-1-98 को दोपहर 1.30 बजे तीस हजारी कोर्ट के कमरा नम्बर 146 में विजय गोयल का नामांकन दाखिल होना था। मैं प्रदेश अध्यक्ष साहनी जी को साथ लेकर तीस हजारी गया और पूरे जिले के प्रमुख कार्यकर्ता एक विशाल जुलूस बनाकर अजमेरी गेट कार्यालय से चाँदनी चौक, फतेहपुरी, खारी बावली, नया बाजार, कश्मीरी गेट होते हुए लगभग 1.45 बजे तीस हजारी पहुँचे और नामांकन पत्र दाखिल किया।

इस लोक सभा सीट पर 3 लाख 69 हजार वोट है, जिनमें 1 लाख 25 हजार मुसलमान वोट हैं। कुल पोलिंग 426, कुल संगठन के आठ नगर निगम वार्ड व 4 विधान सभा सीट जिनमें 2 विधान सभा व 3 नगर निगम सीट जीती हुई हैं। लोक सभा सीट हम हारते-जीतते रहे हैं।

इसके पश्चात् मंडलों में कार्य आरम्भ करवाने हेतु श्री रामचन्द्र जी व श्री गौरीशंकर मूंदड़ा को लगाया परन्तु यहाँ यह समस्या भी है कि अगर कोई कार्यकर्ता इस बार संगठन की टीम में नहीं आया, परन्तु वह अपने क्षेत्र में प्रभाव रखता है, उसे कुछ लोग काम में लगाना चाहते हैं तो कुछ नहीं, यह स्थिति लगभग सभी मंडलों की है। दिनांक 27-1-98 को जिला कार्यालय में कोर ग्रुप की बैठक में प्रत्याशी श्री विजय गोयल चाहते थे कि एक बार मैं और जिला अध्यक्ष चुनाव इन्चार्ज एक एक मंडल को बुला

कर वहाँ की स्थिति को जान लें। श्री गोयल ने उल्लेख किया कि सदर के प्रत्याशी श्री मदनलाल खुराना ने भी इसी तरह मंडलों से मिलने का कार्य संपन्न किया है। परन्तु यहाँ पर कोई मानने को तैयार नहीं था। किसी तरह मैंने यह बात मनवा तो ली परन्तु मीटिंग खत्म होने के बाद शांति जी ने इसे मन से स्वीकार नहीं किया। इन सब बातों की जानकारी प्रदेश अध्यक्ष केदारनाथ साहनी जी को मैंने दी। इसके परश्चात् श्री ओमप्रकाश कोहली जी से बात की कि इस स्थिति में मुझे क्या करना चाहिए। उनका कहना था कि अब थोड़ा अधिक समय मैं पूर्वी दिल्ली व वजीरपुर विधान सभा में देना आरम्भ कर दूँ। मैंने कुछ प्रमुख कार्यकर्ताओं को समय अधिक लगा कर चाँदनी चौक पर काम करने को कहा और मैं अब बैठकों के बजाय वैसे अधिक निगाह यहाँ रखूँगा।

चाँदनी चौक की प्रमुख चुनाव घटनाएँ

1. इस लोक सभा सीट पर कार्य का विस्तार तो प्रत्याशी के प्रयास से हुआ, परन्तु इनके स्वभाव के साथ यहाँ के प्रमुख कार्यकर्ताओं का स्वभाव मेल नहीं खा रहा। प्रत्याशी की गति तेज है, परन्तु अन्य लोग उस गति से नहीं चल पा रहे।

2. मैं कड़ी के रूप में यहाँ कार्य कर रहा हूँ। अब अधिक समय पूर्वी दिल्ली में दे रहा हूँ, परन्तु समय यहाँ भी लगा रहा हूँ। इस कड़ी में आज राजकुमार जैन व चिरागुद्दीन के साथ फतेहपुरी मस्जिद के नायब शाही इमाम से मिले और विजय गोयल के पक्ष में मतदान करवाने की बात की। निर्णय हुआ कि नायब इमाम की बैठक पहले मुख्यमंत्री साहिब सिंह वर्मा से हो, फिर पूरे देश में समर्थन हेतु बात की जाये। भारतीय जनता पार्टी के प्रदेश अध्यक्ष श्री केदारनाथ साहनी जी की बैठक में साहनी जी ने कहा कि मुसलमान जो अभी तक पिछड़ा हुआ है, उसके पीछे का मुख्य कारण है उसे बराबर शिक्षा न मिल पाना। जब शिक्षा सभी को प्राप्त हो जागेगी, तब मुसलमानों को देश की मुख्य धारा में मिलने का अवसर प्राप्त होगा।

पोलिंग वाले दिन विशेष प्रयास टीम का रहा, जो आरम्भ से श्री विजय गोयल जी के साथ लगी थी। विजय गोयल की जीत का दूसरा कारण

जनता दल का प्रत्याशी था, क्योंकि किसी को भी यह आशा नहीं थी कि वह 30 हजार वोट भी ले जायेगा परन्तु उसने 60 हजार वोट लिए और केवल 3 हजार वोटों से पीछे रहा। विजय गोयल के भाग्य में जीत लिखी थी, वह जीत गये।

पूर्वी दिल्ली लोक सभा सीट पर चुनाव हेतु कार्य

18 जनवरी–16 फरवरी, 1998

इस सीट पर पहले सवा लाख वोट से जीत हुई थी। इस संसदीय क्षेत्र में 20 विधान सभा सीट हैं, जिनमें से 15 विधायक हमारे हैं। नगर निगम के 40 वार्ड हैं, जिनमें 23 निगम पार्षद हमारी पार्टी के हैं। हमारे अनुसूचित जाति के विधायक व पार्षद अन्य दलों से अधिक हैं। जो कार्य हुआ, वह इस प्रकार है :–

1. इस सीट पर कार्य की रचना हो गयी, पर अभी तक कार्य का विभाजन ही हुआ है।

चुनाव इन्चार्ज	श्री ओमप्रकाश कोहली, सांसद व पूर्व प्रदेश अध्यक्ष
इलेक्शन एजेन्ट	श्री वेदव्यास महाजन, प्रभारी व प्रदेश मंत्री
सदस्य कोर कमेटी	मांगेराम गर्ग (लेखक), प्रदेश कोषाध्यक्ष व इसी लोकसभा क्षेत्र में निवास
सदस्य कोर कमेटी	श्री राजकुमार महाजन, प्रभारी

2. चुनाव संचालन समिति का गठन–पाँच जिलों को एक इकाई मान कर

क. इन्चार्ज श्री ओमप्रकाश कोहली

ख. इस संसदीय क्षेत्र में रहने वाले प्रदेश पदाधिकारी व प्रभारी

ग. सभी 5 जिलों के अध्यक्ष/महामंत्री/संगठन मंत्री/कोषाध्यक्ष

घ. जिलों के पूर्व अध्यक्ष/महामंत्री/विधायक/निगम पार्षद/प्रदेश पदाधिकारी

3. मंडल स्तर पर भी चुनाव संचालन समिति बने, जिसमें मंडल अध्यक्ष/महामंत्री पूर्व मंडल अध्यक्ष/विधायक/निगम पार्षद/अगर

कोई उस मंडल में प्रदेश पदाधिकारी हो तो।

4. विधायक व निगम पार्षद धन संग्रह कर के जहाँ अपने मंडल व प्रदेश की चिंता करें, वहाँ इन 5 जिलों की समन्वय समिति के पास भी दे।

प्रचार सामग्री पहले की तरह इस बार भी इसी केन्द्र से तैयार होकर जायेगी।

1. अपने मंडल का चुनाव कार्यालय खोलें व वहाँ फोन की व्यवस्था करें।
2. वोटर सूची चेक करने हेतु एक बैठक करके कार्य बाँटे।
3. वोटर पर्ची सम्भव हो तो पोलिंग अनुसार बनवाएं। यह एक स्थान पर तैयार करवाएं।
4. खण्ड प्रमुखों की बैठक बुलाएं।
5. नुक्कड़ सभा चाहे छोटी हो परन्तु अधिक होनी चाहिए।
6. मिलने हेतु एक टीम बनाएं और समाज के प्रमुख लोगों से सम्पर्क।
7. महिला सम्मेलन कर के एक या अधिक टीम बनाकर घर-घर जायें।
8. जहाँ पोलिंग बूथ बनना है, उस स्थान को पहले जाकर देखें।
9. प्रत्येक पोलिंग से 10 कार्यकर्ताओं की सूची।
10. प्रत्याशी का राउण्ड।
11. मंडल में एक कार्यकर्ता वोटर लिस्ट का प्रमुख बनाएं।
12. पोलिंग एजेन्ट/पोलिंग इन्चार्ज सूचीबद्ध करें।
13. एक कार्यकर्ता जिला/प्रदेश/ व चुनाव कार्यालय से सम्पर्क हेतु।
14. धन-संग्रह व हिसाब रखने हेतु टीम बने।
15. विरोधी पक्ष की गतिविधियों पर ध्यान रख कर नीति तय करें।
16. प्रचार व वाहन प्रमुख तय करें।
17. विधायक व पार्षद एक टीम बनाकर घर-घर जायें।
18. प्रमुख लोगों को ब्लाक की स्मारिका लेकर फोन।

पूर्वी दिल्ली संसदीय क्षेत्र का कार्य विधिवत प्रारम्भ हुआ

चुनाव इन्चार्ज श्री ओमप्रकाश कोहली जी ने एक बैठक चुनाव समिति

की विकास मार्ग कार्यालय में बुलायी। इस बैठक में जिला अध्यक्ष/महामंत्री/विधायक और कुछ पार्षद बुलाये गये। इसमें कहा गया कि प्रत्येक जिला अपने अतंर्गत आने वाले मंडलों की बैठक बुलाकर उन्हें खण्ड प्रमुखों की बैठक बुलाने को कहे। वोटर लिस्ट प्रदेश कार्यालय से लेकर वह चेक करवाएं। कोहली जी ने बताया कि हमारी दक्षिणी दिल्ली की सांसद श्रीमती सुषमा स्वराज जी ने प्रत्येक पोलिंग पर 10-10 कार्यकर्ताओं की टीम बनायी हुई है और उन्हें एक परिचयपत्र दे रखा है। वे कार्यकर्ता अक्सर मिलते रहते हैं। इसी तरह प्रत्येक जिला भी पोलिंग अनुसार 10-10 कार्यकर्ताओं की टीम बना ले, तो ठीक रहेगा। यह बैठक 16-1-98 को हुई थी। उन्होंने बताया कि कार्यालय के उद्घाटन का दिन तय किया जायेगा।

इसके पश्चात् कोहली जी को कुछ समय के लिए किसी आवश्यक बैठक में दिल्ली से बाहर जाना था।

एक बैठक शाहदरा में श्री गोपाल जी के निवास स्थान पर छोटे कोर ग्रुप की हुई। इस बैठक में श्री सुरेश वाजपेयी जी, अनिल जी, भाटिया जी, वेदव्यास महाजन जी, राजकुमार महाजन जी व पूर्वी दिल्ली के अध्यक्ष श्री श्रीकृष्ण वशिष्ठ भी उपस्थित थे। इस बैठक में पूरे चुनाव संचालन की रूपरेखा पर विचार हुआ और प्रचार का कार्य यहीं शाहदरा से ही चले व कुछ खर्च भी यहाँ से चले यह तय हुआ। इसके खर्च हेतु विधायक व निगम पार्षद योगदान करें। यह व्यवस्था मुझे दी गयी।

इसके पश्चात् तय किया गया कि अब बैठकें नीचे प्रत्येक जिले के अनुसार आरम्भ होनी चाहिए और जिला अपने यहाँ एक चुनाव संचालन समिति बनाएँ, जिसमें जिला पदाधिकारी, पूर्व जिला अध्यक्ष, जिला महामंत्री, मंडल अध्यक्ष, विधायक, निगम पार्षद, प्रभारी जिला में रहने वाला प्रदेश पदाधिकारी, इसके अलावा इन बैठकों में नगर कार्यवाहकों को बुलाएँ।

इसके अलावा निर्णय हुआ कि मंडल स्तर पर एक चुनाव संचालन समिति बनाएं, जिसमें मंडल पदाधिकारी, पूर्व मंडल अध्यक्ष, महामंत्री, मंडल में जिला पदाधिकारी, प्रदेश पदाधिकारी, निगम पार्षद, विधायक, महिला मोर्चा व युवा मोर्चा अध्यक्ष हों। इसके अलावा परिवार वालों को इसमें

जोड़ दें। मंडल अपना चुनाव कार्यालय खोले।

जनवरी 1998 को एक बड़ी जनसभा अम्बेडकर स्टेडियम, दिल्ली गेट में हुई। इस सभा में उन सभी दलों के नेता मंच पर आये, जिन पार्टियों के साथ भारतीय जनता पार्टी समझौता करके चुनाव लड़ रही है। यह मानना चाहिए कि आज की सभा के माध्यम से दिल्ली का चुनाव प्रचार आरम्भ हुआ था।

पूर्वी दिल्ली लोक सभा व वजीरपुर विधान सभा में मेरा योगदान

1. एक बैठक श्री विजय भाटिया के यहाँ चुनाव के नामांकनपत्र भरने से एक सप्ताह पहले हुई, जिसमें सर्वश्री रमेश प्रकाश जी, द्वारकानाथ जी, विजय भाटिया जी, योगेश जी, महेन्द्र नागपाल, कनक अग्रवाल, नंदकिशोर अग्रवाल जी, मदनलाल भाटिया और मैं उपस्थित थे। इस बैठक में एक चुनाव संचालन हेतु समिति बनायी गयी, जिसके सदस्य थे–श्री योगेश गर्ग, श्री मदनलाल भाटिया और श्री नंदकिशोर अग्रवाल। इस बैठक में मिलकर काम करने का निर्णय हुआ।
2. कार्यकर्ताओं की एक बड़ी बैठक 25-1-98 को श्री राजसिंह चौहान के यहाँ हुई जिसमें बड़ी संख्या में कार्यकर्ता उपस्थित हुए।
3. किसी तरह प्रयास करके कार्यकर्ताओं को काम में लगाया गया।
4. आज मैंने पुनः प्रयास किया और श्री राजसिंह चौहान के घर बैठकर श्रीमती कनक अग्रवाल, राजसिंह चौहान, राजकुमार गर्ग, अशोक चानना को कहा कि एक हैन्ड बिल कनक अग्रवाल, निगम पार्षद अपनी ओर से निकालें और वोट देने के लिए अपील करें। दो राउंड क्षेत्र के कार्यकर्ताओं के साथ लें।
5. काफी अधिक कार्यकर्ता चुनाव कार्य से वंचित रह गये। कारण था, कार्यकर्ताओं के साथ भेदभाव, परन्तु सभी को कार्य में लगाना आवश्यक था। अगर अब उन्हें कार्य में नहीं लगाया जाता तो आगामी कुछ महीनों में होने वाले विधान सभा चुनाव में कठिनाई होती। इसलिए अशोक विहार मंडल का कार्यालय निगम पार्षद श्रीमती कनक अग्रवाल जी के यहाँ खोला गया। इसका उद्घाटन

रोशनलाल चाचा ने किया।

6. प्रभारी होने के नाते कुछ समय मैं चाँदनी चौक लोक सभा सीट पर देने लगा। तब दिल्ली प्रदेश की चुनाव संचालन समिति के अध्यक्ष श्री विजयकुमार मल्होत्रा जी ने मुझसे कहा था कि आपको अधिक समय अपनी विधान सभा सीट पर लगाना चाहिए, क्योंकि विधान सभा के चुनाव काफी नजदीक हैं।
7. अब मैंने चाँदनी चौक का समय कुछ कम करके आज निगम पार्षद कनक अग्रवाल व अन्य लगभग 150 कार्यकर्ताओं के साथ पद यात्रा की, जो ए ब्लाक, जे ब्लाक होती हुई वजीरपुर गाँव की प्रत्येक गली तक वोट माँगने के लिए गयी। बीच-बीच में मेगा माईक द्वारा प्रार्थना की गयी कि आपके वोट द्वारा इस बार अटलबिहारी वाजपेयी जी को प्रधानमंत्री बनायेगा। इस गाँव की पदयात्रा में राजसिंह चौहान और ऋषिकुमार का काफी योगदान रहा। आज वे सभी कार्यकर्ता इस पद यात्रा में सम्मिलित थे, जो संगठन में काम न मिलने के कारण घर बैठ गये थे। आज की प्रातःकाल की पद यात्रा ने अशोक विहार में चेतना पैदा की। इसके पश्चात् पद यात्रा सावन पार्क, वजीरपुर जे. जे. कालोनी के प्रत्येक ब्लाक में की गयी। इसके अलावा निगम पार्षद श्रीमती कनक अग्रवाल के साथ वहाँ ब्लाक एसोसिएशनों के सहयोग से पद यात्राएं प्रारम्भ कीं। छोटी-छोटी नुक्कड़ सभाएँ ब्लाकों में कीं।

हरिद्वार कार्य निरीक्षण हेतु

दिनांक 29.1.98 को प्रात 6-30 बजे श्री सीताराम जिन्दल की सुमो गाड़ी में मेरे अलावा सर्वश्री सीताराम जिन्दल, रामगोपाल गुप्ता, ताराचन्द्र गुप्ता, जगन्नाथ गुप्ता, हरिकिशन, ओमप्रकाश गुप्ता हरिद्वार गये। वहाँ जाकर दोपहर के भोजन के पश्चात् कार्य का निरीक्षण किया। सब देखने के पश्चात् लगा कि लगभग 75 प्रतिशत कार्य हो गया। रंग रोगन वाले के कार्य में 12 व्यक्ति लगे हुए हैं और अब लगभग 15 दिन का कार्य शेष रह गया। रंग वाले मिस्त्री दिल्ली से लाकर यहाँ लगाये थे। कारण

यह कि कुम्भ नजदीक होने के कारण हरिद्वार के मिस्त्री पर काम का बोझ अधिक होता है। अब हमें लग रहा है कि 16 फरवरी तक यह कार्य पूरा हो जायेगा।

ऊपर जो शेड बनाया जा रहा है, वह कार्य तथा अन्य फेब्रीकेशन का कार्य भी उस समय तक पूरा हो जायेगा। सोफा पर्दे का कार्य पूरा हो गया, कुर्सी तख्त का काम भी उस दिन तक पूरा हो जायेगा। लिफ्ट वाला इन्जीनियर "कोने" कम्पनी वाला आया था। लग रहा है कि उसमें जो चार मंजिल तक दरवाजे वाली जगह चौड़ी कर दी थी, उसे दोबारा चिनाई करके लिफ्ट वाले अपना कार्य पूरा कर देंगे। हरिद्वार में मेरे द्वारा पौने तीन लाख रुपया सूरजभान जी से व चालीस हजार सूरजप्रकाश जी से आ गये और तीस हजार रुपये आगे रंग वालों को देने हेतु मेरे पास हैं। वह मैं उन्हें देकर रसीद हरिद्वार दे दूँगा। इसके अलावा लगभग सवा लाख रुपये और खर्च हेतु दिल्ली से भेजने होंगे। जो कार्य यहाँ पर और करवाना तय किया, वह था—बाहर सड़क ऊँची होने के कारण धर्मशाला के आगे पानी रुकने लग गया, इसलिए बाहर रोड़ी का फर्श बनाना।

इस वर्ष जनवरी से मार्च तक लोक सभा चुनाव में व्यस्त रहा। चुनाव में प्रत्याशी के चयन से लेकर चुनाव समाप्त होकर सरकार बनाने व सरकार को स्थायित्व प्राप्त हो, इस हेतु संगठन कार्य में लगा रहा, जिसका अलग-अलग वर्णन पहले किया गया है। हमारा चुनाव से सम्बन्धित कार्य 27 मार्च को शक्ति महायज्ञ विट्ठल भाई पटेल भवन के प्रांगण में किया गया। इस यज्ञ का मुख्य विषय था अटलबिहारी वाजपेयी सरकार को स्थायित्व प्राप्त हो। यह सम्मेलन 18 प्रान्तों के पश्चात् दिल्ली आया। सम्मेलन समाप्त होने के बाद निष्काम सेवा ट्रस्ट हरिद्वार में यात्रियों की व्यवस्था देखने हेतु रुका रहा। इस अवसर पर हमारे ट्रस्ट के 17 ट्रस्टी वहाँ उपस्थित थे। मैंने हरिद्वार जाने से पूर्व शक्ति महायज्ञ के अवसर पर एक अंगूठी, हीरे के 9 बहुत छोटे टुकड़ों की, आधा सोना व आधी चाँदी की बनवायी थी। यहाँ मैं इस बात का अवश्य उल्लेख करना चाहता हूँ कि एक वास्तुकार खुशदीप बंसल पहले हमारे परिवार से हमारे भांजे मुकेश जिन्दल के साथ मिले थे और उन्होंने हमारे सारे परिवार की जन्म तिथि

भी ली और मकान व दुकान पर जाकर देखा। उसने पूजा का स्थान बदलवाया, कमरों का रंग व बेडों की दिशा व पानी का स्रोत बदलवाए। इसमें मुख्य बात थी मेरे सब से छोटे-बेटे संजय की पत्नी के पहले दो बार बच्चे पूरे समय से पहले हो गये थे। अब इलाज करवाने के बाद डाक्टरों का कहना था कि अब इसको कोई बच्चा नहीं होगा। परन्तु उसके द्वारा किये गये उपायों से बात बदलती नजर आ रही है। इस महीने स्कूल के दाखिलों का विशेष जोर हो रहा है और अधिकांश प्रवेश दिलवाने में सफलता भी प्राप्त हो रही थी।

दिल्ली विधान सभा चुनाव की तैयारी (विधान सभा, 1998)

हरिद्वार से आने के पश्चात् अब मेरे सामने विशेषतः कार्य विधान सभा चुनाव की तैयारी का है। इसकी तैयारी हेतु मैंने रवि भूषण झा को नौकरी पर रखा। यह बी. काम. है। सर्वप्रथम वजीरपुर विधान सभा के सभी 109 पोलिंग की कार्यकर्ता सूची बनवायी। वैसे तो मैं इस कार्य को लगभग डेढ़ महीने से अलग-अलग कार्यकर्ताओं के साथ बैठकर कर रहा था, परन्तु अब सूची उस सब पुराने चुनाव रिकार्ड को सामने रख कर व प्रत्येक खण्ड में जा कर कार्यकर्ताओं के साथ बैठकर बनायी गयी। एक वोटर लिस्ट का सेट भाजपा कार्यालय से ला कर उसकी 109 फाइल बनायी गयीं व जिन अपने लोगों के वोट नहीं बने, उनके फार्म भरने आरम्भ किये। एक बार अपनी विधान सभा के आर/ओ के कार्यालय में जाकर जानकारी लेने का कार्य भी किया। दिल्ली में पहचानपत्र अभी केवल 70 प्रतिशत वोटरों के ही बने हैं। अब दिल्ली सरकार द्वारा दोबारा से पहचान पत्र बनाने का कार्य शुरू किया गया है। हमारी विधान सभा का नम्बर 20 से 23 मई तक है। पहचान पत्र केवल उन्हीं लोगों के बन पायेंगे, जिनका नाम मतदाता सूची में होगा। इसलिए हमारा प्रयास है कि अधिक से अधिक 20 मई तक वोट बन जायें।

मैंने दूसरा प्रयास किया कि सब चुनाव के प्रति गम्भीर हो जायें। पहले श्री विजय भाटिया जी के साथ, फिर लक्ष्मण देव जी के साथ मैं काफी

समय तक बैठा और उन्हें सारी परिस्थिति से अवगत करवाया। मैंने क्षेत्र के प्रमुख लोगों से मिलना आरम्भ कर दिया है। वैसे तो मेरा पिछले 15 वर्ष से अधिकांश समय क्षेत्र की समस्याओं के समाधान के लिए जाता है परन्तु यहाँ पर जो कुछ लोगों द्वारा दरार डाली गई वह काफी हानिकारक है। कुम्भ से आने के पश्चात् कुछ विशेष वार्ता, घटनाएं, कार्य–

1. मुख्य अतिथि के रूप में एक कार्यक्रम में भागीदार, श्री कुल भूषण अरोड़ा जी द्वारा 100 बार रक्त दान करने पर उनके अभिनन्दन समारोह में श्री सुन्दरलाल जैन अस्पताल के आडिटोरियम गया।
2. श्री रामेश्वर गुप्ता जी के अमृत महोत्सव पर साउथ एक्सटेंशन गया। उनके 75 वर्ष के जीवन पर एक स्मारिका का विमोचन स्वामी सत्यमित्रानंद जी ने किया।
3. मेरे दो बेटों द्वारा अपनी लोहे की दुकान रोशनारा रोड से पहाड़ गंज में करने पर मुहूर्त। इस अवसर पर बड़ी संख्या में लोगों का आगमन।
4. पहाड़ गंज एसोसिएशन के पदाधिकारियों को साथ लेकर विधान सभा में मुख्यमंत्री साहिब सिंह से मिलकर अल्मोनियम पर टैक्स तीन प्रतिशत से घटाकर दो प्रतिशत करवाने का प्रयास।
5. मंडोली के बॉडी बिल्डरों की बिजली की समस्या पर वार्ता हेतु मुख्य मंत्री से विधान सभा में वार्ता की।
6. माननीय कुशाभाऊ ठाकरे के भाजपा राष्ट्रीय अध्यक्ष बनने पर उनके अभिनन्दन हेतु 25-30 कार्यकर्ताओं को साथ लेकर भाजपा केन्द्रीय कार्यालय 11, अशोक रोड गया।
7. भारतीय जनता पार्टी, दिल्ली प्रदेश का चुनाव बीच में रुक गया था। अब वह तुरन्त हो जाये और उसमें अपना पक्ष रखने हेतु अलग-अलग अधिकारियों व परिवार के प्रमुख अधिकारियों से वार्ता।
8. श्री सतीश मोहन मित्तल के साथ मुख्यमंत्री के निवास पर जाकर उनकी पॉलिटेक्निक कालेज वाली समस्या का समाधान।
9. अशोक विहार की (वजीरपुर विधान सभा) पिछले चार वर्ष से चली

आ रही राजनीतिक समस्या के समाधान हेतु श्री लक्ष्मण देव जी का आगमन व दो घंटे तक वार्ता।

10. अशोक विहार की इसी समस्या के लिए श्री संतलाल सचदेवा के साथ हमारे निवास स्थान पर बैठक हुई।
11. श्री विजय भाटिया जी के साथ उनके निवास पर दो घण्टे तक बैठना और जो बात उन्होंने डॉक्टर हर्षवर्धन से कही थी, उसकी वार्ता व उनका मूल स्वीकार करना।
12. श्री कुलदीप वत्स, कबड्डी संघ के राष्ट्रीय अध्यक्ष को मुख्यमंत्री साहिब सिंह वर्मा से साथ मिलवा कर जो उनकी समस्या थी, वह अपने चुनाव में निर्वाचित हुए थे उनके निर्वाचन को दूसरे पक्ष ने चुनौती दे रखी थी, उसके समाधान हेतु मानव संसाधन विकास मंत्री को पत्र लिख कर समय लेना।
13. श्री कुलदीप वत्स को मानव संसाधन राज्यमंत्री सुश्री उमा भारती से शास्त्री भवन में मिलवाया।
14. श्री संतराम गोयल जी हरेवली गोसदन के इन्चार्ज से कह कर अपने प्रमुख कार्यकर्ता विष्णु चौहान, कुन्दू स्वामी व अन्य को मरे हुए मवेशियों को उठवाने का ठेका दिलवाया। इससे वजीरपुर जे. जे. कालोनी के कार्यकर्ताओं को काम मिला।
15. भारतीय जनता पार्टी, दिल्ली प्रदेश द्वारा चार रोज तक 1952 के व उसके पश्चात् वाले कार्यकर्ताओं का मंगल मिलन कार्यक्रम 27-28-29-30 अप्रैल को 14, पण्डित पंत मार्ग पर था। वहाँ की नाश्ता व्यवस्था राकेश शर्मा कार्यकर्ता वजीरपुर जे. जे. कालोनी को दिलवायी।
16. सुल्तान पुरी थाने व अशोक विहार थाने के एस.एच.ओ. को बुलाकर माननीय लक्ष्मण देव जी, बलदेवराज जी व श्री ओम प्रकाश साहू को बैठाकर काफी समय से चली आ रही पार्क में बनी मस्जिद की समस्या का समाधान करवाया।
17. श्री दर्शनलाल लुम्बा की गाड़ी का एक्सीडेन्ट मोरिस नगर में हो गया था, अशोक विहार एस.एच.ओ. से सुलझवाया।

राष्ट्रीय अधिवेशन

दो मई को भारतीय जनता पार्टी की राष्ट्रीय परिषद बैठक थी। यह बैठक 2-3-4 मई, 1998 को गाँधीनगर, गुजरात में हुई। इस बैठक में दिल्ली प्रदेश की इकाई से 93 प्रतिनिधि जाने थे। इनके आने-जाने की रेलवे आरक्षण व संख्या की सभी जानकारी प्राप्त करके गाँधीनगर इकाई को सूचित करना व अन्य व्यवस्था करवाना, यह कार्य प्रदेश अध्यक्ष श्री केदरनाथ साहनी जी ने मेरे जिम्मे एक बैठक में लगाया था । परन्तु जब इस कार्यालय में मैंने अपने साथ जोड़ कर श्री जगदीश भारती को आगे जिलों में सूचना देना व संख्या का आँकड़ा लेना आरम्भ किया, तब केन्द्र द्वारा दिल्ली इकाई पर यह प्रश्न चिन्ह् लग गया कि प्रदेश इकाई का चुनाव अभी सम्पन्न ही नहीं हुआ, तो दिल्ली वाले इस कार्यक्रम में जा पायेंगे या नहीं। मैंने प्रदेश अध्यक्ष से पूछा, मुझे बताया जाये क्या प्रतिनिधियों से शुल्क लेकर अपना आरक्षण करवाएं, तब उन्होंने अभी मुझे अपना कार्य रोकने के लिए कहा। फिर कहा गया कि प्रदेश पदाधिकारियों को छोड़ कर बाकी जो अपेक्षित है, वे जा सकेंगे। परन्तु इन बातों के चलते न तो जाने वाले सभी लोगों ने प्रदेश में शुल्क जमा करवाया और न ही प्रदेश आगे चलने की स्थिति में रहा। फिर चार दिन पहले साहनी जी ने मुझसे कहा कि आप स्वयं जाकर राष्ट्रीय अध्यक्ष माननीय कुशाभाऊ ठाकरे से जानकारी कर लें कि क्या दिल्ली इकाई राष्ट्रीय परिषद् में भाग लेगी या नहीं। मैं केन्द्रीय कार्यालय गया, राष्ट्रीय अध्यक्ष जी से मिला और उनसे गाँधीनगर जाने के लिए पूछा। वह अपनी नाराजगी इस बात पर प्रकट कर रहे थे कि दिल्ली वाले अपने प्रदेश का संगठन चुनाव नहीं करवा रहे, आपस में लड़ रहे हैं। इस झगड़े की रोजाना अखबारों में सूचना आ रही है, क्या करेंगे ये वहाँ जाकर। फिर नाराज होते हुए उन्होंने केवल उन लोगों को ही जाने की अनुमति दी, जो संविधान के अनुसार पदाधिकारी हैं।

जाने से चार दिन पहले तक प्रदेश में केवल 25 जाने वालों का शुल्क आया था और अंत तक 28 लोगों का शुल्क आया। इनमें से 6 लोग ए.सी. में जाना चाहते थे। इन सब की 31 टिकट शुल्क से तीन अधिक

लाकर केन्द्रीय कार्यालय में आरक्षित करने हेतु दे दी गयीं परन्तु समय कम होने के नाते केन्द्रीय कार्यालय द्वारा विशेष प्रयास नहीं हुआ और 30 अप्रैल को मैं स्वयं केन्द्रीय कार्यालय के आरक्षण प्रमुख के साथ गया और 1 मई को सूचना प्रदेश अध्यक्ष जी के पास आ गयी कि आपकी सभी टिकटें आरक्षित हो गयी हैं। इसकी सूची स्टेशन पर मिल जायेगी परन्तु जब हम स्टेशन पर दोपहर 2.30 बजे गये, तब हम से पहले गये जगदीश भारती ने बताया कि अभी केवल 9 सीटें द्वितीय श्रेणी में ही प्राप्त हो पायी हैं और रेलवे अधिकारियों ने आश्वासन दिया है कि गाड़ी चलने के 2 घण्टे के अन्दर शेष स्थान भी प्राप्त हो जायेंगे। परन्तु हमें आगे चलकर काफी अधिक प्रयास करने के पश्चात् 5 स्थान और प्राप्त हुए। जाते समय काफी कठिनाई हुई। एक विधायक तो डिब्बा बदलने के चक्कर में जयपुर ही छूट गया। वह थे दर्शनकुमार बहल। हमारे साथ एक मंत्री हर्षवर्धन व एक संसदीय मंत्री नंदकिशोर गर्ग के अलावा 10 अन्य विधायक प्रदेश पदाधिकारी जिलों के अध्यक्ष थे। रात्रि में सोने के लिए लोगों के पाँव के नीचे चादर बिछा कर समय काटा गया। अगर निर्णय पहले ही हो गया होता, तो इस कठिनाई का सामना नहीं करना पड़ता। यह आरक्षण का कार्य मेरे सुपुर्द हुआ था। इस कारण लोगों को मुझे ही कहना था। हमारा दूसरा बड़ा रोष था, जब हमारी सरकार नहीं थी तब मुंबई के लिए पूरी गाड़ी बुक हो गयी परन्तु अपनी सरकार आने के बाद हमारी टिकट भी बुक नहीं हो पायी। राष्ट्रीय परिषद की बैठक में राष्ट्रीय अध्यक्ष कुशाभाऊ ठाकरे जी को विधिवत अध्यक्ष के आसन पर बैठाया गया, प्रधानमंत्री अटलबिहारी वाजेपयी, गृहमंत्री लालकृष्ण आडवाणी व अन्य मुख्य मंत्रियों का माला पहना कर अभिनन्दन किया गया। प्रथम सत्र में एक घण्टे का लिखित भाषण अध्यक्ष जी ने दिया। द्वितीय सत्र में उत्तर प्रदेश के मुख्यमंत्री कल्याण सिंह द्वारा राजनीतिक प्रस्ताव रखा गया। इस पर बहस पहले दिन व अगले दिन तक चली। इसी प्रस्ताव पर गृहमंत्री आडवाणी जी भी बोले। सायंकाल एक सभा अहमदाबाद में हुई। अंतिम भाषण प्रधानमंत्री अटलबिहारी वाजपेयी जी का हुआ। तत्पश्चात श्री पवन शर्मा जी के साथ नरवाना गाँव (उझाना) से आकर गाँधीनगर में रह रहे श्री रामविलास गोयल

के घर पर भोजन हेतु गये। श्री नंदकिशोर गर्ग व मैं, हमारे साथ रमेश बिधूड़ी, नरेन्द्र बिन्दल के ठहरने की व्यवस्था होटल वेस्ट एण्ड में रामकिशन, माडल टाउन वालों के बेटे ने करवा रखी थी और उन्होंने एक कार भी दो रोज तक हमें दे रखी थी। गुजरात सरकार के मंत्री अशोक भाई भट्ट के निवास पर हमें भोजन करने के लिए बुला रखा था। अशोक भाई भट्ट पहले भाजपा युवा मोर्चा में थे।

दिनांक 4-5-98 को एक बैठक उन चार प्रान्तों के पदाधिकारियों व मंत्रियों की मुख्यमंत्री केशूभाई पटेल के निवास पर हुई, जिन प्रान्तों के इसी वर्ष विधान सभा चुनाव होने हैं। इनमें दिल्ली, राजस्थान, मध्य प्रदेश और अरुणाचल हैं। इस बैठक में माननीय कुशाभाऊ ठाकरे, वेंकैया नायडू, गोविंदाचार्य व इन प्रान्तों के मुख्यमंत्री उपस्थित थे। इस बैठक में संगठन की जानकारी ली गयी व चुनाव हेतु संगठन को सक्षम बनाने के लिए अलग-अलग प्रान्तों की बैठक रखी। इसमें भैरो सिंह शेखावत, मुख्यमंत्री, राजस्थान, ने सरकारों के सामने आर्थिक कठिनाई का जिक्र किया। मध्य प्रदेश ने संगठन में आपसी मतभेदों की चर्चा की। दिल्ली प्रान्त का अभी संगठन चुनाव नहीं हुआ। वह जल्दी हो जाये, यह भी संकेत दिया। वापिस आते समय भी आरक्षण की समस्या तो रही, परन्तु काफी कठिनाई के बाद समाप्त हो गयी। 5-5-98 को हम आश्रम ऐक्सप्रेस से पुरानी दिल्ली स्टेशन पर उतर कर श्री नंदकिशोर गर्ग की गाड़ी में बैठकर घर वापिस आये। मैं जाते समय कुछ लोगों के कार्य अपने साथ लेकर गया था। उसमें एक राजकुमार गर्ग का तबादला बहादुरगढ़ स्कूल में करवाना था। वह फाइल श्री रामविलास शर्मा, शिक्षा मंत्री, हरियाणा को देकर आया व अन्य कार्य किये।

भारतीय जनता पार्टी दिल्ली प्रदेश का वर्ष 1998 का चुनाव अभी तक संपन्न नहीं हुआ। इस बार राष्ट्रीय अध्यक्ष का चुनाव भी लोक सभा चुनाव के कारण देरी से हुआ। अब राष्ट्रीय अध्यक्ष का चुनाव समाप्त हो गया परन्तु दिल्ली प्रदेश अध्यक्ष पर सर्वसम्मति नहीं बन पा रही थी। पहले परिवार की इच्छा थी कि सर्वसम्मति श्री ओ. पी. कोहली जी के

नाम पर बन जाये। अगर उनके नाम का विरोध दूसरा पक्ष करे तो मांगेराम गर्ग यानी मुझे, प्रत्याशी माना जाये, परन्तु उन्होंने (विजय कुमार मल्होत्रा) कोहली जी के नाम पर आपत्ति प्रारम्भ कर दी, जिसकी आशंका पहले से केन्द्रीय नेतृत्व को थी। यह आशंका परिवार को भी थी, क्योंकि पहले से ही मदनलाल खुराना इस बात का विरोध कर रहे थे कि अगर कोहली जी प्रदेश अध्यक्ष आ गये तो विधान सभा चुनाव की टिकट वितरण में इन्हें परेशानी होगी। उन्होंने कहना प्रारम्भ किया कि कोहली जी को छोड़कर अन्य किसी को ले लो परन्तु जब मेरा नाम सशक्त रूप से आ गया तब मेरे विरोध में हस्ताक्षर अभियान आरम्भ किया गया।

प्रदेश चुनाव को लेकर अखबारों में जो रोजाना आ रहा है, इस पर विराम लगे और प्रदेश अध्यक्ष का निर्णय जल्दी हो इस के लिए 15.5.98 को श्री कृष्णलाल शर्मा, सांसद व उपाध्यक्ष अखिल भारतीय जनता पार्टी व प्रभारी दिल्ली प्रदेश के पास सायं 5:30 बजे का समय तय करके उनके निवास फिरोजशाह रोड पर मिला। मैंने उनसे कहा कि चुनाव में देरी होने के कारण कार्यकर्ताओं को गुटों में बाँटा जा रहा है और इसका नुकसान पार्टी को विधान सभा चुनाव में हो सकता है, जो नहीं होना चाहिए। मैंने उनसे कहा कि मेरे विषय में भी कई बार अखबार में आ जाता है कि वह उस गुट से हैं, जब कि मैंने 46 वर्ष के राजनीतिक जीवन में गुटों को बढ़ावा नहीं दिया।

इस सप्ताह में भारत सरकार द्वारा तीन परमाणु परीक्षण किये गये। इससे सम्पूर्ण विश्व चकित रह गया। यह परीक्षण पहली बार प्रधानमंत्री श्रीमती इन्दिरा गाँधी के समय में 1974 में हुए थे। परन्तु इसके पश्चात् कोई भी प्रधानमंत्री इतना साहस नहीं जुटा पाया कि वह दुनिया को बता दे कि भारत का भी अपना एक स्थान है। भारत ने सदैव से दुनिया को रास्ता दिखाया है। परन्तु अब पाकिस्तान जैसा छोटा देश भारत को आँखें दिखा रहा है और आये दिन हमारे देश में आतंक फैलाने के लिए भाड़े के लोगों को भेजता है। आज हमारी विदेशों पर निर्भर रहने की स्थिति पिछली सरकारों ने बना दी है। आज अन्य देश हमें भिखारी समझने लगे

हैं। आज विदेशों से लिया गया कर्जा हमें पंगु बना रहा है। इसका यह भी बड़ा कारण है कि यह रुपया विकास में न लगकर भ्रष्टाचार की भेंट चढ़ जाता है। आज जब यह परमाणु परीक्षण भारतीय जनता पार्टी की सरकार द्वारा किये गये, तब प्रधानमंत्री अटलबिहारी वाजपेयी की तरफ विश्व की निगाहें देखने लगीं कि इनके साहस के द्वारा यह सम्भव हो गया। कुरुक्षेत्र के मैदान में भगवान श्रीकृष्ण ने अर्जुन को जो संदेश दिया था, वह संदेश सारी दुनिया में यह भारत का सपूत अवश्य फैलायेगा। भगवान श्रीकृष्ण ने सदैव कर्म करने की प्रेरणा दी थी, जो आज फलीभूत होती नजर आ रही है। हम धर्मयात्रा महासंघ के द्वारा अटल जी का अभिनन्दन करने उनके निवास 7, रेसकोर्स रोड गये। 16 मई को सम्पूर्ण दिल्ली में शौर्य दिवस मनाया जा रहा है। जिसके अंतर्गत प्रत्येक नगर निगम वार्ड में सायं 7.30 बजे मंच के कार्यक्रम होंगे व रात्रि 8 बजे पटाखे चलाये जायेंगे। अपने अपने घरों पर रोशनी करनी चाहिए, यह निर्णय भी लिया गया। आज सायं 7.30 बजे दीप सेन्ट्रल मार्केट में एक सभा अशोक विहार वार्ड के द्वारा आयोजित की जा रही है।

प्रदेश अध्यक्ष माननीय केदारनाथ साहनी जी से आज दिनांक 18-5-98 को प्रदेश कार्यालय में दिल्ली में विधान सभा के होने वाले चुनाव की तैयारी पर चर्चा की। मैंने साहनी जी से कहा कि चुनाव को देखते हुए हमें अपना संगठन अधिक मजबूत करना चाहिए। इस पर चर्चा हो, उससे पहले ही राणा प्रताप बाग मंडल के कुछ लोग अपनी शिकायत लेकर साहनी जी के पास आये थे। जब साहनी जी ने उनसे कहा कि तुम अपनी बात पहले योगेन्द्र जैन, जिला अध्यक्ष से कहो, तब उन्होंने कहा कि उनसे तो बहुत बार कह चुके, परन्तु कोई परिणाम नहीं निकला। तब साहनी जी ने उनकी शिकायत लेकर उन्हें भेज दिया। इसके पश्चात् मैंने कहा कि अब हमें कार्यकर्ता के मन की बात सुननी चाहिए, कार्यकर्ताओं में बहुत रोष है। मैंने उनसे कहा कि आप अपने अति विश्वासपात्र 4-5 लोगों से दिल्ली के संगठन की जानकारी करवाएं, तब आपके सामने तस्वीर आ जायेगी।

दिनांक 20-21-22 मई को फोटो पहचानपत्र हमारी विधान सभा वजीरपुर के सत्यवती कालोनी के प्राइमरी स्कूल में बनने प्रारम्भ हुए। पहले दिन ही काफी अधिक भीड़ पहचानपत्र बनवाने वालों की थी। पहचान पत्र बनवाने के लिए एक फार्म सरकार की ओर से दिया जा रहा था। इस फार्म पर नाम, पता और आयु के साथ तीन कालम और थे, विधान सभा का क्रमांक, पोलिंग बूथ का नम्बर व तीसरा उस पोलिंग पर पहचान पत्र बनवाने वाले का सूची में क्रमांक नम्बर। प्रथम छोड़कर अन्य दोनों नम्बर के लिए जब मतदाता लाइन में लगता, तो काफी अधिक समय लग रहा था। इस बात को लेकर लोगों में नाराजगी बढ़ रही थी, परन्तु विरोधी पक्ष के लोगों ने यह सब जानकारी देने हेतु एक शामियाना लगा रखा था और 40-50 लोग उनके इस काम में लगे थे। हमारे वहाँ दोनों मंडलों के कार्यकर्ता तो उपस्थित थे, परन्तु न तो हमारा कोई शामियाना था, न ही वोटर सूची, न ही फार्म और न ही फार्म भरने व बैठने का स्थान। यह बात मैंने दोनों मंडल अध्यक्षों को पहले कह दी थी कि यह व्यवस्था करवानी है। परन्तु यह सारी बातें हों, इसके लिए दोनों प्रधानों श्री मदनलाल भाटिया और किशनलाल हरजाई ने कहा कि शामियाना तुम लगवा दो, सूची हम लेकर आयेंगे, जब कि यह कार्य संगठन इकाई को करना चाहिए। शामियाना हमने लगवाया, परन्तु वह मतदाता सूची भी नहीं लाये। जो एक सेट मैंने मंगवाया था, वोट बनवाने हेतु वही वहाँ गया। इस अवसर पर संघ अधिकारी योगेश गर्ग भी अपनी बेटी का फोटो पहचानपत्र बनवाने आये थे। उनसे कार्यकर्ताओं ने कहा कि कांग्रेस ने इतनी अच्छी व्यवस्था कर रखी है और हम यहाँ साफ बंटे हुए नजर आ रहे है। कार्यकर्ता पूरे दिन वहीं रहें, इस हेतु कुछ लोगों का भोजन श्री प्रेमनाथ गुप्ता के यहाँ बनवाया था। इसके अलावा आर/ओ श्रीमती अचला जी वहाँ साइट पर आयी थीं। उनसे दो दिन और पहचान पत्र बनवानें की तारीख बढ़वाने हेतु कहा।

दिनांक 22 मई को एक बैठक भारतीय जनता पार्टी केन्द्रीय कार्यालय 11, अशोक रोड पर माननीय राष्ट्रीय महामंत्री गोविंदाचार्य जी ने बुलायी थी। इस बैठक का विषय था प्रशिक्षण शिविर झिंझोली में 5-6-7 जून

को उन सांसदों का लगाया जाये, जो प्रथम बार निर्वाचित होकर आये हैं। भाजपा के ऐसे 53 लोक सभा सांसद हैं और 31 राज्य सभा के सदस्य। इसके अलावा राष्ट्रीय पदाधिकारी इस प्रशिक्षण शिविर में उपस्थित रहने वाले हैं। इस कार्यक्रम को तीन भागों में बाँटा गया। एक भाग था वहाँ सम्पूर्ण व्यवस्था पक्ष। उसमें तीन लोग तय हुए। मांगेराम गर्ग (मैं), राजेन्द्र आर्य और पवन शर्मा। दूसरा भाग था कि वहाँ किन-किन विषयों पर चर्चा होगी, उन विषयों की सूची बनायी जाये।

सब के सुझावों में से वे विषय अवश्य लें, जो नये चुनकर आये सांसदों के लिए विशेष महत्त्व के हो, यह देखेंगे श्री जयप्रकाश जी, श्री राजेन्द्र शर्मा व तीसरी कमेटी सूची बनाने हेतु श्री रामकृपाल सिन्हा, अमिताभ सिन्हा। इस कमेटी में कुल मिला कर 15 सदस्य होंगे और केन्द्र की इस समिति बनने के पश्चात् प्रत्येक प्रान्त में कमेटियां बनें, जो अपने-अपने प्रान्त में यह कार्यक्रम करवा सकें। इसकी आगामी बैठक 29-5-98 की तय की गयी।

फोटो पहचान पत्र बनने का समय तीन दिन के स्थान पर चार दिन हो गया। इस बार पहले दिन बड़ी संख्या में लोग फोटो खिंचवाने के लिए आये। फिर दूसरे दिन भी। इसी तरह भीड़ बढ़ती गयी, तब आर/ओ अचला सिंह से मैंने फोन पर कहा कि इसका समय दो रोज और बढ़ना चाहिए। जब उन्होंने कहा कि यह कार्य केवल निर्वाचन कार्यालय, दिल्ली ही कर सकता है, तो मैंने मुख्यमंत्री साहिब सिंह वर्मा से कहकर समय बढ़वाया, परन्तु दो दिन के स्थान पर केवल एक दिन का समय बढ़ पाया। भीड़ का कारण हमारे द्वारा किया गया पोस्टर व हैन्डबिल द्वारा प्रचार भी है। इसके साथ-साथ हमारे सर्वाधिक कार्यकर्ताओं ने वहाँ पर शामियाना लगा कर लोगों को फार्म भरने व अन्य जानकारी देने का कार्य किया। यह बात सत्य है कि हमारा ही कार्यकर्त्ता दो भागों में बंटा था। कुछ कार्यकर्ताओं का रोल बहुत खराब था।

प्रदेश संगठन चुनाव

प्रदेश संगठन चुनाव पिछले काफी समय से टलता चला आ रहा है। पहले अध्यक्ष कौन बने, यह निर्णय नहीं हुआ। इसका कारण था कि श्री केदारनाथ साहनी जी केवल एक बार ही अध्यक्ष रहे थे और भाजपा संविधान के अनुसार दो बार अध्यक्ष रह सकते हैं। परन्तु साहनी जी दूसरी बार नहीं बनना चाहते थे। तब यह तय हुआ कि संगठन चुनाव लोक सभा चुनाव तक टाला जाये। परन्तु इसी दौरान अन्य प्रान्तों के चुनाव करवाये गये, जिनमें हिमाचल व मध्य प्रदेश थे। अब प्रयास करके नया सोच जोर पकड़ने लगा कि किसी तरह चुनाव न करवा कर सर्वसम्मति निर्णय करवाया जाये। इसके लिए कई नामों की चर्चा हुई। अखबार वाले कुछ नाम छापने लगे, जैसे आलोक कुमार, नंदकिशोर गर्ग, मेवाराम आर्य। कुछ ने अन्य नाम भी उछाले जैसे मूलचन्द चावला, वेदव्यास महाजन, ईश्वरदास महाजन।

सर्वप्रथम परिवार ने श्री कुशाभाऊ ठाकरे से बात की। फिर आगे श्री गोविंदाचार्य, माननीय प्रधानमंत्री अटलबिहारी वाजपेयी, श्री लालकृष्ण आडवाणी, भारतीय जनता पार्टी के पूर्व राष्ट्रीय अध्यक्ष आदि से चर्चा की गयी। इस चर्चा में मेरा नाम उभर कर आया और सर्वानुमति बनाने का उत्तरदायित्व जिन्हें सौंपा गया उनमें प्रमुख थे श्री मदनलाल खुराना, पूर्व मुख्यमंत्री, श्री साहिब सिंह वर्मा, मुख्यमंत्री, श्री विजय कुमार मल्होत्रा, सांसद व पूर्व मुख्य कार्यकारी पार्षद व श्री ओमप्रकाश कोहली सांसद व पूर्व भाजपा प्रदेश अध्यक्ष। इसके अलावा संगठन के प्रमुख पदों पर कार्यरत श्री पवन शर्मा, श्री रामभज, श्री ओमप्रकाश बब्बर, श्री मूलचन्द चावला, श्री तिलकराज कटारिया, श्री श्यामलाल गर्ग। और परिवार के प्रमुख लोगों में श्री सुदर्शन जी, श्री सत्यनारायण बंसल जी, श्री सुरेश वाजपेयी जी व श्री रमेश प्रकाश जी थे। अब धीरे-धीरे अखबारों में अन्य नामों के स्थान पर केवल एक ही नाम रह गया वह था मेरा अर्थात मांगेराम गर्ग। परन्तु अब एक कठिनाई है कि चुनाव प्रक्रिया प्रारम्भ करने हेतु केन्द्रीय अधिकारियों का दिल्ली में रहना आवश्यक था। पता चला कि भारतीय

जनता पार्टी के राष्ट्रीय अध्यक्ष माननीय कुशाभाऊ ठाकरे जी 15-6-98 को मध्य प्रदेश के प्रवास से दिल्ली आयेंगे। ठाकरे जी तो आ गये, मगर अन्य पदाधिकारी नहीं थे, जिन्हें पर्यवेक्षक व चुनाव अधिकारी बनाया जा सके।

19-6-98 को पवन शर्मा जी से प्रदेश में फोन पर बात हुई और मैंने उन्हें बताया कि मैं आज रात्रि में मुख्यमंत्री साहिब सिंह के यहाँ 33, शामनाथ मार्ग पर उनसे मिलने जाऊँगा। उन्होंने कहा कि ठीक है परन्तु उनकी इच्छी थी कि मैं 3-4 दिन के लिए दिल्ली से बाहर चला जाऊँ। उन्होंने इन दिनों में मुझसे बाहर जाने के लिए पहले भी कहा था। पवन जी का कहना था कि प्रदेश के अध्यक्ष का चुनाव 24-6-98 से पहले नहीं होगा, क्योंकि अभी अधिकारी प्रवास पर हैं। आजकल प्रदेश अध्यक्ष के चुनाव को लेकर प्रेस वाले पूछताछ करते रहते है। प्रेरा वालों को रोजाना अखबार में कुछ न कुछ छापना होता है। आप कोई बात सादे स्वभाव से कहेंगे और वह उसे नमक मिर्च लगाकर छाप देंगे। दूसरे, कई बार आपस में पदाधिकारी बात करते हुए विषय को बदलकर बात रख सकते हैं। आप अगर 3-4 रोज हरिद्वार चले जायेंगे, तो ठीक रहेगा।

जब मैं रात्रि 9 बजे 33, शामनाथ मार्ग पर गया, वहाँ देखा काफी भीड़ लगी थी। काफी लोग मेरे जानने वाले थे। अनिल जी से पूछा, आज यहाँ क्या हो रहा है तो मुझे बताया गया कि मुख्यमंत्री व्यापारियों का आज अभिनन्दन कर रहे हैं। पता किया गया कि मुख्यमंत्री जी कहाँ हैं ? बताया वह अभी थोड़ी देर में ही नजफगढ़ से यहाँ पहुँचने वाले हैं। थोड़ी देर में वह आ गये, परन्तु भीड़ के कारण मैं उनसे बात नहीं कर पाया और वह मंच पर चले गये। मेरे सामने धर्म संकट था कि क्या मैं यहाँ इस कार्यक्रम के समाप्त होने तक रुकूँ या चला जाऊँ। तभी मुख्यमंत्री ने राजीव चौधरी को मेरे पास भेजा और मंच पर आने को कहा। कोई दूसरा चारा न देख कर मंच पर चला गया। कार्यक्रम 10.30 बजे रात्रि में समाप्त हुआ। उसके पश्चात् ही साहिब सिंह जी से बात हुई। परन्तु यहाँ बताना चाहता हूँ कि जब सब व्यापारी बोल चुके, उराके बाद मैंने व्यापारियों व

सरकार का धन्यवाद किया। फिर अन्त में मुख्यमंत्री ने अपना भाषण समाप्त करते करते एक बात यह जोड़ दी कि अब दिल्ली प्रदेश भारतीय जनता पार्टी का अध्यक्ष आप में से ही एक व्यापारी होगा और वह हैं मांगेराम गर्ग। उनकी घोषणा करने के पश्चात् बहुत से लोग माला पहनाने के लिए आये, परन्तु मैंने सभी से मना किया कि अभी संगठन का केवल संकेत है। निर्णय अभी होना शेष है। बाद में यह संकेत सत्य में बदला और एक पारी पूरी करने के बाद मैं दोबारा भी अध्यक्ष पद के लिए सर्वसम्मति से चुना गया।

खण्ड-पंचम

लोकार्पण

चन्दन है इस देश की माटी
तपो-भूमि हर ग्राम है

विचार-बिन्दु

पुस्तक विमोचन कार्यक्रम	:	31 मार्च, 2001
विमोचन स्थल	:	प्रधानमंत्री निवास स्थल, 7 रेसकोर्स रोड, नई दिल्ली
विमोचनकर्ता	:	प्रधानमंत्री श्री अटल बिहारी वाजपेयी

विमोचन के अवसर पर लेखक मांगेराम गर्ग का वक्तव्य

यह मेरा परम सौभाग्य है कि मेरी डायरी के पन्नों में लिखी मेरे जीवन की कुछ घटनाओं पर आधारित यह पुस्तक 'सेवा का सच' का विमोचन आज माननीय प्रधानमंत्री श्री अटल बिहारी वाजपेयी जी के करकमलों द्वारा हो रहा है।

मित्रो ! मैं कोई पारंगत लेखक नहीं हूँ और न मैंने कल्पना की थी कि मैं कभी लेखक बनूंगा, लेकिन अपने विषय में मात्र इतना ही कहूँगा कि मैंने अपने जीवन-संघर्ष के दौरान एक विद्यार्थी के रूप में जीवन के प्रत्येक क्षेत्र में कुछ नया सीखने, जानने, कुछ नया करने का प्रयास सदैव किया है। उसी क्रम में लेखन के क्षेत्र में भी मेरा यह विनम्र प्रयास है।

मैं एक साधारण परिवार में जन्मा, पला और बढ़ा। कम उम्र में ही पारिवारिक दायित्व आ पड़े। पढ़ाई-लिखाई भी इच्छानुसार न हो सकी, शायद बचपन में जो पढ़ने-लिखने का शौक था, वह पारिवारिक स्थिति में दब-सा गया, किंतु इस निराशा से यह कामना समाप्त न हुई। कुछ

वर्षों पहले जब मैं 50 वर्ष का हुआ तो मैंने अपने प्रेरणास्रोत श्रद्धेय मामा प्यारेलाल जी की सीख के अनुसार अपने व्यावसायिक कार्यों से एवं परिवार के अन्य आर्थिक दायित्वों से पूर्णरूप से अवकाश ले लिया। सारा कारोबार अपने पुत्रों को सौंप पूर्ण रूप से धार्मिक और राजनीतिक क्षेत्र में सेवा कार्य का उद्देश्य लेकर जुट गया। यूँ तो मैं राजनीतिक, सामाजिक एवं धार्मिक क्षेत्र में पिछले 50 वर्षों से जुड़ा रहा हूँ, किंतु अपने पारिवारिक दायित्वों के निर्वाह के साथ-साथ। लेकिन अब स्वतंत्र रूप से जब राजनीतिक और धार्मिक क्षेत्र में कार्य करने लगा तो कुछ समय मिलने लगा अध्ययन करने का। घर पर ही एक छोटी-सी लायब्रेरी बनाई। प्रतिदिन नियम से पुस्तकों का अध्ययन आरम्भ किया। धीरे-धीरे अध्ययन के प्रति रुचि बढ़ने लगी। राष्ट्रीय और भारतीय दर्शन के अध्ययन से मुझमें अद्भुत शक्ति उत्पन्न हुई।

जीवन की कठिनाइयों को झेलने के कारण आत्मविश्वास बढ़ा था। संघर्ष और मेहनत से घबराहट कम होती थी। जीवन के खट्टे-मीठे अनुभवों ने चिंतन को बल भी दिया।

तभी मेरे एक मित्र ने मुझे डायरी लिखने की सलाह दी। मैं कुछ दिनों तक सोचता रहा—समय कैसे मिलेगा, कैसे लिख सकूंगा। एक बार सोचा लिखकर देखूँ तो, हो सकता है लिखा ही जाये। और फिर लिखने का क्रम आरम्भ हो गया।

मित्रो ! यह सच है कि अपनी सच्चाई को लिख पाना कठिन ही नहीं, बड़े साहस का काम भी है। अपने आपको अपनी कलम से शब्दरूप देना भी कठिन है। स्वयं में झाँककर देखना भी कठिन है और स्वयं को पढ़ पाना भी कठिन है। डायरी लिखते समय मैंने ऐसा अनुभव किया है। घटनाक्रम का वर्णन तो किया जा सकता है, उसे लिखने के लिए धैर्य की आवश्यकता होती है किंतु प्रत्येक घटना पर अपनी और दूसरों की प्रतिक्रिया को लिखना एक साहसिक कदम है। मैं जानता हूँ कि दुनिया में डायरी लिखने वाले अनेक लेखक इस कसौटी पर खरे नहीं उतरे। मैं इस सच्चाई से इंकार भी नहीं करता, किंतु मैंने इस पुस्तक में साधारण जीवन में सेवाभाव

जैसे अमूल्य निधि के माध्यम से सच्चाई का पथ, सफलता का पथ कैसे प्राप्त किया जा सकता है, इस दिशा में थोड़ा-सा प्रयास अवश्य किया है।

मैं यह तो नहीं कहता कि मेरी डायरी के पन्नों पर आधारित यह पुस्तक साहित्यिक दृष्टि से हर कसौटी पर खरी है। एक संस्मरणपरक आपबीती है, यह आत्म-चरित है।

इस पुस्तक में ग्रामीण भाषा-शैली और हरियाणवी बोलचाल का जमकर प्रयोग किया है, तो अधूरे मन से ही सही, सच्चाई का सामना करने का भी प्रयास किया है।

जब मैंने यह डायरी लिखना आरम्भ किया था, तब ऐसा कोई विचार नहीं था कि मैं इसे कभी पुस्तक का रूप दूँगा। लेकिन पिछले एक-दो वर्षों में मित्र-जन के बीच चर्चा के दौरान जब मेरी डायरी का जिक्र आता तो मित्रों की सलाह होती कि मैं इसे पुस्तक का रूप दूँ। फिर संयोग बना और इस कार्य के लिए सहयोगी भी मिले।

मैं आज के इस अवसर पर आभार व्यक्त करना चाहूँगा। अपने मित्र श्री कमल किशोर गोयनका जी का, वरिष्ठ पत्रकार श्री महेश्वर दयालु गंगवार जी का और मेरे अपने सहयोगी के. के. शर्मा का, जिन्होंने इस पुस्तक के संपादक और संयोजन में निःस्वार्थ भाव से मुझे सहयोग दिया और इस पुस्तक के प्रकाशक श्री बी. पी. गर्ग जी का, जिन्होंने मेरी डायरी के पन्नों को सुसज्जित कर पुस्तक के रूप में प्रकाशित किया।

मैं अत्यंत आभारी हूँ माननीय श्री के. एस. सुदर्शन जी का, जिन्होंने मेरी पुस्तक पर दो शब्द लिख कर अपना आशीर्वाद मुझे दिया और माननीय अशोक सिंहल जी का, जिन्होंने इस पुस्तक की प्रस्तावना लिखकर मुझे कृतज्ञ किया है और आज मेरा यह परम सौभाग्य है कि मेरे ही नहीं, पूरे देश के श्रद्धा के केन्द्र लोकप्रिय प्रधानमंत्री माननीय श्री अटल बिहारी वाजपेयी जी ने मेरी इस पुस्तक का लोकार्पण एवं प्रथम भेंट को स्वीकार करने की मुझे स्वीकृति प्रदान की है। मैं आज के इस अवसर पर उन सभी मित्रजन का भी धन्यवाद करना चाहूँगा, जिन के साथ मैं जीवन में विभिन्न क्षेत्रों में कार्य करता रहा, उनका मार्गदर्शन मुझे प्राप्त हुआ। विभिन्न

राजनीतिक, सामाजिक और धार्मिक संस्थाओं के सहयोगियों का, जिन्होंने मुझे भरपूर सहयोग दिया है। मैं आशा करता हूँ कि उन सभी का मार्गदर्शन और सहयोग मुझे निरंतर प्राप्त होता रहेगा।

मैं आप सभी विद्वतजन का आभारी हूँ, जो मेरे आमंत्रण पर यहाँ आये हैं। मैं पुनः आप सब और माननीय प्रधानमंत्री जी के प्रति आभार व्यक्त करता हूँ।

प्रधानमंत्री श्री अटल बिहारी वाजपेयी द्वारा दिया गया वक्तव्य

मैं अभी मांगेरामजी से पूछ रहा था कि आप की उम्र क्या हो गयी है ? उन्होंने कहा कि वे 65 साल के हो गये हैं। हम चाहते हैं वो दीर्घजीवी हों, सौ वर्ष तक जीयें और डायरी के पन्ने लिखते रहें। डायरी लिखना कठिन काम है। प्रतिदिन लिखी जाने वाली डायरी में एकरसता बनी रहे, उसमें प्रवाह हो, छोटी-छोटी घटनाओं पर भी दृष्टि हो और सहज ढंग से बात कही जाए, यह सचमुच में विशेषता है और मांगेरामजी ने उस विशेषता को पूरा किया है। जो लिखा गया है वह महत्त्वपूर्ण है और जो लिखा गया है उसका इस कार्यक्रम में पूरी तरह वर्णन नहीं हो सकता। आपको डायरी के पन्ने पलटने होंगे। मैंने कुछ पन्ने पलटे थे रात में और मुझे लगा कि सचमुच में मांगेराम जी ने बड़ा कठिन काम पूरा किया है।

डायरी मैं भी लिखना चाहता था मगर सफल नहीं हुआ हूँ। वो कह रहे थे कि वो 12 बजे के बाद या लिखने के बाद सोते हैं। मुझे तो फाइलें पढ़ने से ही फुर्सत नहीं मिलती है, लिखना तो बहुत बड़ी बात है। लेकिन डायरी साहित्य का एक महत्त्वपूर्ण अंग है। अनेक महापुरुषों ने डायरी लिखी हैं और डायरी के बाद अपनी आत्मकथा और उस समय की, देश की, काल की परिस्थिति पर बड़े प्रभावी ढंग से टिप्पणियां की हैं। डायरी में विशेषता यह है कि थोड़े में अधिक बात कही जा सकती है। और, व्यक्ति के व्यक्तित्व के बारे में, उसके कृतित्व के बारे में डायरी जैसे गागर में सागर जैसी बात करती है।

मैं मांगेराम जी को बधाई देता हूँ। उन्होंने मेरे साथ किया गया समझौता तोड़ा है, इसकी मुझे कोई चिंता नहीं है। यह तय हुआ था कि मेरा भाषण नहीं होगा। लेकिन दिन दहाड़े वादा करके वादाखिलाफी की गयी है। लेकिन मैं सोचता हूँ कि भाषण नहीं होता तो क्या होता ? हम सब लोग मांगेराम जी को बधाई देते हैं। उनका अभिनंदन करते हैं।

धन्यवाद

(प्रधानमंत्री श्री अटल बिहारी वाजपेयी द्वारा श्री मांगेराम गर्ग द्वारा लिखित पुस्तक 'सेवा का सच' के विमोचन के अवसर पर दिया गया वक्तव्य)

पत्र सूचना कार्यालय
भारत सरकार

राजनीतिक व्यक्ति की डायरी भी इतनी प्रेरणास्पद, सामाजिक चेतना जागृत करने में निमित्तभूत तथा "सेवा के सच" को सचमुच उजागर करने वाली हो सकती है—यह बात कुछ अटपटी तो है, पर मेरी अनुभूति है जो श्री गर्ग के विलक्षण व्यक्तित्व को प्रतिबिंबित कर रही है।

"राजनीति में शुचिता" उनका अपना एक अहम मुद्दा है जिस पर वे व्यापक सोच रखते हैं और 'अणुव्रत' जैसे कार्यक्रमों के द्वारा इसे उजागर करने की इच्छा रखते हैं।

"सेवा का सच" जैसी पुस्तकों से "सेवाकार्य में संलग्न राजनैतिक व्यक्ति" के जीवन का अंदाज लगाया जा सकता है कि किन व्यस्तताओं में रहते हुए उन्हें विभिन्न कर्तव्यों का पालन करना पड़ता है।

श्री मांगेराम गर्ग अपने चरित्र बल के आधार पर राजनीति-क्षेत्र में अनूठा उदाहरण पेश कर प्रगति के नए-नए शिखरों को छूने का प्रयत्न करेंगे, तो एक दिन राष्ट्रीय स्तर पर वांछित गरिमापूर्ण राष्ट्रसेवी व्यक्तित्व की छवि को उभार सकेंगे, ऐसा मुझे विश्वास है।

—मुनि महेंद्र कुमार

श्री मांगेराम गर्ग की आत्मकथा प्राप्त हुई, धन्यवाद। इस पुस्तक के विमोचन का समाचार मैंने पढ़ा था इसलिए पुस्तक को देखने की कुछ उत्सुकता पहले से थी। श्री मांगेराम जी ने बड़ी सरल और अनौपचारिक भाषा में अपने जीवन के अनुभव लिखे हैं। उनसे सामाजिक कार्यकर्ताओं को प्रेरणा मिलेगी।

—डॉ. भाई महावीर
राज्यपाल मध्यप्रदेश

आपकी पुस्तक 'सेवा का सच' देखने को मिली। पुस्तक अपने कलेवर और विषयवस्तु में उत्कृष्ट है। नितांत वैयक्तिक शैली में लिखी गयी यह पुस्तक सुदीर्घ अनुभवों, संस्मरणों और जीवन के विभिन्न पड़ावों की एक सजीव कहानी है। पुस्तक अत्यंत पठनीय और मन को छूने वाली है।

—नित्यानंद स्वामी
मुख्यमंत्री, उत्तरांचल

'सेवा का सच' मांगेराम गर्ग जी की निःस्वार्थ भाव से की हुई सच्ची सेवा को दर्शाता है। इसमें गर्ग जी ने अपने जीवन का यथार्थ प्रस्तुत किया और उनकी पारिवारिक जीवन यात्रा से लेकर राजनीतिक जीवन के विभिन्न रूपों का वर्णन प्रस्तुत किया गया है। इस पुस्तक से लगता है कि उन्होंने अपने जीवन को पाठकों के सामने ला खड़ा किया है, जिसमें उन्होंने अपने जीवन की कड़वी सच्चाइयों को भी दर्शाया है। निस्संदेह यह पुस्तक इस प्रकार की समाज सेवा के भाव को पाठकों के मन में जागृत कर सकेगी, ऐसी मेरी धारणा है।

—अरुण जेतली
विधि, न्याय एवं कम्पनी कार्य और पोत परिवहन मंत्री

'सेवा का सच' श्री मांगेराम गर्ग के जीवन के सच के रूप में प्रतिभाषित

हुआ है। इस संग्रहणीय पुस्तक के लिए आभारी हूँ। संस्कार मनीषी माननीय सुदर्शन जी तथा हिंदू समाज के प्रखर मनीषी आदरणीय अशोक जी सिंहल एवं साहित्य मनीषी कमल किशोर गोयनका ने जो पूर्वपीठिका इस पुस्तक को प्रदान की है, उसने 'सेवा के सच' को उभार व उकेर कर प्रस्तुत कर दिया है। पूरे फलक को परिभाषित कर दिया है। उस फलक पर अंततः उभरते हैं श्री मांगेराम गर्ग।

हिंदू परिवार का पुत्र, पति एवं कुल मिलाकर गृहस्थ क्या होता है, इसका सांगोपांग दर्शन होता है गर्ग जी के गृहस्थाश्रमी जीवन से। यज्ञशेष का उपभोग एवं योगक्षेम का संधान उनके व्यावसायिक जीवन का निकष जान पड़ता है।

गृहस्थ एवं व्यवसाय के साथ सामाजिक सक्रियता के त्रिवेणी संगम के कुंभ स्वरूप है यह 'सेवा का सच।' राजनीति में संस्कृति के दूतों की कल्पना की थी पं. दीनदयाल जी ने। संस्कृति का यह दूत कर्म करने की आकांक्षा व मानसिकता का प्रकटीकरण पुनः-पुनः रेखांकित होता दृष्टिगत हो रहा है इस 'सेवा के सच' में। श्री मांगेराम जी का जीवन राष्ट्रकवि दिनकर की इन पंक्तियों को चरितार्थ करता है :

मानव जब जोर लगाता है।
पत्थर पानी बन जाता है।।

श्री मांगेराम जी के प्रति कृतज्ञाभिवादन के साथ दीर्घायु की मंगलकामना।

—महेश चंद्र शर्मा

सच कायिक, वाचिक और बौद्धिक होता है। जब *सच* इन तीनों ही बिंदुओं के तारतम्य में निभाया जाता है तो उसका फल यज्ञ करने के समान होता है।

"सत्यं ब्रुयात् प्रियं ब्रुयात्, सत्यमप्रियमं न ब्रुयात्"

(अर्थात् सच बोलना चाहिए, प्रिय बोलना चाहिए, किंतु सत्य होने पर भी अगर वह अप्रिय है तो नहीं बोलना चाहिए।)

इसी वाचिक सत्यता के आधार पर मांगेराम जी ने कटु सत्य से परहेज किया, जिससे उनकी पुस्तक रोचक और पठनीय बन गयी है। जीवन की प्रत्येक छोटी से बड़ी घटना का विवरण अपनी डायरी में लिखना मांगेराम जी की विशेषता रही है और उसी का प्रतिफल है यह पुस्तक 'सेवा का सच।' पिछली घटनाओं के विश्लेषण से न केवल आत्म-निरीक्षण का अवसर मिलता है, बल्कि जीवन के विकास में भी बहुत सहायक होता है। यह अनुकरणीय कला है।

श्री मांगेराम गर्ग इसी तरह सफलता अर्जित करते रहें, स्वस्थ और दीघार्यु रहें।

—माया सिंह
राष्ट्रीय महासचिव

I compliment you for writing an inspring book, which should be a guide for the youth as to how one can devote one's life to a self service. In a few words, I would like to salute you for leaving permanent foot marks on the sand of time by your contribution to the party, society and the Nation.

—Joginder Singh
I.P.S. (Retd.)

'सेवा का सच' का अध्ययन करने के पश्चात् जो मेरे अंदर भाव उत्पन्न हुए हैं एवं जो प्रेरणा मिली है, उसे शब्दों में व्यक्त करने के लिए मेरी शब्दावली में शब्दों का अभाव है परंतु मुझे इतना आभास अवश्य हुआ है कि अपने पारिवारिक, धार्मिक, सामाजिक व राजनीतिक दायित्वों को पूरी तन्मयता, एकाग्रता एवं ईमानदारी के साथ निर्वाह करना ही इस पुस्तक की सच्चे अर्थों में व्याख्या है। आपके द्वारा लिखित पुस्तक 'सेवा का सच' में अंकित प्रत्येक शब्द आपके जीवन के हर क्षण में घटी घटनाएं, तत्कालीन परिस्थितियों की साक्ष्य हैं। पुस्तक का प्रत्येक पृष्ठ अपनी महत्ता को अंगीकृत किये हुए है। इसके किसी भी पृष्ठ का ज्यादा प्रभावी होना या

कम प्रभावी होना यह तो कहना असंभव है परंतु इतना अवश्य है कि कुछ घटनाओं की जो चर्चा हुई है वे निश्चित रूप से प्रभावी हैं। मुझे भी कुछ अंशों ने विशेष प्रभावित किया है तथा मैं यह आशा करता हूँ कि यह पुस्तक सभी पाठकों को प्रभावित किये बिना नहीं रहेगी।

—डॉ. हर्ष वर्धन
पूर्व शिक्षा एवं स्वास्थ्य मंत्री, दिल्ली सरकार
सलाहकार विश्व स्वास्थ्य संगठन

A jewel of men. A part from political ideology of the author with which I am not concerned the book is a source of great inspiration for selfless scrvicc to the society. It is one of the monumental record which establishes that a man is not low or high by birth, as to in which family or cast or race or religion he is born, a man is high or low by his deeds and that is a true service with real spirit of service, without expectation of return, does not go unrewarded.

—U.N. Bhachawat

"सेवा का सच" एक प्रेरक कृति है। पुस्तक दिलचस्प है। श्री गर्ग की अस्मिता का प्रतिनिधित्व करती है। भाषा सुगम और शैली सरस है। उन्हें बधाई।

—नेमीचंद जैन
इन्दौर

श्री मांगेराम गर्ग जी की आपबीती पढ़ने से एक बात की अनुभूति होती है कि "हमारे समाज में दरिद्रनारायण की पूजा को अत्यंत महत्त्वपूर्ण स्थान प्राप्त है।" इस पुस्तक में बड़ी सरलता और सहजता से अपनी भावाभिव्यक्ति को अभिव्यक्त किया है। 'सेवा के सच' में बहुआयामी सेवा

की जिस रज्जु को थामकर और संत, महात्माओं के सान्निध्य का लाभ उठाकर, इस यात्रा को भारतीय संस्कृति के अनुरूप सेवा-भाव के प्रति अपनी संकल्प-शक्ति और दृढ़ निष्ठा का परिचय मिलता है। पुस्तक की रोचकता इसे पढ़ने को विवश करती है।

—विशंभर दत्त शर्मा

प्रस्तुत पुस्तक भाजपा की दिल्ली इकाई के वर्तमान अध्यक्ष मांगेराम गर्ग की आपबीती है। इसमें उन्होंने अपनी जीवन-यात्रा के साथ अपने धार्मिक और सामाजिक कार्यों को पेश किया है। और यह वर्णन प्रकारांतर से दिल्ली भाजपा की कहानी है। अपने पहले व दूसरे अध्यक्ष काल की राजनैतिक घटनाओं के साथ ही वे वाजपेयी सरकार के कार्यकलापों, संकटों और उपलब्धियों पर दृष्टिपात करते हैं। भाषा सहज है।

—1 अगस्त, 2001
इंडिया टुडे 103

Prime Minister Atal Behari Vajpayee released the autobiography of Shri Manage Ram Garg, *Seva Ka Sach*, at a function held in Delhi recently. The book is published by Gyan Publishing House. Shri Kushabhau Thakre, the former President of BJP, and other reputed people from different fields also attended the occasion.

Shri Vajpayee said on the occassion that this autobiography is a reflection of the society that can provide enough details of the time. He also disclosed his desire to pen his biography, but said, he was unable to spare time. Praising Shri Garg, he said: "He has done a wonderful work by writing the autobiography diary in a work of art, which provides details in few words about the author's personality."

On the occassion Shri Garg said that he had never imagined that he would be author of a book someday. I hav always tried to learn from all fields as a student and this is but one of those efforts, added Shri Garg.

—*Organiser*
April 22,2001

राजनीतिज्ञ जो लेखक भी हैं

हम सभी राजनीतिज्ञों से मिले होंगे और हमारी तुरंत भावना यह होगी कि यदि वे हमारे लिए किसी प्रकार से उपयोगी नहीं हैं तो हम उनसे दूरी बनाये रखें। दूसरे शब्दों में, एक राजनीतिज्ञ से अपेक्षा की जाती है कि वह व्यक्ति के स्थान पर संस्था हो और वह भी सरकार जैसी संस्था, जिससे व्यक्ति दूर ही रहना चाहता है, यदि उसे उसके निकट जाने के लिए बाध्य न किया जाये। अतः राजनीतिज्ञ से सम्पर्क बनाने का आधार स्वार्थ सिद्धि होता है, अन्यथा नहीं।

यह कथन प्रवचनों की तरह जितना सत्य है उतना ही असत्य। मैं यह स्वीकार करने को बाध्य हूँ कि बहुत से राजनीतिज्ञ ऐसे हैं जिनकी लोग राजनीतिज्ञ होने के बावजूद प्रशंसा करते हैं। यह बात उन लोगों के बारे में और भी सच है जो जीवन में अपने सामान्य व्यवसाय/कार्य की अपेक्षा हितों को वरीयता देते हैं और वे इन हित साधनों को पूरा करने में अपने पदों की अपेक्षा अधिक आनंद अनुभव करते हैं।

मैं ऐसे कई व्यक्तियों को जानता हूँ किंतु इस समय मेरे ध्यान में जगप्रवेश चंद्र और मांगेराम गर्ग प्रमुख हैं। कोई भी दो अन्य राजनीतिज्ञ इतनी पारस्परिक दूरी पर नहीं हो सकते, जितने ये दो व्यक्ति हैं। इनमें से एक दिल्ली कांग्रेस का वरिष्ठ नेता है और दूसरा दिल्ली भारतीय जनता पार्टी की कमान संभाले हुए है। मेरे मस्तिष्क में श्री गर्ग का नाम ताजा है, क्योंकि उनकी लिखी पुस्तक "सेवा का सच" का कुछ दिन पूर्व ही विमोचन हुआ है और वह भी स्वयं प्रधानमंत्री जी द्वारा और दूसरा कारण है कि राष्ट्रीय दैनिक में प्रकाशित 'जनता का विरोध, जनता द्वारा बचाव' आलेख की प्रतिलिपि उनके नोट के साथ प्राप्ति।

श्री गर्ग अपनी आयु के छह दशक पूरे कर चुके हैं, उनका ढाँचा ठीक लालबहादुर शास्त्री जी जैसा है और उन्हीं की तरह सौम्य और भद्र हैं, किंतु श्री गर्ग अपेक्षाकृत अधिक गंभीर और गहरी धार्मिक प्रकृति के हैं। उनके दल में उनकी जड़ें गहरी और सुरक्षित हैं और वैसी ही उनकी धारणाएं हैं।

श्री मांगेराम गर्ग अपने जीवन के मोड़ का उल्लेख करते हुए कहते हैं कि अपना समय गप्पबाजी में बर्बाद करने की अपेक्षा उनके मामा उन्हें बच्चों के एक समूह के साथ बाल्टी में कुएं का पानी लेकर स्टेशन पर प्यासे लोगों को पिलाने के लिए भेज दिया करते थे। यह काम पैसे कमाने के लिए नहीं, अपितु भगवद्गीता के निष्काम कर्म की भावना से किया जाता था। उस समय का सीखा हुआ वह पाठ अभी तक उनके लेखन में ही नहीं, अपितु जीवन में भी विद्यमान है।

'सेवा का सच' का प्रत्येक पृष्ठ बताता है कि श्री गर्ग का राजनीतिक जीवन उस पाठ से कितना प्रभावित हुआ। सीधी-सादी भाषा में लिखी उनकी पुस्तक, जो कभी-कभी डायरी के पृष्ठों की भाँति और नीरस दिखाई देती है, ऐसे दृष्टांतों से भरी हुई हैं, जिनमें स्वार्थ से अधिक सेवा का महत्त्व दिया गया है। शुद्ध लिखने के हिमायती यदि चाहते तो पुस्तक का संपादन कराते और उनका यह विचार किसी सीमा तक उचित भी होता। किंतु क्या उससे प्रत्येक पृष्ठ से अभिव्यक्त होने वाली ईमानदारी और उद्देश्य की निष्कपटता प्रकट हो पाती। हममें से कई व्यावसायिक लेखक लिखने का यह मूलभूत पाठ भूल जाते हैं कि लेखक होना भी उतना ही महत्त्वपूर्ण है जितना ईमानदार और निष्कपट होना। और यह बात राजनीतिज्ञ के लिए, जो किसी अन्य के लिए लिखता है, आवश्यक है कि वह अपने विचारों का सामंजस्य दूसरों के विचारों से करे। पुस्तक का विमोचन करते समय प्रधानमंत्री ने इस बात पर क्षोभ किया कि उन्हें अपने विचारों को लिखने का समय नहीं मिला। किंतु यह बात महत्त्वपूर्ण है कि एक निष्कपट कार्य के लिए समय का उपयोग ईमानदारी के साथ किया गया।

उद्देश्य की निष्कपटता और ईमानदारी इस राजनीतिज्ञ लेखक की पुस्तक से अभिव्यक्त होती है। और कुछ नहीं तो उनके लेखन से एक सच्चे संदेश की अभिव्यक्ति होती है और इसी आधर पर मैं पाठकों को उनकी पुस्तक पढ़ने की संतुति करता हूँ।

(दिनांक 2 जून 2001—समाचारपत्र मिड-डे में अवकाश प्राप्त मुख्य सचिव ओमेश सैगल द्वारा लिखित लेख का हिन्दी अनुवाद का कुछ अंश)

—ओमेश सैगल

डायरी लिखना चाहते हैं प्रधानमंत्री वाजपेयी

प्रधानमंत्री अटल बिहारी वाजपेयी ने कहा है कि वह खुद डायरी लिखना चाहते हैं, पर आजकल फाइलें पढ़ने से फुर्सत नहीं मिल पाती।

प्रधानमंत्री आवास पर भाजपा के दिल्ली राज्य के अध्यक्ष मांगेराम गर्ग की पुस्तक 'सेवा का सच' के लोकार्पण के मौके पर प्रधानमंत्री ने कहा कि महापुरुषों की आत्मकथा और डायरी से उस समय की परिस्थिति की सही जानकारी मिलती है। उन्होंने कहा कि वह खुद भी डायरी लिखना चाहते हैं, पर फाइलें पढ़ने से फुर्सत नहीं मिल पाती। डायरी लेखन को वैसे भी दुष्कर कार्य मानता हूँ। उन्होंने कहा कि डायरी साहित्य का महत्त्वपूर्ण अंग है। डायरी में ज्यादा बातें थोड़े शब्दों में कही जा सकती हैं। डायरी को देखने से उस व्यक्ति के व्यक्तित्व और कृतित्व का भान भी होता है।

भाजपा के पूर्व राष्ट्रीय अध्यक्ष कुशाभाऊ ठाकरे ने कहा कि मांगेराम गर्ग ने राजनीति में रह कर भी समाज सेवा को नहीं छोड़ा। बहुत कम ही लोग दूसरों की चिंता करते हैं। उन्होंने कहा कि ईमानदारी से आज के समय में जीवन बिताना एक मिसाल है। पुस्तक 'सेवा का सच' के लेखक मांगेराम गर्ग ने कहा कि साधारण परिवार में जन्म लेने के कारण इच्छानुसार नहीं पढ़ सका। पढ़ने-लिखने का शौक रहा, इसीलिए डायरी लेखन को माध्यम बनाया। पुस्तक का संपादन वरिष्ठ पत्रकार

महेश्वरदयालु गंगवार ने किया। लोकार्पण समारोह में सांसद अनीता आर्य, विजय गोयल, पूर्व मुख्यमंत्री साहिब सिंह वर्मा, विजयकुमार मल्होत्रा, लालबिहारी तिवारी, ओमप्रकाश कोहली मौजूद थे।

—समाचार पत्र 'सहारा', दिनांक 1 अप्रैल, 2001

प्रधानमंत्री ने किया 'सेवा का सच' का विमोचन

प्रधानमंत्री अटलबिहारी वाजपेयी ने प्रदेश भाजपा अध्यक्ष मांगेराम गर्ग की पुस्तक 'सेवा का सच' का विमोचन किया। प्रधानमंत्री निवास में आयोजित समारोह में भाजपा के पूर्व राष्ट्रीय अध्यक्ष कुशाभाऊ ठाकरे सहित अनेक गणमान्य व्यक्ति उपस्थित थे।

'ज्ञान पब्लिशिंग हाउस' द्वारा प्रकाशित इस पुस्तक की श्री वाजपेयी ने काफी प्रशंसा की। इस अवसर पर उन्होंने पुस्तक के लेखक को अपनी शुभकामनाएं देते हुए कहा कि मुझे आशा है कि भविष्य में ऐसी ही प्रेरणादायक पुस्तकें लेखक द्वारा और भी लिखी जायेंगी। कुशाभाऊ ठाकरे ने इस तरह की पुस्तकों को समय की आवश्यकता बताते हुए कहा कि ऐसी पुस्तकें जब समाज में लोगों के हाथ में पहुँचेंगी तो निश्चित तौर पर समाज में व्याप्त बुराइयों का अंत होगा।

—समाचार पत्र 'दैनिक जागरण', दिनांक 1 अप्रैल, 2001

नाम अनुक्रमणिका